알아두기

1. '중학교 한문 교육용 기초 한자 900자'를 대상으로 하였습니다!

교육인적자원부에서는 2000년 12월, '중학교 한문 교육용 기초 한자 900자'와 '고등학교 한문 교육용 기초 한자 900자'를 합쳐 '한문 교육용 기초 한자 1800자'를 발표하였습니다. 《푸르넷 입문 한자 사전》은 '중학교 한문 교육용 기초 한자 900자'를 대상으로 하였습니다.

2. 찾기 쉬워 자꾸 손이 가는 한자 사전으로 만들었습니다!

아이들은 한자 사전 찾는 법을 잘 몰라서 한자 사전을 활용하지 못하는 경우가 많습니다. 《푸르넷 입문 한자 사전》에서는 〈한자 사전 찾는 법〉을 만화로 쉽게 설명하여 누구나 쉽게 부수 색인, 자음 색인, 총획 색인을 활용할 수 있도록 하였습니다.

3. 아이들의 흥미와 학습 효율 향상, 두 마리 토끼를 잡았습니다!

'한자는 어렵다.'라는 편견은 학습자의 흥미를 떨어뜨리고 학습의 효율도 저하시킵니다. 《푸르넷 입문 한자 사전》은 아이들이 쉽고 재미있게 한자어, 고사성어, 중국의 역사 등을 배울 수 있는 〈아하!〉, 〈한자 Q&A〉, 〈비주얼 한자〉, 〈고사성어〉, 〈고사성어로 배우는 만화 중국 역사〉를 사전 전반에 걸쳐 넣었습니다.

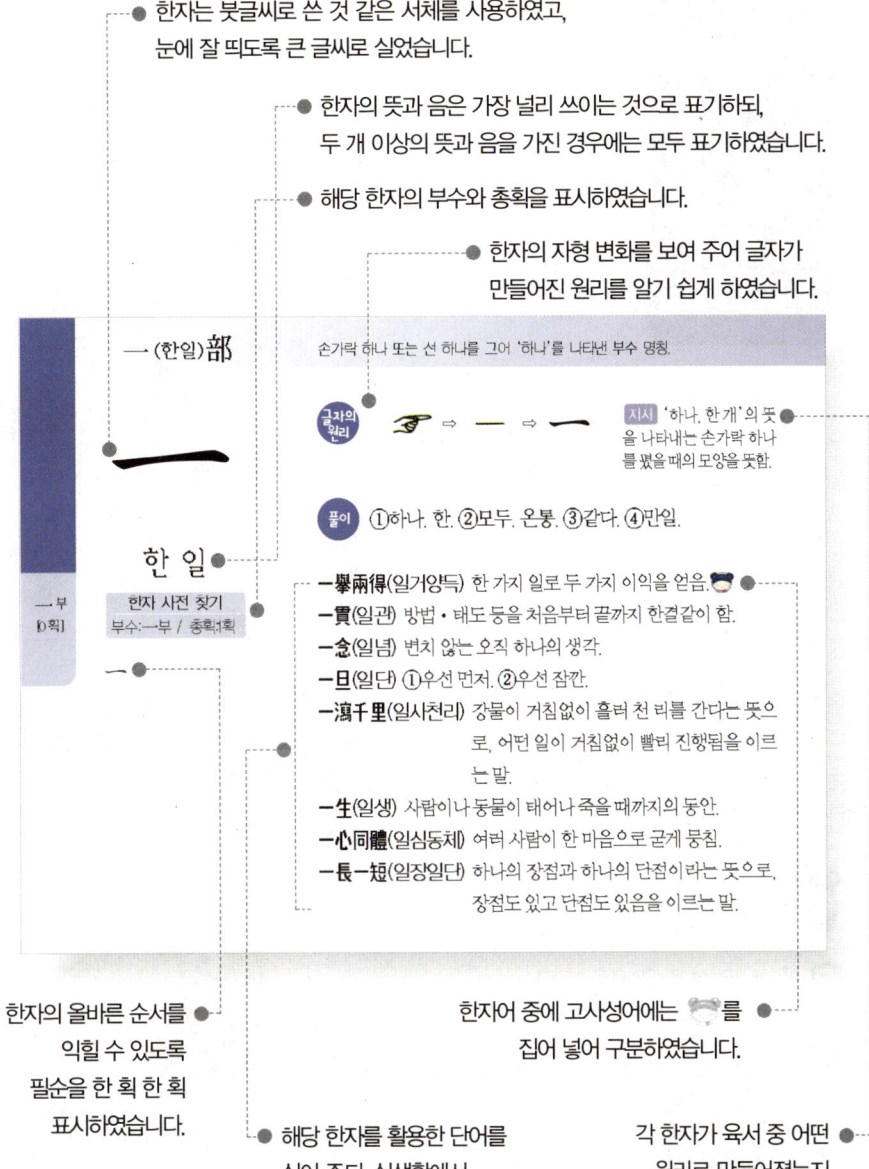

알아두기

北斗七星(북두칠성)
큰곰자리에서 가장 뚜렷하게 보이는, 국자 모양으로 생긴 일곱 개의 별이다. 각각 이름이 있는데 북두칠성 국자의 머리부터 두베, 메라크, 페크다, 메그레즈, 알리오트, 미자르, 알카이드이다. 눈으로 쉽게 식별할 수 있어 예로부터 시각의 측정이나 항해의 지침으로 삼았다.

방금 배운 한자를 활용한 한자어를 백과사전식으로 풀이해 놓은 〈아하!〉

 한자 Q&A

Q 한자의 3요소는 무엇일까요?

A 한자는 뜻을 단위로 하여 만들어진 '뜻글자'로, 글자의 모양·소리·뜻이 결합되어 한 글자를 이룹니다. 이 한자의 모양·소리·뜻을 한자의 3요소라고 합니다.
 (예) 日 ⇨ 모양…日 소리…일 뜻…날, 해
　　　木 ⇨ 모양…木 소리…목 뜻…나무
　　　月 ⇨ 모양…月 소리…월 뜻…달
　　　土 ⇨ 모양…土 소리…토 뜻…흙

한자를 공부하면서 아이들이 궁금해하는 질문만 쏙쏙 뽑아 만든 〈한자Q&A〉

비주얼 한자

중국의 역사를 그림이나 사진과 함께
한눈에 알아보는 〈비주얼 한자〉

위·진·남북조
시대

고사성어

우공이산 (愚公移山)
- 출전 : 《열자》〈탕문〉
- 풀이 : 끊임없이 노력하면 꼭 이루어진다는 뜻.

북산에 우공이라는 늙은 노인이 살고 있었다. 그의 집은 산을 마주 대하고 있고, 산이 북쪽을 막아 들고날 때 돌아서 다녀야만 하자 그는 집안 사람들을 모아 놓고 험한 산을 평평히 다져 다니기에 편하게 하자고 하였다. 하곡의 지수가 우공의 일을 비웃으면서 말했다.
"늙은 나이의 여력으로 산의 흙과 돌을 어떻게 하겠다는 것인지요?"
"비록 나는 죽게 된다 하더라도 내 자식은 손자를 낳을 것이고 손자는 또 자식을 낳아서 자자손손 영원히 다하는 일이 없을 것입니다. 그러나 산은 더 드러나지 않을 것인데 어찌하여 평평해지지 않을까 걱정하는지요?"
이 말을 들은 하느님은 우공의 정성에 감동하여 산을 옮겨 놓았다 한다.

자주 쓰이는 고사성어의 유래와 풀이를
재미있는 이야기로 살펴보는 〈고사성어〉

만화 중국 역사

만화로 고사성어의 유래도 살펴보고, 중국의 역사도 알아 가는
〈고사성어로 배우는 만화 중국 역사〉

차례

한자 사전 찾는 법 /16

자음 색인 /20

1획 /39

2획 /69

3획 /171

4획 /309

489 / 5획

541 / 6획

611 / 7획

683 / 8획

711 / 9획

727 / 10~15획

739 / 총획 색인

아하!

- 一酸化炭素(일산화탄소) / 40
- 北斗七星(북두칠성) / 43
- 三葉蟲(삼엽충) / 45
- 上昇氣流(상승 기류)와
  下降氣流(하강 기류) / 48
- 下弦(하현) / 49
- 不快指數(불쾌지수) / 52
- 世俗五戒(세속 오계) / 55
- 中生代(중생대) / 57
- 主權(주권) / 61
- 九官鳥(구관조) / 65
- 事大主義(사대주의) / 67
- 二酸化炭素(이산화탄소) / 70
- 五輪旗(오륜기) / 72
- 人工衛星(인공위성) / 80
- 休火山(휴화산) / 89
- 傳來童話(전래 동화) / 95
- 라이트 兄弟(형제) / 108
- 先史時代(선사 시대) / 110
- 入力裝置(입력 장치) / 113
- 內行星(내행성) / 115
- 全蠍(전갈) / 116
- 八萬大藏經(팔만대장경) / 118
- 六角水(육각수) / 120
- 冬眠(동면) / 126
- 月出(월출) / 129
- 前奏曲(전주곡) / 135
- 動脈(동맥) / 142
- 北極地方(북극 지방) / 148
- 十長生(십장생) / 152
- 千里馬(천리마) / 153
- 端午(단오) / 155
- 南極世宗科學基地
  (남극세종과학기지) / 158
- 人口(인구) / 172
- 右議政(우의정) / 178
- 同素體(동소체) / 181
- 三大名筆(삼대 명필) / 183
- 命婦(명부) / 188
- 問答法(문답법) / 192
- 四書五經(사서오경) / 198
- 國寶(국보) / 201
- 土星(토성) / 206
- 大東輿地圖(대동여지도) / 209
- 夏至(하지) / 219
- 秋夕(추석) / 221
- 外來語(외래어) / 222
- 大陸棚(대륙붕) / 224
- 天地創造(천지창조) / 226
- 自由의 女神像(자유의 여신상) / 230
- 子午線(자오선) / 240
- 康熙字典(강희자전) / 242
- 孝行錄(효행록) / 244
- 學名(학명) / 248
- 安全保障理事會
  (안전 보장 이사회) / 250
- 家和萬事成(가화만사성) / 256
- 寸數(촌수) / 262

- 小腸(소장) / 268
- 少脚類(소각류) / 269
- 山海經(산해경) / 274
- 河川(하천) / 277
- 左國史漢(좌국사한) / 280
- 市場經濟(시장 경제) / 284
- 노벨 平和賞(평화상) / 289
- 年號(연호) / 290
- 師弟之間(사제지간) / 298
- 後三國(후삼국) / 303
- 心臟(심장) / 310
- 鄕·所·部曲(향·소·부곡) / 336
- 敎皇(교황) / 354
- 數字(숫자) / 361
- 古代文明(고대 문명) / 363
- 日較差(일교차) / 371
- 春秋(춘추) / 377
- 時調(시조) / 379
- 月蝕(월식) / 390
- 有袋目(유대목) / 393
- 木花(목화) / 399
- 東學(동학) / 408
- 密林(밀림) / 411
- 歌劇(가극) / 424
- 正房瀑布(정방폭포) / 426
- 每日新聞(매일신문) / 435
- 民謠(민요) / 438
- 氣球(기구) / 439
- 水獺(수달) / 440
- 江湖四時歌(강호사시가) / 444
- 海溢(해일) / 460
- 漢江(한강) / 470
- 火星(화성) / 474
- 自然發生說(자연발생설) / 478
- 父母恩重經(부모은중경) / 482
- 物價指數(물가지수) / 485
- 朝鮮王朝(조선 왕조) / 490
- 生態系(생태계) / 495
- 登山(등산) / 505
- 白血球(백혈구) / 508
- 百合(백합) / 509
- 直立猿人(직립 원인) / 517
- 秋收(추수) / 532
- 航空機(항공기) / 536
- 立春(입춘) / 538
- 企劃豫算處(기획예산처) / 546
- 韓紙(한지) / 552
- 老廢物(노폐물) / 567
- 色指數(색 지수) / 587
- 花紋席(화문석) / 588
- 九節草(구절초) / 591
- 萬年雪(만년설) / 595
- 東高西低(동고서저) / 608
- 外來語(외래어) / 624
- 足球(족구) / 649
- 軍隊行進曲(군대 행진곡) / 652
- 重力(중력) / 679
- 食後景(식후경) / 722

한자 Q&A

- 한자는 누가 만들었을까요? / 42
- 한자의 3요소는 무엇일까요? / 56
- 서당이란 무엇을 하던 곳이며, 어떤 사람들이 있었나요?/ 60
- 옛날에는 수를 어떻게 나타내었을까요? / 71
- 한자가 만들어지기 전에는 어떻게 의사 소통을 했을까요? / 78
- 한자는 어떤 도구로 썼을까요? / 86
- 《명심보감》은 무엇일까요? / 105
- 한자는 어떻게 만들었을까요?/ 109
- 중국 사람들은 왜 거북 등딱지에 문자를 새겼을까요? / 117
- 지사(指事)란 무엇일까요? / 128
- 회의(會意)란 무엇일까요? / 137
- 형성(形聲)이란 무엇일까요? / 157
- 전주(轉注)란 무엇일까요? / 170
- 가차(假借)란 무엇일까요? / 180
- 절기(節氣)란 무엇일까요? / 208
- 부수(部首)란 무엇일까요? / 229
- 설에는 어떤 의미가 있을까요? / 243
- 대보름은 어떤 풍속일까요? / 264
- 부수로 짐작할 수 있는 한자의 뜻은? / 275
- 왜 모양이 다를까요? / 282
- 금자탑(金字塔)이란 무엇일까요? / 287

- '열심'이란 무슨 뜻일까요? / 302
- 지명(地名)은 어떻게 정해졌을까요? / 308
- 한자의 획이란 무엇이며, 어떤 종류가 있을까요? / 320
- 《천자문(千字文)》이란 무엇일까요? / 346
- 모양이 비슷한 한자에는 어떤 것이 있을까요? / 359
- 뜻이 상대되는 한자에는 어떤 것이 있을까요? / 362
- 높임말과 한자어와의 관계는? / 370
- '사서'란 무엇일까요? / 407
- '삼경'이란 무엇일까요? / 443
- 신체 부위를 나타내는 한자에는 어떤 것이 있을까요? / 459
- 맹자는 누구일까요? / 473
- 화랑도란 무엇일까요? / 486
- 성어(成語)란 무엇일까요? / 507
- 속담과 격언은 무엇일까요? / 535
- 영자팔법(永字八法)이란 무엇일까요? / 537
- 갖은자란 무엇일까요? / 566
- 한자어의 짜임이란 무엇일까요? / 655
- 여러 가지 뜻을 가진 한자를 알아볼까요? / 694
- 첩어란 무엇일까요? / 713
- 함흥차사란 말은 어디에서 유래했을까요? / 735

 비주얼 한자

- 위·촉·오 삼국 시대 / 46
- 중국의 문명 / 58
- 5대 10국 / 73
- 원나라 / 107
- 위·진·남북조 시대 / 161
- 하·은·주 시대 / 220
- 시황제 / 237
- 전국 시대 / 334
- 공자와 유교 / 355
- 수나라 문제 / 364
- 명나라 / 373
- 춘추 시대 / 378
- 한무제 / 429
- 당 / 450
- 당태종 / 451
- 청나라 / 465
- 왕안석 / 491
- 문인화 / 503
- 홍건적 / 550
- 채륜의 종이 발명 / 555
- 중화 사상 / 594
- 만리장성 / 598
- 동방 견문록 / 613
- 이백과 두보 / 621
- 팔기군 / 653
- 농민 반란 – 진승·오광의 난 / 657
- 도교 / 666
- 은허 / 686
- 장안 / 690
- 양귀비·안녹산 / 701
- 황건적의 난 / 737

 고사성어

- 각자위정(各自爲政) / 481
- 거경지신(巨卿之信) / 279
- 결초보은(結草報恩) / 318
- 계구우후(鷄口牛後) / 304
- 계륵(鷄肋) / 734
- 고어지사(枯魚之肆) / 731
- 곡학아세(曲學阿世) / 386
- 과전이하(瓜田李下) / 50
- 관포지교(管鮑之交) / 76
- 괄목상대(刮目相對) / 266
- 구밀복검(口蜜腹劍) / 173
- 구우일모(九牛一毛) / 437
- 구인득인(救仁得仁) / 82
- 국사무쌍(國士無雙) / 202
- 권토중래(捲土重來) / 207
- 기우(杞憂) / 329
- 기호지세(騎虎之勢) / 146

- 낙불사촉(樂不思蜀) / 421
- 난형난제(難兄難弟) / 704
- 남가일몽(南柯一夢) / 159
- 남원북철(南轅北轍) / 149
- 노당익장(老當益壯) / 568
- 녹엽성음(綠葉成陰) / 561

- 다다익선(多多益善) / 196
- 당돌서시(唐突西施) / 609
- 대공무사(大公無私) / 530
- 대기만성(大器晚成) / 380
- 도외시(度外視) / 294
- 도원결의(桃園結義) / 205
- 독서백편의자현(讀書百遍意自見) / 634
- 독안룡(獨眼龍) / 488
- 동가식서가숙(東家食西家宿) / 259
- 동곽리(東郭履) / 409
- 등용문(登龍門) / 506

ㅁ

- 마이동풍(馬耳東風) / 721
- 만사일생(萬死一生) / 596
- 망매지갈(望梅止渴) / 397
- 묵수(墨守) / 249
- 문전성시(門前成市) / 692
- 문정경중(問鼎輕重) / 680

ㅂ

- 반근착절(盤根錯節) / 416
- 발본색원(拔本塞源) / 403
- 방촌이란(方寸已亂) / 283
- 배중사영(杯中蛇影) / 412
- 백년하청(百年河淸) / 510
- 백아절현(伯牙絕絃) / 559
- 백전백승(百戰百勝) / 522
- 보원이덕(報怨以德) / 214
- 복수불반(覆水不返) / 441
- 불입호혈부득호자
  (不入虎穴不得虎子) / 53

ㅅ

- 삼인성호(三人成虎) / 602
- 손자병법(孫子兵法) / 122
- 수어지교(水魚之交) / 232
- 식소사번(食少事繁) / 68

ㅇ

- 양두구육(羊頭狗肉) / 564
- 양상군자(梁上君子) / 241
- 어부지리(漁父之利) / 132
- 오월동주(吳越同舟) / 182
- 온고지신(溫故知新) / 366
- 와신상담(臥薪嘗膽) / 579
- 요령부득(要領不得) / 610
- 우각괘서(牛角卦書) / 484
- 우공이산(愚公移山) / 119
- 원교근공(遠交近攻) / 669
- 월하빙인(月下氷人) / 391
- 유비무환(有備無患) / 394
- 읍참마속(泣斬馬謖) / 447
- 이도살삼사(二桃殺三士) / 432

- 이목지신(移木之信) / 400
- 일폭십한(一曝十寒) / 41
- 입목삼분(入木三分) / 114

ㅈ
- 자두연기(煮豆燃箕) / 637
- 적벽대전(赤壁大戰) / 646
- 전거후공(前倨後恭) / 136
- 제자백가(諸子百家) / 630
- 조령모개(朝令暮改) / 398
- 조삼모사(朝三暮四) / 384
- 주낭반대(酒囊飯袋) / 724
- 죽마고우(竹馬故友) / 353
- 증삼살인(曾參殺人) / 388
- 지록위마(指鹿爲馬) / 344
- 지상담병(紙上談兵) / 553
- 진충보국(盡忠報國) / 515

ㅊ
- 창해일속(滄海一粟) / 461
- 천려일득(千慮一得) / 154
- 천의무봉(天衣無縫) / 227

- 철면피(鐵面皮) / 688
- 칠금칠종(七擒七縱) / 44

ㅍ
- 파죽지세(破竹之勢) / 542
- 패군장불가이언용
  (敗軍將不可以言勇) / 357
- 포신구화(抱薪救火) / 475
- 필부지용(匹夫之勇) / 151

ㅎ
- 하동사자후(河東獅子吼) / 453
- 형설지공(螢雪之功) / 140

인물
- 사마천(司馬遷) / 176
- 손빈(孫殯)과 방연(龐涓) / 246
- 한비자(韓非子) / 710
- 한신(韓信) / 715
- 항우(項羽)와 유방(劉邦) / 471
- 화타(華陀) / 676

한자 사전 찾는 법

한자 사전 찾는 법

한자 사전 찾는 법

한자 사전 찾는 법

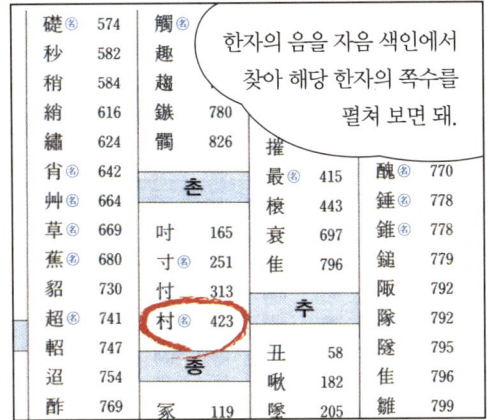

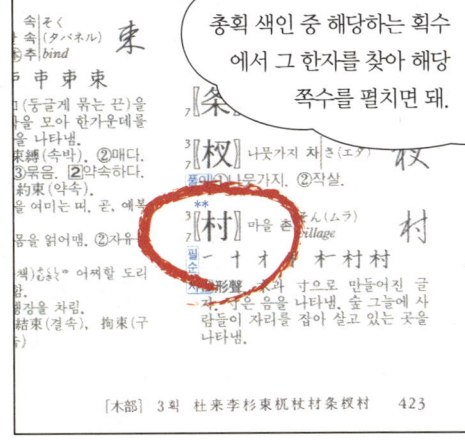

자음 색인

(중학교 한문 교육용 기초 한자 900자)

가

佳 아름다울 가   94
假 거짓 가   102
價 값 가   105
加 더할 가   139
可 옳을 가   174
家 집 가   256
歌 노래 가   424
街 거리 가   606

각

各 각각 각   179
脚 다리 각   577
角 뿔 각   615

간

干 방패 간   288
看 볼 간   518
間 사이 간   695

갈

渴 목마를 갈   466

감

感 느낄 감   325
敢 감히 감   359
減 덜 감   467
甘 달 감   494

갑

甲 갑옷 갑   497

강

强 굳셀 강   299
江 강 강   444
講 강론할 강   629
降 내릴 강   698

개

個 낱 개   100
改 고칠 개   351
皆 다 개   511
開 열 개   696

객

客 손 객   254

갱

更 다시 갱   387

거

去 갈 거   166
居 있을 거   272
巨 클 거   279
擧 들 거   349
車 수레 거   651

건

乾 마를 건   66
建 세울 건   296

견

堅 굳을 견   212
犬 개 견   487
見 볼 견   612

결

決 결단할 결	445	
潔 깨끗할 결	473	
結 맺을 결	557	

경

京 서울 경	79	
庚 일곱번째 천간 경	293	
慶 경사 경	328	
敬 공경 경	360	
景 볕 경	381	
更 고칠 경	387	
競 다툴 경	540	
經 날 경	560	
耕 갈 경	571	
輕 가벼울 경	654	
驚 놀랄 경	728	

계

季 끝 계	245	
溪 시내 계	468	
界 지경 계	500	
癸 열째 천간 계	504	
計 셀 계	616	
鷄 닭 계	733	

고

古 옛 고	174	
告 알릴 고	185	
固 굳을 고	200	
故 연고 고	352	
考 생각할 고	570	
苦 쓸 고	589	
高 높을 고	730	

곡

曲 굽을 곡	386	
穀 곡식 곡	534	
谷 골 곡	636	

곤

困 곤할 곤	200	
坤 곤괘 곤	211	

골

骨 뼈 골	729	

공

公 공변될 공	119	
共 함께 공	121	
功 공 공	139	
工 장인 공	278	
空 빌 공	536	

과

果 실과 과	407	
科 과목 과	531	
課 과정 과	626	
過 지날 과	664	

관

官 벼슬 관	252	
觀 볼 관	614	
關 관계할 관	697	

광

光 빛 광	109	
廣 넓을 광	295	

교

交 사귈 교	75	
敎 가르칠 교	354	
校 학교 교	415	
橋 다리 교	421	

구

久 오랠 구	62	
九 아홉 구	65	
口 입 구	172	
句 글귀 구	175	
救 구원할 구	356	
求 구할 구	443	

구~농

究 궁구할 구　535
舊 옛 구　584

국
國 나라 국　201

군
君 임금 군　185
軍 군사 군　652
郡 고을 군　672

궁
弓 활 궁　297

권
勸 권할 권　145
卷 말 권　164
權 저울추 권　422

귀
歸 돌아갈 귀　430
貴 귀할 귀　641

균
均 고를 균　210

극
極 다할 극　419

근
勤 부지런할 근　144
根 뿌리 근　416
近 가까울 근　658

금
今 이제 금　81
禁 금할 금　528
金 쇠 금　684

급
及 미칠 급　167
急 급할 급　315
給 줄 급　557

기
其 그 기　124
基 터 기　212
己 몸 기　281
幾 기미 기　292
技 재주 기　339
旣 이미 기　370
期 기약할 기　396
氣 기운 기　439
記 기록할 기　617
起 일 기　648

길
吉 길할 길　180

김
金 성 김　684

난
暖 따뜻할 난　382
難 어려울 난　703

남
南 남녘 남　158
男 사내 남　499

내
乃 이에 내　62
內 안 내　115

냥
兩 냥 냥　117

녀
女 계집 녀　230

년
年 해 년　290

념
念 생각 념　313

노
怒 성낼 노　315

농
農 농사 농　656

능

能 능할 능　576

다

多 많을 다　223

단

丹 붉을 단　60
但 다만 단　90
單 홀 단　194
短 짧을 단　523
端 바를 단　540

달

達 통할 달　664

담

談 말씀 담　626

답

答 대답할 답　544

당

堂 집 당　213
當 마땅 당　502

대

代 대신 대　84
大 큰 대　224
對 대할 대　265

대

待 기다릴 대　301

댁

宅 댁 댁　251

덕

德 덕 덕　308

도

刀 칼 도　130
到 이를 도　134
圖 그림 도　205
島 섬 도　275
度 법도 도　294
徒 무리 도　306
道 길 도　665
都 도읍 도　673

독

獨 홀로 독　488
讀 읽을 독　634

동

冬 겨울 동　126
動 움직일 동　142
同 한가지 동　181
東 동녘 동　408
洞 마을 동　454

동

童 아이 동　539

두

斗 말 두　365
讀 구절 두　634
豆 콩 두　636
頭 머리 두　718

득

得 얻을 득　306

등

燈 등불 등　480
登 오를 등　505
等 무리 등　545

락

樂 즐길 락　420
落 떨어질 락　593

란

卵 알 란　163

랑

浪 물결 랑　457
郞 사내 랑　672

래

來 올 래　95

랭

랭~망

冷 찰 랭　127

량
兩 두 량　117
涼 서늘할 량　462
良 좋을 량　586
量 헤아릴 량　682

려
旅 나그네 려　369

력
力 힘 력　138
歷 지낼 력　430

련
練 익힐 련　562
連 이을 련　661

렬
列 벌일 렬　131
烈 세찰 렬　476

령
令 하여금 령　84
領 거느릴 령　718

례
例 법식 례　96
禮 예도 례　529

로
勞 일할 로　143
老 늙을 로　567
路 길 로　650
露 이슬 로　707

록
綠 푸를 록　560

론
論 의논할 론　627

료
料 헤아릴 료　365

류
柳 버들 류　414
流 흐를 류　457
留 머무를 류　500

륙
六 여섯 륙　120
陸 뭍 륙　699

륜
倫 인륜 륜　100

률
律 법률　302

리
利 이로울 리　132
李 오얏 리　405
理 다스릴 리　492
里 마을 리　678

림
林 수풀 림　411

립
立 설 립　538

마
馬 말 마　728

막
莫 없을 막　592

만
晩 저물 만　380
滿 찰 만　469
萬 일만 만　595

말
末 끝 말　402

망
亡 망할 망　75
忙 바쁠 망　311
忘 잊을 망　312
望 바랄 망　396

매

妹 누이 매	234
每 매양 매	435
買 살 매	642
賣 팔 매	643

맥

| 麥 보리 맥 | 735 |

면

免 벗어날 면	112
勉 힘쓸 면	141
眠 잘 면	519
面 낯 면	712

명

名 이름 명	183
命 목숨 명	188
明 밝을 명	372
鳴 울 명	733

모

暮 저물 모	384
母 어머니 모	434
毛 털 모	436

목

| 木 나무 목 | 399 |
| 目 눈 목 | 514 |

묘

| 卯 넷째 지지 묘 | 162 |
| 妙 묘할 묘 | 234 |

무

務 힘쓸 무	143
戊 다섯번째천간 무	331
武 호반 무	428
無 없을 무	477
舞 춤출 무	585
茂 우거질 무	589

묵

| 墨 먹 묵 | 216 |

문

問 물을 문	192
文 글월 문	363
聞 들을 문	573
門 문 문	691

물

| 勿 말 물 | 147 |
| 物 물건 물 | 485 |

미

味 맛 미	189
尾 꼬리 미	272
未 아닐 미	402
米 쌀 미	548
美 아름다울 미	565

민

| 民 백성 민 | 438 |

밀

| 密 빽빽할 밀 | 258 |

박

| 朴 성 박 | 404 |

반

半 반 반	156
反 돌이킬 반	168
飯 밥 반	723

발

| 發 필 발 | 507 |

방

房 방 방	335
放 놓을 방	351
方 방위 방	367
訪 찾을 방	618
防 둑 방	697

배

배~빙

北 달아날 배		148
拜 절 배		341
杯 잔 배		412

백
白 흰 백		508
百 일백 백		509

번
番 차례 번		501

벌
伐 칠 벌		87

범
凡 무릇 범		127

법
法 법 법		446

변
便 똥오줌 변		99
變 변할 변		635

별
別 다를 별		133

병
丙 남녘 병		54
兵 병사 병		121
病 병 병		504

보
保 보전할 보		97
報 갚을 보		214
步 걸을 보		427

복
伏 엎드릴 복		88
復 회복할 복		307
服 옷 복		395
福 복 복		528

본
本 근본 본		403

봉
奉 받들 봉		229
逢 만날 봉		661

부
不 아닐 부		52
否 아닐 부		186
夫 남편 부		225
婦 며느리 부		239
富 부자 부		260
復 다시 부		307
扶 도울 부		339
浮 뜰 부		458

부(父)
父 아버지 부		482
部 거느릴 부		673

북
北 북녘 북		148

분
分 나눌 분		130

불
不 아닐 불		52
佛 부처 불		90

붕
朋 벗 붕		395

비
備 갖출 비		103
否 막힐 비		186
悲 슬플 비		323
比 견줄 비		436
非 아닐 비		709
飛 날 비		721
鼻 코 비		738

빈
貧 가난할 빈		640

빙
氷 얼음 빙		442

사

事 일 사		67
仕 섬길 사		85
使 부릴 사		96
史 역사 사		175
四 넉 사		198
士 선비 사		217
寺 절 사		263
射 쏠 사		263
巳 뱀 사		281
師 스승 사		286
思 생각 사		316
死 죽을 사		431
私 사사 사		529
絲 실 사		558
舍 집 사		585
謝 사례할 사		632

삭

數 자주 삭		361

산

山 메 산		274
散 흩을 산		360
産 낳을 산		496
算 셈 산		546

살

殺 죽일 살		431

삼

三 석 삼		45
參 석 삼		166

상

上 위 상		48
傷 다칠 상		104
商 장사 상		193
喪 복입을 상		195
尙 오히려 상		270
常 항상 상		288
想 생각 상		326
相 서로 상		518
賞 상줄 상		644
霜 서리 상		707

색

色 빛 색		587

생

生 날 생		495
省 덜 생		519

서

序 차례 서		292
暑 더울 서		383
書 글 서		387
西 서녘 서		608

석

夕 저녁 석		221
席 자리 석		287
惜 아낄 석		323
昔 예 석		374
石 돌 석		523

선

仙 신선 선		85
先 먼저 선		110
善 착할 선		195
線 줄 선		562
船 배 선		586
選 가릴 선		670
鮮 고울 선		732

설

舌 혀 설		584
設 베풀 설		619
說 말씀 설		623
雪 눈 설		705

섭

葉 땅이름 섭	599	

성

城 성 성	211
姓 성씨 성	235
性 성품 성	316
成 이룰 성	332
星 별 성	375
盛 담을 성	513
省 살필 성	519
聖 성스러울 성	572
聲 소리 성	573
誠 정성 성	623

세

世 인간 세	55
勢 기세 세	145
歲 해 세	428
洗 씻을 세	455
稅 구실 세	533
細 가늘 세	556
說 달랠 세	623

소

小 작을 소	268
少 적을 소	269
所 바 소	336
消 사라질 소	458
笑 웃을 소	543
素 흴 소	551

속

俗 풍속 속	98
續 이을 속	563
速 빠를 속	662

손

孫 손자 손	245

송

松 솔 송	413
送 보낼 송	659

쇄

殺 덜 쇄	431

수

修 닦을 수	101
受 받을 수	169
壽 목숨 수	218
守 지킬 수	249
愁 시름 수	326
手 손 수	337
授 줄 수	346
收 거둘 수	350
數 셈 수	361
樹 나무 수	422
水 물 수	440
秀 빼어날 수	531
誰 누구 수	627
雖 비록 수	703
須 모름지기 수	717
首 머리 수	726

숙

叔 아재비 숙	169
宿 잘 숙	258
淑 착할 숙	462

순

純 생사 순	551
順 순할 순	717

술

戌 개 술	331

숭

崇 높을 숭	276

습

拾 주울 습	342

習 익힐 습		566

승
乘 탈 승		64
勝 이길 승		144
承 받들 승		340

시
始 비로소 시		236
市 저자 시		284
施 베풀 시		368
是 옳을 시		376
時 때 시		379
示 보일 시		525
視 볼 시		612
詩 시 시		620
試 시험할 시		620

씨
氏 씨 씨		437

식
式 법 식		296
植 심을 식		418
識 알 식		632
食 밥 식		722

신
信 믿을 신		98
新 새 신		366
申 납 신		498
神 귀신 신		525
臣 신하 신		578
身 몸 신		650
辛 매울 신		654
辰 때 신		655

실
失 잃을 실		228
室 집 실		255
實 열매 실		261

심
心 마음 심		310
深 깊을 심		463
甚 심할 심		494

십
十 열 십		152
拾 열 십		342

아
兒 아이 아		112
我 나 아		332

악
惡 악할 악		324
樂 노래 악		420

안
安 편안할 안		250
案 책상 안		417
眼 눈 안		520
顔 얼굴 안		719

암
巖 바위 암		276
暗 어두울 암		383

앙
仰 우러를 앙		88

애
哀 슬플 애		190
愛 사랑 애		327

야
也 잇기 야		66
夜 밤 야		223
野 들 야		682

약
弱 약할 약		299
約 맺을 약		549
若 같을 약		590

藥 약 **약** 600	余 나 **여** 91	永 길 **영** 442
양	如 같을 **여** 231	英 꽃부리 **영** 590
揚 오를 **양** 349	汝 너 **여** 445	迎 맞을 **영** 658
洋 큰바다 **양** 455	與 줄 **여** 583	**예**
羊 양 **양** 564	餘 남을 **여** 725	藝 재주 **예** 600
讓 사양할 **양** 635	**역**	**오**
陽 볕 **양** 700	亦 또 **역** 78	五 다섯 **오** 72
養 기를 **양** 725	易 바꿀 **역** 374	午 낮 **오** 155
어	逆 거스를 **역** 659	吾 나 **오** 186
於 어조사 **어** 368	**연**	悟 깨달을 **오** 322
漁 고기잡을 **어** 469	然 그럴 **연** 478	惡 미워할 **오** 324
語 말씀 **어** 624	煙 연기 **연** 479	於 탄식할 **오** 368
魚 고기 **어** 730	硏 갈 **연** 524	烏 까마귀 **오** 477
억	**열**	誤 그릇될 **오** 625
億 억 **억** 106	悅 기쁠 **열** 321	**옥**
憶 생각할 **억** 330	熱 더울 **열** 479	屋 집 **옥** 273
언	說 기쁠 **열** 623	玉 구슬 **옥** 492
言 말씀 **언** 616	**염**	**온**
엄	炎 불꽃 **염** 476	溫 따뜻할 **온** 468
嚴 엄할 **엄** 197	**엽**	**와**
업	葉 잎 **엽** 599	瓦 기와 **와** 493
業 업 **업** 419	**영**	臥 누울 **와** 578
여	榮 영화 **영** 420	**완**

完 완전할 완 252	宇 집 우 251	位 자리 위 91
왈	尤 더욱 우 270	偉 클 위 102
曰 가로 왈 385	憂 근심 우 329	危 위태할 위 162
왕	牛 소 우 483	威 위엄 위 238
往 갈 왕 300	遇 만날 우 667	爲 할 위 481
王 임금 왕 490	雨 비 우 704	**유**
외	**운**	唯 오직 유 193
外 바깥 외 222	云 이를 운 74	幼 어릴 유 291
요	運 옮길 운 667	有 있을 유 393
樂 좋아할 요 420	雲 구름 운 705	柔 부드러울 유 414
要 요긴할 요 610	**웅**	油 기름 유 446
욕	雄 수컷 웅 702	猶 오히려 유 487
欲 하고자 할 욕 423	**원**	由 말미암을 유 498
浴 목욕할 욕 459	元 으뜸 원 106	遊 놀 유 668
용	原 언덕 원 165	遺 남길 유 670
勇 날랠 용 141	圓 둥글 원 204	酉 닭 유 674
容 얼굴 용 257	園 동산 원 204	**육**
用 쓸 용 496	怨 원망할 원 317	肉 고기 육 574
우	遠 멀 원 668	育 기를 육 575
于 어조사 우 71	願 원할 원 720	**은**
又 또 우 167	**월**	恩 은혜 은 317
友 벗 우 168	月 달 월 390	銀 은 은 685
右 오른쪽 우 178	**위**	**음**

을

乙 새 을　64

음

吟 읊을 음　187
陰 응달 음　700
音 소리 음　716
飮 마실 음　723

읍

泣 울 읍　447
邑 고을 읍　671

응

應 응할 응　330

의

依 의지할 의　97
意 뜻 의　327
矣 어조사 의　521
義 옳을 의　565
衣 옷 의　606
議 의논할 의　633
醫 의원 의　675

이

二 두 이　70
以 써 이　86
已 그칠 이　282
易 쉬울 이　374
異 다를 이　501
移 옮길 이　532
而 말이을 이　571
耳 귀 이　572

익

益 더할 익　513

인

人 사람 인　80
仁 어질 인　81
印 도장 인　163
因 인할 인　199
寅 셋째 지지 인　259
引 당길 인　297
忍 참을 인　312
認 알 인　625

일

一 한 일　40
日 날 일　371

임

壬 북방 임　217

입

入 들 입　113

자

姉 손위누이 자　236
子 아들 자　240
字 글자 자　242
慈 사랑 자　328
者 놈 자　570
自 스스로 자　581

작

作 지을 작　92
昨 어제 작　376

장

場 마당 장　215
壯 씩씩할 장　218
將 장수 장　264
章 글 장　539
長 긴 장　689

재

再 다시 재　125
哉 어조사 재　191
在 있을 재　208
才 재주 재　338
材 재목 재　405
栽 심을 재　417

財 재물 재	639

쟁
爭 다툴 쟁	480

저
低 낮을 저	92
著 드러날 저	599
貯 쌓을 저	642

적
敵 원수 적	362
的 과녁 적	511
赤 붉을 적	645
適 갈 적	669

전
傳 전할 전	104
全 온전할 전	116
典 법 전	124
前 앞 전	134
展 펼 전	273
戰 싸움 전	333
田 밭 전	497
錢 돈 전	687
電 번개 전	706

절
| 節 마디 절 | 547 |
| 絶 끊을 절 | 558 |

점
| 店 가게 점 | 293 |

접
| 接 사귈 접 | 347 |

정
丁 넷째 천간 정	42
井 우물 정	74
停 머무를 정	103
定 정할 정	253
庭 뜰 정	295
情 뜻 정	324
政 정사 정	352
正 바를 정	426
淨 깨끗할 정	463
精 정미로울 정	548
貞 곧을 정	639
靜 고요할 정	709
頂 정수리 정	716

제
帝 임금 제	286
弟 아우 제	298
祭 제사 제	527
第 차례 제	543
製 지을 제	607
諸 모든 제	629
除 덜 제	699
題 제목 제	719

조
兆 조짐 조	111
助 도울 조	140
早 일찍 조	372
朝 아침 조	398
祖 할아비 조	526
調 고를 조	628
造 지을 조	662
鳥 새 조	732

족
| 族 겨레 족 | 369 |
| 足 발 족 | 649 |

존
| 存 있을 존 | 243 |
| 尊 높을 존 | 265 |

졸
| 卒 군사 졸 | 156 |

재~졸

종

宗 마루 종	253
從 좇을 종	307
種 씨 종	534
終 마칠 종	556
鐘 종 종	687

좌

坐 앉을 좌	210
左 왼쪽 좌	280

죄

罪 허물 죄	563

주

主 주인 주	61
住 살 주	93
宙 집 주	254
晝 낮 주	381
朱 붉을 주	404
注 물댈 주	448
走 달릴 주	648
酒 술 주	675

죽

竹 대 죽	542

중

中 가운데 중	57
衆 무리 중	605
重 무거울 중	679

즉

則 곧 즉	137
卽 곧 즉	164

증

增 불어날 증	216
曾 일찍 증	388
證 증거 증	633

지

之 갈 지	63
只 다만 지	179
地 땅 지	209
志 뜻 지	313
持 가질 지	343
指 손가락 지	343
支 가를 지	350
枝 가지 지	413
止 그칠 지	425
知 알 지	522
紙 종이 지	552
至 이를 지	582

직

直 곧을 직	517

진

盡 다할 진	514
眞 참 진	520
辰 별 진	655
進 나아갈 진	663

질

質 바탕 질	644

집

執 잡을 집	213
集 모일 집	702

차

且 또 차	56
借 빌 차	101
次 버금 차	423
此 이 차	427
車 수레 차	651

착

着 붙을 착	521
著 붙일 착	599

찰

察 살필 찰	261

참

參 참여할 참　166

창

唱 부를 창　194
昌 창성 창　375
窓 창 창　537

채

採 캘 채　347
菜 나물 채　592

책

册 책 책　125
責 꾸짖을 책　640

처

妻 아내 처　238
處 머무를 처　601

척

尺 자 척　271

천

千 일천 천　153
天 하늘 천　226
川 내 천　277
泉 샘 천　448
淺 얕을 천　464

철

鐵 쇠 철　688

청

晴 갤 청　382
淸 맑을 청　464
聽 들을 청　574
請 청할 청　628
靑 푸를 청　708

체

體 몸 체　729

초

初 처음 초　133
招 부를 초　341
草 풀 초　591

촌

寸 마디 촌　262
村 마을 촌　406

최

最 가장 최　389

추

推 옮을 추　348
秋 가을 추　532
追 쫓을 추　660

축

丑 소 축　54
祝 빌 축　527

춘

春 봄 춘　377

출

出 날 출　129

충

充 채울 충　111
忠 충성 충　314
蟲 벌레 충　604

취

取 취할 취　170
吹 불 취　187
就 이룰 취　271

치

治 다스릴 치　449
致 이를 치　582
齒 이 치　738

칙

則 법칙 칙　137

친

親 친할 친　614

참 ~ 친

칠~피

칠
七 일곱 **칠**		43

침
針 바늘 **침**		685

쾌
快 쾌할 **쾌**		314

타
他 다를 **타**		87
打 칠 **타**		338

탁
度 헤아릴 **탁**		294

탈
稅 벗을 **탈**		533
脫 벗을 **탈**		577

탐
探 찾을 **탐**		348

태
太 클 **태**		228
泰 클 **태**		449
稅 추복 입을 **태**		533

택
宅 집 **택**		251

토
土 흙 **토**		206

통
洞 통할 **통**		454
統 거느릴 **통**		559
通 통할 **통**		663

퇴
推 밀 **퇴**		348
退 물러날 **퇴**		660

투
投 던질 **투**		340

특
特 특별할 **특**		486

파
波 물결 **파**		452
破 깨뜨릴 **파**		524

판
判 뻐갤 **판**		134

팔
八 여덟 **팔**		118

패
敗 패할 **패**		356
貝 조개 **패**		638

편
便 편할 **편**		99
片 조각 **편**		483
篇 책 **편**		547

평
平 평평할 **평**		289

폐
閉 닫을 **폐**		694

포
布 베 **포**		285
抱 안을 **포**		342
暴 사나울 **포**		385

폭
暴 사나울 **폭**		385

표
表 겉 **표**		607

품
品 물건 **품**		191

풍
豊 풍년 **풍**		638
風 바람 **풍**		720

피
彼 저 **피**		301
皮 가죽 **피**		512

필

匹 필 **필**	151
必 반드시 **필**	311
筆 붓 **필**	545

하

下 아래 **하**	49
何 어찌 **하**	94
夏 여름 **하**	219
河 물 **하**	452
賀 하례할 **하**	643

학

學 배울 **학** 248

한

寒 찰 **한**	260
恨 한할 **한**	320
漢 한수 **한**	470
閑 한가 **한**	696
限 한정 **한**	698
韓 나라이름 **한**	714

합

合 합할 **합** 184

항

恒 항상 **항** 321

行 항렬 **항** 605
降 항복할 **항** 698

해

亥 돼지 **해**	79
害 해할 **해**	257
海 바다 **해**	460
解 풀 **해**	615

행

幸 다행 **행** 291
行 다닐 **행** 605

향

向 향할 **향**	184
鄕 시골 **향**	674
香 향기 **향**	726

허

虛 빌 **허** 603
許 허락할 **허** 619

혁

革 가죽 **혁** 713

현

現 나타날 **현**	493
見 나타날 **현**	612
賢 어질 **현**	645

혈

血 피 **혈** 604

협

協 합할 **협** 157

형

兄 맏 **형**	108
刑 형벌 **형**	131
形 형상 **형**	300

혜

惠 은혜 **혜** 325

호

乎 온 **호**	63
呼 부를 **호**	189
好 좋을 **호**	231
戶 지게 **호**	335
湖 호수 **호**	467
虎 범 **호**	601
號 이름 **호**	603

혹

或 혹 **혹** 333

혼

婚 혼인할 **혼** 239
混 섞을 **혼** 466

홍
紅 붉을 홍		549

화
化 될 화		147
和 화할 화		190
火 불 화		474
畫 그림 화		502
花 꽃 화		588
華 빛날 화		593
話 이야기 화		622
貨 재화 화		641

환
患 근심 환		322
歡 기뻐할 환		425

활
活 살 활		456

황
皇 임금 황		512
黃 누를 황		736

회
回 돌 회		199
會 모일 회		389

획
畫 그을 획		502

효
孝 효도 효		244
效 본받을 효		353

후
厚 두터울 후		165
後 뒤 후		303

훈
訓 가르칠 훈		618

휴
休 쉴 휴		89

흉
凶 흉할 흉		128
胸 가슴 흉		576

흑
黑 검을 흑		736

흥
興 일 흥		583

희
喜 기쁠 희		197
希 바랄 희		285

一 (한일) 部

손가락 하나 또는 선 하나를 그어 '하나'를 나타낸 부수 명칭.

一

한 일

한자 사전 찾기
부수:一부 / 총획:1획

一부
[0획]

글자의 원리 ⇒ 一 ⇒ 一

지사 '하나, 한 개'의 뜻을 나타내는 손가락 하나를 폈을 때의 모양을 뜻함.

풀이 ①하나. 한. ②모두. 온통. ③같다. ④만일.

一擧兩得(일거양득) 한 가지 일로 두 가지 이익을 얻음.
一貫(일관) 방법·태도 등을 처음부터 끝까지 한결같이 함.
一念(일념) 변치 않는 오직 하나의 생각.
一旦(일단) ①우선 먼저. ②우선 잠깐.
一瀉千里(일사천리) 강물이 거침없이 흘러 천 리를 간다는 뜻으로, 어떤 일이 거침없이 빨리 진행됨을 이르는 말.
一生(일생) 사람이나 동물이 태어나 죽을 때까지의 동안.
一心同體(일심동체) 여러 사람이 한 마음으로 굳게 뭉침.
一長一短(일장일단) 하나의 장점과 하나의 단점이라는 뜻으로, 장점도 있고 단점도 있음을 이르는 말.

아하!

一酸化炭素 (일산화탄소)

자동차의 배기 가스 중에 많이 포함되어 있다. 또 큰 산불이 일어날 때 주위에 산소가 부족하여 많이 발생한다. 어느 정도 이상의 일산화탄소를 들이마시면 몸의 각 조직이 산소 결핍 상태가 되며, 대뇌에 산소 공급이 끊기면 사망하거나 두뇌 장애를 일으킨다.

일을 꾸준히 하지 못하고 일정함이 없다

일폭십한(一曝十寒)

이렇게 말하면서 맹자는 제나라 왕에게 하나의 비유를 들었다. 전국에서 바둑을 가장 잘 두는 혁추라는 사람 밑에 두 제자가 있었다. 한 제자는 배움에 여념이 없었으나, 다른 한 제자는 딴 곳에 뜻을 두어 배움에 소홀하였다. 결국 열심히 배움에 임한 제자만이 성공하였는데, 이것은 곧 꾸준히 배움에 임하는 정도가 달랐기 때문이다.

丁

❶ 넷째 천간 정
❷ 장정 정

한자 사전 찾기
부수: 一부 / 총획: 2획

一 丁

글자의 원리

상형 못을 뜻하는 글자였으나, 점차 그 모양에서 '고무래 정'으로 불림.

풀이 ❶넷째 천간. 10간(干)의 네 번째. ❷①젊은 남자. ②남자 일꾼.

丁卯(정묘) 60갑자의 넷째.
目不識丁(목불식정) 아주 간단한 글자인 '丁' 자를 보고도 그것이 고무래임을 알지 못한다는 뜻으로, 아주 무식함을 이르는 말.
兵丁(병정) 병역을 치르고 있는 장정.

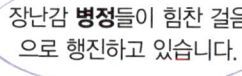

장난감 **병정**들이 힘찬 걸음으로 행진하고 있습니다.

 한자 Q&A

Q 한자는 누가 만들었을까요?

A 중국의 옛 문헌을 보면 창힐이 문자를 만들었다는 기록이 많이 나옵니다. 그러나 창힐은 사람의 이름이 아니라 문자를 관장하는 직책이라는 의견도 있습니다. 만일, 창힐이 인명이라 하더라도 그가 혼자 그 많은 글자들을 모두 만든 것은 아니고, 오랜 세월을 거쳐 여러 사람이 여러 가지 방법으로 만들었던 것 같습니다. 해와 달, 산과 강 등을 보고 그 모양을 본떠 만들기도 하고, 기호를 붙여 만들기도 하고, 다른 사람이 만든 것에 좀더 덧붙여 만들기도 하면서 한자는 탄생되었습니다.

일곱 칠

한자 사전 찾기
부수: 一부 / 총획: 2획

一 七

글자의 원리 ⇒ 七 ⇒ 七

지사 5개의 손가락과 2개의 손가락을 겹쳐 놓은 모양을 뜻함.

풀이 ①일곱. ②일곱 번.

七寶丹粧(칠보단장) 여러 가지 패물로 몸을 꾸미는 일.
七夕(칠석) 음력 7월 7일 밤. 해마다 이날 밤에 견우성과 직녀성이 은하수에 놓인 오작교에서 만난다고 함.
七旬(칠순) 일흔 살.
七顚八起(칠전팔기) 일곱 번 넘어지고 여덟 번 일어난다는 뜻으로, 여러 번 실패해도 절망하지 않고 끝까지 노력함을 이르는 말.

一부
[1획]

北斗七星(북두칠성)

큰곰자리에서 가장 뚜렷하게 보이는, 국자 모양으로 생긴 일곱 개의 별이다. 각각 이름이 있는데 북두칠성 국자의 머리부터 두베, 메라크, 페크다, 메그레즈, 알리오트, 미자르, 알카이드이다. 눈으로 쉽게 식별할 수 있어 예로부터 시각의 측정이나 항해의 지침으로 삼았다.

일곱 번 잡아 일곱 번 놓아 주다

칠금칠종(七擒七縱)

제갈공명은 맹획이 이끄는 군대와 일곱 차례 싸워 그때마다 맹획을 사로잡았다가 풀어 주었다. 이런 일이 되풀이되자 맹획은 결국 진심으로 승복하였고, 다시는 촉한에 대항하지 않겠다고 맹세하였다. 그리고 제갈공명은 맹획에게 촉한의 관직을 주었다.

석 삼

한자 사전 찾기
부수: 一부 / 총획: 3획

一 二 三

글자의 원리 ⇒ 三 ⇒ 三

회의 위 획은 하늘을, 아래 획은 땅을, 가운데 획은 사람을 가리키며 '셋'의 뜻.

풀이 ①셋. ②세 번.

三顧草廬(삼고초려) 인재를 맞아들이기 위해 여러 번 찾아가 간곡히 청하는 일. 중국 촉한의 임금인 유비가 제갈공명을 세 번이나 찾아가 마침내 참모로 삼았다는 데서 유래한 말.

三國時代(삼국 시대) ①고구려·백제·신라가 맞서 있던 시대. ②중국의 위(魏)·촉(蜀)·오(吳)가 맞서 있던 시대.

三伏(삼복) ①초복, 중복, 말복의 총칭. ②여름의 몹시 더운 기간.

三尺童子(삼척동자) 키가 석 자밖에 자라지 않은 아이라는 뜻으로, 어린아이를 이르는 말.

▶ **朝三暮四(조삼모사)**

一部 [2획]

아하!

三葉蟲(삼엽충)

약 5억 년 전인 고생대에 바다에서 살았던 절지 동물이다. 몸은 납작하고, 머리·가슴·꼬리의 세 마디로 되어 있다. 가슴부의 몸마디 양쪽에는 기어다니거나 헤엄치기 위한 부속다리가 있고, 꼬리는 흔히 가시를 가진다. 세계 각지에서 화석으로 출토되고 있다.

45

위·촉·오
삼국시대

184년, 황건적의 난이 일어나자 후한 왕조의 권위가 땅에 떨어지면서 이를 틈타 서로 권력을 잡으려는 움직임들이 각지에서 일어났다.

산둥에 있던 조조는 후한의 헌제를 황제의 자리에 앉히고 화북 지방의 지배권을 장악하였다. 한편, 유비는 제갈공명의 협력을 얻어 형주를 손에 넣고 손권과 동맹하여 조조의 세력이 강대해지는 것을 저지하였다. 그러나 그 후 손권이 유비와 싸워서 형주를 손에 넣었으며, 양쯔강의 중·하 유역을 자신의 세력 아래 두었다.

| 제갈공명의 묘

▲제갈공명

▲조조

220년, 조조의 아들 조비는 후한 황제의 자리를 빼앗고, 뤄양에 도읍을 정하여 '위'를 세웠다. 221년, 유비는 한의 정통을 계승한다고 하며 '촉'('한' 또는 '촉한'이라고도 한다.)을 세워, 자신을 한제, 또는 촉한제라고 불렀다. 손권은 처음에 위나라의 오왕으로 봉해져 있었으나 229년, '오'를 세워 스스로 황제의 자리에 올랐다.

이렇게 해서 화북 지방에는 위, 쓰촨 지방에는 촉, 강남 지방에는 오가 성립되어 중국 역사에 삼국 시대가 열리게 되었다.

3국 가운데 화북에 있던 위는 군사적·경제적 기초를 튼튼히 함으로써 가장 강력한 국가로 발전하였다. 촉은 국토도 좁고 국력도 약하였으나, 한의 정통을 계승하고자 중원을 회복하기 위해 수차례에 걸쳐 위에 도전하였다. 그 후 위에서 사마의가 중심이 되어 촉을 멸하고 마침내 사마씨가 실권을 장악하게 되었으며 265년, 그의 아들 사마염이 위를 멸하고 진나라를 세웠다. 280년, 진나라는 대군을 파견하여 오나라까지 멸망시키고 재차 중국을 통일하였으며, 이로써 위·촉·오 삼국 시대는 막을 내리게 되었다.

유비▶

❶ 위 상
❷ 오를 상

한자 사전 찾기
부수:一부 / 총획:3획

丨 ト 上

一부
[2획]

글자의 원리

지사 一의 위에 그보다 위를 가리키는 ·을 찍어 '위'를 뜻함.

풀이 ❶①위. 높은 쪽. ②표면. ③임금. ④처음. 옛. ❷오르다.

上京(상경) 지방에서 서울로 올라감.
上古(상고) ①아주 옛날. ②역사의 시대 구분의 하나.
上空(상공) ①높은 하늘. ②어떤 지역 위의 하늘.
上級(상급) 위의 등급이나 계급.
上司(상사) 직장, 군대 등에서 자기보다 높은 직위나 계급의 사람.
上旬(상순) 매월 초하루부터 초열흘까지의 동안.
上昇(상승) 위로 올라감. ↔下降(하강)
雪上加霜(설상가상) 눈 위에 서리가 덮인다는 뜻으로, 난처하거나 불행한 일이 잇달아 일어남을 이르는 말.
向上(향상) 기능·지위·수준 등이 높아지거나 좋아지는 것.
▶主上(주상), 地上(지상)

上昇氣流(상승 기류)와 下降氣流(하강 기류)

대기 속에서 위쪽으로 향하는 공기의 흐름을 상승 기류, 이와 반대로 상공에서 지표로 향하는 공기의 흐름을 하강 기류라고 한다. 상승 기류는 구름을 만들고 비를 내리게 하는 일이 많다. 하강 기류가 있는 곳에서는 구름이 끼며 날씨가 좋지 않은 날이 많다.

❶ 아래 하
❷ 내릴 하

한자 사전 찾기
부수: 一부 / 총획: 3획

一 丁 下

글자의 원리

지사 一에 그보다 낮음을 가리키는 ·을 받쳐 '아래'를 뜻함.

풀이 ❶①아래. 밑. ②아랫사람. ❷내리다. 내려가다. 떨어지다.

下校(하교) 학교에서 수업을 끝내고 집으로 돌아감. ↔ 登校(등교).
下落(하락) 수준·가치·등급·정도 등이 낮아지거나 떨어짐.
下流(하류) ①하천이나 강의 아래쪽. ②사회에서 지위나 생활 수준이 낮은 계층.
下賜(하사) 임금이나 대통령 같은 높은 사람이 아랫사람에게 돈이나 물건을 줌.
下山(하산) 산에서 내려가거나 산을 내려옴.
下船(하선) 승객이나 선원이 배에서 내림. ↔ 乘船(승선).
下水(하수) 가정이나 공장에서 쓰고 버리는 더러운 물.
下旬(하순) 매월 21일부터 그믐날까지의 동안.

一부
[2획]

아하!

하현은 음력 매월 22~23일경에 뜨는 달의 형태로, 둥근 쪽이 위로 향한다. 달은 스스로 빛을 내지 않으므로 태양 빛이 닿는 부분만 빛을 낸다. 따라서 태양·달·지구 세 천체의 상대 위치에 따라 달이 빛을 내는 부분의 형태가 달라져 보이는 것이다.

오이밭에서는 신을 고쳐 신지 말고
오얏나무 아래에서는 갓을 고쳐 쓰지 말라
과전이하(瓜田李下)

전국 시대 제나라 위왕에게 우희라는 후궁이 있었다.

이를 어쩌나?

저 주파호라는 간신이 나라를 마음대로 주물러 대고 있으니….

폐하, 주파호의 관직을 박탈하시옵고,

대신 북곽 선생 같은 어진 선비를 등용하시옵소서.

뭐, 뭐가 어째?

폐하, 우희는 북곽 선생과 좋아하는 사이옵니다. 통촉하시옵소서.

뭐야?

우희를 당장 감옥에 가두도록 하라!

낄낄….

우희는 위왕에게 말했다.
"신첩의 결백함은 밝은 대낮과 같사옵니다. 신첩에게 죄가 있다면, 오이밭에서 신을 고쳐 신지 말고, 오얏나무 아래에서는 갓을 고쳐 쓰지 말라고 했듯이 남에게 의심받을 일을 피하지 못한 죄뿐이옵니다."
이 말을 듣고 크게 깨달은 위왕은,
즉시 주파호를 처벌했다고 한다.

아닐 불, 부

一 부
[3획]

한자 사전 찾기
부수:一부 / 총획:4획

一 ㄱ 才 不

글자의 원리

지사 새가 떨어지지 않는 것에서 '~하지 않다' 처럼 뒤에 오는 말을 부정함.

풀이 ①아니다. 아니하다. ②금지. ③없다. ④못하다. 모자람.

不當(부당) 사리에 맞지 않음. ↔正當(정당).
不在(부재) 그곳에 있지 않음.
不可思議(불가사의) 사람의 생각으로는 도저히 이해할 수 없을 만큼 이상야릇한 일.
不可避(불가피) 도저히 피할 수 없음.
不景氣(불경기) 나라나 사회의 경제 활동이 활발하지 않은 상태.
不利(불리) 상황이나 입장이 좋지 않음.
不變(불변) 변하거나 바뀌지 않음.
不義(불의) 옳지 않은 일.
身土不二(신토불이) 몸과 토양은 둘이 아니라 하나라는 뜻으로, 우리 나라에서 생산된 것이 몸에 좋다는 말.

 **아하!**

不快指數(불쾌지수)

기온과 습도에 따라 인체가 느끼는 불쾌감의 정도를 나타내는 지수이다. 지수가 70이면 10% 정도의 사람이, 75이면 절반 이상의 사람이, 80 이상이면 대부분의 사람이 불쾌감을 느낀다고 한다. 기온이 높아도 습도가 낮으면 불쾌지수는 높지 않다.

일을 추진함에 있어 역경을 이겨 내야 목적을 달성할 수 있다

불입호혈부득호자(不入虎穴不得虎子)

이에 반초는 "호랑이 굴에 들어가지 않으면 호랑이 새끼를 얻지 못한다."라고 말하였다. 그날 밤, 반초 일행은 흉노 사신이 머무는 곳을 습격하여 죽음을 각오하고 싸워 적은 인원으로 다수의 흉노 사절단을 살해하였다. 이후 선선국과 주변 오랑캐들은 한나라에 복종하게 되었다.

53

丑

소 축

한자 사전 찾기
부수:一부 / 총획:4획

ㄱ ㄲ 丑 丑

글자의 원리 ⇨ 丑 ⇨ 丑   **지사** 손으로 쇠고삐를 잡은 모양을 뜻함.

풀이 소. 둘째 지지(地支). 띠로는 소, 시간으로는 오전 1시부터 3시 사이, 방위로는 북북동, 오행(五行)으로는 토(土).

丑年(축년) 태세의 지지가 축(丑)으로 되는 해.
丑方(축방) 24방위의 하나. 북북동쪽을 가리킴.
丑時(축시) 자시(子時) 다음의 시로, 오전 1~3시.
乙丑年(을축년) 1925년.

을축년에는 우리 나라에 큰 홍수가 발생했습니다.

丙

남녘 병

한자 사전 찾기
부수:一부 / 총획:5획

一 ㄒ 斤 丙 丙

글자의 원리 ⇨ 丙 ⇨ 丙   **회의** 젯상 위에 켜 놓은 불이 밝다고 하여 '밝다'는 뜻과 '남녘' 이라는 뜻.

풀이 ①남녘. 십간(十干)의 셋째. 방위로는 남쪽, 오행(五行)으로는 화(火). ②셋째. 제3위.

丙科(병과) 과거 성적에 의한 등급의 하나. 문과 과거 급제 중 최하위의 성적임. 병과 출신자에는 종9품을 주었음.

그는 **병과**에 합격했습니다.

世

인간 세

한자 사전 찾기
부수: 一부 / 총획: 5획

一 十 卅 卅 世

글자의 원리

지사 '인간'의 활동 기간은 대략 30년이라는 데서 열 십(十) 셋을 합친 모양.

풀이 ①인간 세상. ②대(代). 대를 잇다. ③세대. ④시대.

世界(세계) ①인류가 살고 있는 지구. 또는, 인류 사회 전체. ②어떤 분야의 사회.

世代交替(세대 교체) 어떤 일을 하던 나이 든 사람들을 젊은 사람들로 바꾸는 일.

世上(세상) ①모든 사람이 살고 있는 사회. ②사람이 자기 뜻을 세우고 펼쳐 나아갈 수 있는 곳.

世俗五戒(세속 오계) 신라 시대 화랑의 다섯 가지 계율.

世襲(세습) 신분·직업·재산 등을 대를 이어 물려받음.

世態(세태) 세상이 돌아가는 형편.

後世(후세) 같은 시대 사람들이 죽고 난 다음에 오게 될 세상.

▶ 身世(신세), 出世(출세)

一부 [4획]

아하!

世俗五戒(세속 오계)

사군이충(事君以忠)은 임금을 충성으로써 섬겨야 함을, 사친이효(事親以孝)는 어버이를 효도로 섬겨야 함을, 교우이신(交友以信)은 벗은 믿음으로써 사귀어야 함을, 임전무퇴(臨戰無退)는 전쟁터에 나아가 물러서지 않음을, 살생유택(殺生有擇)은 함부로 살생하지 말 것을 뜻한다.

且

또 차

一부
[4획]

한자 사전 찾기
부수:一부 / 총획:5획

丨 冂 冃 月 且

글자의 원리 ⇨ 且 ⇨ 且

상형 물건을 여러 겹 쌓은 모양을 본뜬 글자로, '또' 라는 뜻.

풀이 ①또. 또한. ②장차. ③구차하다.

且置(차치) 어떤 일을 제쳐 놓은 상태로, 다루지 않거나 문제 삼지 않는 것.

苟且(구차) 말이나 행동이 남을 대하기에 떳떳하지 못함. ②살림이 매우 어려움.

▶ 重且大(중차대)

한자 Q&A

Q 한자의 3요소는 무엇일까요?

A 한자는 뜻을 단위로 하여 만들어진 '뜻글자' 로, 글자의 모양·소리·뜻이 결합되어 한 글자를 이룹니다. 이 한자의 모양·소리·뜻을 한자의 3요소라고 합니다.

(예) 日 ⇨ 모양…日 소리…일 뜻…날, 해
　　 木 ⇨ 모양…木 소리…목 뜻…나무
　　 月 ⇨ 모양…月 소리…월 뜻…달
　　 土 ⇨ 모양…土 소리…토 뜻…흙

| (위아래로통할곤) 部 위에서 아래로 내리그어 뚫음을 가리킨 부수 명칭.

❶ 가운데 중
❷ 맞을 중

한자 사전 찾기
부수: ㅣ부 / 총획: 4획

글자의 원리 ⇨ 中 ⇨ 中

지사 축이 한쪽으로 치우치지 않고 한가운데 있다는 것에서 '중심'을 뜻함.

풀이 ①가운데. ②사이. ❷①맞다. 맞히다. ②병들다.

中繼(중계) 중간에서 이어 줌. 중계 방송(中繼放送)의 준말.
中古品(중고품) 이미 사용하여 좀 낡았거나 오래된 물건.
中斷(중단) 하던 일을 중간에 멈춤.
中毒(중독) ①어떤 식품이나 약품에 습관이 되어, 몸이 계속 그 식품이나 약품을 요구하거나 기능에 장애를 받게 된 상태. ②어떤 일에 빠져들어 헤어나지 못함.
中立(중립) 어느 쪽으로도 치우치지 않는 중간의 입장.
中傷謀略(중상모략) 남을 터무니없이 모략하고 일을 꾸며 해침.
中庸(중용) 어느 한 쪽으로 치우치거나 넘침이 없는 알맞은 상태.
中和(중화) 다른 성질의 물질이 섞여 각자 본래의 성질을 잃음.
▶百發百中(백발백중)

| 부
[3획]

아하!

中生代(중생대)

지질 시대에서 지금으로부터 약 2억 2,500만 년 전부터 약 6,500만 년 전까지로 1억 6,000만 년간에 해당한다. 무척추동물 가운데는 암모나이트, 척추동물 가운데는 파충류 중 특히 공룡이 현저하게 발달하였으며, 육상 식물로는 은행나무·소철류·소나무류 등이 번성하였다.

 비주얼 한자

중국의 문명

중국에서는 기원전 6천~5천 년경부터 신석기 문화가 시작되었다. 신석기 문화 초기에는 토기 표면에 적색, 흑색, 백색 등을 채색한 채도라는 토기를 사용하다가(양사오 문화) 후에는 채도보다 진보된, 표면이 검은빛이 나는 흑도라는 토기를 사용하였다.(룽산 문화)

그러다 황하 중·하류의 황토 지대를 중심으로 청동기를 사용하기 시작하였고, 문자가 발명되었다. 촌락도 성벽을 쌓은 도시로 성장하면서 초기 국가의 형태가 나타났다. 이를 '황하 문명'이라 하는데, 이 문명의 주인공을 하 왕조로 추측하기도 한다.

기원전 1600년경에 등장한 은나라는 중국에서 최초로 확실한 국가 형태가 알려진 왕조이다. 은대 사회의 모습을 알 수 있는 은허에서 발굴된 청동기,

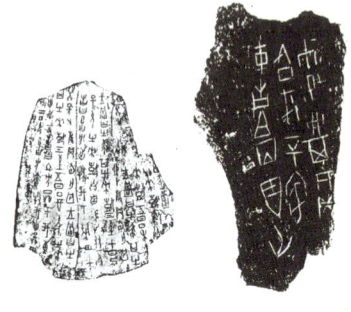

옥기, 갑골 문자 등 각종 유물을 통하여 알 수 있다. 그에 따르면 은나라는 왕이 제사장을 겸하는 제정 일치의 사회였다. 국가의 중요한 일은 모두 점을 쳐서 결정하였는데, 그 내용을 기록한 것이 갑골 문자이다.

   기원전 11세기경, 은 왕조에 이어 일어난 주 왕조는 그 세력이 양쯔 강 하류에까지 미쳤다. 주의 왕은 수도 부근의 직할지만 통치하고 나머지 지역은 왕족이나 공신에게 나누어 주었다. 이를 봉건제라고 한다. 주대에는 덕치주의와 천명 사상으로 왕의 통치를 합리화하였다. 이러한 사상은 그 후 중국 통치 이념의 기초가 되었다. 은·주 시대에는 왕을 중심으로 한 지배 계급과 평민·노예 등의 피지배 계급이 있었다. 당시에는 석기와 목기로 농사를 지었으므로 수확이 많지 않았다. 그 때문에 평민은 씨족을 중심으로 공동 생활을 하며 공동 생산을 하였다.

 **(점주)** 部

떨어져 나간 불똥 같은 물체를 나타낸 부수 명칭.

丹

붉을 단

한자 사전 찾기
부수: 丶 부 / 총획: 4획

丶부
[3획]

丿 冂 月 丹

글자의 원리

지사 붉은 광물인 단사를 가리키며 단사의 빛깔을 나타내는 '붉다'의 뜻.

풀이 ①붉다. ②정성.

丹粧(단장) ①얼굴·머리·옷차림 등을 맵시 있게 꾸밈. ②건물·거리 등을 깨끗하고 곱게 꾸밈.

丹靑(단청) 절·궁 등의 건물의 벽·기둥·천장 등에 여러 가지 빛깔의 무늬를 아름답고 장엄하게 그리는 것. 또는, 그 무늬.

곱게 **단장**한 신부가 입장하고 있습니다.

 **한자 Q&A**

Q 서당이란 무엇을 하던 곳이며, 어떤 사람들이 있었나요?

A 옛날 우리 나라 사람들이 한자 공부를 하던 곳입니다. 서당에는 선생님의 역할을 하는 '훈장'과 학생이라는 뜻의 '학도', 그리고 학도 중에 나이 많고 학식 있는 사람인 '접장'이 있었습니다. 훈장이나 학도에 대해서는 잘 알겠지만 접장에 대해서는 잘 모를 것 같아 설명을 하겠습니다. 규모가 큰 서당에서는 훈장이 여러 명의 학도들을 일일이 챙길 수가 없었기 때문에 훈장을 도와 보조 교사의 역할을 할 사람이 필요했습니다. 그래서 학도 중에 나이가 좀 들고 실력도 있는 사람을 뽑아 보조 교사의 역할을 하도록 했는데, 이 사람이 바로 접장입니다.

主

주인 주

한자 사전 찾기
부수: 丶부 / 총획: 5획

丶 亠 十 丯 主

글자의 원리

상형 촛불처럼, 주변을 밝게 하는 중심 인물이라는 것에서 '주인, 중심'의 뜻.

풀이 ①주인. ②소유자. ③주되다.

主客顚倒(주객전도) 주인과 손님이 거꾸로 되었다는 뜻으로, 일의 경중(輕重), 선후, 완급(緩急) 따위가 뒤바뀜을 이르는 말.

主觀(주관) 모든 사람의 공통된 생각이나 느낌이 아닌, 어떤 사람만의 생각이나 느낌.

主人(주인) ①어떤 물건을 자기 것으로 가지고 있는 사람. ②손님을 맞아들여 대접하는 사람.

主題(주제) ①논하려고 하는 중심이 되는 문제. ②예술 작품이나 글 등에서 작가가 나타내려고 한 중심적인 사상.

主催(주최) 행사나 모임을 계획하고 그에 필요한 준비를 맡아서 함.

丶부
[4획]

아하!

主權(주권)

영토·국민과 함께 국가를 구성하는 3요소의 하나이다. 대내적으로는 최고성을, 대외적으로는 독립성을 가진다. 우리 나라에서는 헌법 제1조 2항에서 '대한 민국의 주권은 국민에게 있고, 모든 권력은 국민으로부터 나온다.' 라고 하여, 국민 주권의 원리를 선언하고 있다.

우리 주인(主人)님은 전교 회장!

우리 주인(主人)님은 전교 1등!

네 주인(主人)님은? / 나?

주인(主人) 바꾸고 나서 말해 줄게. / ……?

丿 (삐침) 部 　오른쪽 위에서 왼쪽 아래로 삐쳐 내린 형상을 본뜬 부수 명칭.

이에 내

丿 부
[1·2획]

한자 사전 찾기
부수:丿부 / 총획:2획

丿 乃

글자의 원리

지사 말을 할 때 입김이 구부러져 나옴을 가리키는 글자로, '이에'라는 뜻.

풀이 ①이에. 곧. ②너.

乃父(내부) ① '네 아비'라는 뜻으로, 아버지가 아들에게 자기를 이르는 말. ②그 사람의 아버지.
乃至(내지) 수량을 나타내는 말 사이에 쓰여, '얼마에서 얼마까지'의 뜻을 나타냄.

이 일은 내가 하게 되면 하루 **내지** 이틀이면 끝납니다.

오랠 구

한자 사전 찾기
부수:丿부 / 총획:3획

丿 ク 久

글자의 원리

지사 사람을 뒤쪽에서 떠받치고 있는 것에서 '시간이 오래 걸리다'라는 뜻.

풀이 오래다.

久遠(구원) 까마득하게 멀고 오램. 영원함.
恒久的(항구적) 변함없이 오래가는 것.
▶耐久性(내구성), 永久(영구), 持久力(지구력)

인류의 **항구적**인 평화를 위해 전세계 국가들이 함께 노력해야 합니다.

갈 지

한자 사전 찾기
부수: 丿 부 / 총획: 4획

丶 一 亠 之

글자의 원리 ⇒ ⇒ 之

상형 싹이 돋아 땅 위로 뻗어 감을 가리켜 '가다'의 뜻.

풀이 ①가다. ②이. 이것. 지시 대명사. ③의. 주격·소유격의 조사.

之東之西(지동지서) 동으로 가고 서로 간다는 뜻으로, 줏대 없이 갈팡질팡함.

塞翁之馬(새옹지마) 사람의 좋고 나쁜 운수는 항상 바뀌어 미리 헤아릴 수 없다는 말.

浩然之氣(호연지기) ①온 세상에 가득 찬 넓고 큰 원기. ②거침없이 넓고 큰 기개나 도량.

丿 부
[3·4획]

젊은이는 **호연지기**를 길러야 합니다.

온 호

한자 사전 찾기
부수: 丿 부 / 총획: 5획

丿 丶 丷 亚 乎

글자의 원리 ⇒ ⇒ 乎

지사 말의 중간에 다음 말을 이끌어 내는 구실을 하는 '어조사'로 쓰임.

풀이 ①온. 의문사. ②아! 어! 감탄사. ③~에. ~보다. 전치사로 쓰임. ④부사를 만드는 어미.

攻乎異端(공호이단) 이단을 친다는 뜻으로, 여기서 쓰인 호(乎)는 한글에서 조사와 같은 용도인 어조사로 사용되었음.

莫大乎尊親(막대호존친) 어버이를 존경하는 것보다 더 큰 것이 없다는 뜻.

막대호존친은 '어버이를 존경하는 것보다 더 큰 것이 없다.'는 말입니다.

丿부
[9획]
乙부
[0획]

탈 승
한자 사전 찾기
부수: 丿부 / 총획:10획

丿 一 二 千 壬
千 乖 乖 乘 乘

글자의 원리 ⇒ ⇒ 乘

회의 사람(丿)이 나무(木)에 양발을 디디며(北) '오른다'는 뜻. 또 '탄다'는 뜻.

풀이 ①타다. ②기회를 틈탐.

乘客(승객) 차·비행기·배 등을 타고 일정한 거리를 가는 손님.
乘勝長驅(승승장구) 싸움에서 이긴 기세를 타고 멀리까지 적을 몰아 쫓음.
乘車(승차) 차에 탐.
▶**便乘(편승), 合乘(합승)**

버스에 **승차**할 때에는 반드시 차례를 지켜야 합니다.

乙(새을) 部
초목의 새싹이 구부러져 나오는 모양을 본뜬 부수 명칭. ㄴ로 쓰기도 함.

새 을
한자 사전 찾기
부수: 乙부 / 총획:1획

乙

글자의 원리 ⇒  ⇒ 乙

상형 '새'의 굽은 앞가슴, 또는 초목의 싹이 구부러져 나오는 모양을 뜻함.

풀이 ①새. 제비. ②둘째 천간(天干). 오행(五行)으로는 목(木), 방위로는 남(南). ③둘째. ④아무개.

乙種(을종) 사물의 제2류에 해당하는 종류. 갑종(甲種)의 다음.
乙亥(을해) 60갑자의 열두째.
甲男乙女(갑남을녀) '갑이라는 남자와 을이라는 여자'라는 뜻으로, 평범한 사람들을 일컫는 말.

갑남을녀가 공원으로 산책을 나왔습니다.

九

아홉 구

한자 사전 찾기
부수:乙부 / 총획:2획

丿 九

글자의 원리

지사 주먹을 쥐고 팔꿈치를 구부려 힘을 준 모양을 본떠 숫자 '아홉'을 뜻함.

풀이 ①아홉. 아홉 번. ②수효의 끝. 수효가 많음.

九曲肝腸(구곡간장) '굽이굽이 서린 창자' 라는 뜻으로, 깊은 마음속을 이르는 말.
九萬里(구만리) 매우 먼 거리.
九死一生(구사일생) 여러 차례 죽을 고비를 넘기고 겨우 살아남.
九折羊腸(구절양장) '아홉 번 구부러진 양의 창자' 라는 뜻으로, 산길이 꼬불꼬불하고 험함.
十中八九(십중팔구) 열 가운데 여덟이나 아홉이 그러하다는 뜻으로, 거의 대부분이 그러할 것이라는 뜻.

乙부
[1획]

 아하!

九官鳥(구관조)

생김새가 까마귀와 비슷하고 온몸이 자주빛 광택이 나는 검정색이다. 눈 밑에서 뒷머리에 이르기까지 노란색 피부가 띠 모양으로 드러나 있고 날개에는 흰 무늬가 있다. 부리와 발은 밝은 오렌지색이다. 사람의 말이나 다른 새의 울음소리를 곧잘 흉내내며, 애완용으로 사육한다.

乙부
[2·10획]

❶ 잇기 야
❷ 또 야

한자 사전 찾기
부수:乙부 / 총획:3획

㇐ ㇉ 也

글자의 원리 ⇒ ⇒ 也

상형 땅 속에서 뱀이 나오는 모양으로, 말의 시작과 끝에 '어조사' 로 쓰임.

풀이 ❶잇기. ❷또. 또한.

及其也(급기야) 마지막에 가서. 마침내.
獨也靑靑(독야청청) 모든 초목이 가을 서리에 누렇게 시든 속에서 홀로 푸르다는 뜻으로, 남들이 모두 절개를 버린 속에서 자기 홀로 높은 절개를 지키고 있다는 말.

먹구름이 몰려오더니 **급기야** 굵은 빗방울이 떨어지기 시작했습니다.

❶ 마를 건
❷ 하늘 건

한자 사전 찾기
부수:乙부 / 총획:11획

一 十 十 古 古
古 卓 卓 乾 乾
乾

글자의 원리 ⇒ 乾

형성 아침해가 뜨는(卓) 곳에 새싹(乙)이 '하늘' 을 향해 돌아남을 뜻함.

풀이 ❶마르다. 말리다. ❷①하늘. ②8괘의 하나. ☰. 양(陽)·남(男)을 뜻하며, 방위로는 서북(西北).

乾坤(건곤) ①하늘과 땅. 天地(천지). ②해와 달.
乾魚物(건어물) 생선이나 해조(미역·다시마·김등) 를 말린 식품.
乾燥(건조) ①물기가 증발하여 마름. 또는, 말림. ②재미나 멋이 없이 메마름.

목재를 햇볕에 **건조**시키고 있습니다.

亅(갈고리궐)部

서 있는 사람 모양을 본뜬 부수 명칭.

事
일 사

한자 사전 찾기
부수: 亅부 / 총획: 8획

一 一 一 一 亘
亘 亘 事

글자의 원리 ⇒ ⇒ 事

상형 점쟁이가 막대기를 통에 넣고 세운 모양을 본뜬 글자로, '일'이라는 뜻.

풀이 ①일. ㉮임무. ㉯사건. ②섬기다.

事君以忠(사군이충) 화랑도 세속 오계의 하나로, 임금을 충성으로써 섬겨야 한다는 말.
事務(사무) 직장 안에서, 주로 서류를 다루거나 정리하는 일.
事業(사업) ①경제적 이익을 얻기 위해 일정한 목적과 계획을 가지고 벌이는 경제 활동. ②이익을 얻을 목적이 아닌, 사회적으로 보람 있는 일을 위한 활동.
事緣(사연) 일의 앞뒤 사정과 까닭.
事前(사전) 일이 벌어지기 전. ↔ 事後(사후).
事態(사태) 일이 되어 가는 형편이나 상태.
事必歸正(사필귀정) 모든 일은 반드시 바른길로 돌아옴.
▶慶事(경사), 農事(농사), 行事(행사)

亅부
[7획]

아하!

事大主義(사대주의)

강대국을 맹목적으로 우러러 섬기려 하거나 강대국의 문화·학문 등을 우월하게 여겨 무비판적으로 받아들이려 하는 태도나 입장을 말한다. 우리 나라의 예로는, 조선 시대에 중국 명(明)나라를 섬겨 그 풍습을 따랐으며, 명의 허락을 받아 왕위를 계승한 것이다.

먹는 양은 적고 하는 일은 많아 건강하지 못하다

식소사번(食少事繁)

제갈공명에 대한 사마의의 이 말은 나중에 그대로 들어맞아서 제갈공명은 얼마 후 병이 들어 세상을 떠났다. 그래서 사람들은 사마의의 말을 인용하여 먹는 양은 적은데 하는 일이 많으면 건강하지 못하다는 뜻으로 사용한다.

 部

손가락 둘 또는 하늘과 땅을 나타내는 부수 명칭.

글자의 원리 ⇒ 二 ⇒

지사 손가락 두 개의 모양을 본떠 만든 글자.

二

두 이

한자 사전 찾기
부수: 二부 / 총획: 2획

二부
[0획]

풀이 ①둘. 두 번. ②둘째. 다음.

二毛作(이모작) 한 토지에서 1년에 두 번 농사를 지음.
二世(이세) ①다음 세대. ②2세 국민의 준말. 곧, 어린이.
二乘(이승) 같은 수를 거듭 곱함. 제곱.
二心(이심) ①두 가지 마음. ②변하여 바뀌기 쉬운 마음.
二律背反(이율배반) 똑같이 타당하다고 여겨지는 두 명제가 서로 대립하여 논리상 모순이 일어나는 일.
二重(이중) ①두 겹. ②겹치거나 거듭됨.
一石二鳥(일석이조) 한 번의 돌팔매에 두 마리 새를 잡는다는 뜻으로, 한 가지 일을 하여 동시에 두 가지 이득을 얻는다는 말.

二酸化炭素 (이산화탄소)

이산화탄소는 다양한 분야에서 사용되고 있다. 이산화탄소 소화기는 이산화탄소가 산소보다 무겁다는 성질을 이용한 것이다. 소화기를 뿜어 내면 이산화탄소는 화재가 일어난 공간을 감싸 산소를 화재로부터 격리시켜 불이 꺼지게 된다.

❶ 어조사 우
❷ 탄식할 우

한자 사전 찾기
부수:二부 / 총획:3획

一 二 于

 글자의 원리

지사 입김(丂)이 한번 퍼져(一) 나감을 나타내어 탄식할 때의 어조사의 뜻.

 풀이
❶ ①어조사. ~에. ~에서. ~보다. ~구나. ②가다.
❷ 아. 탄식하는 소리.

于歸(우귀) 전통 혼례에서, 신부가 혼례식을 마치고 시집으로 들어가는 일.
于今(우금) 지금까지.

二부
[1획]

이 책을 다 읽은 사람은 **우금** 단 한 명도 없습니다.

 한자 Q&A

Q 옛날에는 수를 어떻게 나타내었을까요?

A 아주 오랜 옛날에도 사람들은 숫자를 사용했습니다. 옛 벽화 같은 것을 보면 고대의 숫자는 벽이나 점토판 등에 필요한 수만큼 줄을 긋는 방법으로 나타내었습니다. 한자의 '一, 二, 三' 같은 숫자가 그런 경우입니다. 그러나 많은 수를 나타낼 때에는 하나하나 줄을 긋는 일도 힘이 들고 시간도 많이 들었겠지요. 그래서 생각해 낸 것이 '산가지' 입니다. 산가지는 가는 대나 뼈 따위로 젓가락처럼 길게 만든 것이며, 많은 수를 셀 때에 흔히 사용하였답니다.

五

다섯 오

한자 사전 찾기
부수:二부 / 총획:4획

一 丆 五 五

글자의 원리 ⇒ 乂 ⇒ 五

지사 '다섯'의 뜻을 나타내는 손가락 다섯을 폈을 때의 모양을 뜻함.

풀이 다섯. 다섯째. 다섯 번.

五感(오감) 시각 · 청각 · 후각 · 미각 · 촉각의 다섯 감각.
五穀(오곡) ①찹쌀 · 차수수 · 기장(또는 차조) · 검은콩 · 붉은팥의 다섯 가지 곡식. ②곡식의 총칭.
五里霧中(오리무중) 5리나 되는 짙은 안개 속에 있다는 뜻으로, 무슨 일에 대하여 갈피를 잡지 못하고 알 길이 없음을 이르는 말.
五十步百步(오십보백보) 오십 보 도망친 사람이 백 보 도망친 사람을 비웃었으나, 도망친 것은 마찬가지라는 뜻으로, 별 차이가 없음을 이름.
五寸(오촌) 아버지의 사촌.
▶ 端五(단오), 三三五五(삼삼오오)

아하!

五輪旗(오륜기)

올림픽을 상징하는 그림이 그려진 기로, 올림픽 대회에서 오대주의 결속과 전세계 선수들의 만남을 의미한다. 올림픽 상징에 들어가 있는 다섯 원의 색은 파랑 · 노랑 · 검정 · 녹색 · 빨강으로, 전세계 국기에 들어가 있는 색들 중 최소한 한 가지 색은 포함될 수 있도록 한 것이다.

5대 10국

당이 멸망한 후, 각지의 절도사들이 세력을 키워 정권을 장악하다가 각각 독립된 국가를 세움으로써 중국은 다시 분열을 맞이하게 되었는데, 이를 '5대 10국 시대'라고 한다.

5대는 화북의 중심 지대를 지배하고 정통 왕조의 계열로 볼 수 있는 후량·후당·후진·후한·후주의 5왕조이고, 10국은 화남과 그 주변 지방의 지방 정권으로 오·남당·오월·민·형남·초·남한·전촉·후촉·북한을 말한다.

11개의 세력으로 갈라진 지방의 절도사들은 스스로를 왕 또는 황제라 칭하였다. 남북조 시대 이후 중국의 지배층이었던 문벌 귀족은 점차 몰락하고, 반면에 전란의 영향을 덜 받은 지방의 지주들이 중국의 새로운 지배층으로 등장하였는데, 이들을 '형세호'라고 하였다.

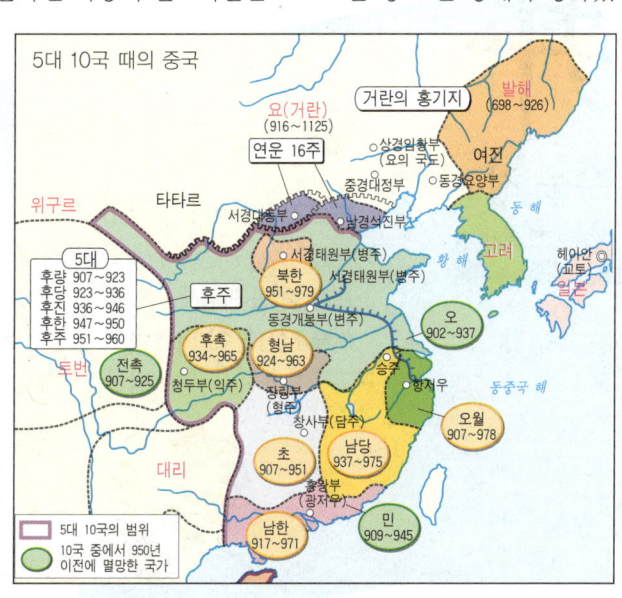

二부
[2획]

이를 운

한자 사전 찾기
부수:二부 / 총획:4획

一 二 宁 云

글자의 원리 ⇒ 云 ⇒ 云

상형 말을 할 때 입김이 나오는 모양을 본떠 '말하다'의 뜻.

풀이 ①이르다. 말하다. ②어조사. 어조를 고르기 위해 씀.

云云(운운) ①이러쿵저러쿵하면서 말하는 것. ②말이 많은 모양. ③말·글 따위를 인용할 때 생략하는 부분에 쓰는 말.

云謂(운위) 어떤 문제를 입에 올려 말함.

지금 개인 사정을 **운운**할 때가 아닙니다.

우물 정

한자 사전 찾기
부수:二부 / 총획:4획

一 二 井 井

글자의 원리 ⇒ 井 ⇒ 井

상형 나무로 네모지게 짠 우물 틀을 본뜬 모양을 뜻함.

풀이 ①우물. ②우물 난간의 모양. ③별 이름.

井底之蛙(정저지와) '우물 안 개구리'라는 뜻으로, 견문이 좁아 세상 물정을 모르는 사람을 이름.

井然(정연) 짜임새가 있고 조리가 있음.

井華水(정화수) 이른 새벽에 길어 온 우물물. 정성을 들이거나 약을 달이는 데에 씀.

우리 형은 논리 **정연**하게 말을 잘 합니다.

亠 (돼지해머리) 部

갓 모양이나 높은 지붕 모양을 본뜬 부수 명칭.

망할 망

한자 사전 찾기
부수:亠부 / 총획:3획

亠 亠

글자의 원리 ⇨ ⇨ 亡

회의 사람이 울타리 안에 숨어 있어 보이지 않는 것에서 '없다, 죽다' 라는 뜻.

풀이 ①잃다. ②멸망하다. ③도망하다.

亡命(망명) 정치적 이유 등으로 자기 나라를 떠나 다른 나라로 가는 일.
亡身(망신) 말이나 행동을 잘못하여 명예나 체면이 깎임.
滅亡(멸망) 나라나 인류 등이 망하여 없어짐.
▶逃亡(도망), 死亡(사망)

인류도 언젠가는 **멸망**될지도 모릅니다.

사귈 교

한자 사전 찾기
부수:亠부 / 총획:6획

亠 亠 六 六 宀
交

글자의 원리 ⇨ ⇨ 交

상형 사람이 발을 꼬고 선 모양. 벗과 잦게 내왕함을 나타내어 '사귀다' 의 뜻.

풀이 ①사귀다. ②바꾸다. ③오가다. ④섞이다.

交代(교대) 어떤 일을 서로 번갈아 하는 것.
交流(교류) ①문화나 사상 등이 서로 오고 가면서 밀접한 관계를 가짐. ②시간이 지나면서 세기와 방향이 주기적으로 변하는 전류.
交友(교우) 친구를 사귐.
▶社交(사교), 外交(외교), 絕交(절교)

나는 언니와 **교대**로 집을 지켰습니다.

亠부
[1·4획]

서로 믿고 알아주는 친구 사이

관포지교(管鮑之交)

포숙아는 관중을 추천하고 자신은 그의
아랫자리에 있었다. 과연 관중은 훌륭한
정치가로서의 재능을 마음껏 발휘하였다.
하지만 세상 사람들은 관중의 현명함보다
사람을 알아보는 눈을 가진 포숙아를
더 칭송했다고 한다.

亦

또 역

한자 사전 찾기
부수: 亠부 / 총획: 6획

亠부
[4획]

`丶 亠 亣 亣 亦 亦`

글자의 원리

회의 팔 밑의 겨드랑이는 오른쪽에도 왼쪽에도 있다 하여 '또한, 도'의 뜻.

풀이 ①또. ②또한.

亦步亦趨(역보역추) 남이 걸으면 나도 걷고, 남이 달리면 나도 달린다는 뜻으로, 제자가 스승의 언행을 보고 배움을 이르는 말.
亦是(역시) ①또한. ②예상했던 대로. ③아무리 생각해 보아도.
亦然(역연) 또한 그러함.

이 일은 **역시** 경험이 많은 사람이 해야 합니다.

한자 Q&A

Q 한자가 만들어지기 전에는 어떻게 의사 소통을 했을까요?

A 중국 사람들은 한자가 만들어지기 전에 크게 두 가지 방법으로 의사 표시를 했다고 합니다. 하나는 매듭을 묶어서 표시하는 것입니다.
예를 들어 큰 사건이 일어나면 매듭을 크게 짓고, 작은 사건이 일어나면 매듭을 작게 지었답니다.
또 한 가지 방법으로는 나뭇조각에 모양을 그려서 의견을 교환하기도 했답니다. 하지만 이런 방법들은 아주 간단한 의사 소통말고는 상대방이 말하고자 하는 내용을 정확히 알기는 어려웠습니다.

亥
돼지 해
한자 사전 찾기
부수: 亠부 / 총획: 6획

一 亠 亥 亥 亥
亥

글자의 원리 ⇒ 亥 ⇒ 亥

상형 '돼지'의 머리(亠)와 몸 및 다리(亥)의 뼈대 모양을 본뜬 글자.

풀이 ①돼지. ②열두째 지지(地支). 시각으로는 오후 9시에서 11시 사이, 방향으로는 북북서, 오행으로는 수(水).

亥年(해년) 태세(太歲)의 지지가 해(亥)로 되는 해.
亥時(해시) 12시의 열두째 시간. 곧 오후 9시~11시 사이.
辛亥革命(신해혁명) 1911년 청조(淸朝)를 무너뜨리고 중화민국을 수립한 부르주아 민주주의 혁명.

亠부
[4·6획]

신해혁명은 청나라 왕조를 무너뜨렸습니다.

京
서울 경
한자 사전 찾기
부수: 亠부 / 총획: 8획

一 亠 亠 古 古
亨 京 京

글자의 원리 ⇒ 京 ⇒ 京

회의 성의 모양으로, 나라를 다스리는 성이 있는 곳이라 하여 '서울'을 뜻함.

풀이 ①서울. 수도. ②수 이름. 조(兆)의 1만 배.

京城(경성) 우리 나라 서울의 옛 이름.
京釜線(경부선) 서울과 부산 사이를 잇는 철도.
京鄕(경향) 서울과 시골.
歸京(귀경) 서울로 돌아가거나 돌아오는 것.
▶上京(상경)

고속도로 곳곳이 **귀경** 차량들로 인해 막히고 있습니다.

人 (사람인) 部

사람이 서 있는 모양을 본뜬 부수 명칭, 변으로 올 때에는 亻으로 씀.

人

사람 인

人 부
[0획]

한자 사전 찾기
부수: 人부 / 총획: 2획

丿 人

글자의 원리 ⇨ ⇨ 人

상형 '사람'이 옆으로 서 있는 모습을 본떠 만든 글자.

풀이 ①사람. ②타인. ③인품. 인격. ④어떤 사람.

人格(인격) ①말이나 행동 등에 나타나는 사람의 됨됨이. ②도덕적 행위의 주체.
人口(인구) 한 나라 또는 일정한 지역에 사는 사람의 수.
人心(인심) ①사람의 마음. ②남의 딱한 사정을 알아주고 도와주려는 마음.
人爲(인위) 사람의 힘으로 이루어지는 일. ↔ 自然(자연).
人之常情(인지상정) 어떤 상황에서 사람이면 누구나 가지기 마련인 보통의 감정이나 생각.
人波(인파) 사람의 물결이라는 뜻으로, 어느 곳에 아주 많은 사람들이 모여들고 있는 상태.

▶個人(개인), 老人(노인), 商人(상인)

아하!

人工衛星(인공위성)

인공위성은 매우 높은 고도까지 도달해야 하므로 다단식 로켓이 이용되고 있다. 모든 로켓이 떨어져 나가면 인공위성은 비로소 지구를 돌게 된다. 우리나라 최초의 우리 국적 위성은 1992년 8월 11일, 성공적으로 발사된 우리별 1호이다.

이제 금

한자 사전 찾기
부수: 人부 / 총획: 4획

丿 人 ᄉ 今

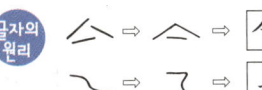

글자의 원리

회의 세월이 흘러(스) 지금에 이르렀다(フ) 하여 '이제, 오늘'의 뜻.

풀이 ①이제. 오늘. 현재. ②곧. 조만간. ③이. 이에.

今年(금년) 현재 맞고 있는 해. 올해.
今昔之感(금석지감) 지금을 전과 비교하여 생각할 때, 변한 정도가 심하게 느껴지는 감정.
方今(방금) 바로 조금 전.

人부
[2획]

여행에서 **방금** 돌아왔습니다.

어질 인

한자 사전 찾기
부수: 人부 / 총획: 4획

丿 亻 仁 仁

글자의 원리

회의 두(二) 사람(亻)이 친하게 지낸다는 의미에서 '어질다'의 뜻.

풀이 ①어질다. ②과실의 씨.

仁德(인덕) 어진 덕.
仁術(인술) ①어진 덕을 베푸는 방법. ②사람을 살리는 어진 기술이라는 뜻으로, 의술을 이르는 말.
仁慈(인자) 마음이 어질고 자애스러움.

그의 표정은 항상 **인자**해 보입니다.

81

인을 구하고자 하여 인을 얻다

구인득인(救仁得仁)

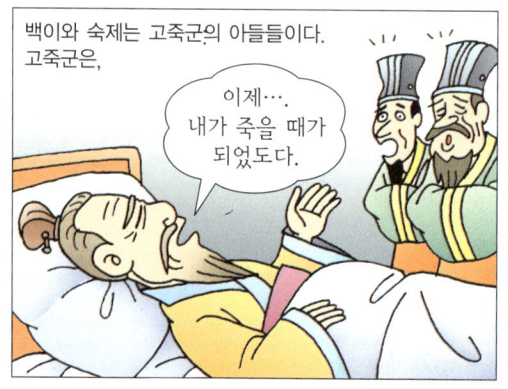

백이와 숙제는 함께 수양산으로 들어가 숨어 살면서 고사리를 캐서 먹고 살다가 결국 굶어 죽고 말았다. 훗날 공자는 두 사람을 두고 이렇게 말했다.
"백이와 숙제는 다른 사람의 나쁜 점을 염두에 두지 않고, 자기가 인을 구하고자 하여 인을 얻었으니 무슨 원한이 있으랴!"

代

대신 대

人부
[3획]

한자 사전 찾기
부수:人부 / 총획:5획

ノ 亻 亻 代 代

글자의 원리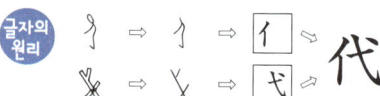

형성 변방에 사람을 보초병으로 서 있게 한 것에서 '대신하다, 바꾸다'의 뜻.

풀이 ①대신. ②번갈다. ③시대. ④대. 계승의 차례. ⑤대금.

代價(대가) ①노력이나 일에 대한 보수. ②베푼 은혜나 희생 따위의 대신으로 받는 것.
代代孫孫(대대손손) 오래도록 내려오는 여러 대.
代理(대리) 남을 대신하여 일을 처리함. 또는 그 사람.
代替(대체) 다른 것으로 바꿈. 다른 것으로 대신함.
▶ 交代(교대), 現代(현대)

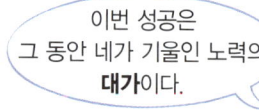이번 성공은 그 동안 네가 기울인 노력의 **대가**이다.

令

❶ 하여금 령
❷ 명령 령

한자 사전 찾기
부수:人부 / 총획:5획

ノ 人 𠆢 今 令

글자의 원리

회의 사람들을 불러 모아(스←合) 무릎을 꿇리고(卩) '명령한다'는 뜻.

풀이 ❶①하여금. 하게 하다. ②가령. ❷①명령. ②높임말.

令夫人(영부인) 남의 아내를 높이어 일컫는 말.
令狀(영장) ①명령을 적은 문서. ②구속이나 수색 등을 할 수 있도록 법원이 발행한 문서.
命令(명령) 윗사람이 아랫사람에게 어떤 행동을 하도록 시킴.
▶ 口令(구령), 使令(사령), 號令(호령)

장군은 병사들에게 총공격을 하라고 **명령**하였습니다.

仕

섬길 사

한자 사전 찾기
부수: 人부 / 총획: 5획

丿 亻 仁 仕 仕

글자의 원리

형성 선비(士) 중에 공부와 덕을 쌓은 사람(亻)이 공직을 맡은 '벼슬'을 뜻함.

풀이 섬기다. 벼슬. 벼슬하다.

仕官(사관) 관리가 되어 종사함. 벼슬살이를 함.
仕途(사도) 벼슬길.
奉仕(봉사) 국가나 사회, 또는 남을 위하여 자신을 돌보지 않고 힘써 일함.

人부
[3획]

仙

신선 선

한자 사전 찾기
부수: 人부 / 총획: 5획

丿 亻 仆 仙 仙

글자의 원리

형성 사람(亻)이 산(山)에서 도를 성취하여 경지에 이른 '신선'을 뜻함.

풀이 ①신선. ②신선스럽다. ③센트. 미국 화폐 단위의 하나.

仙女(선녀) 하늘나라에서 산다고 하는, 아름다운 여자 신선.
仙風道骨(선풍도골) '신선의 풍채와 도인의 골격' 이라는 뜻으로, 뛰어나게 고상하고 우아한 풍채를 이르는 말.
仙鶴(선학) 두루미를 아름답게 이르는 말.
▶神仙(신선)

써 이

人부
[3획]

한자 사전 찾기
부수: 人부 / 총획: 5획

丨 レ レ 以 以

글자의 원리   以

지사 사람이 밭을 갈 때 쟁기를 사용하는 것에서 '쓴다'는 뜻.

풀이 ① ~(로)써. ~가지고. ② ~부터. ~에서.

以來(이래) 어느 기준이 되는 때부터 그 후.
以實直告(이실직고) 사실을 그대로 말함.
以熱治熱(이열치열) 열은 열로써 다스린다는 뜻으로, 힘은 힘으로써 물리친다는 뜻으로 쓰이는 말.
以內(이내) 어떤 범위나 기준의 안.

이 기차는 한 시간 **이내**에 역에 도착할 것입니다.

 **한자 Q&A**

Q 한자는 어떤 도구로 썼을까요?

A 지금은 연필이나 펜이 있어 글자를 쓰는 것에 그리 불편을 느끼지 않지만, 옛날에는 이런 것들이 없었기 때문에 무척 불편했습니다.
그럼, 중국에서 처음 한자를 쓸 때에는 무엇을 사용했을까요?
붓이 사용되기 이전에는 칼과 같이 뾰족한 것으로 돌이나 뼈에 글자를 새겨서 한자를 썼다고 합니다. 칼로 글자를 새겼기 때문에 초기의 글자의 형태는 지금보다 매우 가늘고 날카로웠습니다.

다를 타

한자 사전 찾기
부수: 人부 / 총획: 5획

丿 亻 亻 仲 他

글자의 원리

형성 독사는 꺼리게 되니 '다른 데로 가라'는 뜻에서 '다른 곳'으로 쓰임.

풀이 ①다르다. 딴. ②남.

他山之石(타산지석) 다른 산의 돌이라도 자기의 옥돌을 가는 데에 필요하다는 뜻으로, 하찮은 남의 언행일지라도 내 인격을 닦는 데에 도움이 된다는 말.

自他(자타) 자기와 남.

人부
[3·4획]

민우는 **자타**가 인정하는 축구 실력을 가졌습니다.

칠 벌

한자 사전 찾기
부수: 人부 / 총획: 6획

丿 亻 亻 仁 代 伐
伐

글자의 원리

회의 사람이 창을 들고 찌름을 나타내어 '치다, 베다'의 뜻.

풀이 ①치다. ②베다. 자름.

伐木(벌목) 심어져 있는 숲의 나무를 베어 냄.
伐草(벌초) 무덤의 잡초를 베어서 깨끗이 함.
▶殺伐(살벌), 征伐(정벌)

무분별한 **벌목**으로 산림이 크게 훼손되었습니다.

伏

엎드릴 복

人 부
[4획]

한자 사전 찾기
부수:人부 / 총획:6획

丿 亻 仁 仕 伏
伏

글자의 원리

회의 개(犬)가 주인(亻) 곁에 '엎드려' 있는 모양을 뜻함.

풀이 ①엎드리다. ②굴복하다. 복종함. ③숨다. 숨김. ④복.

伏拜(복배) ①땅에 엎드려 절하는 것. ②몸을 굽혀 예를 표하는 것.
伏兵(복병) ①숨어 있다가 적을 공격하는 병사. ②예상치 못한 어려움이나 뜻밖에 나타난 경쟁 상대.
降伏(항복) 져서 적에게 굴복함.
▶ **三伏**(삼복)

원자 폭탄의 위력 앞에 일본은 무조건 **항복**했습니다.

仰

우러를 앙

人 부

한자 사전 찾기
부수:人부 / 총획:6획

丿 亻 亻 亻 仰 仰
仰

글자의 원리

형성 꿇어앉은 사람(卩)이 높은 사람(亻)을 쳐다보니 '우러르다'의 뜻.

풀이 우러르다. 존경하다.

仰望(앙망) 우러러 바라는 것. 주로 편지 따위에서 씀.
推仰(추앙) 높이 받들고 우러름.
▶ **信仰**(신앙)

그는 훌륭한 인품으로 많은 사람들로부터 **추앙**받았습니다.

쉴 휴

한자 사전 찾기
부수: 人부 / 총획: 6획

丿 亻 仁 什 休
休

글자의 원리 ⇒ 亻 ⇒ 亻 ⇒ 休 ⇒ 木 ⇒ 木

회의 사람(亻)이 나무(木) 밑에 있는 모습을 본떠 '쉬다'라는 뜻.

풀이 ①쉬다. ②그만두다. ③휴가.

休憩所(휴게소) 잠깐 동안 머물러 쉴 수 있게 마련한 장소.
休館(휴관) 도서관·미술관·영화관 등이 일반에게 얼마 동안 공개되지 않음.
休校(휴교) 학교가 얼마 동안 수업을 중지하는 일.
休息(휴식) 하던 일을 멈추고 잠깐 쉼.
休養地(휴양지) 공기나 경치가 좋아 편히 쉬면서 몸과 마음의 기운을 붇돋우기에 알맞은 곳.
休戰(휴전) 전쟁 중의 나라들이 서로 합의하여 얼마 동안 전쟁을 멈추는 일.
休診(휴진) 병원에서 얼마 동안 환자를 진찰하거나 치료하지 않음.
休會(휴회) ①회의를 일시 중지하고 쉼. ②의회가 의결로 의사(議事)를 중지하고 쉬는 일.

▶ **公休(공휴), 連休(연휴)**

人부
[4획]

아하!

休火山(휴화산)

휴화산은 현재 분화를 멈추었으나 또 다시 분화할 가능성이 있는 화산이다. 반대로 앞으로 화산 활동이 일어날 가능성이 없는 것을 사화산(死火山)이라 한다. 세계에서 가장 큰 휴화산은 미국 하와이 주의 할레아칼라 국립공원인데, 1750년경에 대분화를 일으킨 바 있다.

다만 단

人부
[5획]

한자 사전 찾기
부수:人부 / 총획:7획

丿 亻 亻 但 但
但 但

글자의 원리

형성 아침(旦)에 일어나는 사람(亻)은 알몸뿐이라 하여 '다만' 의 뜻.

풀이 다만. 오직.

但書(단서) 앞서 서술한 내용에 대해 예외나 조건을 덧붙인 글.
但只(단지) 다른 것이 아니라 순전히.
非但(비단) '오직' 이나 '다만' 의 뜻을 나타내는 말.

만화를 즐겨 보는 것은 **비단** 어린이만이 아니다.

부처 불

한자 사전 찾기
부수:人부 / 총획:7획

丿 亻 亻 亻 佛
佛 佛

글자의 원리

형성 진리와 깨달음을 열어 주는 것은 사람(亻)이 아닌(弗) '부처님' 이라는 뜻.

풀이 ①부처. ②불교. ③ 불상.

佛敎(불교) 부처의 가르침을 펴는 종교.
佛像(불상) 부처의 형상을 조각한 것이나 그린 것.
空念佛(공염불) '진심이 없이 입으로만 외는 헛된 염불' 이라는 뜻으로, 실천이나 내용이 따르지 않는 주장이나 선전을 비유한 말.

공염불에 불과한 캠페인은 이제 그만 해야 합니다.

余

나 여

한자 사전 찾기
부수: 人부 / 총획: 7획

丿 𠆢 𠆢 𠆢 余
余 余

글자의 원리 ⇒ 全 ⇒ 余 ⇒ 余
 ⇒ 八 ⇒ 八

형성 집(余←舍)에서 멀리 퍼져(八) 나가는 소리의 근원이 냐 라는뜻.

풀이 나. 1인칭 대명사.

余等(여등) 우리들.
余月(여월) 음력 4월.

人부
[5획]

그것은 **여**가 만주의 한 마을에 머물고 있을 때의 일이었습니다.

位

자리 위

한자 사전 찾기
부수: 人부 / 총획: 7획

丿 亻 亻 亻 位
位 位

글자의 원리 ⇒ ⇒ 亻 ⇒ 位
⇒ ⇒ 立

회의 사람이 신분에 따라 서 있는 곳이 정해져 있다는 데서 '자리, 위치'의 뜻.

풀이 ①자리. ②자리잡다. ③높여서 어떤 사람을 가리키는 말.

位置(위치) ①사람, 물건 등이 있는 장소. ②사람의 신분이나 지위.
三位一體(삼위일체) 세 가지의 것이 하나의 목적을 위하여 서로 통일되는 것.
地位(지위) 어떤 사람이 가지는 사회적 신분이나 계급이나 위치.
▶方位(방위), 王位(왕위), 諸位(제위)

여성의 **지위**를 향상시킵시다.

作

지을 작

한자 사전 찾기
부수: 人부 / 총획: 7획

丿 亻 亻 亻 作 作 作

人부 [5획]

글자의 원리: 亻 ⇒ 亻 ⇒ 亻 ⇒ 作

형성 사람이 집을 짓고 있는 모양에서 '만들다, 짓다'의 뜻.

풀이 ①짓다. ②일어나다. 생겨남. ③만든 것.

作動(작동) 기계가 움직이는 것. 또는, 기계를 움직이게 하는 것.
作心三日(작심삼일) 품은 마음이 사흘을 가지 못한다는 뜻으로, 결심이 굳지 못함을 이름.
作品(작품) ①만들어진 물건. ②예술품으로서 만들어진 것.
▶ **耕作(경작), 製作(제작), 創作(창작)**

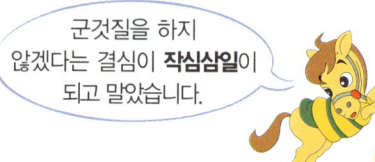
군것질을 하지 않겠다는 결심이 **작심삼일**이 되고 말았습니다.

低

낮을 저

한자 사전 찾기
부수: 人부 / 총획: 7획

丿 亻 亻 仁 任 低 低

글자의 원리: ⇒ 亻 ⇒ 亻 ⇒ 低

형성 원래 신분이 낮은 사람을 가리키는 말이었지만, 점차 '낮다'를 뜻함.

풀이 ①낮다. ②싸다.

低空(저공) 땅 위에서 가까운 하늘.
低廉(저렴) 값이 쌈.
低調(저조) ①성적이나 실적이 보통 이하의 수준에 있음. ②활기나 의욕이 없음.
低下(저하) 수준·능률 등이 이전보다 떨어지거나 낮아지는 것.

헬리콥터 한 대가 **저공** 비행을 하고 있습니다.

살 주

한자 사전 찾기
부수:人부 / 총획:7획

ノ 亻 亻 亻 住
住 住

글자의 원리  住

형성 사람과 사람이 어울려 꾸준히 머문다는 것에서 '살다, 머무르다'의 뜻.

풀이 ①살다. ②생활. 주거. ③머무르다.

住居(주거) 일정한 곳에 자리를 잡고 삶.
住民(주민) 일정한 지역에 사는 사람.
住所(주소) ①살고 있는 곳. ②사람이 살고 있는 곳을 행정 구역으로 나타낸 것.
住持(주지) 한 절을 책임지고 관리하는 승려.
住宅(주택) 사람이 사는 집.
▶居住(거주), 安住(안주), 衣食住(의식주), 移住(이주)

人부
[5획]

93

何

어찌 하

人부
[5・6획]

한자 사전 찾기
부수:人부 / 총획:7획

丿 亻 亻 亻 何 何 何

글자의 원리 ⇒ 何 ⇒ 何 **형성** 사람이 지고 있는 짐이 무엇인지 모른다는 것에서 '무엇, 어찌'라는 뜻.

풀이 ①어찌. ②무엇. 어떤. ③어느. 어느 것(곳). 어느 누구.

何等(하등) ①아무런. 아무. ②얼마만큼. 어느 정도. 최소의 정도.
何如間(하여간) 어찌하거나 어찌 되든 간에.
何人(하인) ①어떤 사람. ②누구.
何必(하필) 무슨 필요가 있어서. 어찌하여 꼭.
▶如何(여하)

佳

아름다울 가

한자 사전 찾기
부수:人부 / 총획:8획

丿 亻 亻 亻 佳 佳 佳 佳

글자의 원리 ⇒ 亻 ⇒ 亻 ⇒ 佳 **형성** 신하가 홀을 들고 공손하게 서 있는 모습이 '아름답다'는 뜻.

풀이 ①아름답다. ②좋다. 훌륭하다.

佳人(가인) 용모가 아름다운 여자. 美人(미인).
百年佳約(백년가약) 결혼하여 평생을 같이 지낼 것을 다짐하는 아름다운 약속.
漸入佳境(점입가경) 들어갈수록 아주 재미가 있다는 뜻으로, 어떤 일의 진행이 점차 재미있게 진행되어 감.

來

올 래

한자 사전 찾기
부수: 人부 / 총획: 8획

一 厂 厂 厈 厈
來 來 來

글자의 원리 ⇒ 术 ⇒ 來

상형 보리 모양을 본떠 보리는 하늘에서 보내 왔다는 전설에서 '오다'의 뜻.

풀이 ①오다. 오게 하다. ②앞으로의 일. ③그 다음. 그 뒤.

來年(내년) 올해의 다음 해.
來談(내담) 찾아와서 이야기함. 또는, 그 이야기.
來歷(내력) 어떤 사물이 지금에 이르기까지 지나온 과정이나 지금처럼 된 까닭.
來訪(내방) 만나러 찾아옴.
來賓(내빈) 모임에 공식적으로 초대를 받고 온 손님.
來世(내세) ①다음 시대. ②죽은 후에 다시 태어나 산다는 미래의 세상. 불교 삼생(三生)의 하나.
來往(내왕) 오고 가고 함. 往來(왕래).
將來(장래) 다가올 앞날. 특히, 예측이 어느 정도 가능한 앞날.
▶本來(본래), 由來(유래), 傳來(전래)

人부
[6획]

아하!

傳來童話(전래 동화)

신화 · 전설에서 발전하여 이루어진, 동심이 기조가 된 이야기이다. 특히 민담 가운데 많으며 공상 · 서정 · 교양적인 요소가 이야기의 주축을 이룬다. 그 나라의 생활 · 풍속 · 종교 등과도 깊은 관계가 있으며, 어린이의 심정에 호소하여 구비(口碑)의 방법으로 전해졌다.

例

법식 례

人 부
[6획]

한자 사전 찾기
부수: 人부 / 총획: 8획

丿 亻 亻 仂 仍
仍 例 例

글자의 원리: (그림) ⇒ (그림) ⇒ 亻 ⇒ 例
剢 ⇒ 㓝 ⇒ 列

형성 사람이 물건을 정렬하는 것에서 '정렬해 놓다, 비교하다, 보기'의 뜻.

풀이 ①법식. 규정. ②관례. ③본보기.

例文(예문) 예로서 드는 문장.
例事(예사) 세상에 흔히 있는 일.
例外(예외) 일반 규칙이나 통례에서 벗어남.
事例(사례) 어떤 일에 관하여 실제로 일어난 낱낱의 사건.
▶次例(차례)

알기 쉽게 **사례**를 들어 설명해 주세요.

使

❶ 부릴 사
❷ 사신 사

한자 사전 찾기
부수: 人부 / 총획: 8획

丿 亻 亻 仁 伂
伂 伊 使

글자의 원리: (그림) ⇒ (그림) ⇒ 亻 ⇒ 使
罗 ⇒ 叓 ⇒ 吏

형성 붓으로 글자를 쓰는 것은 손을 사용한다는 것에서, '사용하다'라는 뜻.

풀이 ❶①부리다. ②하여금. ❷①사신. ②심부름꾼. ③가령.

使命(사명) 당연히 해야 할 일로서 맡겨진 일.
使臣(사신) 임금의 명을 받아 외국에 나가 임무를 수행하던 신하.
使用(사용) 물건을 일정한 목적으로 씀.
咸興差使(함흥차사) 심부름을 가서 돌아오지 않거나 소식이 없을 때 쓰는 말.
▶勞使(노사), 設使(설사)

이 시계는 배터리가 없어 **사용**이 안 됩니다.

의지할 의

한자 사전 찾기
부수: 人부 / 총획: 8획

丿 亻 亻' 亻ㅗ 亻ㅜ
伀 佟 依

형성 사람(亻)이 옷(衣)을 입어 몸을 보호한다 하여 '의지하다'의 뜻.

풀이 ①의지하다. ②의탁하다. ③따르다. 좇음. ④전과 같음.

依例(의례) 전에 있었던 사례에 따름.
依賴(의뢰) 남에게 의지하거나 부탁함.
依然(의연) 전과 다름없음.
依存(의존) 어떤 것에 기대어 영향을 받거나 도움을 받음.
　　　　　↔ 自立(자립).

人부
[6~7획]

보전할 보

한자 사전 찾기
부수: 人부 / 총획: 9획

丿 亻 亻' 亻ㄲ 亻卩
伢 仔 佲 保

형성 아이를 꼭 안고 있는 모습에서 어른이 아이를 '보호하다, 주다'라는 뜻.

풀이 ①보전하다. ②지키다. ③책임짐. 보증하다. ④기르다.

保管(보관) 남의 물품 등을 맡아 두는 일.
保溫(보온) 따뜻한 기운을 오랫동안 유지함.
保育(보육) 어린아이를 돌보아 기름.
保全(보전) 본래의 상태대로 보호하여 안전하게 함.

俗

풍속 속

人부
[7획]

한자 사전 찾기
부수:人부 / 총획:9획

丿 亻 亻 亽 俗
伀 伀 俗 俗

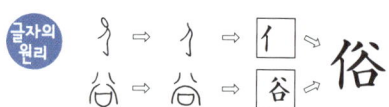

형성 사람(亻)들이 골짜기(谷)에 모여 살며 같은 습관을 이룬다는 '풍속'의 뜻.

풀이 ①풍속. ②속되다. ③세상 사람.

俗談(속담) 예로부터 민간에서 전해 내려오는, 교훈이나 풍자가 담긴 짧은 말.

俗世(속세) 일반인들이 사는 이 세상. 世俗(세속).

俗語(속어) 일반 사회에서 생겨나 흔히 쓰이는 속된 말.

▶ **民俗**(민속), **風俗**(풍속), **土俗**(토속)

속담은 사람들에게 교훈을 줍니다.

信

믿을 신

한자 사전 찾기
부수:人부 / 총획:9획

丿 亻 亻 亻 仨
信 信 信 信

회의 사람(亻)의 말(言)은 마음의 소리라는 데서 '참되다, 믿다'의 뜻.

풀이 ①믿다. 믿음. ②도장. ③소식. 편지.

信念(신념) 옳다고 굳게 믿고 있는 마음. 信條(신조).

信賴(신뢰) 남을 믿고 의지함.

信用(신용) 사람이 약속을 잘 지킴으로써 믿을 만하다고 남에게 느껴지게 하는 것.

▶ **書信**(서신), **印信**(인신), **自信**(자신), **確信**(확신)

나는 내 친구들을 **신뢰**하고 있습니다.

❶ 편할 편
❷ 똥오줌 변

한자 사전 찾기
부수: 人부 / 총획:9획

丿 亻 仁 仁 仨
佢 佢 便 便

글자의 원리: 氵 ⇒ 亻 ⇒ 亻 ⇒ 便
䚊 ⇒ 䨮 ⇒ 更

형성 꺼지려는 불을 다시 타게 하는 것에서 '고쳐 쓰기 편하게 한다' 라는 뜻.

풀이
❶ ①편하다. 편리하다. ②소식. ③편. 전하는 방편.
❷ 똥. 오줌.

便器(변기) 사람의 똥·오줌을 받아 내는 기구.
便秘(변비) 똥이 잘 나오지 않는 병.
便覽(편람) 어떤 일을 쉽게 보고 알 수 있도록 정리하여 엮은 책.
便利(편리) 이용하기에 어려움이 없고 편함.
便法(편법) ①편리한 방법. ②임시로 둘러댄, 보다 손쉬운 방법.
便安(편안) 편하고 걱정이 없음.
便宜(편의) 생활이나 일을 하는 데 조건이 편하고 좋은 것.
便益(편익) 편리하고 유익함.
便紙(편지) 소식을 전하기 위해 일정한 격식에 따라 쓴 글.
▶ 簡便(간편), 東便(동편), 不便(불편), 人便(인편), 車便(차편)

人부
[7획]

個

낱 개

人부 [8획]

한자 사전 찾기
부수: 人부 / 총획: 10획

丨 亻 𠆢 们 佪
個 個 個 個 個

글자의 원리 ⇨ 亻 ⇨ 個
 ⇨ 古 ⇨ 固

형성 사람(亻)이 죽어 굳어진(固) 주검을 물건처럼 센다는 데서 '개수'의 뜻.

풀이 ①낱. 셀 수 있게 된 사람이나 물건의 하나하나. ②개.

個別(개별) 여럿 중 하나하나. 또는, 따로따로.
個性(개성) 개개인이 가지고 있는 특별한 성질.
個人(개인) 국가나 사회·단체 등을 구성하는 낱낱의 사람.
個中(개중) 여럿 있는 그 가운데.
▶別個(별개)

합격자는 **개별**로 통보하겠습니다.

倫

인륜 륜

人부

한자 사전 찾기
부수: 人부 / 총획: 10획

丨 亻 𠆢 伙 伙
伙 伦 伦 倫 倫

글자의 원리 ⇨ 亻 ⇨ 倫
 ⇨ 侖 ⇨ 侖

형성 인간(亻)이 한데 뭉쳐(侖) 살아갈 때 지켜야 할 도리, '인륜'을 뜻함.

풀이 ①인륜. 윤리. 도리. ②무리. 또래.

倫理(윤리) 사람으로서 마땅히 행하거나 지켜야 할 도리.
倫匹(윤필) ①친구. ②아내.
三綱五倫(삼강오륜) 유교에서 도덕의 기본이 되는 세 가지 도리와 사람으로서 지켜야 할 다섯 가지 도리.
人倫(인륜) 사람들이 더불어 살아가면서 마땅히 지켜야 할 도덕.

부모에게 불효하는 것은 **인륜**에 어긋나는 일입니다.

修

닦을 수

한자 사전 찾기
부수: 人부 / 총획: 10획

丿 亻 亻 亻 伩
佟 攸 修 修 修

글자의 원리  ⇒ 修

형성 멀리(攸) 흐르는 물에 머리털(彡)을 감아 꾸미듯 마음을 닦는다 는 뜻.

人부
[8획]

풀이 ① 닦다. 익히다. 기르다. ② 고치다. ③ 다스리다.

修交(수교) 교제를 맺음. 나라 사이에 국교를 맺음.
修理(수리) 고장났거나 헐었거나 낡은 데를 고침.
修養(수양) 몸과 마음을 단련하여 품성과 지혜, 도덕심 등을 기름.
修正(수정) 잘못된 것을 바로잡아 고침.
▶ **監修**(감수), **補修**(보수)

그는 **수양**을 많이 쌓아 인품이 훌륭합니다.

借

빌 차

한자 사전 찾기
부수: 人부 / 총획: 10획

丿 亻 亻 亻 仕
仕 佳 借 借 借

글자의 원리  ⇒ 借

형성 물건이 쌓인 모습으로 부족할 때 보충한다는 데서 '빌려 쓰다' 라는 뜻.

풀이 ① 빌리다. 빌려 주다. ② 가령. 시험삼아.

借款(차관) 정부나 회사·은행이 다른 나라의 돈을 빌리는 일.
借問(차문) 시험삼아 물어봄.
借用(차용) 물건, 돈 따위를 빌려 씀.
借字(차자) 자기 나라 말을 적는 데 남의 나라 글자를 빌려 쓰는 일.
▶ **賃借**(임차)

그는 친구에게 돈을 **차용**하여 병원비를 마련했습니다.

假

거짓 가

人부
[9획]

한자 사전 찾기
부수: 人부 / 총획: 11획

丿 亻 亻' 亻'' 亻'''
亻'''' 亻''''' 亻'''''' 亻''''''' 假
假

글자의 원리 彳 ⇒ 亻 ⇒ 亻 ⇒ 假

형성 바르지 못한 사람(亻)은 모든 일을 '거짓되게 꾸민다(叚)'는 뜻.

풀이 ①거짓. ②임시적. ③빌리다. ④가령.

假令(가령) 가정하여. 예를 들어. 이를테면.
假飾(가식) 남에게 훌륭하거나 좋은 사람으로 보이려고 말이나 행동을 거짓으로 꾸미는 일.
假定(가정) ①임시로 정함. ②사실 여부는 분명하지 않으나 추측하여 임시로 인정함. 또는, 그렇게 한 것.
假借(가차) 임시로 빌리는 것.

핵전쟁이 일어난다고 **가정**해 봅시다.

偉

클 위

한자 사전 찾기
부수: 人부 / 총획: 11획

丿 亻 亻' 亻'' 亻'''
亻'''' 倍 偉 偉 偉
偉

글자의 원리 彳 ⇒ 亻 ⇒ 亻 ⇒ 偉

형성 크고 둥글게 이루어져 두드러진다고 해서 '거룩하다'라는 뜻.

풀이 ①거룩하다. 뛰어남. ②크다. ③성하다.

偉大(위대) 뛰어나고 훌륭함.
偉力(위력) 위대한 힘.
偉業(위업) 위대한 사업이나 업적.
偉容(위용) 훌륭하고 뛰어난 모습. 당당한 모양.
偉人(위인) 뛰어나고 훌륭한 사람.

이순신은 임진왜란 때 나라를 구한 **위대**한 장군입니다.

停

머무를 정

한자 사전 찾기
부수: 人부 / 총획: 11획

丿 亻 亻 亻 广
俨 仃 停 停 停
停

 亻 ⇒ 亻 ⇒ 亻 ⇒ 停
倉 ⇒ 髙 ⇒ 亭 ⇒

형성 사람과 여관의 모습을 합친 글자로, '머무르다, 멈추다'의 뜻.

人부
[9·10획]

풀이 ①머무르다. ②멈추다. ③그만두다.

停年(정년) 법률이나 기타 규정에 따라, 그 직에서 물러나게 되어 있는 나이.
停止(정지) 사람·차·기계 등이 움직이거나 돌아가다가 멎거나 그침.
停滯(정체) 사물이 머물러 쌓이거나, 일이 진행되지 않고 밀림.

귀성 차량이 몰려 고속도로의 **정체**가 심합니다.

備

갖출 비

한자 사전 찾기
부수: 人부 / 총획: 12획

丿 亻 亻 亻 伊
俨 伊 併 併 備
備 備

 亻 ⇒ 亻 ⇒ 亻 ⇒ 備
𤰔 ⇒ 甫 ⇒ 葡 ⇒

형성 화살을 넣는 통을 본뜬 글자(葡)에 사람(亻)을 붙여서 '갖추다'의 뜻.

풀이 ①갖추다. ②갖추어지다. ③준비. 대비. ④모두.

備置(비치) 마련하여 갖추어 둠.
準備(준비) 필요한 것을 미리 갖춤.
▶設備(설비), 完備(완비), 裝備(장비)

어머니는 저녁 식사를 **준비**하고 계십니다.

103

傷

다칠 상

人부
[11획]

한자 사전 찾기
부수: 人부 / 총획:13획

丿 亻 亻 亻 亻
亻 亻 亻 亻 傷
傷 傷 傷

글자의 원리

형성 사람이 상처 입은 모양을 본뜬 글자로, '다치다, 상처'라는 뜻.

풀이 ①다치다. ②해치다. ③근심하다.

傷心(상심) 좋지 않은 일을 겪거나 당해 슬픔이나 절망을 느낌.
傷處(상처) ①몸을 다쳐서 찢어지거나 벗겨지거나 한 자리.
②마음의 고통으로 남아 있는 것.
傷害(상해) 남의 몸에 상처를 입혀 해를 끼침.
負傷(부상) 몸에 상처를 입음.
▶ 凍傷(동상), 死傷者(사상자), 重傷(중상), 火傷(화상)

운동을 하다가 **부상**을 입었습니다.

傳

❶ 전할 전
❷ 전기 전

한자 사전 찾기
부수: 人부 / 총획:13획

丿 亻 亻 亻 亻
亻 亻 俥 俥 傳
傳 傳 傳

글자의 원리

형성 실패(專)에서 실이 풀리듯 사람(亻)이 소식을 '전하다'라는 뜻.

풀이 ❶①전하다. 세상에 퍼뜨리다. ②전하여지다. ㉮이어받다. ㉯전해 내려오다. ❷전기.

傳記(전기) 어떤 인물의 생애와 활동을 적은 기록.
傳來(전래) 옛날부터 전해 내려옴.
傳受(전수) 기술이나 지식 등을 전하여 받는 것.
傳播(전파) 전하여 널리 퍼뜨리거나 퍼짐.

스승으로부터 비법을 **전수**하였습니다.

값 가

한자 사전 찾기
부수: 人부 / 총획: 15획

글자의 원리

형성 사람(亻)이 가게(賈)에서 물건을 사고 판다는 것으로 '값'을 뜻함.

풀이 값. ㉮가격. ㉯가치. ㉰수(數).

價値(가치) ①어떤 물건이 지니고 있는 의의나 중요성. ②값. 가격.
同價紅裳(동가홍상) '같은 값이면 다홍치마' 라는 의미로, 값이 같거나 같은 노력이라면 더 좋은 것을 고름.
物價(물가) 여러 가지 상품들의 값을 종합하여 평균한 값.
▶代價(대가), 原子價(원자가), 定價(정가), 評價(평가)

人부
[13획]

추석을 앞두고 **물가**가 오르고 있습니다.

한자 Q&A

Q 《명심보감》은 무엇일까요?

A 《명심보감》은 고려 충렬왕 때 추적이라는 사람이 어린이들의 인격을 높이기 위해 중국 고전에서 성현들의 좋은 글귀들을 모아서 만든 책입니다. 《명심보감》 1편은 '착한 일을 한 사람에게는 하늘이 복을 주고, 악한 일을 한 사람에게는 하늘이 재앙을 내린다.' 라는 공자의 말로 시작됩니다. '명심' 이란 마음을 밝게 한다는 뜻이며, '보감' 은 보배로운 거울로서 세상을 살아가는 데 본보기가 될 만한 것을 엮은 책이라는 뜻입니다.

人부
[13획]

儿부
[2획]

억 억

한자 사전 찾기
부수:人부 / 총획:15획

丿 亻 亻 亻
亻 俨 俨 倍 億
億 億 億 億

글자의 원리

형성 마음이 편안함을 바라는 것은 한이 없다 하여 큰 숫자인 '억'을 뜻함.

풀이 ①억. 수의 단위. ②매우 수가 많음. ③헤아리다.

億萬金(억만금) 엄청나게 많은 돈.
億萬長者(억만장자) 엄청나게 많은 재산을 가진 사람.
億兆蒼生(억조창생) 수많은 백성.
億測(억측) 미루어 헤아림.
▶萬億(만억), 千億(천억)

이 물건은 **억만금**과도 바꿀 수 없는 소중한 것입니다.

儿 (어진사람인) 部

걸어가는 사람의 다리 모양을 본뜬 부수 명칭.

元
으뜸 원

한자 사전 찾기
부수:儿부 / 총획:4획

一 二 テ 元

글자의 원리

지사 신체 부위 중 머리가 가장 위에 있고, 머리가 근본이라는 데서 '시작'의 뜻.

풀이 ①으뜸. 처음. 첫째. ②우두머리. ③근원. ④중국 화폐 단위의 하나.

元金(원금) 빌려 준 돈에서 이자를 제외한 원래의 돈.
元年(원년) ①어떤 일이 처음 시작된 해. ②임금이 왕위에 오른 해.
元本(원본) 개정, 번역, 복사 등을 하기 전의 원래의 서류나 책.
元首(원수) 한 나라를 다스리거나 대표하는 임금이나 대통령.
▶根元(근원), 紀元(기원)

은행에 저축한 돈이 **원금**과 이자를 합하니 꽤 됩니다.

 비주얼 한자

원나라

▲ 용맹스러운 몽골족 모습

몽골족에 의해 세워진 중국의 왕조이다. 몽골은 선사 시대부터 유목 사회를 이루고 있었는데, 13세기 초에 칭기즈 칸이 나타나 강대한 몽골 제국을 이루어 이민족으로서는 처음으로 정복 왕조로서의 특색을 지니게 되었다.

남송을 멸망시키고 중국을 통일한 제5대 쿠빌라이 칸은 중국식 집권적 관료 국가를 만들고자 하였다. 그래서 정치적 사업이 거의 완성 단계에 이른 1271년, 나라의 이름을 대원이라 하고 중국 역대 왕조의 계보를 잇는 정통 왕조임을 선언하였다. 이어서 남송을 평정해서 중국의 전지역을 지배하게 되었는데, 이에 멈추지 않고 일본·베트남·미얀마·자바 등에도 손을 뻗어 동아시아 전역의 대제국이 되었다.

그러나 원나라는 쿠빌라이 칸이 죽은 후 쇠퇴를 거듭하여 정치적 혼란이 계속되었다. 사회적 모순들이 심해지면서 크고 작은 폭동이 각지에서 일어났고, 한족에 의한 민족적 반란까지 이어져 결국 원나라는 1368년, 주원장이 세운 명나라에게 멸망하고 말았다.

▲ 천문대

兄

맏 형

儿 부
[3획]

한자 사전 찾기
부수: 儿부 / 총획: 5획

丨 口 口 尸 兄

글자의 원리

회의 먼저 태어나 아랫사람에게 지시하는 데서 '형제의 윗사람'이라는 뜻.

풀이 ①맏. 형. ②벗에 대한 경칭.

兄夫(형부) 언니의 남편.
兄肥弟瘦(형비제수) ①형제의 신분이 다름을 이르는 말. ②형은 아우 대신, 아우는 형 대신 형제가 서로 도움.
兄嫂(형수) 형의 아내.
兄友弟恭(형우제공) 형은 아우를 사랑하고, 아우는 형을 공경한다는 뜻으로, 형제간의 우애를 다함을 이르는 말.
兄弟(형제) ①형과 아우. ②남을 친근하게 부르는 말.
兄弟之誼(형제지의) 형제 사이처럼 지내는 정다운 친구 사이의 정을 의미하는 말.
▶大兄(대형), 妹兄(매형), 義兄弟(의형제)

 아하!

라이트 兄弟(형제)

공동으로 자전거 가게를 운영하던 형제 월버 라이트와 오빌 라이트는 인류 최초로 비행기를 만들어 1903년 12월, 하늘을 나는 데 성공하였다. 20세기 최고의 발명품 중 하나인 비행기를 만든 라이트 형제는 결혼도 하지 않고 죽을 때까지 항공 기술의 발전을 위해 노력하였다.

빛 광

한자 사전 찾기
부수: 儿부 / 총획: 6획

丨 丶 ⺌ 兯 兯
光

글자의 원리 ⇨ ⇨ 光

회의 사람의 머리 위에 불을 얹고 있는 모양을 나타내어 '빛'이라는 뜻.

풀이 ①빛. ②빛나다. ③명예. 영예. ④윤기. ⑤경치. ⑥시간.

光景(광경) 어떤 일이나 현상이 벌어지는 장면이나 모습.
光彩(광채) ①물체에서 나오는 찬란한 빛. ②눈빛에서 느껴지는 생생한 기운.
光澤(광택) 빛의 반사에 의하여 물체 표면이 번쩍이는 현상.
▶ 脚光(각광), 觀光(관광), 榮光(영광), 日光(일광)

儿부
[4획]

구두를 **광택**이 나도록 문질러 닦았습니다.

 **한자 Q&A**

Q 한자는 어떻게 만들었을까요?

A 한자를 만드는 방법은 다양합니다. 해와 달같이 눈에 보이는 것을 본떠서 만든 것도 있고, 보이지 않는 것을 그림으로 표현한 것도 있습니다. 또 이미 만들어진 글자들을 결합해 만들기도 합니다.
이렇게 한자를 만드는 방법에는 '육서(六書)'가 있습니다.
육서에는 상형(象形)·형성(形聲)·회의(會意)·지사(指事)·가차(假借)·전주(轉注)가 있습니다.

❶ 먼저 선
❷ 앞설 선

한자 사전 찾기
부수: 儿부 / 총획: 6획

儿부
[4획]

丿 一 片 屮 生 先
先

글자의 원리
 ⇒ 屮 ⇒ 生 ⇒
 ⇒ 几 ⇒ 儿 ⇒ 先

회의 싹이 자람과 사람이 앞으로 걸어 나아가는 것에서 '앞, 먼저'라는 뜻.

풀이 ❶①먼저. 우선. ②앞. 뒤의 대가 되는 것. ③조상. ❷앞서다.

先見之明(선견지명) 앞날의 일을 미리 헤아릴 줄 아는 밝은 지혜.
先頭(선두) 대열이나 행렬, 활동 등에서 맨 앞.
先入見(선입견) 어떤 사물에 대하여 미리 어떠어떠하다고 믿는, 전부터 굳어져 있는 관념이나 견해.
先祖(선조) 윗대의 조상.
先進國(선진국) 정치·경제·문화 등이 발달하여, 다른 나라에 의존함이 없이 자립하는 나라.
先天的(선천적) 태어날 때부터 몸이나 정신에 갖추어진 것.
先行(선행) 어떤 일이 다른 일보다 앞선 것이 되거나 앞서서 이루어짐.

▶ 機先(기선), 于先(우선)

先史時代(선사 시대)

구석기 시대부터 초기 철기 시대까지를 말한다. 이때에는 문자를 사용하지 않아 문헌적 사료가 전혀 없다. 유물로는 구석기 시대의 주먹도끼, 신석기 시대의 빗살무늬토기, 청동기 시대의 반달돌칼 등이 있고, 유적지로는 서울 암사동, 경기도 연천군 전곡리 등이 유명하다.

兆 조짐 조

한자 사전 찾기
부수: 儿부 / 총획: 6획

丿 丿 扌 兆 兆
兆

글자의 원리 **상형** 거북의 등딱지로 점을 치는 모양을 본떠, '조짐' 이라는 뜻.

풀이 ① 조짐. ② 점. ③ 조. ㉮ 수의 단위. 억(億)의 만 배. ㉯ 많은 수를 이름.

兆民(조민) 많은 백성. 萬民(만민).
兆朕(조짐) 어떤 일이 일어날 기세가 미리 드러나 보이는 낌새.
兆候(조후) 조짐. 일의 전조.
吉兆(길조) 좋은 일이 있을 징조.
▶ 前兆(전조)

儿부
[4획]

눈이 흔하지 않은 그곳에서는 눈이 오는 것을 **길조**로 여겼습니다.

充 채울 충

한자 사전 찾기
부수: 儿부 / 총획: 6획

丶 亠 士 去 云
充

글자의 원리 **형성**  어린아이가 충실하게 잘 자랐다는 데서 '자란다, 가득 차다' 라는 뜻.

풀이 ① 차다. 속이 가득함. ② 채우다. ③ 막다. 막히다.

充分(충분) 넉넉하여 모자람이 없음.
充塞(충색) 가득 차서 막히는 것. 또는, 가득 채워 막는 것.
充實(충실) 내용 따위가 제대로 갖추어져 알참.
充員(충원) 부족한 인원을 채움.
▶ 補充(보충), 擴充(확충)

이 돈이면 사과를 사기에 **충분**합니다.

免
벗어날 면

한자 사전 찾기
부수: 儿부 / 총획: 7획

丿 ク 夕 芍 芍 免 免

글자의 원리 ⇒

회의 토끼(兔)가 덫에 걸렸다가 꼬리만 잘리고 죽음을 '면하였다'는 뜻.

풀이 ①벗어나다. ②~을 아니하게 되다. ③면하다. ④허락하다.

免疫(면역) 어떤 특정한 병에 감염되지 않는 저항력이 있는 것.
免除(면제) ①책임과 의무를 지우지 않음. ②채무를 면함.
免職(면직) 일자리를 그만두고 물러나게 함.
免許(면허) 어떤 특정한 일을 행하는 것을 행정 기관이 허가함.
▶ **放免(방면), 罷免(파면)**

예방 주사를 맞으면 **면역**이 생겨 병에 걸리지 않게 됩니다.

兒
아이 아

한자 사전 찾기
부수: 儿부 / 총획: 8획

丿 ⺈ ⺈ 臼 臼 臼 兒 兒

글자의 원리 ⇒ 兒

상형 젖먹이의 머리뼈가 아직 합쳐지지 않은 모양을 본떠 '어린아이'의 뜻.

풀이 ①아이. 유아. ②젊은이.

兒童(아동) 신체적 · 지적으로 미숙한 단계에 있는 어린 사람. 일반적으로 초등학교에 다니는 시기의 어린이를 가리킴.
健兒(건아) 건강하고 씩씩한 사나이.
▶ **孤兒(고아), 幼兒(유아), 育兒(육아), 胎兒(태아)**

금메달을 목에 건 자랑스러운 **건아**들을 보십시오.

入(들 입) 部

↑처럼 안으로 들어가는 것을 나타낸 부수 명칭.

入

들 입

한자 사전 찾기
부수:入부 / 총획:2획

丿 入

글자의 원리 ⇒ ⇒ 入

지사 ↑처럼 안으로 들어가는 것을 나타내어 '들어가다'라는 뜻.

풀이 ①들다. 들어가다. ②들이다. ③빠지다. ④입성.

入國(입국) 다른 나라에 들어가거나 자기 나라에 들어옴.
入門(입문) 어떤 것을 배우는 과정에 들어감. 또는 그 과정.
入養(입양) 양자(養子)를 들임. 혈연 관계가 아닌 사이에서 법적으로 부모와 자식 관계를 맺음.
入營(입영) 군대에 들어가 군인이 되는 것.
入院(입원) 환자가 치료를 받기 위하여 일정 기간 병원에 들어감.
入場(입장) 극장·경기장 등에 들어가거나 들어오는 것.
入住(입주) 새로 지은 집에 들어가 살기 시작함.
入學(입학) ①처음 학문에 뜻을 둠. ②처음 학교에 들어감.
入港(입항) 배가 항구에 들어옴. ↔ 出港(출항).
▶加入(가입), 納入(납입), 沒入(몰입), 收入(수입), 出入(출입)

入부
[0획]

아하!

入力裝置(입력 장치)

컴퓨터에 자료를 입력하기 위한 장치이다. 인간이 정보를 해석하고 기억하는 방식과 달리, 컴퓨터는 0과 1로 정보를 표시하게 되어 있다. 문자, 숫자 등의 자료를 읽어 0과 1의 형태로 바꾸어 컴퓨터가 처리할 수 있도록 하는 것이 입력 장치이다.

문장의 필력이나 말하는 것이 강하고 날카롭다

입목삼분(入木三分)

털로 된 붓으로 목판 위에 쓴 글이 3푼 정도의 깊이로 파였다는 이야기는 왕희지가 쓴 필력의 힘참이 이미 입신의 경지에 이르렀음을 보여 준다. 이 고사는 후세에 와서 여러 가지로 인용 또는 각색되었으며, '입목(入木)'은 서예를 나타내는 말로 쓰이고 있다.

안 내

한자 사전 찾기
부수:入부 / 총획:4획

丨 冂 內 內

內 ⇒ 內 ⇒ 內

회의 바깥쪽에서 울타리 안쪽으로 들어가는 것에서 '들어가다, 속, 안'의 뜻.

①안. ②가정 안. ③대궐의 안. ④아내. ⑤몰래.

內國人(내국인) 자기 나라 사람. ↔ 外國人(외국인).
內亂(내란) 나라 안에서 일부의 국민이 정부에 대항하여 무기를 들고 일으킨 싸움.
內紛(내분) 내부에서 저희들끼리 시끄럽게 다툼.
內心(내심) 겉으로 드러나지 않은 속마음.
內容(내용) ①말이나 글 속에 담겨 있는 중심이 되는 의미. ②어떤 일의 앞뒤 사정이나 과정.
內柔外剛(내유외강) 마음속은 부드럽고 착하나 겉으로는 굳세게 보임.
內助(내조) ①아내가 남편을 돕는 일. ②내부의 도움.
內通(내통) 적과 남몰래 한편이 되어 몰래 어떤 사실을 알림.
▶市內(시내), 室內(실내), 案內(안내), 以內(이내)

入부
[2획]

內行星(내행성)

내행성과 외행성을 구분하는 기준은 지구이다. 내행성은 지구보다 태양에 가까운 궤도를 도는 행성으로, 수성과 금성이 이에 속한다. 수성이나 금성이 태양과 지구 사이를 통과할 때 지구에서는 태양 앞을 지나가는 이들 행성의 실루엣을 볼 수 있다.

115

全

온전할 전

入 부
[4획]

한자 사전 찾기
부수:入부 / 총획:6획

ㄱ ㅅ 亼 仝 全
全

글자의 원리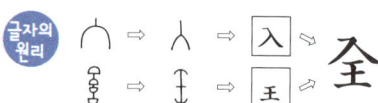

회의 좋은 축에 드는(人) 흠집 없는 구슬(王←玉)이 라 하여 '온전하다'의 뜻.

풀이 ①온전하다. ②온전히 하다. ③온통. 전체.

全景(전경) 한눈에 바라볼 수 있는 전체의 경치. 또는, 모든 경치.
全國(전국) 한 나라의 전체.
全擔(전담) 어떤 일을 전부 떠맡음. ↔ 分擔(분담).
全滅(전멸) 모조리 없어지거나 망함.
全般(전반) 어떤 일이나 분야의 전체.
全部(전부) 하나도 빠짐없이. 한 부분이 아니라 모두.
全盛期(전성기) 한창 왕성한 시기.
全員(전원) 어떤 단체나 집단을 이루고 있는 전체 인원.
全天候(전천후) 어떠한 기상 상태에서도 활동할 수 있는 것.
全體(전체) 형태나 범위를 이루는 것의 모두.
▶ 萬全(만전), 純全(순전), 安全(안전), 完全(완전)

아하!

全蝎(전갈)

몸길이 약 1.5~21cm이며, 가재와 생김새가 비슷하고 꼬리 끝에 독침이 있다. 대부분의 종이 독을 지니고 있으나 사람에게 해를 끼칠 만한 독을 지니고 있는 종은 20여 종에 불과한 것으로 알려져 있다. 야행성이어서 낮에는 돌이나 나무 밑, 구멍 속에 숨어 산다.

116

❶ 두 량
❷ 냥 냥

한자 사전 찾기
부수:入부 / 총획:8획

一 ㄱ ㄲ 币 币
币 币 币

글자의 원리 ⇒ 币 ⇒ 兩

상형 좌우 같은 크기로 구분하여 한 쌍이 되도록 넣어 둔 것에서 '둘'의 뜻.

풀이 ❶①두. 둘. ②짝. ③무게의 단위. ❷냥. 옛날 엽전의 단위.

兩國(양국) 서로 어떤 관계가 있는 두 나라.
兩面(양면) ①앞면과 뒷면. 두 면. ②두 가지 방면.
兩者擇一(양자택일) 두 가지 중에서 한 가지를 선택함.
進退兩難(진퇴양난) 이러지도 못하고 저러지도 못해 곤란한 지경.
▶斤兩(근량)

入부
[6획]

나는 정우 편도, 혜원이 편도 들 수 없는 **진퇴양난**에 빠졌습니다.

한자 Q&A

Q 중국 사람들은 왜 거북 등딱지에 문자를 새겼을까요?

A 중국 사람들은 오래 전부터 미래를 점치는 것을 좋아했습니다. 더군다나 거북은 신령한 동물이라 여겨 거북의 등딱지를 이용하여 점을 쳤습니다. 거북 등딱지에 깊게 홈을 판 다음, 벌겋게 달군 청동 막대로 그 홈을 지졌습니다. 그러면 조금 후에 거북 등딱지가 뜨거워지면서 갈라지는 소리를 냈는데, 사람들이 이를 보고 '귀갑이 말을 한다.'고 하였답니다. 점을 쳤던 내용은 칼로 새겨 두었는데, 이를 귀갑 문자 또는, 갑골 문자라고 합니다.

 (여덟팔) 部 어떤 사물이 서로 등지고 갈라진 모양을 본뜬 부수 명칭.

八 부 [0획]

八

여덟 팔

한자 사전 찾기
부수:八부 / 총획:2획

ノ 八

글자의 원리 ⇒ 八 ⇒

지사 둘로 나뉘기 쉽다는 의미에서 '나누다, 나뉘다' 라는 뜻.

풀이 ①여덟. ②여덟째. ③여덟 번.

八道江山(팔도강산) 우리 나라의 전 국토를 이르는 말.
八等身(팔등신) 머리가 키의 8분의 1쯤 되는 균형 잡힌 몸매. 미인의 표준으로 삼음.
八方美人(팔방미인) ①어느 모로 보아도 아름답게 보이는 미인. ②여러 가지 일을 다 잘 하는 사람을 비유하는 말.
八不出(팔불출) 몹시 어리석은 사람을 이르는 말.
八旬(팔순) 80세. 여든 살.
八字(팔자) 사람이 태어날 때부터 정해져 있다는 운명. 사람의 운명이 미리 정해져 있다고 믿는 사람들이 쓰는 말.

 아하!

八萬大藏經 (팔만대장경)

고려대장경(高麗大藏經)의 일부분으로, 현재 팔만대장경만이 남아 있어 세칭 '팔만대장경' 이라고 부른다. 경판의 글씨가 늠름하고 정교하여 고려 시대 판각의 우수함을 보여 주고 있다. 국보 제32호이자 유네스코(UNESCO)가 지정한 세계 문화 유산이다.

公 공변될 공

한자 사전 찾기
부수: 八부 / 총획: 4획

글자의 원리 ⇨  ⇨ 公

회의 팔로 끌어안아 독점하려는 것을 양손으로 미는 데서 '공변되다'의 뜻.

풀이 ①공변되다. 공평하다. ②드러내다. ③공적. ④존칭어.

公開(공개) 사람들에게 드러내어 알리거나 보임.
公共(공공) ①사회 일반. ②사회 전체의 모든 사람.
公明正大(공명정대) 하는 일이나 행동이 바르고 떳떳함.
公正(공정) 한쪽으로 치우침이 없이 올바름.
▶ 主人公(주인공), 忠武公(충무공)

八부 [2획]

재판은 **공정**하게 이루어졌습니다.

 **고사성어**

우공이산 (愚公移山)

· 출전 : 《열자》〈탕문〉
· 풀이 : 끊임없이 노력하면 꼭 이루어진다는 뜻.

　북산에 우공이라는 늙은 노인이 살고 있었다. 그의 집은 산을 마주 대하고 있고, 산이 북쪽을 막아 들고날 때 돌아서 다녀야만 하자 그는 집안 사람들을 모아 놓고 험한 산을 평평히 다져 다니기에 편하게 하자고 하였다.
　하곡의 지수가 우공의 일을 비웃으면서 말했다.
　"늙은 나이의 여력으로 산의 흙과 돌을 어떻게 하겠다는 것인지요?"
　"비록 나는 죽게 된다 하더라도 내 자식은 손자를 낳을 것이고 손자는 또 자식을 낳아서 자자손손 영원히 다하는 일이 없을 것입니다. 그러나 산은 더 드러나지 않을 것인데 어찌하여 평평해지지 않을까 걱정하는지요?"
　이 말을 들은 하느님은 우공의 정성에 감동하여 산을 옮겨 놓았다 한다.

六

여섯 륙

八 부
[2획]

한자 사전 찾기
부수:八부 / 총획:4획

글자의 원리 ⇒ ⇒ 六

상형 두 손의 손가락을 세 개씩 펴 서로 맞댄 모양에서 '여섯'을 뜻함.

풀이 ①여섯. ②여섯 번.

六感(육감) 여섯 번째 감각이라는 뜻으로, 직감이나 설명하기 어려운 묘한 감각으로 깨달아지는 경우의 감각 능력.
六味(육미) ①쓴맛, 단맛, 짠맛, 신맛, 매운맛, 싱거운 맛. ②온갖 맛.
六法(육법) 여섯 가지 기본이 되는 법률. 곧, 헌법·형법·민법·상법·형사 소송법·민사 소송법.
六旬(육순) 60세. 예순 살.
六寸(육촌) 할아버지의 친형제의 손자·손녀. 같은 항렬이며, 증조부가 같음.

 아하!

六角水(육각수)

화학적 구조가 6각형 고리 구조를 이루는 물로, 정상적인 사람의 세포가 가장 좋아하는 물의 구조이다. 육각수는 정상 세포를 도와 사람의 몸 속에 침입한 바이러스를 저지하거나 없애 주고, 육각수를 지속적으로 마시면 각종 성인병을 예방할 수 있다고 한다.

함께 공

한자 사전 찾기
부수:八부 / 총획:6획

一 十 什 뀨 뀨
共

글자의 원리 ⇒ 共 ⇒ 共

회의 많은 사람들이 힘을 합하여 일을 하는 것에서 '다 같이, 함께'라는 뜻.

풀이 ①함께. 모두. ②함께 하다.

共感(공감) 남의 의견이나 생각에 자신도 그러하다고 느낌.
共同(공동) ①한 가지 일을 여럿이 같이 하거나 이루는 것. ② 여럿이 함께 이용하는 것.
共益(공익) 사회 전체의 이익.
共存(공존) 서로 다른 집단이나 현상이 한 곳에 함께 있음.

나는 선생님 말씀에 **공감**합니다.

병사 병

한자 사전 찾기
부수:八부 / 총획:7획

′ ′ ″ ″ 丘
兵 兵

글자의 원리 ⇒ 兵 ⇒ 兵

회의 도끼를 양 손으로 잡고 사람을 치는 것에서 '군대, 병사'를 뜻함.

풀이 ①군사. 군인. ②무기. ③전쟁.

兵器(병기) 전쟁에 쓰이는 기구.
兵亂(병란) ①나라 안에서 생긴, 전쟁 등으로 인한 난리. ②군대의 반란.
兵力(병력) 군대의 힘. 또는, 군인의 숫자.
兵士(병사) 군사. 옛날의 군인을 이르던 말.
兵役(병역) 국민이 의무적으로 군대에 복무하는 일.

적의 기습으로 우리 군은 많은 **병력**을 잃었습니다.

적과 싸우지 않고 승리하는 것이 가장 좋은 방법이다

손자병법(孫子兵法)

손무는 전쟁을 치르는 장군이자 뛰어난 전술가였지만 전쟁을 싫어하여 다음과 같이 말한 바 있다.
"승리하는 방법에는 두 가지가 있다. 첫째는 적과 싸우지 않고 승리하는 것이요, 둘째는 적과 싸운 끝에 승리하는 것이다. 전자가 가장 좋고 현명한 방법이고, 후자가 차선책이다."

其

八 부
[6획]

❶ 그 기
❷ 어조사 기

한자 사전 찾기
부수:八부 / 총획:8획

一 十 卄 丗 甘
其 其 其

글자의 원리: ⇒ 其 ⇒ 其

상형 키를 본뜬 甘자에 키를 얹는 대 모양(宀)을 합친 글자로, '그것'을 뜻함.

풀이 ❶그. 사람이나 사물을 지시하는 대명사. ❷어조사. 말의 억양이나 높낮이를 고르는 조사로, 뜻은 없음.

其間(기간) 그 사이.
其實(기실) ①그 사실. ②사실은. 실제는.
其中(기중) 그 가운데.
其他(기타) 그것 외에 또 다른 것.
各其(각기) 저마다 따로따로.

나라마다 **각기** 다른 문화를 가지고 있습니다.

典

법 전

한자 사전 찾기
부수:八부 / 총획:8획

丶 冂 𠕁 曲 典
典 典 典

글자의 원리:  ⇒ ⇒

상형 종이 이전에는 대나무에 기록하였다. 그 모양에서 '책, 문서'를 뜻함.

풀이 ①법. 규정. ②바르다. ③전당잡다.

典當鋪(전당포) 물건을 잡고 돈을 빌려 주고 이자를 받는 일을 영업으로 하는 집.
典禮(전례) ①일정한 의식. ②왕실의 의식.
典型(전형) ①기준이 되는 형. ②같은 종류의 특징을 가장 잘 나타내고 있는 본보기.

신사임당은 우리 나라 어머니상의 **전형**입니다.

冂 (멀경) 部

넓은 들 양쪽 끝과 위쪽 끝을 가리킨 모양을 본뜬 부수 명칭.

책 책

한자 사전 찾기
부수: 冂부 / 총획: 5획

丨 刀 刑 册 册

글자의 원리: ⇒ ⇒ 册

상형 글자를 쓴 대나무 조각을 끈으로 엮어 놓은 모양으로 '책'을 뜻함.

풀이 ①책. ②권. 책을 세는 단위.

册房(책방) 책을 파는 가게. 서점.
册床(책상) 글을 읽고 쓰거나 사무를 볼 때 그 앞에 앉아서 사용할 수 있게 만든 상.
册子(책자) 책. 특히, 얇거나 작은 책.
册張(책장) 책을 이루고 있는 한 장 한 장의 종이.

입구에 안내 **책자**가 놓여 있습니다.

冂부
[3·4획]

다시 재

한자 사전 찾기
부수: 冂부 / 총획: 6획

一 丆 冂 丙 再 再

글자의 원리: ⇒ ⇒ 再

회의 똑같은 것을 위쪽으로 쌓아올리는 것에서 '겹쳐서, 두 번, 재차'를 뜻함.

풀이 ①두. 둘. 두 번. ②거듭하다.

再起(재기) 실패한 상태에서 다시 일어섬.
再演(재연) ①연극 따위를 다시 상연함. ②한 번 있었던 일을 다시 되풀이함.
再次(재차) 두 번 거듭하여.
再會(재회) 다시 만남. 또는, 두 번째 모임.

그 연극은 좋은 반응을 얻어 여러 번 **재연**되었습니다.

冫(이수변) 部

얼음의 무늬 또는 고드름 모양을 본뜬 부수 명칭.

冬
겨울 동

冫부
[3획]

한자 사전 찾기
부수: 冫부 / 총획: 5획

丿 夂 夂 冬 冬

글자의 원리
 ⇒ 夂 ⇒ 冬 ⇒ 冬
 ⇒ 冫 ⇒ 冫

회의 샘의 입구가 얼어 물이 나오지 않는 추운 계절이라는 데서 '겨울'의 뜻.

풀이 겨울.

冬季(동계) 겨울철.
冬氷可折(동빙가절) 흐르는 물도 겨울에 얼음이 되면 쉽게 깨진다는 뜻으로, 사물을 다룸에 있어서 때를 맞추어야 함을 이름.
冬至(동지) 24절기의 하나. 12월 22일경으로 북반구에서는 낮이 가장 짧고 밤이 가장 긴 날. ↔ 夏至(하지).
▶ 嚴冬(엄동), 越冬(월동), 立冬(입동)

아하!

冬眠(동면)

일부의 동물이 겨울 동안 활동을 중지하고 땅속이나 물속에서 잠을 자듯이 의식 없이 지내는 상태로, '겨울잠'이라고도 한다. 추위와 먹이부족에 대한 동물의 환경 적응 방법으로, 육상의 많은 변온 동물과 일부의 정온 동물에서 볼 수 있으며, 조류에서는 거의 찾아볼 수 없다.

찰 랭

한자 사전 찾기
부수: 冫부 / 총획:7획

丶 冫 冫 冫 冫
冷 冷

글자의 원리 ⇒ 冫 ⇒ 冷

형성 임금의 명령(令)이 싸늘하고 차갑다(冫)는 것에서 '차갑다'의 뜻.

풀이 ①차다. ②쌀쌀하다. ③식히다. ④업신여기다.

冷房(냉방) ①불을 때지 않아 찬 방. ②더운 날씨에 에어컨 등을 이용하여 방의 온도를 낮추는 일.
冷藏(냉장) 식품을 신선하게 보관하거나 차게 하기 위해 낮은 온도에서 저장하는 일.
冷情(냉정) 매정하고 쌀쌀한 마음.

冫부
[5획]
几부
[1획]

이 건물은 **냉방**이 잘 되어 시원합니다.

几 (안석궤) 部

사람이 기대 앉는 상 모양을 본뜬 부수 명칭.

무릇 범

한자 사전 찾기
부수:几부 / 총획:3획

丿 几 几

글자의 원리 ⇒ 几 ⇒

상형 물건들을 틀에 넣어 하나로 뭉뚱그린다는 데서 '대강, 무릇'의 뜻.

풀이 ①무릇. ②대강. 개요. ③모두. ④보통.

凡例(범례) 일러두기.
凡常(범상) 대수롭지 않고 예사로움. 普通(보통).
凡失(범실) 야구 등에서 평범한 실책.
凡節(범절) 법도에 맞는 모든 질서나 절차.
▶平凡(평범)

오늘 야구 경기에서는 **범실**이 잦군요.

 (위튼입구) 部　　땅을 판 함정 모양이나 위 터진 그릇 모양을 본뜬 부수 명칭.

凶

흉할 흉

한자 사전 찾기
부수:凵부 / 총획:4획

丿 乂 凶 凶

凵부
[2획]

글자의 원리　 ⇒

형성 땅이 움푹 꺼지고, 금이 간 모양이 '흉악한, 재앙'을 뜻함.

풀이 ①흉하다. ②재앙. ③해치다. ④부정하다. 사악함.

凶家(흉가) 그 집에 사는 사람마다 재앙을 당하는 불길한 집.
凶器(흉기) 사람을 죽이거나 상처를 입힐 때 쓰는 연장.
凶年(흉년) 농작물이 잘 안 된 해. ↔豊年(풍년).
凶惡(흉악) 성격이나 하는 짓이 몹시 모질고 악독함.
▶吉凶(길흉)

올해는 오랜 가뭄으로 **흉년**이 들었습니다.

한자 Q&A

Q 지사(指事)란 무엇일까요?

A 눈에 보이는 것은 그릴 수 있지만 숫자, 위, 아래 같은 추상적인 개념은 보고 그릴 수가 없습니다. 그래서 점이나 선 같은 기호를 사용하여 추상적인 개념을 나타내게 되었습니다. 예를 들면 가로로 막대기를 하나 놓고 위에 점을 찍어서 위 상(上), 아래쪽에 점을 찍어서 아래 하(下), 이런 식으로 글자를 만든 것입니다. 이런 방법을 지사라고 합니다.

예) ㆍ ⇒ 上(위 상), ㆍ ⇒ 下(아래 하)

날 출

한자 사전 찾기
부수: 凵부 / 총획: 5획

丨 ㄴ 屮 屮 出

글자의 원리 ⇒

회의 풀이 무럭무럭 자라 겹쳐서 나온 것에서 '나오다, 나가다' 라는 뜻.

풀이 ①나다. ㉮태어나다. ㉯나타나다. ㉰뛰어나다. ②나가다. ③내다. ④시집가다.

出嫁(출가) 여자가 시집을 감.
出發(출발) 목적지를 향하여 나아가기 시작함.
出生(출생) 세상에 태어남.
出世(출세) 사회적으로 높은 지위에 오르거나 유명해짐.
出演(출연) 연설, 음악, 연극 등의 공연을 함.
出入(출입) ①나감과 들어옴. ②수입과 지출.
出張(출장) 직장 일로 직장 아닌 다른 곳에 감.
出衆(출중) 여러 사람 가운데서 두드러지게 뛰어남.
出港(출항) 배가 항구를 떠남. ↔入港(입항).
出現(출현) 주목을 끄는 상태로 모습을 나타냄.
▶外出(외출), 提出(제출), 支出(지출), 脫出(탈출)

凵부
[3획]

月出(월출)

달이 지평선 위로 떠오르는 것을 말한다. 달은 매일 50분씩 늦게 뜬다. 예를 들면 달이 오후 8시에 지평선 위로 떠올랐다면 그 다음 날은 오후 8시 50분쯤에 뜨게 된다. 그리고, 매일 같은 시각에 달의 위치를 관측하면 전날에 비해 동쪽으로 움직여 있는 모습을 볼 수 있다.

刀 (칼도) 部

칼 모양을 본뜬 부수 명칭. 변으로 올 때에는 刂로 씀.

刀

칼 도

한자 사전 찾기
부수: 刀부 / 총획: 2획

刀부
[0·2획]

丁 刀

글자의 원리:  ⇒ 刀

상형 옛날 중국의 칼 모양을 본뜬 글자.

풀이 ①칼. ②돈의 이름.

刀劍(도검) 칼이나 검의 총칭.
刀煙(도연) 대나무를 굽는 연기에 칼날을 쬘 때 그 칼날에 묻은 진. 약으로 씀.
面刀(면도) 얼굴이나 몸에 난 수염이나 잔털을 깎음.
▶ **刀錢(도전)**, **銀裝刀(은장도)**

그는 오랫동안 **면도**를 하지 않아 수염이 텁수룩했습니다.

分

❶ 나눌 분
❷ 분수 분

한자 사전 찾기
부수: 刀부 / 총획: 4획

丶 ㅅ 今 分

글자의 원리: ⇒ ⇒ 分

회의 한 개의 나무 막대를 두 개로 나눈 것에서 '나누다'라는 뜻.

풀이 ❶①나누다. 나누어 주다. ②구별하다. ③헤어지다.
④단위·길이·무게·시간·넓이·화폐에 쓰임. ❷분수.

分類(분류) 종류에 따라 나눔.
分明(분명) 뚜렷함. 명확히 앎.
分別(분별) ①서로 구별을 지어 가름. ②무슨 일에 대한 올바른 생각이나 판단.
分散(분산) 여러 곳으로 갈라져 흩어지거나 흩어지게 함.
▶ **區分(구분)**, **配分(배분)**, **五分(오분)**

두 사람은 **분별**이 안 될 만큼 서로 닮았습니다.

列

벌일 렬

한자 사전 찾기
부수:刀부 / 총획:6획

一 丆 歹 歹 列
列

글자의 원리

형성 짐승을 잡아 칼로 살과 뼈를 발라 내어 늘어놓는다 하여 '벌이다'의 뜻.

풀이 ①벌이다. 늘어놓음. ②줄. ③여러. ④차례. 등급.

列強(열강) 힘이 강한 여러 나라.
列擧(열거) 여러 가지 예를 듦.
列車(열차) 여러 대의 객차를 연결하여 사람을 태우거나 화물을 싣고 철로 위를 다닐 수 있게 만든 탈것.
▶隊列(대열), 分列(분열), 序列(서열), 陳列(진열)

刀부
[4획]

공책에는 그가 그 동안 한 일이 **열거**되어 있습니다.

刑

형벌 형

한자 사전 찾기
부수:刀부 / 총획:6획

一 二 于 开 刑
刑

글자의 원리

형성 죄인을 형틀(开)에 매고 칼(刂)로 위엄을 보인다 하여 '형벌'을 뜻함.

풀이 ①형벌. ②형벌을 주다. 벌함. ③죽이다. ④법. 규칙.

刑罰(형벌) 죄를 지은 사람에게 국가가 내리는 벌.
刑法(형법) 범죄와 형벌에 관한 법률.
刑事(형사) ①형법의 적용을 받는 사건. ②범죄의 수사 및 범인의 체포를 직무로 하는 사복 경찰관.
▶罰金刑(벌금형), 死刑(사형), 典刑(전형), 重刑(중형)

죄를 지었으면 **형벌**을 받아야 마땅합니다.

利

이로울 리

刀부 [5획]

한자 사전 찾기
부수: 刀부 / 총획: 7획

一 二 千 禾 禾
利 利

글자의 원리 ⇒ 禾 ⇒ 利

회의 날카로운 보습(刂)으로 농사(禾)를 지으니 편리하고 '이롭다'는 뜻.

풀이 ①날카롭다. ②이롭다. ③이익. ④이자. ⑤이기다.

利己(이기) 자기의 이익을 차림. ↔ 利他(이타).
利用(이용) ①필요에 따라 이롭게 씀. ②자기의 이익을 위해 다른 사람이나 대상을 수단으로 씀.
利子(이자) 남에게 돈을 빌려 쓴 대가로 치르는 돈.
▶勝利(승리), 營利(영리), 銳利(예리), 有利(유리)

우리 형은 학교에 갈 때 버스를 **이용**합니다.

고사성어

어부지리 (漁父之利)

· 출전 : 《전국책》〈연책〉
· 풀이 : 제삼자가 이익을 얻는다는 뜻.

　연나라가 제나라와 싸우고 있을 때, 조나라의 혜문왕이 연나라를 침략하려고 하였다. 그래서 연나라의 소왕은 소대에게 혜문왕을 설득해 보도록 하였다. 소대는 혜문왕을 찾아가 이런 비유를 들었다.
　"제가 오늘 귀국으로 오는데, 강가에 조개가 입을 벌려 햇볕을 쬐고 있었습니다. 마침 도요새가 속살을 쪼아 대자 조개는 껍질을 오므려 도요새의 부리를 꽉 물고 놓아 주지 않았고 서로 오기로 한참을 버텼습니다. 때마침 어부가 와 두 놈 모두 잡아 버리고 말았습니다."
　둘 다 싸우고 있는 틈에 제나라가 쳐들어오면 꼼짝없이 망하고 말 것이라는 경고였다. 소대의 뜻을 이해한 혜문왕은 결국 침략 계획을 포기하였다.

別
다를 별

한자 사전 찾기
부수: 刀부 / 총획: 7획

丨 口 므 몽 另
別 別

글자의 원리

회의 동물 뼈와 고기를 칼로 잘라 나누는 것에서 '나누다, 나누어지다'의 뜻.

풀이 ①다르다. ②헤어지다. 이별. ③나누다.

別館(별관) 본관 외에 따로 지은 건물.
別途(별도) ①길을 달리함. 또는, 다른 길. ②다른 방면이나 방도.
別味(별미) 특별한 맛. 또는, 그런 음식.
別莊(별장) 경치 좋은 곳에 따로 마련한 집.
▶識別(식별), 作別(작별), 差別(차별), 特別(특별)

刀부
[5획]

그 음식점 냉면은 국물이 아주 **별미**입니다.

初
처음 초

한자 사전 찾기
부수: 刀부 / 총획: 7획

丶 ㄱ ㅊ ㅊ ㅊ
衤 初

글자의 원리

회의 천을 칼로 자르는 것은 옷을 만들기 위한 시작이라는 데서 '처음'의 뜻.

풀이 ①처음. 시작. ②비로소. 처음으로.

初代(초대) 어떠한 계통의 첫머리. 또는, 역대의 처음.
初面(초면) 처음으로 만남. ↔ 舊面(구면).
初步(초보) ①첫걸음. ②학문이나 기술을 익히는 처음 단계.
初志一貫(초지일관) 처음 세운 뜻을 중간에 포기하지 않고 끝까지 밀고 나아감을 뜻하는 말.

민지와는 **초면**이지만 매우 친숙한 느낌이 들었습니다.

133

判

뼈갤 판

刀부
[5·6획]

한자 사전 찾기
부수:刀부 / 총획:7획

' ハ ム 爿 半
半 判 判

글자의 원리

형성 소를 칼로 잘라 반씩 나누는 것에서 '분별하다, 구별하다' 라는 뜻.

풀이 ①뻐개다. 가름. ②판가름하다. 판단함. ③나누다.

判決(판결) ①일의 옳고 그름을 판단하여 결정함. ②법원이 소송 사건에 대하여 법률에 따라 판단을 내리는 일.
判斷(판단) 사물을 어떤 기준에 따라 어떠한 것이라고 단정함.
判別(판별) 사물을 판단하여 구별함.
▶批判(비판), 審判(심판), 裁判(재판)

사람을 겉모습만 보고 **판단**해서는 안 됩니다.

到

이를 도

한자 사전 찾기
부수:刀부 / 총획:8획

' 丆 万 五 至
至 到 到

글자의 원리

형성 칼을 지니고 위험한 곳을 지나 무사히 '이르렀다' 는 뜻.

풀이 ①이르다. ②빈틈없이 찬찬하다. 주밀함.

到達(도달) 정한 곳에 이름.
到來(도래) 어떤 시기나 기회가 닥쳐옴.
到着(도착) 목적지에 다다름.
到處(도처) 이르는 곳. 가는 곳마다.
▶心到(심도), 周到(주도)

우리는 오후 늦게야 산 정상에 **도달**했습니다.

前
앞 전

한자 사전 찾기
부수:刀부 / 총획:9획

丶 丷 丷 广 广
肯 肯 前 前

글자의 원리

형성 매어 놓은 배의 끈을 칼로 잘라 배가 나아간다는 데서 '앞'이라는 뜻.

풀이 ①앞. ②앞서다. ③나아가다. ④~에게.

前景(전경) 앞쪽의 경치.
前無後無(전무후무) 전에도 없었고, 앞으로도 없음.
前方(전방) ①앞의 방면. ②적을 마주하고 있는 곳. ↔後方(후방).
前生(전생) 불교에서, 이 세상에 태어나기 이전의 생애.
前夜(전야) ①전날 밤. ②어떠한 시기나 단계의 앞이 되는 단계.
前提(전제) ①어떠한 사물을 먼저 내세움. ②추리를 할 때, 결론의 기초가 되는 판단.
前進(전진) 앞으로 나아감.
前後(전후) ①앞과 뒤. 먼저와 나중. 일의 순서. ②대강 그 정도. 안팎.
▶紀元前(기원전), 午前(오전)

刀부
[7획]

아하!

前奏曲(전주곡)

16세기경에 발생한 기악곡이다. 본래 도입적인 기능을 지니고 있었으나 19세기 들어 그 의미는 상실되고 자유로운 형식의 독립된 악곡에 전주곡이라는 이름이 붙었다. 드뷔시의 '목신의 오후에의 전주곡'이 대표적으로, 말라르메의 시 <목신의 오후>에 붙여서 만든 전주곡이다.

상대방의 입지에 따라 대하는 태도가 달라진다

전거후공(前倨後恭)

형수님의 말을 들은 소진은 길게 탄식하며 말했다.
"나는 예나 지금이나 똑같은 소진인데, 부귀해지면 사람들이 공경하고 가난하면 업신여기는구나. 세상에서의 사회적 지위와 재물의 힘이 이다지도 대단하던가!"
소진은 천금을 풀어 일족과 친구들에게 나누어 주었다.

則

❶ 법칙 칙
❷ 곧 즉

한자 사전 찾기
부수:刀부 / 총획:9획

丨 冂 冂 冃 目
貝 貝 則 則

글자의 원리

회의 재물을 일정한 원칙에 의해 나눈다 하여 '법칙'의 뜻.

풀이 ❶①법. 규칙. ②본받다. ❷곧.

則效(칙효) 본받음. 모범으로 삼아 배움.
規則(규칙) 어떤 집단에 속한 사람이 어떤 일을 할 때 서로 지키도록 정한 약속.
▶原則(원칙)

刀부
[7회]

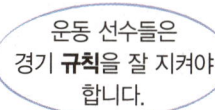
운동 선수들은 경기 **규칙**을 잘 지켜야 합니다.

 **한자 Q&A**

Q 회의(會意)란 무엇일까요?

A 새로운 사물이 나올 때마다 새로운 한자를 만드는 일은 사실상 불가능한 일입니다. 그래서 이미 있는 글자들의 뜻과 뜻을 합쳐서 새로운 한자를 만들게 되었습니다. 木(나무 목)과 人(사람 인)을 합쳐 '사람이 나무 아래서 쉰다'고 해서 休(쉴 휴) 자를, 人(사람 인)과 犬(개 견)을 합쳐 '사람 옆에 개가 엎드린 모습'이라고 해서 伏(엎드릴 복) 자를 만들었습니다. 이렇게 한자를 만드는 방법을 회의라고 합니다.

137

力(힘력) 部

땅을 파는 도구 모양 또는 어깨 근육 모양을 본뜬 부수 명칭.

힘 력

한자 사전 찾기
부수: 力부 / 총획: 2획

ㄱ 力

力부
[0획]

글자의 원리 ⇨

상형 팔에 힘을 주었을 때 만들어지는 근육에서 '힘, 알'이라는 뜻.

풀이 ①힘. ②힘쓰다. ③애쓰다.

力道(역도) 역기를 들어 올리는 운동.
力量(역량) 어떤 일을 해낼 수 있는 능력. 또는, 그 능력의 정도.
力說(역설) 힘주어 주장함.
力作(역작) 힘을 기울여 만든 뛰어난 작품.
力點(역점) ①힘을 들이는 곳. 사물에서 중점이 되는 곳. ②지레로 물체를 움직일 때 힘이 모이는 점.
力走(역주) 힘껏 달림.
力投(역투) 야구에서, 투수가 있는 힘을 다하여 공을 잘 던지는 일.
體力(체력) 어떤 일을 할 수 있는 몸의 능력. 질병·추위 등에 대한 몸의 저항력.

▶ **國力(국력), 努力(노력), 能力(능력), 協力(협력)**

더할 가

한자 사전 찾기
부수:力부 / 총획:5획

ㄱ 力 加 加 加

글자의 원리

회의 손뿐만 아니라 말로 도도와, 힘을 더한다는 데서 '겹친다, 더한다'는 뜻.

풀이 ①더하다. ②들다. 들어감.

加工(가공) 자연물에 인공을 가하여 모양이나 성질을 바꾸는 일.
加速(가속) 속도를 더함. 속도가 빨라짐. ↔ 減速(감속).
加入(가입) 단체나 조직에 들어감.
加害者(가해자) 남에게 해를 끼친 사람. ↔ 被害者(피해자).
▶增加(증가), 追加(추가)

力부
[3획]

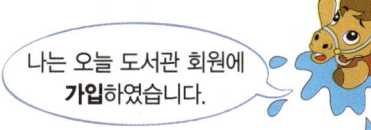

나는 오늘 도서관 회원에 **가입**하였습니다.

❶공 공
❷복입을 공

한자 사전 찾기
부수:力부 / 총획:5획

一 T 工 功 功

글자의 원리

형성 장인 공(工)과 힘 력(力)이 합쳐 힘차게 일한다는 데서 '공로, 공'의 뜻.

풀이 ❶①공. 공로. ②공치사하다. ③일. ❷복(服)입다. 오복(五服) 제도의 하나.

功勞(공로) 어떤 목적을 이루는 데에 힘쓴 노력이나 수고.
功名(공명) 공을 세워 얻은 이름. 또는, 그 이름이 널리 알려짐.
功績(공적) 이루어 놓은 훌륭한 일.
功致辭(공치사) 자기의 공로를 남 앞에서 스스로 자랑함.
功布(공포) 관(棺)을 묻을 때, 관을 닦는 헝겊.
▶成功(성공)

교장 선생님은 학교 발전에 많은 **공로**를 세우셨습니다.

力 부
[5획]

고사성어

형설지공 (螢雪之功)

· 출전 : 《진서》〈차윤·손강전〉
· 풀이 : 어렵게 공부하여 학업을 이룬다는 뜻.

　차윤은 성실하고 생각이 깊으며 학문에 뜻을 두고 있는 아이였다. 그러나 그의 집안은 매우 가난하여 어렸을 때부터 낮에는 밖에 나가 일을 해야 했다. 밤이 되어 하고 싶은 공부를 하려고 했지만, 등불을 밝힐 기름이 없어 그것 또한 여의치 못했다. 그는 방법을 고민하다가 엷은 명주 주머니를 하나 만들어 반딧불이를 잡아 그 속에 넣고는, 그 빛으로 책을 읽었다. 차윤은 이렇게 하여 이부상서의 벼슬까지 오르게 되었다.
　또한 손강도 차윤과 마찬가지로 집이 너무 가난하여 밤을 환히 밝혀 줄 기름이 없었다. 그는 겨울이 되면 창가에 앉아 밖에 쌓인 눈빛에 책을 비쳐 가며 공부를 했다. 손강도 노력한 보람이 있어 어사대부가 되었다.

助

도울 조

한자 사전 찾기
부수:力부 / 총획:7획

丨 冂 冃 且 且
助 助

글자의 원리

형성 일하는 사람에게 더 힘(力)을 쌓게(且) 해 준다는 데서 '돕다'의 뜻.

풀이 돕다. 도움.

助言(조언) 남에게 도움되는 말을 함.
助演(조연) 연극이나 영화 등에서 주연의 연기를 돕는 역할.
助長(조장) 도와서 더 자라게 함.
援助(원조) 물품이나 돈으로 도와줌.
▶ **救助(구조), 補助(보조)**

우리 정부는 북한에 식량을 **원조**하였습니다.

勉
힘쓸 면

한자 사전 찾기
부수:力부 / 총획:9획

ノ ク ク 年 刍
夕 免 免 勉 勉

글자의 원리: ⇒ 兔 ⇒ 免 ⇒ 勉
　　　　　　 ⇒ ◯ ⇒ 力

형성 민첩한 토끼를 잡는 데 시간이 많이 걸린다는 것에서 '노력하다'의 뜻.

풀이 ①힘쓰다. ②권하다. 격려함.

勉勵(면려) 힘써 함. 또는, 힘쓰도록 격려함.
勉學(면학) 힘써 공부함. 학문에 매우 힘씀.
勤勉(근면) 성실하고 부지런함.
▶勸勉(권면)

力부
[7획]

내 친구 지수는 매우 **근면**합니다.

勇
날랠 용

한자 사전 찾기
부수:力부 / 총획:9획

フ マ ア 丙 丙
甬 甬 勇 勇

글자의 원리: ⇒ 甬 ⇒ ⇒ 勇
　　　　　　 ⇒ ◯ ⇒ 力

형성 두꺼운 판에 못을 박으려면 힘을 주어야 하는 것에서 '용감하다'의 뜻.

풀이 ①날래다. 용감함. ②기력이 있다. 과감함.

勇敢(용감) 어떤 일을 두려움 없이, 또는 위험을 무릅쓰고 용기 있게 하는 태도.
勇氣(용기) 씩씩하고 굳센 기운.
勇猛(용맹) 날래고 사납고 용감함.
勇士(용사) ①용기있는 사람. ②용맹한 병사.

나는 친구들의 응원에 **용기**가 솟았습니다.

動

움직일 동

한자 사전 찾기
부수: 力부 / 총획: 11획

力부
[9획]

丿 二 仁 仟 佇
佇 重 重 重 動
動

글자의 원리

 ⇒ ⇒ 重 ⇒ 動
                                力

형성 무거울 중(重)과 힘 력(力) 자가 합쳐져 무거운 것을 '움직인다'는 뜻.

풀이
①움직이다. ②놀라다. ③변하다. ④다투다. 싸움.

動機(동기) 어떤 일을 하게 된 이유.
動亂(동란) 전쟁·폭동·반란 등으로 사회가 몹시 어지러워짐.
動搖(동요) ①흔들려 움직임. ②마음이나 상황이 안정되지 못하고 혼란스러워짐.
動議(동의) 회의 중에 토의할 안건을 내는 일.
動作(동작) 몸의 움직임.
動態(동태) 활동이나 변화의 상태.
運動(운동) ①사람이 건강을 위해 몸을 움직이는 일. ②어떤 목적을 이루고자 조직적으로 벌이는 활동.

▶感動(감동), 變動(변동), 移動(이동), 活動(활동)

아하!

動脈(동맥)

심장의 박동에 의해 밀려나온 혈액을 온몸의 각 기관으로 보내는 혈관이다. 동맥을 흐르는 혈액은 산소를 포함하고 있어 빨간색이다. 동맥은 주로 혈압이 높아서 한 번 터지면 혈액을 멈추기가 매우 힘들다. 그래서 몸의 깊숙한 곳, 보이지 않는 곳에 있다.

務

힘쓸 무

한자 사전 찾기
부수: 力부 / 총획: 11획

丶 マ ヌ 予 矛
矛 矜 矜 教 務
務

글자의 원리

[형성] 힘든(力) 일을 더욱 '힘써(孜)' 한다는 뜻.

풀이 ①힘쓰다. ②일. ③직분.

務望(무망) 간절히 바람.
務實力行(무실역행) 참되고 실속 있도록 힘쓰고 행함.
任務(임무) 어떤 사람이 책임을 지고 맡은 일.
▶勤務(근무), 事務(사무), 用務(용무), 職務(직무).

力부
[9·10획]

> 군인의 가장 중요한 **임무**는 나라를 지키는 일입니다.

勞

❶ **일할 로**
❷ **위로할 로**

한자 사전 찾기
부수: 力부 / 총획: 12획

丶 丷 ル 火 火
炏 炏 炏 炏 燚
燚 勞

글자의 원리

[회의] 집에 난 불을 끄기 위해 힘을 합해 일하는 것에서 '일하다, 수고'의 뜻.

풀이 ❶①일하다. ②애쓰다. ③근심하다. 지치다. ④수고.
❷위로하다.

勞苦(노고) 어떤 일을 하느라 힘들이고 애씀.
勞動(노동) 몸을 움직여 일함.
勞力(노력) 어떤 일을 이루기 위해 애쓰거나 힘씀.
勞心焦思(노심초사) 불안한 마음으로 속을 태우면서 근심함.
▶功勞(공로), 過勞(과로), 心勞(심로), 慰勞(위로), 疲勞(피로)

> 꾸준히 **노력**한 끝에 목적을 이루었습니다.

勝

이길 승

力 부
[10·11획]

한자 사전 찾기
부수:力부 / 총획:12획

丿 丿 冂 月 月`
月` 月⺈ 月𠂉 胖 胖
胖 勝

글자의 원리 ⇒ 朕 ⇒ 勝

형성 배(月←舟)의 틈새에서 솟는 물을 힘껏(力) 막은 데서 '이기다'의 뜻.

풀이 ①이기다. ②낫다. 뛰어난 것. ③이겨서 멸망시키다.

勝利(승리) 전쟁이나 경기 등에서 상대방을 제압하고 이김.
勝算(승산) 이길 수 있는 가능성.
勝敗(승패) 전투나 운동 경기에서 이기고 짐.
名勝(명승) 뛰어나고 아름다워 이름난 경치.
▶決勝(결승), 優勝(우승), 必勝(필승)

우리 고장에는 **명승**고적이 많습니다.

勤

부지런할 근

한자 사전 찾기
부수:力부 / 총획:13획

一 十 卄 卄 艹
芹 芦 带 莗 莗
堇 勤 勤

글자의 원리 ⇒ 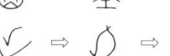 ⇒ 勤

형성 진흙(堇) 밭을 힘(力)들여 경작한다는 데서 '부지런하다'의 뜻.

풀이 ①부지런하다. ②일하다. 직무. 근무하다.

勤儉(근검) 부지런하고 검소함.
勤勞(근로) ①힘을 다함. ②부지런히 일함.
勤勉(근면) 성실하고 부지런함.
勤務(근무) 직장에서 맡은 일을 함.
▶皆勤(개근), 出勤(출근), 退勤(퇴근)

근검절약하는 습관을 기릅시다.

勢

기세 세

한자 사전 찾기
부수: 力부 / 총획: 13획

一 十 土 ナ 志
志 吉 幸 회 執
執 埶 勢

글자의 원리 ⇒  ⇒ ⇒ 勢

형성 가래로 땅을 잘 일구면 작물이 힘을 얻어 잘 자라는데서 '힘, 기세'의 뜻.

풀이 ①기세. ②세력. 힘. ③위엄.

勢道(세도) 정치적 권세. 또는, 그 권세를 마구 휘두르는 일.
勢力(세력) 남을 누르는 기세나 힘.
氣勢(기세) 남이 두려워할 만큼 세차게 뻗치는 힘.
▶權勢(권세), 勝勢(승세), 時勢(시세)

力부
[11·18획]

그는 당장 나와 싸움이라도 할 **기세**였습니다.

勸

권할 권

한자 사전 찾기
부수: 力부 / 총획: 20획

一 十 廿 艹 ナ
艹 甘 甘 苩 苗
莒 荁 萑 雚 雚
雚 雚 雚 雚 勸

글자의 원리 ⇒  ⇒ ⇒ 勸

형성 새가 지저귀듯, 다른 사람을 격려하면서 일한다는 것에서 '권하다'의 뜻.

풀이 권하다.

勸告(권고) 어떤 일을 하도록 말하여 권함. 忠告(충고).
勸農(권농) 농사를 장려하는 것.
勸勉(권면) 노력하도록 권함. 격려함.
勸善懲惡(권선징악) 착한 일은 권하고 악한 일은 벌하는 것.
勸誘(권유) 어떤 좋은 일을 하도록 권함.

의사는 환자에게 적당한 운동을 **권유**했습니다.

중도에서 내릴 수 없기 때문에
일을 중지하기 어렵다

기호지세(騎虎之勢)

"하루에 천 리를 달리는 호랑이 등에 올라탄 이상 중도에서 내리게 되면 호랑이 밥이 될 것입니다. 어떤 난관이 있더라도 반드시 뜻하신 바를 이루세요."
이에 용기를 얻은 양견은 스스로 제위에 올라 국호를 수(隋)라 하고, 천하를 통일하게 된다.

勹(쌀포) 部

사람이 허리를 구부려 물건을 싸서 품고 있는 모양을 본뜬 부수 명칭.

勿
말 물

한자 사전 찾기
부수:勹부 / 총획:4획

丿 勹 勹 勿

글자의 원리  ⇒ 勿

상형 깃발의 색깔에 따라 '~은 하지 말라'의 뜻을 표시했던 것을 본뜬 글자.

풀이 ①말다. 그만둠. ②아니다. 없다. ③기(旗).

勿驚(물경) '놀라지 마라, 놀랍게도'의 뜻으로, 어떤 엄청난 것을 말할 때에 미리 내세우는 말.

勿論(물론) 더 말할 나위 없음.

> 이 노래는 아이들은 **물론**이고, 어른들도 좋아합니다.

勹부 [2획]
匕부 [2획]

匕(비수비) 部

수저나 비수 또는 사람이 뒤집힌 모양을 본뜬 부수 명칭.

化
될 화

한자 사전 찾기
부수:匕부 / 총획:4획

丿 亻 亻 化

글자의 원리

형성 사람이 바로 선 모양과 거꾸로 선 모양에서 '변하다, 변장하다'라는 뜻.

풀이 ①되다. 변하다. ②가르치다. ③태어나다.

化石(화석) ①변화하여 돌이 됨. ②지층에 묻혀 돌이 된 동물·식물의 유체(遺體).

進化(진화) 생물이 오랜 기간에 걸쳐 조금씩 복잡하고 우수한 종류로 변화함.

▶開化(개화), 文化(문화), 美化(미화), 風化(풍화)

> 다윈은 인간이 다른 생물로부터 **진화**한 것이라고 주장했습니다.

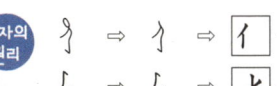

北

七부
[3획]

① 북녘 북
② 달아날 배

한자 사전 찾기
부수: 匕부 / 총획: 5획

一 ㅓ ㅓ 十 北

글자의 원리 ⇒ ⇒ 北

지사 남쪽을 향한 사람과 등을 맞대면 북쪽을 향하게 되므로 '북녘'의 뜻.

풀이 ❶ ①북녘. ②북으로 가다. ❷ ①달아나다. ②배반하다.

北京(북경) 베이징을 우리 나라 한자 발음으로 읽는 말.
北極(북극) ①북쪽 끝. ↔ 南極(남극). ②자석이 가리키는 북쪽.
北極海(북극해) 북극을 중심으로 북아메리카·유럽·아시아에 둘러싸인 바다.
北半球(북반구) 적도를 경계로 지구를 둘로 나누었을 때의 북쪽 부분.
北上(북상) 군대나 기상 현상 등이 북쪽 지역으로 올라감.
　　　　　↔ 南下(남하)
北魚(북어) 배를 갈라 내장을 빼고 햇볕에 바싹 말린 명태.
北韓(북한) 한반도의 군사 분계선 이북 지역.
北向(북향) 북쪽을 향함.
▶ 江北(강북), 南北(남북), 敗北(패배)

 **아하 !**

北極地方(북극 지방)

북반구 고위도 지방으로, 기온이 10℃에서 영하 40℃ 정도이다. 캐나다·유라시아·그린란드·아이슬란드 등에 걸쳐 있는 거대한 얼음 대륙이지만, 이 지역의 수산 자원과 대륙붕의 광물 자원 등은 미래의 지구 자원으로 주목받고 있다. 하지 무렵에는 백야 현상이 나타난다.

수레의 긴 채는 남쪽으로 가고 바퀴는 북쪽으로 간다

남원북철(南轅北轍)

"그렇게 하면 폐하의 영토도 넓어지지 않고, 명성도 떨칠 수 없을 뿐 아니라 폐하의 목표에서도 멀어지게 됩니다. 아까 제가 말씀드린 사람처럼 초나라로 간다고 하면서 마차를 북쪽으로 모는 것과 같은 이치입니다."
계량은 무력이 아닌 인덕(仁德)으로 천하를 제패할 것을 말한 것이다.

匚 (감출혜) 部

숨긴 물건을 덮어 감추는 모양을 본뜬 부수 명칭.

匹

필 필

한자 사전 찾기
부수:匚부 / 총획:4획

一 丆 兀 匹

 匛 ⇒ 匹 ⇒ 匹

회의 천의 길이 단위, '필'의 뜻과 양쪽으로 똑같이 말린 모양에서 '짝'의 뜻.

 ①필. ㉮피륙 길이의 단위. ㉯마소를 세는 단위. ②짝. ③상대. 적수가 됨. ④혼자. 천한 사람.

匹馬(필마) 한 필의 말.
匹夫匹婦(필부필부) 평범한 남녀.
匹敵(필적) 힘이 엇비슷하여 서로 맞서는 것.
配匹(배필) 부부로서의 짝.
▶ 馬匹(마필)

匚부
[2획]

우리 이모는 아직 **배필**을 찾지 못했습니다.

고사성어

필부지용 (匹夫之勇)

· 출전 : 《맹자》〈양혜왕〉
· 풀이 : 하찮은 용기라는 뜻.

　제나라 선왕이 맹자에게 이웃 나라를 사귀는 방법을 묻자, 맹자는 인자(仁者)만이 대국의 입장에서 소국을 섬길 수 있고, 지자(知者)만이 소국의 입장에서 대국을 섬길 수 있다고 하였다.
　그러나 제의 선왕은 작은 나라를 합병하여 나라를 키워 가고 싶고, 큰 나라와 싸워 이기고 싶었기 때문에 맹자의 가르침을 따르지 않았다.
　맹자는 용기를 좋아하는 왕의 마음을 근거로 하여 왕도 정치를 실행하는 방법을 제시한 것이었다. 남에게 지기 싫어하여 덤비는 것은 작은 용기로서 보잘 것 없지만, 세상 사람들을 편안하게 하려는 용기는 왕도 정치를 실행할 수 있는 원동력이 된다는 의미를 담고 있다.

十 (열 십) 部

동서남북과 중앙이 모두 갖추어져 있다는 뜻을 가진 부수 명칭.

열 십

한자 사전 찾기
부수: 十부 / 총획: 2획

一 十

十부
[0획]

글자의 원리

지사 동서와 남북으로 겹쳐진 형상으로서 모두 갖추어진 숫자라는 뜻.

풀이 ①열. 열 번. ②열 곱절. ③완전하다. ④전부.

十年減壽(십년감수) 목숨이 10년이나 줄었다는 뜻으로, 몹시 놀랐거나 위험한 고비를 겪었을 때 하는 말.

十年知己(십년지기) 오래 전부터 사귀어 온 친구.

十匙一飯(십시일반) 밥 열 숟갈이면 한 그릇이 된다는 뜻으로, 여러 사람이 조금씩 힘을 합하면 한 사람을 돕기는 쉽다는 말.

十進法(십진법) 수를 셀 때, 0·1·2·3·4·5·6·7·8·9 다음은 한 자리 올려 10으로 적고, 10이 열 배가 되면 100으로 적듯이, 10씩 모일 때마다 한 자리씩 올려 세는 방법.

아하!

十長生(십장생)

장생불사한다는 열 가지로, 해·산·물·돌·달 또는 구름·소나무·불로초·거북·학·사슴을 말한다. 열 가지 모두 자연 숭배의 대상이었으며 원시 신앙과도 일치하였다. 옛날 사람들은 십장생을 시문·그림·조각 등에 많이 이용하거나 벽과 창문에 그려 붙이기도 하였다.

일천 천

한자 사전 찾기
부수: 十부 / 총획: 3획

一 二 千

글자의 원리

형성 사람이 앞으로 나아가는 모양에 一을 붙여 숫자의 많음을 나타낸 글자.

풀이 ①일천. 열의 백 곱. ②천 번. ③많다.

千斤萬斤(천근만근) 아주 무거움을 이르는 말.
千金(천금) 많은 돈이나 높은 값.
千里眼(천리안) 먼 곳의 것을 볼 수 있는 눈이라는 뜻으로, 먼 곳에서 일어나는 일도 알고 있는 신비한 능력.
千萬多幸(천만다행) 매우 다행함.
千辛萬苦(천신만고) 갖은 애를 쓰며 온갖 고생을 다 겪음.
千差萬別(천차만별) 많은 사람들이나 사물들이 서로 다르고 차이가 있음.
千態萬象(천태만상) 천 가지 모습과 만 가지 현상이라는 뜻으로, 세상 사물이 한결같지 않음을 이르는 말.

十부
[1획]

아하!

千里馬(천리마)

천리마는 하루에 천 리를 쉬지 않고 달릴수 있다는 전설 속의 말이다. 일반적으로는 좋은 말을 뜻한다. 중국의 삼국 시대에 관우가 탔다는 명마, 적토마나 유비가 타던 한혈마처럼 특정한 말을 가리키는 말이 아니라, 뛰어난 말을 총칭하는 이름이다.

많은 생각 가운데 쓸 만한 것이 있다

천려일득(千慮一得)

한신이 조나라 군대를 물리치고, 조왕과 그의 모사 이좌거를 사로잡았다.

당신의 능력을 익히 들어 알고 있소.

내가 북쪽의 연나라와 동쪽의 제나라를 공격하여 승리할 수 있는 방법을 알려 줄 수 있겠소?

포로의 몸으로 어찌 대사를 의논할 수 있겠소.

그래도 듣고 싶으니 말해 보시오.

지혜로운 자도 천 번 생각에 한 번의 실수가 있을 수 있고,

어리석은 자도 천 번을 생각하면 한 번은 맞을 수 있습니다.

이렇게 말하며 본인의 의견이 반드시 채용될 만한 것은 못 되지만 충심껏 아뢰겠다고 하였다. 이좌거는 거듭된 싸움에서 승리하여 백성과 병사들의 사기는 올라 있지만, 너무 지쳐 있으므로 제 기량을 발휘하기 어렵다고 지적하고, 싸우기보다는 한신의 장점을 연나라와 제나라에 알려 복종시키는 것이 좋다고 말하였다.

낮 오

한자 사전 찾기
부수:十부 / 총획:4획

ノ 一 ニ 午

글자의 원리 ⇒ ⇒ 午　**지사** 절굿공이의 모양에서 '위아래로 엇갈리다' 라는 뜻.

풀이 ①낮. ②일곱째 지지. 방위로는 정남(正南), 오행으로는 화(火), 동물로는 말. ③가로 세로로 엇갈리다.

午方(오방) 24방위의 하나. 정남방(正南方).
午時(오시) 12시의 일곱째 시. 오전 11시부터 오후 1시 사이.
午前(오전) 밤 12시부터 낮 12시까지의 동안. ↔ 午後(오후)
午餐(오찬) 보통보다 잘 차려 손님을 대접하는 점심 식사.
午風(오풍) 남쪽에서 불어오는 바람. 마파람.
三三五五(삼삼오오) 서넛이나 대여섯 사람이 여기저기 떼지어 있는 모양.

▶正午(정오)

十부
[2획]

 아하!

端午(단오)

음력 5월 5일. 양기가 왕성한 날로 풀이된다. 그네뛰기, 씨름 등의 놀이를 즐기며 수리떡과 약떡을 먹었다. 여자들은 창포를 삶은 물에 머리를 감아 윤기를 더하였고, 창포 뿌리로 비녀를 만들어 머리에 꽂았다. 남자들은 창포 뿌리를 허리춤에 달고 다녔다.

반 반

한자 사전 찾기
부수: 十부 / 총획: 5획

글자의 원리

회의 농가의 재산이었던 소(牛)를 둘로 나눈(八) 한 쪽을 가리켜 '절반'의 뜻.

풀이 ①반. 한가운데. 한창. ②조각.

半減(반감) 반으로 줄어듦.
半島(반도) 3면이 바다로 둘러싸인 육지.
半半(반반) ①전체를 둘로 똑같이 나눈 것의 각각. ②반씩.
半信半疑(반신반의) 반은 믿고 반은 의심함.
▶ 過半(과반), 前半(전반), 折半(절반)

❶ 군사 졸
❷ 마칠 졸

한자 사전 찾기
부수: 十부 / 총획: 8획

글자의 원리

회의 옷에 표시가 있는 사람은 '잡졸, 하인'이었던 데서 점차 '마치다'의 뜻.

풀이 ❶①군사. ②하인. ③갑자기. ❷마치다.

卒倒(졸도) 갑자기 정신을 잃고 쓰러짐.
卒兵(졸병) 계급이 낮은 병사.
卒業(졸업) ①학생이 정해진 학업 기간을 다 마침. ②일정한 일을 마침.

합할 협

한자 사전 찾기
부수: 十부 / 총획: 8획

一 十 十 十 协 协
协 协 協

글자의 원리

형성 많은 힘을 하나로 합친다고 해서 '합하다'라는 뜻.

풀이 ①합하다. ②일치하다. 화합.

協同(협동) 여러 사람이 힘과 마음을 합하여 어떤 일을 함.
協議(협의) 여러 사람이 모여 서로 의논함.
協助(협조) 힘을 모아 서로 도움.
妥協(타협) 각기 다른 의견이나 주장을 서로 양보하여 맞춤.

十부
[6획]

두 사람은 돈을 반반씩 내기로 **타협**을 하였습니다.

한자 Q&A

Q 형성(形聲)이란 무엇일까요?

A 뜻과 뜻을 합쳐 새로운 글자를 만든 회의와 달리, 뜻과 음을 합쳐 글자를 만드는 방법도 있습니다. 푸를 청(靑)의 음과 물 수(水)의 뜻을 합쳐 맑을 청(淸)을 만든 것이 바로 이런 방법입니다. 이렇게 만든 한자는 전체 한자의 약 80%를 차지하고 있습니다. 이런 방법을 형성이라고 합니다.

예) 水(물 수) + 靑(푸를 청) ⇨ 淸(맑을 청)
　　 門(문 문) + 口(입 구) ⇨ 問(물을 문)

南

남녘 남

한자 사전 찾기
부수: 十부 / 총획: 9획

十부
[7획]

一 十 十 冇 内
内 岗 岗 南

글자의 원리 ⇒ ⇒ 南

형성 새싹은 따뜻한 곳에서 빨리 틔우므로 따뜻한 쪽이 '남쪽'이라는 뜻.

풀이 ①남녘. ②남으로 향하다.

南國(남국) 우리 나라의 남쪽에 있는 나라. 특히, 남태평양에 있는 더운 지방의 나라.

南極(남극) ①지구의 남쪽 끝 지역. ↔ 北極(북극). ②남쪽을 가리키는 성질이 있는, 자석의 끝 부분.

南男北女(남남북녀) 우리 나라에서, 남쪽 지방은 남자가, 북쪽 지방은 여자가 아름답다는 말.

南北(남북) 남과 북. 남쪽과 북쪽.

南下(남하) 민족이나 군대나 기상 현상 등이 남쪽 지역으로 내려감.

▶ 江南(강남), 嶺南(영남), 湖南(호남)

南極世宗科學基地
(남극세종과학기지)

우리 나라가 1988년, 남극의 킹조지 섬에 건설한 연구 기지이다. 가장 큰 목적은 남극의 무한한 자원 개발에 참여할 수 있는 연고권 획득에 있다. 주요 업무는 해저 지형·지층 탐사, 저서 생물·해양 생물 채취, 육상 지질·암석 표본 채취 등이다.

남쪽 가지에서의 한바탕의 꿈, 즉 인생의 덧없음

남가일몽(南柯一夢)

그는 개미 구멍을 이전과 같이 만들어 놓고
집으로 돌아갔으나, 그날 밤 큰 비로 인해
개미 구멍은 허물어지고 말았다. 이튿날 개미 구멍을
살펴보았으나 개미는 흔적도 없었다. 순우분은
인생의 덧없음을 깨닫고 좋아하던 술도 끊고
학문에만 전념하다가 3년 후 세상을 떠났다.

위·진·남북조
시대

▲ 남북조의 미술

위·촉·오 삼국 시대가 끝나고 진(晉)에 의해 중국은 잠시 통일되었다. 그러다 유목 민족들이 다시 화북 지방에 쳐들어와 각기 나라를 세우고 서로 다투었는데, 이러한 대립과 분열이 360여 년이나 계속되었다. 이 시기를 '위·진·남북조 시대' 라고 한다.

후한의 멸망으로 국가의 통치 이념이었던 유교의 기능은 크게 약화되고 인생을 초월하여 자연을 숭상하는 노장 사상이 많은 사람들의 환영을 받게 되었다. 그래서 현실 정치에 많은 불만을 가진 지식인들은 세상 일을 다 버리고 노장 사상에 따른 열띤 논의에만 빠져 있었는데, 이를 '청담' 이라고 한다. 여기에서 나온 것이 '죽림 7현' 이었고, 도가 사상으로 이어졌다. 이러한 경향은 특히 귀족 세력이 강한 남조의 문화계에 두드러졌다.

이 때, 시에는 도연명, 글씨에는 왕희지, 그림에는 고개지가 두각을 나타내게 된다.

▲ 죽림 7현

㔾 (병부절) 部

사람이 무릎을 꿇고 있는 모양을 본뜬 부수 명칭. 卩로 쓰기도 함.

넷째 지지 묘

한자 사전 찾기
부수: 㔾부 / 총획: 5획

㔾부
[3·4획]

丶 𠂉 丆 乯 卯

글자의 원리 ⇒ ⇒ 卯   **상형** 양쪽 문을 억지로 밀어젖히고 안으로 들어가는 모양을 본뜬 글자.

풀이 넷째 지지. 방위로는 동쪽, 시각으로는 오전 5시~7시. 오행(五行)으로는 목(木), 동물로는 토끼.

卯方(묘방) 24방위의 하나로, 정동을 중심으로 15° 안의 방위.
卯生(묘생) 묘년(卯年)에 태어난 사람. 토끼띠.
卯時(묘시) 오전 6시 전후의 두 시간. 곧, 오전 5시에서 7시.
卯酒(묘주) 이른 아침이나 조반 전에 마시는 술. 곧, 해장술.

우리 할아버지는 종종 **묘주**를 드십니다.

위태할 위

한자 사전 찾기
부수: 㔾부 / 총획: 6획

丿 𠂉 𠂆 产 危 危

글자의 원리 ⇒ 危   **회의** 사람이 벼랑에 서서 떨어질 듯한 모양에서 '위태하다'라는 뜻.

풀이 ①위태하다. 불안을 느낌. ②위태롭게 하다. ③험하다. 높이 솟아 있는 모양. ④병이 중하다.

危急(위급) 상황이 위태롭고 급박함.
危機(위기) 위험한 고비나 시기.
危篤(위독) 병세가 몹시 심하여 목숨이 위태로움.
危殆(위태) 위험하여 마음을 놓을 수 없음.
危險(위험) 안전하지 못하거나, 몸 또는 생명을 다칠 염려가 있음.

그는 **위험**을 무릅쓰고 물에 빠진 사람을 구했습니다.

도장 인

한자 사전 찾기
부수: 卩부 / 총획: 6획

丶 亻 仁 午 臼 印
印

글자의 원리 ⇒ ⇒ E ⇒ 印
 ⇒ ⇒ 卩

회의 무릎(卩)꿇고 앉아서 손(E)으로 도장을 누르는 모양으로 '도장'의 뜻.

卩부
[4·5획]

풀이 ①도장. 임금의 도장은 璽 또는 寶. ②찍다.

印刷(인쇄) 문자나 그림을 나타낸 판면에 잉크를 칠해서 종이 따위에 박아 내는 일.
印章(인장) 도장.
印朱(인주) 도장을 찍을 때 도장에 묻히는 붉은빛의 물질.
▶刻印(각인), 官印(관인), 私印(사인)

이 책은 1,000부를 **인쇄**하였습니다.

알 란

한자 사전 찾기
부수: 卩부 / 총획: 7획

丶 亇 白 臼 臼
臼 卵

글자의 원리 ⇒ ⇒ 卵

상형 둥글게 붙어 있는 알 모양에서, 새 또는 곤충의 '알'이라는 뜻.

풀이 ①알. 새·물고기·벌레 따위의 알. ②크다. 굵음.

卵生(난생) 동물이 세상에 나올 때 알의 형태로 어미의 몸 밖으로 나오는 일.
卵黃(난황) 알의 노른자위.
産卵(산란) 알을 낳음.
▶鷄卵(계란), 排卵(배란)

거북은 모래 속에 알을 **산란**합니다.

巳부
[6·7획]

❶ 말 권
❷ 책 권

한자 사전 찾기
부수: 巳부 / 총획: 8획

`` ⺊ ⺌ 半 半 券 卷

 글자의 원리

형성 대나무에 글을 써서 무릎을 구부리듯이 엮어 맨 '책'을 뜻함.

풀이 ❶말다. ❷①책. ②권(卷). 책을 세는 단위.

卷頭(권두) 두루마리, 책 등의 첫머리. ↔ 卷末(권말).
卷雲(권운) 상층운(上層雲)의 하나. 하얀 깃털 모양의 구름으로, 가장 높은 하늘에 나타남. 새털구름.
席卷(석권) 자리를 말듯이 손쉽게 모조리 차지한다는 뜻으로, 거침없는 기세로 정상을 차지하여 휩쓰는 것을 이름.

수영에서 전 종목을 **석권**했습니다.

곤 즉

한자 사전 찾기
부수: 巳부 / 총획: 9획

` ⺊ ⺉ 白 白 皀 皀 卽 卽

 글자의 원리

형성 밥상에 무릎을 구부리고 앉자마자 먹는다는 데서 '곧'이라는 뜻.

풀이 ①곧. 즉시. ②가까이하다. ③자리에 나아가다.

卽刻(즉각) 그 때 바로.
卽席(즉석) ①바로 그 자리. ②자리에 앉음.
卽時(즉시) 곧.
卽位(즉위) 제왕의 자리에 오름. 곧, 제왕이 됨.

그 소리에 **즉시** 잠을 깼습니다.

厂 (민엄호) 部

산기슭에 바위가 삐죽 나온 모양을 본떠, '굴바위', '언덕' 의 뜻을 나타낸 부수 명칭.

두터울 후

한자 사전 찾기
부수: 厂부 / 총획: 9획

一 厂 厂 厂 厂
厂 厚 厚 厚

글자의 원리: ⇒ 厂 ⇒ 厂 ⇒ 厚

형성 절벽으로 지층의 두께를 잘 알 수 있다는 것에서 '두껍다' 는 뜻.

풀이 ①두텁다. ㉮두껍다. ㉯도탑다. ㉰중하다. ②두께.

厚謝(후사) 정중히 사례함. 또는, 그 사례.
厚生(후생) ①백성의 살림을 넉넉하게 함. ②몸을 소중히 하여 건강을 유지하고 증진함.
厚顔無恥(후안무치) 낯가죽이 두꺼워 부끄러운 줄을 모름.
厚意(후의) 두터이 인정을 베푸는 마음.

厂부
[7·8획]

그간의 **후의**에 깊이 감사드립니다.

언덕 원

한자 사전 찾기
부수: 厂부 / 총획: 10획

一 厂 厂 厂 厂
厂 厂 原 原 原

글자의 원리: ⇒ 原 ⇒ 原

회의 바위(厂) 밑에서 솟는 샘(泉)이 물줄기의 '근원' 을 뜻함.

풀이 ①언덕. 들. ②근원. 본디.

原始(원시) 진화하지 않은 본래의 상태.
原因(원인) ①사실의 근본이 되는 까닭. ②사물이 변화하는 근거. ↔ 結果(결과).
原形(원형) 본디의 모양.
▶雪原(설원), 平原(평원), 草原(초원)

전통 문화의 **원형**을 보존합시다.

ム (마늘모) 部

손이 안으로 굽혀진 모양에서 자기만 생각한다는 뜻으로도 쓰이는 부수 명칭.

갈 거

한자 사전 찾기
부수: ム부 / 총획: 5획

一 十 土 去 去

[3 · 9획]

글자의 원리

형성 물건을 꺼내려고 뚜껑을 없앤다는 데서 '가다, 헤어지다'의 뜻.

풀이 ①가다. ②떠나다. ③없애다.

去頭截尾(거두절미) 머리와 꼬리를 잘라 버린다는 뜻으로, 일의 원인과 결과는 빼놓고 요점만 말함.

去來(거래) ①가고 옴. ②상인간의 영리(營利)를 위한 매매 행위.

去就(거취) ①사람이 어디로 오가는 움직임. ②어떤 일에 대한 자신의 입장을 밝혀 정하는 태도.

收去(수거) 거두어 가는 것.

쓰레기는 분리 **수거**해야 합니다.

❶ 참여할 참
❷ 석 삼

한자 사전 찾기
부수: ム부 / 총획: 11획

글자의 원리 形 ⇒ 參 ⇒ 參

형성 세 개의 구슬로 된 비녀를 꽂은 여자가 행사에 '참석한다'는 뜻.

풀이 ❶①참여하다. ②헤아리다. 비교함. ❷셋. 三의 갖은 자. ❸별 이름.

參商之嘆(삼상지탄) 두 사람이 서로 떨어져 있어 만나기 어려운 데 대한 한탄.

參加(참가) 어떠한 모임이나 일에 간여함.

參考(참고) 이것저것 대조하여 생각함. 또는, 그런 일을 하는 데 도움이 될 만한 재료.

持參(지참) 무엇을 가지고 참석하는 것.

투표를 할 때에는 주민등록증, 도장을 **지참**해야 합니다.

又(또우) 部

오른손의 모양을 본뜬 부수 명칭. 오른손은 자주 쓰니 '또', '다시'의 뜻으로도 쓰임.

又 또 우

한자 사전 찾기
부수:又부 / 총획:2획

フ 又

글자의 원리  상형 오른손의 세 손가락을 펴서 든 모양을 본떠 만든 글자로 '또'라는 뜻.

又부 [0 · 2획]

풀이 또. 거듭.

又驚又喜(우경우희) 놀라기도 하고 기뻐하기도 한다는 말.
又生一秦(우생일진) 이미 '진(秦)'이라는 강력한 적이 있는데 새로이 적을 만든다는 뜻으로, 스스로 새 적을 만듦을 비유한 말.
又況(우황) 하물며.

벌이도 시원찮은데 **우황** 병까지 얻다니.

及 미칠 급

한자 사전 찾기
부수:又부 / 총획:4획

ノ 丆 乃 及

글자의 원리   회의 '앞 사람(人)을 뒤따라(又) 잡을 수 있다.'는 데서 '미치다'의 뜻.

풀이 ①미치다. ②미치게 하다. ③및.

及其也(급기야) 마침내.
及落(급락) 급제와 낙제. 합격과 불합격.
及第(급제) 시험에 합격하는 것.
▶普及(보급), 波及(파급)

과거에 **급제**하는 것은 큰 영광이었습니다.

돌이킬 반

한자 사전 찾기
부수: 又부 / 총획: 4획

一 厂 厉 反

글자의 원리

형성 판자를 손으로 밀었다가 떼면 원상태로 '되돌아온다'는 뜻.

풀이 ①돌이키다. ②거듭하다. ③배반하다.

反復(반복) 되풀이함.
反省(반성) 잘못이나 허물이 없었는지 돌이켜 생각하는 것.
相反(상반) 서로 반대됨.
如反掌(여반장) '손바닥을 뒤집는 것 같다.'는 뜻으로, 어떤 일을 하는 것이 손바닥 뒤집듯이 쉽다는 뜻.
輾轉反側(전전반측) 누워서 잠을 이루지 못하고 뒤척이는 모습.

두 사람의 의견은 **상반**된 것이었으며, 절충은 불가능해 보였습니다.

벗 우

한자 사전 찾기
부수: 又부 / 총획: 4획

一 ナ 方 友

글자의 원리

형성 두 사람이 손을 맞붙잡고 서로를 돕는 모습에서 '친구'라는 뜻.

풀이 ①벗. ②벗하다. ③우애.

友情(우정) 친구 사이의 정분.
友好(우호) 친구 간에 우애가 있음. 또는 그러한 사귐.
莫逆之友(막역지우) 서로 허물없이 지내는 아주 친한 친구.
戰友(전우) 병영 생활을 함께 하는 동료 군인.

옆집 아저씨는 아버님과 생사를 같이한 **전우**였습니다.

받을 수

한자 사전 찾기
부수: 又부 / 총획: 8획

글자의 원리

형성 배로 날라 온 짐을 서로 주고받는 것에서 '받다' 라는 뜻.

풀이 ① 받다. ② 당하다. 입음.

受講(수강) 강습이나 강의를 받음.
受難(수난) 어려움을 당함.
受賞(수상) 상을 받음.
受取(수취) 받아서 가짐. 받음.

又부
[6획]

누나는 사생 대회에서 금상을 **수상**했습니다.

아재비 숙

한자 사전 찾기
부수: 又부 / 총획: 8획

글자의 원리

형성 콩 싹(叔←尗)은 어리다는 데서 아버지보다 어린 '아재비' 라는 뜻.

풀이 아저씨. ㉮아버지의 아우. ㉯4형제 서열 중 셋째.

叔父(숙부) 아버지의 아우. 작은아버지.
叔氏(숙씨) 남의 셋째 형이나 셋째 아우의 존칭.
叔姪(숙질) 아저씨와 조카.
外叔母(외숙모) 외삼촌의 부인.

외숙모께서 집에 다녀가셨습니다.

169

取

취할 취

又 부
[6획]

한자 사전 찾기
부수: 又부 / 총획: 8획

一 丅 F F E
耳 取 取

형성 옛날, 싸움에 이겼을 때 적의 귀를 자른 데서 '취하다'라는 뜻.

 취하다. 손에 넣다.

取得(취득) 손에 넣음. 자기 소유로 만듦.
取捨選擇(취사선택) 쓸 것은 쓰고 버릴 것은 버려 골라잡음.
取消(취소) ①일단 적었거나 말한 사실을 없었던 것으로 함. ② 법률 행위의 효력을 소급하여 소멸시키는 행위.
取材(취재) 기사나 작품의 재료나 제재(題材)를 구하여 얻는 것.

취재를 위해 기자들이 북새통을 이루었습니다.

 한자 Q&A

Q 전주(轉注)란 무엇일까요?

A 한자가 지닌 원래의 뜻을 다른 뜻으로 확대하여 새로운 뜻으로 쓰는 것을 전주라고 합니다. 뜻이 변하는 동시에 음도 변하는 경우도 있습니다.

예) 道(뜻 : 사람이 걷는 길 → 사람으로서 지켜야 할 도리 · 도덕)
　　行(뜻 : 십자로 · 통행로 → 길을 따라 가다 · 행하다)
　　惡(뜻 : 악하다 → 미워하다 / 음 : 악 → 오)

口 (입구) 部

사람의 입 모양을 본뜬 부수 명칭.

口

입 구

口 부
[0획]

한자 사전 찾기
부수:口부 / 총획:3획

ㅣ 口 口

  ⇨

상형 사람의 입 모양을 본떠 만들어 '입' 이라는 뜻.

풀이 ①입. ②어귀. 관문. ③식구 또는 사람을 세는 단위.

口腔(구강) 입 안. 입에서 목구멍에 이르는, 소화관의 가장 앞 부분.
口味(구미) 음식을 대하거나 맛을 보았을 때 느끼게 되는, 먹고 싶은 생각.
口尙乳臭(구상유취) 입에서 아직 젖내가 난다는 뜻으로, 나이가 어린 사람이나 풋내기를 이르는 말.
口臭(구취) 입 안에서 나는 나쁜 냄새.
▶人口(인구), 入口(입구)

人口(인구)

인구는 한 나라 또는 일정 지역에 사는 사람의 총수이다. 선진국과 달리 후진국에서는 인구 조사를 제대로 하지 않아 세계의 총인구는 추정에 의한다. UN의 추계를 살펴보면 세계의 총인구는 2000년 경에는 62억 5000만 명, 2050년에는 100억 명을 돌파할 것으로 예측된다.

말은 달콤하게 하면서
속으로는 남을 해칠 궁리를 하다

구밀복검(口蜜腹劍)

당시 사람들은 이임보를 두고, "입으로는 꿀처럼 달콤한 말을 하지만, 뱃속에는 칼을 가지고 있는 위험 천만한 인물이다."라고 했다. 이임보가 무언가 깊은 생각에 잠긴 다음 날은 해를 당하는 사람이 생겨났을 정도였다. 그러나 이임보도 죽은 후에는 모반의 죄를 받고, 자손들은 귀양을 가게 되었다.

可

옳을 가

口 부
[2획]

한자 사전 찾기
부수:口부 / 총획:5획

一 丁 丁 叮 可

글자의 원리

형성 웃을 때 숨이 나오듯 거침없이 '허락하다' 또는, '옳다' 라는 뜻.

풀이 ①옳다. ㉮좋다. ㉯인정하다. ②가능.

可決(가결) 회의에서 제출된 안을 일정한 절차에 따라 찬성하여 받아들이기로 결정하는 것.
可能(가능) 될 수 있거나, 할 수 있음..
可否(가부) ①옳은가 그른가의 여부. ②표결에서; 가(可)와 부(否), 찬성과 반대.
▶ **許可(허가)**

그 안건은 만장 일치로 **가결**되었습니다.

古

옛 고

한자 사전 찾기
부수:口부 / 총획:5획

一 十 古 古 古

글자의 원리

회의 여러 대(十)에 걸쳐 입(口)으로 전하는 것은 '옛날' 것임을 뜻함.

풀이 ①예. 옛것. ②낡다. ③예스럽다.

古宮(고궁) 옛 궁궐.
古物(고물) ①옛 물건. ②헐거나 낡은 물건.
古典(고전) ①고대의 서적. ②오랜 시대를 거쳐 전해지는, 예술적 가치가 높은 작품. 특히, 문예 작품을 이름.
古稀(고희) 사람의 나이 70세를 이르는 말.

고궁을 거닐다 보면 우리 나라의 역사 속으로 들어와 있는 것 같습니다.

글귀 구

한자 사전 찾기
부수: 口부 / 총획: 5획

ノ 勹 勹 句 句

글자의 원리

형성 입을 감추듯 쓸데 없는 말은 하지 않는다고 하여 '글귀' 라는 뜻.

풀이 글귀. 구절.

句句節節(구구절절) 모든 구절. 어떤 글의 구절마다.
句讀(구두) 글의 뜻을 분명히 하기 위해 쉼표나 마침표를 찍는 일.
句讀點(구두점) 구두법에 따라 찍는 점.
句節(구절) 구(句)와 절(節). 곧, 한 토막의 말이나 글.

口부
[2획]

어머니의 편지에는 **구구절절** 사랑이 담겨 있었습니다.

역사 사

한자 사전 찾기
부수: 口부 / 총획: 5획

丨 口 口 中 史

글자의 원리

회의 붓을 들어 사실을 바르게 기록하는 '역사' 를 뜻함.

풀이 사기. 역사.

史料(사료) 역사 연구에 필요한 자료.
史蹟(사적) 역사상 중요한 사건이나 시설의 자취. 역사상의 유적.
史學(사학) 역사를 연구하는 학문.
靑史(청사) 역사상의 기록을 뜻하는 말로, 종이가 발명되기 이전에 대나무의 푸른 껍질에 역사를 기록한 것에서 유래함.

민속놀이에 관한 **사료**는 남아 있는 것이 적습니다.

《사기》를 위해 태어난 사마천(司馬遷)

사마천은 2년 여의 옥중 생활을 마치고 나와 무려 10여 년간의 산고 끝에 《사기(史記)》를 완성하였다. 탁월한 재능과 예리한 관찰력, 게다가 인생의 가혹한 체험을 겪은 사마천에 의해 씌어진 《사기》는 불멸의 역사서가 되었다. 사마천은 《사기》를 쓰기 위해 태어나고, 삶을 이어 간 사람이었다.

오른쪽 우

口 부
[2획]

한자 사전 찾기
부수:口부 / 총획:5획

ノ ナ 才 右 右

 글자의 원리

형성 말(口)과 함께 곧 움직여 돕는 손은 '오른쪽'이라는 것을 뜻함.

풀이 오른쪽.

右往左往(우왕좌왕) 오른쪽으로 갔다가 왼쪽으로 갔다가 하면서 갈피를 잡지 못함을 뜻하는 말.
右側(우측) 오른쪽. ↔ 左側(좌측).
右舷(우현) 배의 고물에서 이물을 향하여 오른쪽 뱃전.
右回轉(우회전) 오른쪽으로 도는 것.

불이 났을 때에는 **우왕좌왕**하지 말고 119에 신고해야 합니다.

 아하!

右議政(우의정)

조선 시대 정1품 관직. 백관(百官)을 통솔하고 모든 정사(政事)를 관리한 최고 행정 기관인 의정부를 이끈 3의정에 속한다. 1414년(태종 14)에 의정부 판사 2명을 좌·우의정으로 나누면서 처음 명칭이 생겼으며, 1894년(고종 31) 관제가 개혁될 때까지 480년간 존속하였다.

只

다만 지

한자 사전 찾기
부수:口부 / 총획:5획

丨 冂 冋 罒 只

글자의 원리 ⇒  ⇒ 口 ⇒
〽 ⇒ 八 ⇒ 八 ⇒ 只

상형 입(口)에서 나온 말 소리가 흩어지면(八) 말이 그치니 '뿐, 다만'의 뜻.

풀이 다만. 단지.

只今(지금) 이제.
但只(단지) 다만.

口 부
[2·3획]

단지 가난하다는 이유만으로 실망할 필요는 없습니다.

各

각각 각

한자 사전 찾기
부수:口부 / 총획:6획

丿 ク 夂 冬 各
各

글자의 원리 ⇒ ⺈ ⇒ 夂 ⇒ 各
〽 ⇒  ⇒ 口

형성 걸어와 보고하는 사람들 말이 서로 다르니 '각각, 각자'를 뜻함.

풀이 ①각각. 제각기. 따로따로. ②여러.

各界(각계) 사회의 각 방면.
各別(각별) 마음을 쓰는 것이 두드러지게 강함.
各樣各色(각양각색) 서로 다른 갖가지 모양.
各種(각종) 여러 가지. 갖가지.
各地(각지) 각 지방.

선생님께서는 내가 쓴 글을 보고 **각별**한 관심을 나타내셨습니다.

길할 길

口 부
[3획]

한자 사전 찾기
부수:口부 / 총획:6획

一 十 士 吉 吉
吉

 회의 선비(士)의 말(口)은 참되고 좋다는 데서 '길하다' 는 뜻.

풀이 ①길하다. 상서로움. ②좋다.

吉祥(길상) 복되고 좋은 일이 있을 징조. 또는, 경사스러운 일.
吉祥善事(길상선사) 어떤 일이 더할 수 없이 기쁘고 좋은 것.
吉日(길일) ①좋은 날. 경사스러운 날. ②초하룻날.
吉凶(길흉) 길함과 흉함. 행복과 재앙.
立春大吉(입춘대길) 입춘을 맞이하여 좋은 운수를 기원하는 글.

해마다 입춘이 되면 대문에 **입춘대길**이라고 써서 붙여 놓는 집이 많습니다.

 한자 Q&A

Q 가차(假借)란 무엇일까요?

A 어떤 말을 한자로 나타내고자 하는데 마땅한 글자가 없을 때 이미 만들어진 한자를 본래의 뜻과 관계없이 음만 빌려서 쓰는 방법을 가차라고 합니다. 가차는 외국어를 한자로 표기할 때나, 한자를 이용하여 의성어·의태어를 나타낼 때 사용합니다. 프랑스를 한자로 '佛蘭西(불란서)' 라고 쓴 이유는 발음에 가까운 소리를 뜻과 상관없이 빌려서 썼기 때문입니다.

한가지 동

한자 사전 찾기
부수:口부 / 총획:6획

丨 冂 冂 同 同
同

글자의 원리 ⇨ 同 ⇨ 同

회의 구멍의 크기가 처음부터 끝까지 똑같다는 데서 '같다'는 뜻.

풀이 ①한가지. 서로 같은 모양. ②같이하다. ③모이다.

同甲(동갑) 같은 나이. 또는, 그런 사람.
同氣(동기) 같은 기를 받고 태어났다는 뜻에서 형제 자매.
同病相憐(동병상련) 같은 병을 앓는 사람들이 서로 불쌍히 여긴다는 뜻으로, 곤란한 처지에 있는 사람들끼리 서로 딱하게 여겨 돕는다는 뜻.
同床異夢(동상이몽) 같은 잠자리에서 다른 꿈을 꾼다는 뜻으로, 겉으로는 함께 행동하면서 속으로는 각각 딴 생각을 함을 이르는 말.
同席(동석) 자리를 같이하는 것.
▶ **會同(회동)**

口부
[3획]

아하!

同素體(동소체)

단위 분자를 구성하는 원자 수가 다른 것, 또는 같은 화학 조성을 가지지만 원자의 배열 상태·결합 양식이 다른 것을 말한다. 예컨대, 산소(O_2)와 오존(O_3)은 원자 수는 다르지만 모두 같은 원소인 산소로 된 동소체이다. 그 밖에 흑연과 다이아몬드도 동소체이다.

적의를 품은 사람끼리도 서로 돕다

오월동주(吳越同舟)

서로 적대시하던 사람들끼리도 함께 배를 타고 가다 배가 뒤집히는 위기에 처하면 서로 필사적으로 돕게 된다. 말들을 단단히 붙잡고, 전차의 바퀴를 땅에 묻어 적에게 파괴당하지 않으려 해 봤자 최후에 의지가 되는 것은 이와 같이 필사적으로 뭉친 병사들의 마음이다.

名

이름 명

한자 사전 찾기
부수: 口 부 / 총획: 6획

글자의 원리

회의 밤(夕)에 잘 보이지 않는 사람을 구별해 부르는(口) '이름'을 뜻함.

풀이 ①이름. ②유명하다. ③사람 수를 세는 단위.

名曲(명곡) 이름난 악곡. 뛰어나게 잘된 악곡.
名分(명분) ①지위나 일에 따라 지켜야 할 본분. ②표면상의 이유나 구실.
名士(명사) 명성이 있거나 재덕(才德)이 뛰어난 사람.
名聲(명성) 세상에 떨친 이름. 명예. 평판.
名勝(명승) 경치가 좋아 이름난 곳.
名實相符(명실상부) 이름과 실상이 서로 들어맞아 어긋남이 없음.
名人(명인) ①기예에 뛰어난 사람. ②어떤 분야에 뛰어나 이름난 사람. 명성이 높은 사람.
名將(명장) 훌륭하여 이름난 장수.
名筆(명필) 썩 잘 쓴 글씨. 또는, 글씨를 잘 쓰는 사람.

口부 [3획]

아하!

三大名筆(삼대명필)

조선 시대에 글씨가 뛰어났던 한호(韓濩), 양사언(楊士彦), 김정희(金正喜)를 이르는 말. 한호는 각 서체에 모두 뛰어났고, 양사언이 금강산 만폭동 바위에 새긴 '봉래풍악원화동천(蓬萊楓嶽元化洞天)'은 지금도 남아 있다. 김정희는 추사체(秋史體)를 대성시켰다.

합할 합

口 부
[3획]

한자 사전 찾기
부수:口부 / 총획:6획

丿 人 스 今 合
合

 형성 사람들이 모여(스) 얘기를 나누는(口) 것에서 '말이 일치하다'라는 뜻.

풀이 ①합하다. ②들어맞다. ③모이다.

合格(합격) 일정한 기준에 드는 자격이나 규격을 갖춘 것으로 판정을 받는 것.
合計(합계) 한데 더하여 계산함. 또는, 그 수.
合法(합법) 법령이나 법식에 맞음.
合唱(합창) 두 사람 이상이 화음을 맞추어서 노래함.

향할 향

한자 사전 찾기
부수:口부 / 총획:6획

丿 亻 冂 向 向
向

 회의 창문은 남과 북, 동과 서가 마주 보게 낸다고 하여 '향하다'의 뜻.

풀이 ①향하다. 어떤 방향을 향해 나아감. ②향하는 방향.

向國之誠(향국지성) 조국을 생각하는 마음. 또는, 나라에 대한 정성이라는 뜻.
向上(향상) ①위로 오름. 승천함. ②차차 나아짐. 점점 진보함.
向後(향후) ①이제부터. ②뒤로 향함.
南向(남향) 남쪽을 향해 있음.

184

告

알릴 고

한자 사전 찾기
부수: 口부 / 총획: 7획

丿 ㅗ 뉴 牛 牛
告 告

글자의 원리

형성 소(牛)를 제물로 바치고 신에게 고한다(口)는 데서 '알리다'의 뜻.

口 부
[4획]

풀이 ①알리다. ②고발하다. ③타이르다.

告發(고발) ①죄를 들추어내어 고소함. ②범죄에 대하여, 피해자 이외의 사람이 범죄자 및 범인 소재지를 검사나 경찰관에게 신고하여 범인의 처벌을 요구하는 일.
告白(고백) 숨김없이 사실대로 솔직하게 말함.
報告書(보고서) 일의 내용이나 결과를 알리는 글이나 문서.
▶**忠告(충고)**

출장을 다녀오면 반드시 **보고서**를 써야 합니다.

君

임금 군

한자 사전 찾기
부수: 口부 / 총획: 7획

ㄱ ㅋ ㅋ 尹 尹
君 君

글자의 원리

회의 백성들을 다스리기(尹) 위해 명령하는(口) '임금'을 뜻함.

풀이 ①임금. ②나이가 같은 사람이나 손아랫사람에 대한 호칭. ③어진 이.

君臣有義(군신유의) 오륜(五倫)의 하나로, 임금과 신하 사이에는 의리가 있어야 한다는 말.
君子(군자) ①덕이 높은 훌륭한 사람. ②지체나 관직이 높은 사람.
君主(군주) 임금. 나랏님.
聖君(성군) 덕이 뛰어난 임금.

세종 대왕은 **성군**으로 추앙받습니다.

❶ 아닐 부
❷ 막힐 비

한자 사전 찾기
부수: 口부 / 총획: 7획

一 丆 丕 不 丕
否 否

口 부
[4획]

  否

형성 날아오른 새는 불러도 돌아오지 않으니 '그렇지 않다'라는 부정의 뜻.

 ❶①아니다. ②부정하다. ❷①막히다. ②나쁘다.

否決(부결) 회의에서 어떤 안을 받아들이지 않기로 결정함. ↔ 可決(가결).
否認(부인) 인정하지 아니함. ↔ 是認(시인).
否定(부정) 아니라고 함. ↔ 肯定(긍정).
否塞(비색) ①(운수가) 꽉 막힘. ②불행하게 됨.
安否(안부) 편안하게 지내는지를 묻는 인사.

할머니께 **안부**를 여쭙는 편지를 올렸습니다.

나 오

한자 사전 찾기
부수: 口부 / 총획: 7획

一 丆 五 五 吾
吾 吾

 吾

형성 한 손(五)으로 자기를 가리키며 말한다(口)는 데서 '나'라는 뜻.

 ①나. ②우리.

吾等(오등) 우리들.
吾鼻三尺(오비삼척) '내 코가 석 자다.'의 한문화. 곤경에 처하여 내 일도 어떻게 할 수 없으므로 남을 도울 여지가 없다는 뜻.
吾兄(오형) 나의 형.

벗에게 '**오형**'이라는 경칭도 씁니다.

吟 읊을 음

한자 사전 찾기
부수: 口부 / 총획: 7획

丶 一 口 口 미 미' 미人
미人 吟

글자의 원리

형성 소리(口)를 길게 (今) 낸다는 데서 '읊는다' 는 뜻.

풀이 ①읊다. ②신음하다. 괴로워서 끙끙거림.

吟風弄月(음풍농월) 맑은 바람을 쐬며 노래를 읊기도 하고, 밝은 달을 보며 즐기기도 함. 또는, 풍월(風月)을 제재로, 혹은 달을 바라보며 시를 지음.

吟味(음미) ①시가를 읊으며 그 맛을 감상함. ②사물의 내용을 깊이 새겨 맛봄.

▶呻吟(신음)

고전은 그 깊은 뜻을 **음미**하면서 읽어야 합니다.

口 부
[4획]

吹 불 취

한자 사전 찾기
부수: 口부 / 총획: 7획

丶 一 口 口 미 미' 吹
吡 吹

글자의 원리

회의 입(口)을 벌리고 입김(欠)을 내뿜는다는 데서 '불다, 숨 내쉬다' 라는 뜻.

풀이 ①불다. ②부추기다.

吹毛求疵(취모구자) '흉터를 찾으려고 털을 불어 헤친다.'는 뜻으로, 억지로 남의 작은 허물을 들추어냄을 이르는 말.

吹奏樂(취주악) 관악기에 의한 음악.

鼓吹(고취) 용기나 기운을 북돋워 일으키는 것.

구한말의 애국지사들은 민족 의식의 **고취**를 위해 노력하였습니다.

목숨 명

口 부
[5획]

한자 사전 찾기
부수: 口부 / 총획: 8획

丿 ㄱ 亼 今 合
合 合 命

글자의 원리

형성 명령(令)은 말(口)로 내린다. 하늘의 명령에 의해 받은 '목숨'을 뜻함.

풀이 ①목숨. ②운수. 운명. ③명령. ④이름 붙이다. ⑤천명(天命). ⑥표적.

命令(명령) ①윗사람이 아랫사람에게 내리는 분부. ②행정 기관에서 제정한 법의 형식. 대통령령·총리령 따위.

命脈(명맥) 목숨과 맥.

命名(명명) 사물의 이름을 지음.

命在頃刻(명재경각) 어떤 사람의 목숨이 끊어질 지경에 이름을 뜻하는 말로, 아주 위급한 상태나 상황을 의미하는 말.

命題(명제) 시나 문장의 제목을 정함.

命中(명중) 겨냥한 곳을 바로 맞힘.

아하!

命婦(명부)

조선 시대에 봉호(封號)를 받은 부인의 총칭으로, 내명부와 외명부로 나뉜다. 내명부는 궁중의 여성들 중 품계를 받은 이로서, 왕과 왕비를 보필하고, 잡역 궁인을 다스린 귀인·숙원·상궁 등이다. 외명부는 왕족 및 문무관의 처에게 남편의 품계에 따라 내리던 봉작(封爵)이다.

맛 미

한자 사전 찾기
부수:口부 / 총획:8획

丨 口 口 口̄ 吁
吁 吁 味

글자의 원리

형성 입(口)으로 안 익은 (未) 과일을 먹어 본다 하여 '맛'이라는 뜻.

풀이 ①맛. 맛의 감각. ②마음에 느끼는 멋. ③사물의 내용.

味覺(미각) 맛을 아는 감각.
無味乾燥(무미건조) 어떤 일이나 사람이 매력이나 멋이 없어 재미 없다는 뜻.
意味(의미) 말이나 글이 지닌 뜻.
▶趣味(취미)

口부
[5획]

부를 호

한자 사전 찾기
부수:口부 / 총획:8획

丨 口 口 口̄ 口̄
吁 吁 呼

글자의 원리

형성 입으로 숨을 강하게 내뱉는 것에서 '부르다'라는 뜻.

풀이 ①부르다. 이름짓다. ②부르짖다. ③숨을 내쉬다.

呼訴(호소) 억울한 사정을 남에게 털어놓음.
呼出(호출) 불러 냄.
呼吸(호흡) ①숨을 쉼. 또는, 숨. ②생물이 산소를 몸 속으로 들이마시고, 탄산가스를 내보내는 작용.
呼兄呼弟(호형호제) 형이라 부르고 아우라 부른다는 뜻으로, 매우 가까운 벗 사이를 이르는 말.

和

❶ 화할 화
❷ 답할 화

한자 사전 찾기
부수: 口부 / 총획: 8획

口 부
[5·6획]

一 二 千 千 禾
禾 和 和

글자의 원리

형성 풍성한 벼이삭을 보고 기뻐하는 것에서 '화기애애하다' 라는 뜻.

풀이 ❶①고르다. 조화로움. ②화목하다. ③온화하다. ④화해하다. ❷화답하다.

和答(화답) 시가(詩歌)로 서로 응답함.
和睦(화목) 뜻이 맞고 정다움.
和暢(화창) ①날씨가 따뜻하고 맑음. ②마음이 온화하고 상쾌함.
和解(화해) 싸움을 그만두고 나쁜 감정을 없앰.

우리 가족은 **화목**하게 지냅니다.

哀

슬플 애

한자 사전 찾기
부수: 口부 / 총획: 9획

丶 亠 亠 亡 亡
亡 亡 哀 哀

글자의 원리

형성 옷깃(衣)으로 입(口)을 가리고 애닯게 운다는 데서 '슬프다' 는 뜻.

풀이 ①슬프다. 슬픔. ②슬퍼하다.

哀乞伏乞(애걸복걸) 갖은 수단으로 머리 숙여 자꾸 빌고 원함.
哀悼(애도) 사람의 죽음을 슬퍼함.
哀惜(애석) 슬프고 아깝게 여김.
悲哀(비애) 슬픔이나 서글픔.

낙화암은 백제의 **비애**가 서린 곳입니다.

어조사 재

한자 사전 찾기
부수: 口부 / 총획: 9획

一 十 土 士 吉
吉 哉 哉 哉

形聲 말(口)을 하다 중간에 끊었다가(𢦏) 계속하는 '어조사'로 쓰임.

 ①어조사. ②비로소. 처음으로.

快哉(쾌재) 마음먹은 대로 잘 되어 만족스럽게 여김.
嗚呼痛哉(오호통재) '아아, 아프도다!' 라는 뜻으로, 너무 슬퍼서 가슴이 아프다는 의미.

口부
[6획]

간절히 기다리던 소식을 듣자 나는 **쾌재**를 불렀습니다.

물건 품

한자 사전 찾기
부수: 口부 / 총획: 9획

丨 口 口 口 品
品 品 品 品

指事 여러 계층의 사람(口)이 모였다는 데서 '품계, 품평하다'의 뜻.

①물건. ②사람의 등급이나 사람됨. ③등급을 매기다. 평가함.

品種(품종) ①물품의 종류. ②같은 종류에 속하는 동식물에 있어서 유전 형질을 같이하는 최소의 분류 단위.
品質(품질) 물건의 성질과 바탕.
品評(품평) 물품의 좋고 나쁨을 평가함.
品行(품행) 몸가짐. 品行方正(품행 방정).
新製品(신제품) 새로 만든 물건.

경쟁력을 갖기 위해서 **신제품** 개발에 힘씁시다.

問

물을 문

口 부
[8획]

한자 사전 찾기
부수: 口부 / 총획: 11획

丨 冂 冂 冂 冂
門 門 門 問 問
問

글자의 원리

 ⇒ ⇒ 門 ⇒ 問
⇒ ⇒ 口

형성 문(門)에 들어서면서 안부의 말(口)을 한다 하여 '묻다'라는 뜻.

풀이

①묻다. 물어 밝힘. ②사람을 찾다. ③죄상(罪狀)을 알아보다.

問病(문병) 앓는 사람을 찾아보고 위로함.
問安(문안) 웃어른에게 안부를 여쭘.
問議(문의) 물어보고 의논함.
問一得三(문일득삼) '하나를 물어서 셋을 얻었다.'는 뜻으로, 적은 노력으로 많은 이익을 얻었을 때 쓰는 말.
問題(문제) ①대답을 얻기 위한 물음. ②눈앞에 닥친, 해결해야 할 일. 또는, 논쟁거리가 되는 사건.
問責(문책) 일의 잘못을 물어 책망함. 또는, 잘못에 대한 책임을 지게 함.
問候(문후) 어른에게 안부를 물음.
質問(질문) 대답해 주기를 바라고 묻는 것.

▶ 訪問(방문), 訊問(신문)

아하!

問答法(문답법)

교사와 학생이 문답식으로 학습을 진전시키는 방법. '대화법'과 같은 말로, 교사가 학생의 요구나 흥미에 부합되는 질문과 답변을 하여, 이를 통해 자발적이고 적극적인 학습 태도를 촉진시키는 것이다. 다른 사람이 지혜를 낳는 것을 돕는 활동이라고 해서 '산파술'이라고도 한다.

장사 상

한자 사전 찾기
부수: 口부 / 총획: 11획

一 亠 产 产
产 卉 茵 茵 商 商
商

글자의 원리: ⇒ 高 ⇒ 商

형성 사들인 값을 비밀로 하고 더 높은 가격으로 파는 '장사, 상업'이라는 뜻.

풀이 ①헤아리다. ②장사하다. ③장수.

商街(상가) 가게가 늘어선 거리.
商業(상업) 상품을 매매하여 이익을 얻으려는 사업.
商店(상점) 상품을 파는 가게.
商品(상품) 사고 파는 물품.
▶行商(행상)

口부
[8획]

상품의 견본을 보고, 그 품질을 판단합니다.

오직 유

한자 사전 찾기
부수: 口부 / 총획: 11획

丶 口 口 叮 吖
吖 咋 咋 唯 唯
唯

글자의 원리:  ⇒ ⇒ 口 ⇒ 唯
 ⇒ 隹

형성 새(隹)의 소리(口)처럼 '짧게 대답한다'는 뜻에서 점차 '오직'을 뜻함.

풀이 오직.

唯我獨尊(유아독존) ①세상에서 자기 혼자 잘났다고 뽐내는 태도. ②'천상천하 유아독존(天上天下唯我獨尊)'의 준말. 석가가 태어나자마자 말했다 함.
唯一(유일) 오직 하나임.
唯一無二(유일무이) 오직 하나뿐이고 둘도 없음.

퀴즈에 응모한 사람 중 **유일**하게 내가 당첨되었습니다.

唱

부를 창

口 부
[8・9획]

한자 사전 찾기
부수: 口부 / 총획: 11획

丨 ㅁ ㅁ ㅁ' ㅁ"
ㅁ" 吧 唱 唱 唱
唱

글자의 원리

형성 입을 벌려 '밝고 확실하게 외치다, 노래하다'라는 뜻.

풀이 부르다. ㉮노래를 부르다. ㉯먼저 부르다. 앞서 이끎.

唱歌(창가) 노래를 부름. 또는, 곡조에 맞추어 부르는 노래.
唱劇(창극) 판소리나 그 형식을 빌려 만든 가극.
先唱(선창) 노래나 구령 따위를 맨 먼저 부르는 것.

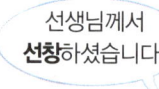

선생님께서 **선창**하셨습니다.

單

홑 단

한자 사전 찾기
부수: 口부 / 총획: 12획

丨 ㅁ ㅁ ㅁ'
ㅁ" 吅 罒 單 單
單 單

글자의 원리

회의 끝이 두 가닥이 되게 하나로 묶인 창의 모양에서 '홑'을 뜻함.

풀이 ①홑. 하나. ②오직.

單刀直入(단도직입) 한 자루의 칼만으로 적진에 쳐들어간다는 뜻으로, 여러 말을 늘어놓지 않고 곧바로 본론을 말함.
單獨(단독) 어떤 대상이 여럿이 아니고 하나인 상태.
單純(단순) ①복잡하지 아니함. ②섞이지 않고 순수함. ③제한이나 조건이 없음.

그는 적지에 **단독**으로 들어가 포로를 구출해 왔습니다.

❶ 복입을 상
❷ 잃을 상

한자 사전 찾기
부수:口부 / 총획:12획

一 广 广 广
 广 产 产 产 丧
丧 喪

글자의 원리 ⇒ ⇒ 喪

형성 따로따로 떨어져 어디론가 가 버렸다는 데서 '잃어버리다' 라는 뜻.

풀이 ❶①상복(喪服)을 입다. ②죽다. ❷잃다.

喪家(상가) ①초상난 집. 또는, 상제의 집. ②집을 잃음.
喪家之狗(상가지구) 초상집의 개는 돌볼 사람이 없어 매우 여윈 데서, 몹시 수척한 사람을 빗대어 하는 말.
喪失(상실) 잃어버림. 記憶喪失(기억 상실).
問喪(문상) 초상난 것에 대해 조의를 표함.

口 부
[9획]

문상을 할 때에는 특히 마음을 경건히 해야 합니다.

善

착할 선

한자 사전 찾기
부수:口부 / 총획:12획

丶 䒑 䒑 䒑
羊 羊 䒑 善 善
善 善

글자의 원리 ⇒ ⇒ 善

회의 양처럼 순하고, 아름다운 말을 하는 것에서 '좋다, 착하다' 라는 뜻.

풀이 ①착하다. 좋음. ②높다. ③잘. ④친하다.

善男善女(선남선녀) ①불교에 귀의한 남녀. ②젊은 남녀를 아름답게 일컫는 말.
善良(선량) 법이나 도덕에 어긋남이 없이 바르게 살아가는 상태.
善惡(선악) 선함과 악함.
善處(선처) ①좋은 지위. ②잘 처리함.
善行(선행) 착한 행실. ↔ 惡行(악행).
▶親善(친선)

어디에나 **선량**한 사람은 있습니다.

많으면 많을수록 좋다

다다익선(多多益善)

한신은 다음과 같이 대답했다.
"폐하께서는 많은 군대를 이끌 수는 없습니다만, 장수를 거느릴 수는 있습니다. 이것이 제가 폐하께 사로잡힌 까닭입니다. 또 폐하의 자리는 하늘이 주신 것으로, 사람의 힘으로는 어쩔 수 없는 것입니다."

喜
기쁠 희

한자 사전 찾기
부수: 口부 / 총획: 12획

一 十 土 吉 吉
吉 吉 吉 喜 喜
喜 喜

글자의 원리 ⇒ 壴 ⇒ 壴/口 ⇒ 喜

형성 음악을 들으면 즐거워 입 벌리고 웃는다고 하여 '기뻐하다'라는 뜻.

풀이 ①기쁘다. 기쁨. ②즐겁다.

喜劇(희극) ①익살과 풍자가 섞인 연극. ↔ 悲劇(비극). ②웃음거리가 될 만한 행동이나 사건.
喜怒哀樂(희로애락) 기쁨, 노여움, 슬픔, 즐거움을 의미함.
喜悲(희비) 기쁨과 슬픔.
喜悅(희열) 어떤 일에 만족하여 기쁨이나 즐거움을 느끼는 것.

口부
[9~17획]

그 일을 성취한 뒤에 성공의 **희열**을 맛볼 수 있었습니다.

嚴
엄할 엄

한자 사전 찾기
부수: 口부 / 총획: 20획

丶 丷 ㅁ ㅁㅁ ㅁㅁ
ㅁㅁ 严 严 严 严
严 严 嚴 嚴 嚴
嚴 嚴 嚴 嚴 嚴

글자의 원리 严 ⇒ 严 ⇒ 严/敢 ⇒ 嚴

형성 절벽에 선 사람의 손을 잡으며 '위험해!'라고 말하니 '엄하다'는 뜻.

풀이 ①엄하다. ②삼가다. 공경하여 삼감. ③경계하다. ④매우 심하다.

嚴格(엄격) ①언행의 흐트러짐이 없이 바름. ②잘못된 점을 용서함이 없이 엄중함.
嚴冬(엄동) 몹시 추운 겨울.
嚴命(엄명) 엄중한 명령을 내림. 또는, 그 명령.
嚴守(엄수) 어김없이 지킴.

매화는 **엄동**을 이겨 내고 이른 봄에 꽃을 피웁니다.

 (큰입구) 部 　성벽 등으로 사방을 에워싼 모양을 나타낸 부수 명칭. '囗(에울 위)'의 본래 글자.

四

넉 사

□ 부
[2획]

한자 사전 찾기
부수:□부 / 총획:5획

一 冂 冃 四 四

글자의 원리 ⇨  ⇨

지사 양쪽 손가락 두 개씩을 펼친 모양을 본떠 만든 글자로, '넷'을 뜻함.

풀이 ①넷. ②네 번.

四角(사각) ①네모. ②네 개의 뿔.
四季(사계) 봄·여름·가을·겨울의 네 계절.
四顧無親(사고무친) 사방을 돌아봐도 친척이 없다는 뜻으로, 의지할 데가 전혀 없음을 이르는 말.
四面楚歌(사면초가) 도움을 청할 만한 길이 모두 끊겨 혼자 고립된 처지를 말함.
四方(사방) ①동·서·남·북의 네 방향. ②주변 일대.
四分五裂(사분오열) 여러 갈래로 어지럽게 분열됨.
四柱(사주) 출생한 해·달·날·시의 네 간지(干支).
四肢(사지) 두 팔과 두 다리.

 아하!

四書五經(사서오경)

중국 유가(儒家)의 기본적 경전의 총칭이다. '사서 (四書)'는 《논어(論語)》 《맹자(孟子)》 《대학(大學)》 《중용(中庸)》, '오경 (五經)'은 《시경(詩經)》 《서경(書經)》 《역경(易經)》 《예기(禮記)》 《춘추 (春秋)》이다. 송학(宋學)에서는 사서를 모든 경서에 앞서 배울 정도로 중요시했다.

인할 인

한자 사전 찾기
부수:口부 / 총획:6획

丨 冂 冂 因 因 因

글자의 원리 ⇒ ⇒

상형 사람(大)이 믿는 게 있어 요(口) 위에 편히 누웠으니 '인하다, 까닭'의 뜻.

풀이 ①인하다. 종전대로 따름. ②말미암다. ③유래하다. 연고.

因果應報(인과응보) 선에 대해서는 선한 결과가, 악에 대해서는 악한 결과가 있듯, 선과 악에 대한 업보가 반드시 있다는 말.

因襲(인습) 이전부터 전하여 몸에 밴 풍습.
原因(원인) 어떤 일을 일어나게 한 것.

口부
[3획]

원인을 알면 그 문제를 해결할 수 있습니다.

돌 회

한자 사전 찾기
부수:口부 / 총획:6획

丨 冂 冂 曰 回 回

글자의 원리 ⇒ ⇒

상형 소용돌이가 빙글빙글 돌고 있는 모습을 본뜬 글자로, '돌다'라는 뜻.

풀이 ①돌다. ②소용돌이치다. ③돌아오다. ④돌아 나가다. ⑤돌리다.

回覽(회람) 어떤 문서나 글을 여럿이 차례로 돌려 보는 것. 또는 그 문서나 글.
回想(회상) 지난 일을 돌이켜 생각함.
回信(회신) 답장. 답신.
回轉(회전) 어떤 축을 중심으로 하여 그 둘레를 도는 것.
▶旋回(선회)

파란 가을 하늘을 바라보며 회상에 잠깁니다.

곤할 곤

□부
[4·5획]

한자 사전 찾기
부수: □부 / 총획: 7획

丨 冂 冂 冂 闲
困 困

글자의 원리 ⇒ ⇒

회의 사방이 둘러싸인 곳에 갇힌 나무는 자라지 못해 '곤하다, 괴롭다'는 뜻.

풀이 ①곤하다. 괴로움. 난처함. ②가난하다.

困境(곤경) 어려운 처지. 몹시 힘든 지경.
困窮(곤궁) ①몹시 어려움. ②몹시 가난함.
困難(곤란) 입장, 상황, 조건 등이 좋지 않아 어렵거나 힘든 상태.

그는 **곤란**한 처지에 빠진 친구를 보면 힘을 다해 도와줍니다.

굳을 고

한자 사전 찾기
부수: □부 / 총획: 8획

丨 冂 冂 冂 冃
固 固 固

글자의 원리 ⇒ ⇒ □ ⇒
 ⇒ ⇒ 古 ⇒ **固**

형성 오래(古) 된 성벽(□)은 굳고 단단하니 '굳다'라는 뜻.

풀이 ①굳다. 완고함. ②굳히다. ③본디. ④진실로.

固所願(고소원) 진실로 바라는 바임.
固有(고유) ①본디부터 가지고 있음. ②그 사물에만 있음.
固定(고정) 어느 곳에서 움직이지 않도록 붙박아 두는 것.
固執(고집) 한번 정한 자기 의견을 바꾸지 않고 끝까지 우김. 또는, 그 우기는 성미.

그는 시선을 한 곳에 **고정**시켰습니다.

나라 국

한자 사전 찾기
부수:囗부 / 총획:11획

丨 冂 冋 冋 同
同 同 囻 國 國
國

글자의 원리 ⇨ ⇨ 國

형성 나라에는 왕도 있고, 보물인 구슬도 있다는 것에서 '나라' 라는 뜻.

풀이 나라.

國家(국가) ①나라의 법적인 호칭. ②나라. 왕실과 국토.
國境(국경) 국토의 경계.
國軍(국군) ①나라의 군대. ②우리 나라의 군대.
國權(국권) ①국가의 권력. ②국가의 통치권.
國內(국내) 나라 안.
國文(국문) 그 나라 고유의 문자. 또는, 그 문자로 쓴 문장.
國民(국민) ①국가를 구성하고 있는 백성. ②그 나라의 국적을 가진 사람.
國史(국사) ①나라의 역사. ②한국사(韓國史).
國泰民安(국태민안) 나라가 태평하고 백성이 편안히 지냄.

囗부
[8획]

國寶(국보)

보물급의 문화재 가운데 국가가 법적으로 지정한 유형 문화재이다. 특히 제작 연대가 오래 되고, 그 시대를 대표하며, 유례가 드물고 우수하며 특이하거나, 역사적 인물과 관련이 있는 것을 지정한다. 우리 나라 국보 1호는 서울 숭례문, 2호는 원각사지 십층 석탑, 3호는 진흥왕 북한산 순수비인데, 이 번호는 지정된 순서에 따라 매긴 것이다.

| 국보 1호 숭례문 |

한나라에서 둘도 없이 뛰어난 인물

국사무쌍(國士無雙)

소하는 유방이 동쪽으로 진출해 천하를
통일하고자 하는 것을 알기 때문에 한신을 꼭
등용해야 한다고 간청했던 것이다. 결국 한신은
한나라 대장군이 되어 기량을 마음껏 발휘할 수
있게 되었고, 유방을 도와 천하를 통일하는 데
큰 공을 세우게 된다.

둥글 원

□부
[10획]

한자 사전 찾기
부수:□부 / 총획:13획

丨 冂 冂 冂 冂
冃 冃 冃 冃 冒
員 員 圓

글자의 원리

형성 울타리(口) 속에 사람들(員)이 많이 모여 있는 모습이 '둥글다'는 뜻.

풀이 ①둥글다. ②둘레. ③원만하다. 완전하다.

圓孔方木(원공방목) '둥근 구멍에 네모진 나무 자루'란 뜻으로, 어떤 일이나 사물이 맞지 않음을 비유한 말.
圓滿(원만) 모난 데가 없이 둥글둥글하고 부드러움.
圓熟(원숙) ①무르익음. ②매우 숙달됨. ③인격·지식·기예(技藝) 따위가 충분히 발달하여 풍부한 내용을 가짐.

성격이 **원만**한 사람이 좋습니다.

동산 원

한자 사전 찾기
부수:□부 / 총획:13획

丨 冂 冂 冂 冂
冃 周 周 園 園
園 園 園

글자의 원리

형성 밭의 과일을 도둑맞지 않으려고 울타리를 치니 '정원, 울타리'라는 뜻.

풀이 ①동산. 정원. ②밭.

園頭幕(원두막) 수박, 참외 등을 지키기 위해 밭머리에 지어 놓은 막. 園頭(원두)는 참외, 수박 따위를 일컫는 말.
園藝(원예) 화훼, 채소, 과실나무 따위를 심어 가꾸는 일.
庭園(정원) 집 안의 빈 땅에 나무나 꽃, 잔디 등을 심어 아름답게 가꾸어 놓은 공간.

아름다운 **정원**은 우리들 마음에 편안함을 줍니다.

 **고사성어**

도원결의 (桃園結義)

· 풀이 : 복사꽃으로 둘러싸인 동산에서 의형제를 맹세한다는 뜻.

한(漢)나라가 황건적을 토벌하기 위해 병사를 모집한다는 방을 붙였다. 세상에 나가 큰 일을 하고 싶었던 유비는 방을 보고 가슴이 뛰었지만 어떻게 할지 몰라 한숨만 쉬고 있었다. 이때 한 건장한 남자가 곁으로 다가왔는데 그가 바로 장비였다. 유비와 장비는 서로 마음이 통함을 확인하고, 나랏일을 걱정하다가 관우를 만나게 되었다.

세 사람은 자신들이 나라를 위해 무엇을 할 수 있는지 의논하였다. 서로 의기투합하게 되자 장비의 집 후원에 있는 복숭아나무 아래에서 흑우(黑牛)와 백마(白馬)를 제물로 하여 의형제를 맺었다. 이들은 그 후 삼국 통일의 위업을 완성할 때까지 친형제 이상의 우애를 간직하게 된다.

口부
[11획]

그림 도

한자 사전 찾기
부수:口부 / 총획:14획

글자의 원리 ⇒ ⇒ 　**회의** 나라를 다스리기 위해 경계를 그리는 '지도' 나 그 '그림' 을 뜻함.

풀이 ①그림. 그리다. ②꾀하다.

圖謀(도모) 꾀함. 또는, 계략.
圖書館(도서관) 온갖 도서 및 자료를 모아 두고 일반이 볼 수 있도록 한 시설.
圖案(도안) 그림으로 나타낸 공예품의 모양과 색채. 디자인.

집 근처에 있는 **도서관**에서 책 세 권을 빌려 왔습니다.

土 (흙토) 部

흙을 쌓아올린 모양의 부수 명칭.

흙 토

한자 사전 찾기
부수:土부 / 총획:3획

一 十 土

土 부
[0획]

글자의 원리

회의 지면에서 풀과 나무가 싹을 틔운 모습에서 '땅'이라는 뜻.

풀이 ①흙. 토양. ②땅. ③나라.

土窟(토굴) 땅 속으로 뚫은 굴.
土臺(토대) ①건축물을 받쳐 주는 가장 아랫부분. ②어떤 일의 밑바탕이 되는 기초나 밑천.
土砂(토사) ①흙과 모래. ②모래 섞인 흙.
土俗(토속) 그 지방의 풍습.
土壤(토양) ①흙. ②국토.
土牛木馬(토우목마) '흙으로 만든 소와 나무로 만든 말'이란 뜻으로, 문벌은 있으나 재질이 없는 사람을 비웃는 말.
土地(토지) 땅. 지면.
土着(토착) 여러 세대 동안 그 지방에 살고 있음. 土着民(토착민).

土星(토성)

태양계에 속하는 6번째 행성이다. 토성은 약 1등성의 밝기로 황색으로 빛난다. 공전 주기는 29.46년이고, 행성 중에서 목성 다음으로 커서 적도 반지름은 약 6만 km(지구의 약 9.5배)이다. 토성의 고리는 잔 얼음 알갱이나 눈이 얼어붙은 돌멩이 따위가 숱하게 모인 것이다. 고리 사이에는 여러 개의 빈 간극이 있는데, 이것을 발견한 사람의 이름에 따라 카시니 간극 등으로 불린다.

한 번 실패한 경험이 있는 사람이 다시 세력을 키워 일어나다

권토중래(捲土重來)

훗날 당나라 시인 두목은 〈제오강정〉이라는 시에서
'이기고 지는 것은 전쟁에서 기약할 수 없는데,
치욕을 안고 견디는 것이 사나이다.
강동의 자제들 중에는 인재가 많으나,
흙먼지를 말아올려 다시 올 날은 미처 알지 못하네.'
라고 노래하며 항우가 다시 싸우지 않은 것을 아쉬워했다.

在

있을 재

한자 사전 찾기
부수:土부 / 총획:6획

一 ナ オ ナ 存
在

土 부
[3획]

글자의 원리

⇒ 在

형성 초목의 싹은 땅 위에 있다는 것에서 '있다, 존재한다'라는 뜻.

풀이 있다.

在職(재직) 직장에서 근무를 하고 있음.
在天(재천) ①하늘에 있음. ②하늘에 달려 있음. 人命在天(인명재천).
自由自在(자유자재) 자기의 뜻대로 모든 것이 자유롭고 거침이 없다는 말.
存在(존재) 실제로 있는 것.

나는 생각한다. 고로 나는 **존재**한다.

 **한자 Q&A**

Q 절기(節氣)란 무엇일까요?

A 절기는 1년을 태양의 움직임에 따라 24등분한 것으로, 대략 15일 간격입니다. 우리 조상들은 이 절기에 따라 농사를 짓고 생활하였답니다. 24절기 중에서, 입춘(立春)은 봄이 선다는 뜻입니다. 하지(夏至)는 여름이 최고조에 달했다는 뜻으로 1년 중 낮이 가장 긴 때입니다. 입추(立秋)는 가을이 선다는 뜻으로, 이때부터 더위가 꺾이기 시작합니다. 동지(冬至)는 겨울이 최고조에 달했다는 뜻으로, 1년 중에서 밤이 가장 긴 때입니다.

땅 지

한자 사전 찾기
부수: 土부 / 총획: 6획

글자의 원리 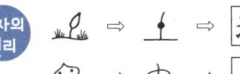 地

형성 울퉁불퉁한 땅의 모양이 뱀의 모양과 같다는 데서 '땅'을 뜻함.

풀이 ①땅. 국토. ②곳. ③지위. ④바탕.

地球(지구) 인류가 사는 천체.
地理(지리) ①토지의 상태. ②지구상의 지형·기후·생물·인구 등의 상태.
地方(지방) ①어느 방면의 땅. 南部地方(남부 지방). ②수도 이외의 곳. 地方自治(지방 자치).
地域(지역) 땅의 구역. 행정·생활권 등으로 나누어진 구역.
地位(지위) 어떤 사람의 사회적 신분이나 계급이나 수준.
地平線(지평선) 하늘과 땅이 맞닿아 보이는 선.
驚天動地(경천동지) '하늘을 놀래고 땅을 움직인다.'는 뜻으로, 크게 세상을 놀라게 함을 비유한 말.

▶素地(소지)

土부
[3획]

아하!

大東輿地圖 (대동여지도)

조선 후기 김정호가 제작한 목판본 한국 지도로, 보물 제850호이다. 전체 크기는 가로 3.3m, 세로 6.7m이다. 김정호는 《청구도(靑邱圖)》를 제작한 뒤 27년 동안 전국을 답사, 실측하여 이것을 만들었는데 그 정확함이 현 지도와 큰 차이가 없다.

均

고를 균

土부
[4획]

한자 사전 찾기
부수:土부 / 총획:7획

一 † 扌 圠 均
均 均

글자의 원리 均

형성 흙(土)을 고르게 (勻) 펴는 것을 가리켜 '평평하다, 고르다'의 뜻.

풀이 ①고르다. 고르게 함. ②양(量)을 되다.

均等(균등) ①차별이나 차이가 없이 평등함. ②등급이 같음. 또는, 등급을 같게 함.
均一制(균일제) 값이나 요금을 차이를 두지 않고 똑같이 정하는 제도.
均衡(균형) 한쪽으로 치우침이 없이 고름.
平均(평균) 몇 개의 수를 더하여 그 개수로 나누는 것.

우리 반의 **평균** 점수가 옆 반보다 높습니다.

坐

앉을 좌

한자 사전 찾기
부수:土부 / 총획:7획

丿 ㇏ 兆 㐅 㐅 坐
坐 坐

글자의 원리 坐

회의 땅(土) 위에 두 사람(人)이 마주 앉은 모양에서 '앉다' 라는 뜻.

풀이 ①앉다. ②무릎 꿇다. ③죄에 빠지다.

坐視(좌시) 참견하지 않고 앉아서 보기만 함.
坐定(좌정) 자리를 잡아 앉음.
坐井觀天(좌정관천) 우물에 앉아 하늘을 본다는 뜻으로, 어떤 사람의 견문이 아주 좁음을 비유한 말.
▶**連坐(연좌)**

그런 일이 발생할 때에는 나도 결코 **좌시**하지 않겠습니다.

坤
곤괘 곤

한자 사전 찾기
부수:土부 / 총획:8획

글자의 원리

회의 '흙토(土)'와 '펼 신(申)'을 합쳐 만물을 길러 자라게 하는 '땅'을 뜻함.

풀이 ①곤괘. 8괘(卦)의 하나. ②땅. ③황후(皇后).

坤卦(곤괘) 8괘의 하나. 땅을 상징함.
坤位(곤위) 왕후의 지위.
乾坤一擲(건곤일척) 운명과 흥망을 걸고 단판걸이로 승부를 겨룬다는 뜻으로, 천하를 얻느냐 모든 것을 잃느냐 하는 대모험을 행할 때 쓰이는 말.

그는 **건곤일척**의 승부로 천하를 거머쥘 수 있었다.

城
성 성

한자 사전 찾기
부수:土부 / 총획:10획

글자의 원리

형성 국토를 방위하려고 흙(土)으로 쌓아 이룬(成) '성'을 뜻함.

풀이 성. 성벽.

城郭(성곽) ①내성과 외성. ②성. 성의 둘레.
城門(성문) 성의 문.
城砦(성채) ①성과 진지. ②작은 성.
干城(간성) 방패와 성.

국군은 우리 영토를 지키는 조국의 **간성**입니다.

土부
[5~7획]

堅

굳을 견

土부
[8획]

한자 사전 찾기
부수: 土부 / 총획: 11획

一 「 ㅋ ㅋ 彑
臣 臣' 臤 臤 堅
堅

글자의 원리

형성 신하를 움켜쥐는 모양(臤)에 흙(土)을 합친 글자로, '굳다'는 뜻.

풀이 ①굳다. 단단함. ②강하다. 굳셈.

堅固(견고) 굳고 튼튼함.
堅果(견과) 껍질이 단단한 나무 열매.
堅實(견실) ①딱딱한 열매. ②튼튼하고 착실함.
堅忍不拔(견인불발) 굳게 참고 견디어 마음이 흔들리지 아니함.
堅持(견지) (주장 따위를) 굳게 지님. 또는, 굳게 지킴.

그의 굳은 결심은 **견고**한 바위처럼 흔들림이 없었습니다.

基

터 기

한자 사전 찾기
부수: 土부 / 총획: 11획

一 十 卄 艹 甘
甘 丌 其 其 基
基

글자의 원리

형성 담 쌓을 때 쓰는 찰흙과 층층이 쌓는 사각의 대에서 '토대, 기초'라는 뜻.

풀이 ①터. 토대. ②비롯하다. 시초.

基盤(기반) 사물의 발전에 기초가 되는 바탕.
基本(기본) 사물의 기초를 이루어 중심이 되거나 일차적으로 중요한 것.
基準(기준) 본보기로 삼아야 할 일정한 수준이나 원칙.

문자의 발명은 인류 문화 발전에 매우 중요한 **기초**가 되었습니다.

집 당

한자 사전 찾기
부수: 土부 / 총획:11획

丨 丨 丨 丨 丨
丨 丨 丨 堂 堂
堂

 글자의 원리

형성 흙(土)을 돋우어 높다랗게(尙) 지은 큰 '집'을 뜻함.

풀이 ①집. 터를 돋우어 지은 큰 집. ②당당하다. ③8촌 안쪽의 친족.

堂堂(당당) ①몸가짐이 헌칠한 모양. ②용기 있는 모양.
堂叔(당숙) 아버지의 사촌 형제. 5촌이 됨.
燕雀處堂(연작처당) 제비와 참새가 처마 밑에 둥지를 틀고 있다는 말로, 안락한 생활에 빠져 장차 닥쳐올 재앙을 예측하지 못하는 어리석음을 뜻하는 말.
食堂(식당) 음식을 먹는 집.

식당에서 점심을 사 먹습니다.

土부
[8획]

잡을 집

한자 사전 찾기
부수: 土부 / 총획:11획

一 十 土 ㅗ ㅗ
ㅗ ㅗ 幸 劾 執
執

 글자의 원리

형성 세상을 놀랠(幸) 만큼 큰 죄를 지은 사람을 붙잡으니(丸) '잡다'란 뜻.

풀이 ①잡다. 지킴. ②처리하다. 다스림.

執權(집권) 정권을 잡음.
執念(집념) 한 가지 사물에만 끈덕지게 들러붙어 마음을 쏟음.
執務(집무) 업무를 맡아봄.
執行(집행) ①직무를 실제로 행함. ②일을 실행함.

사람은 **집념**과 끈기가 있어야만 큰 뜻을 이룰 수 있습니다.

213

報
갚을 보

土부
[9획]

한자 사전 찾기
부수:土부 / 총획:12획

一 十 土 ㅗ 卉
ㅎ 훅 훅 훅' 휅'
휅 報

글자의 원리

형성 죄지은 이의 옷을 벗겨 지위를 빼앗음으로 죄에 대해 '보답한다' 는 뜻.

풀이 ①갚다. 보답. 보복. ②알리다.

報告(보고) ①알림. ②보고서.
報答(보답) 남의 호의나 은혜를 갚는 것.
報道(보도) ①알림. ②사회의 새 소식을 널리 알림.
報復(보복) 원수를 갚음.
報償(보상) ①손해를 배상함. ②보복함.

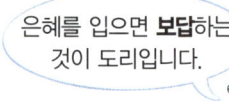
은혜를 입으면 **보답**하는 것이 도리입니다.

 고사성어

보원이덕 (報怨以德)

· 출전 : 《노자》 63장
· 풀이 : 원수를 덕으로 갚으라는 뜻.

도가의 창시자 노자의 말 중에 다음과 같은 것이 있다.
"큰 것은 작은 것에서 생기고 많은 것은 적은 것에서 일어난다. 원수를 덕으로 갚는다. 어려운 일은 쉬운 일에서 계획된다. 큰일은 사소한 일에서 시작된다. 그러므로 천하의 모든 어려운 일은 반드시 쉬운 일에서 시작된다. 천하의 모든 큰일은 반드시 사소한 일에서 시작된다. 그러므로 성인은 끝까지 크게 되려고 하지 않으므로 크게 될 수 있다. (중략) 성인은 도리어 쉬운 것을 어렵게 여기므로 마침내는 어려운 것이 없게 된다."
이렇듯 노자는 원수를 덕으로 갚으라고 하였으며, 천하의 모든 일은 크고 어려운 것이 아니라 작고 쉬운 데서부터 시작된다고 보았다.

場

마당 장

한자 사전 찾기
부수:土부 / 총획:12획

一 十 土 圵 坍
坍 坍 坍 垾 垾
場 場

글자의 원리:

형성 깃발 위에 높이 뜬 해처럼 흙을 높이 쌓아올린 곳 이라는 뜻.

풀이 ①마당. 곳. ②때. 경우.

場內(장내) ①장소 안. 회장 내부. ↔場外(장외). ②밭 가운데.
場面(장면) ①광경. ②연극·영화 따위의 한 정경(情景).
場所(장소) ①곳. ②자리.
場外(장외) 어떠한 장소의 밖. ↔場內(장내)
飛行場(비행장) 비행기가 뜨고 내릴 수 있는 설비를 갖춘 장소.

土부
[9획]

墨
먹 묵

土부
[12획]

한자 사전 찾기
부수:土부 / 총획:15획

글자의 원리 ⇒ 墨

형성 검은(黑) 그을음을 진흙(土)처럼 이겨 만든 '먹'을 뜻함.

풀이 ①먹. ②검다.

墨客(묵객) 서예가 · 화가 · 문인(文人)의 총칭.
墨畵(묵화) 먹으로 그린 그림.
近墨者黑(근묵자흑) 먹을 가까이 하는 자는 검어진다는 뜻으로, 나쁜 사람과 사귀면 물들기 쉽다는 말.
白墨(백묵) 분필.

선생님께서 **백묵**으로 글씨를 쓰십니다.

增
불어날 증

한자 사전 찾기
부수:土부 / 총획:15획

글자의 원리 ⇒ 增

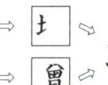

형성 창문에서 공기가 들어오듯 흙이 점점 쌓이니 '증가하다' 라는 뜻.

풀이 ①불어나다. 늘다. ②더하다.

增加(증가) 많아짐. ↔ 減少(감소).
增減(증감) 많아짐과 적어짐. 늘리거나 줄임.
增設(증설) 설비를 늘림.

학교의 부족한 운동 기구를 **증설**하기로 하였습니다.

士 (선비 사) 部

왕을 모시던 선비가 지녔던 도끼 모양의 부수 명칭. 신하는 '선비'라는 뜻이 있음.

선비 사

한자 사전 찾기
부수:士부 / 총획:3획

一 十 士

글자의 원리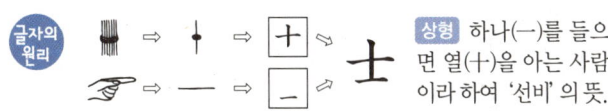

상형 하나(一)를 들으면 열(十)을 아는 사람이라 하여 '선비'의 뜻.

풀이 ①선비. ②벼슬. ③전문적 기예를 닦은 사람.

士氣(사기) 몸과 마음의 기운이 넘쳐 굽힐 줄 모르는 씩씩한 기세.
士農工商(사농공상) 선비, 농민, 수공업 종사자, 상인으로, 고려·조선 시대의 직업에 따른 사회 계급.
士大夫(사대부) ①천자·제후를 섬기는 사람. ②군대의 장교. ③문벌이 높은 집안의 사람.
▶棋士(기사)

士부
[0·1획]

병사들의 **사기**가 하늘을 찌를 듯합니다.

북방 임

한자 사전 찾기
부수:士부 / 총획:4획

ノ 二 千 壬

글자의 원리 ⇨ 壬 ⇨ 壬

상형 아이를 밴 여인을 본뜬 글자로, 아홉째 천간이면서 '북방'의 뜻.

풀이 ①북방. 북녘. ②아홉째 천간(天干). 방위는 북녘. ③아첨하다.

壬年(임년) 태세(太歲)의 천간(天干)이 임(壬)으로 된 해. 임진(壬辰)·임자(壬子) 따위.
壬方(임방) 서쪽에서 조금 북쪽에 가까운 방위.
壬人(임인) 간사한 사람.

여기 붙었다 저기 붙었다 하는 박쥐 같은 **임인**이 되지 맙시다.

217

壯 씩씩할 장

士 부
[4 · 11획]

부수: 士부 / 총획: 7획

丨 丬 爿 爿 爿
壯 壯

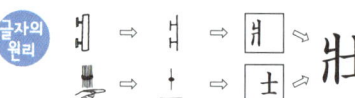

형성 무기(爿)를 들고 적과 싸울 수 있는 남자(士)는 '씩씩하다' 는 뜻.

풀이 ①씩씩하다. 강건함. ②젊다. ③장하다. 웅대함.

壯觀(장관) 훌륭한 광경.
壯談(장담) 자신 있게 말함. 또는, 그 말.
壯大(장대) ①씩씩하고 큼. 웅장하고 훌륭함.
壯士(장사) ①젊은이. 청년. ②힘이 매우 센 사람.
壯丁(장정) 어른이 된 튼튼한 남자. 한창 나이의 남자.

해돋이는 가히 **장관**이었습니다.

壽 목숨 수

부수: 士부 / 총획: 14획

一 十 士 耂 耂
耂 耂 壵 壽 壽
壽 壽 壽 壽

형성 선비의 말과 공인의 척도에 의해 만든 것은 '수명' 이 오래 간다는 뜻.

풀이 ①목숨. 수명. ②장수(長壽).

壽命(수명) 생물의 살아 있는 연한(年限). 목숨.
壽福(수복) 오래 살며 복을 누림.
壽福康寧(수복강녕) 오래 살고 복을 누리며 건강하고 편안함.
壽宴(수연) 환갑 등 장수를 축하하는 잔치.

할아버지의 **수연**이 내일 열릴 예정입니다.

夂 (천천히걸을쇠) 部

두 다리를 끌면서 '천천히 걸어감'을 나타낸 부수 명칭으로, 글자 아래에만 씀.

夏
여름 하

한자 사전 찾기
부수: 夂부 / 총획:10획

글자의 원리

회의 춤을 춘 뒤, 가면을 벗어도 더운 '여름'을 뜻함.

풀이 여름.

夏期(하기) 여름철. 夏期放學(하기 방학).
夏爐冬扇(하로동선) '여름의 난로와 겨울의 부채'라는 뜻으로, 소용 없는 것을 의미함.
夏服(하복) 여름철에 입는 옷.
夏節(하절) ①여름철. 夏季(하계). ②단오절.
夏蟲疑氷(하충의빙) 여름에만 사는 벌레는 얼음이 어는 겨울 추위를 믿지 않는다는 뜻으로, 견문이 좁은 사람이 함부로 사물을 의심하는 것을 비유한 말.

夂부
[7획]

 **아하!**

夏至(하지)

24절기의 하나로, 양력 6월 21일경이다. 일년 중 태양이 가장 높이 뜨고 낮의 길이가 길어, 북반구의 지표면은 태양으로부터 가장 많은 열을 받는데 이 때문에 하지 이후에는 기온이 올라가 몹시 더워진다. 우리 나라에서는 모내기가 끝나고 장마가 시작되는 때이다.

하·은·주
시대

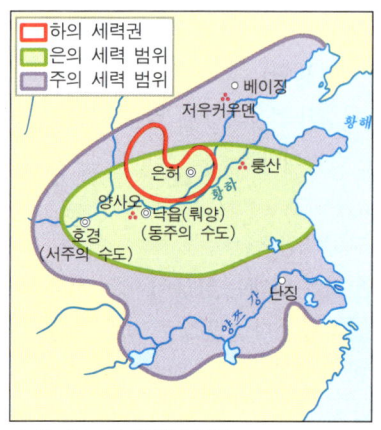

▲ 하·은·주 시대의 중국

사마천의 《사기》에 의하면 중국 최초의 국가는 하(夏)로 우왕이 건국하였다고 한다. 하는 산시 성 서남부와 허난 성 서북부에 위치하고 있었는데, 발굴 조사로 기원전 2000년경의 성벽에 둘러싸인 궁궐 유적지와 함께 각종 청동기, 문자가 발견되어 이곳이 하의 유적지일 것이라 추측하고 있다.

은(殷)은 그 실체가 확인된 중국 최초의 왕조이다. 황하 중류 유역에 위치했으며, 몇 개의 도시 국가의 연맹으로 만들어진 국가였다. 왕이 점을 쳐서 나라의 중요한 일을 결정하였는데, 이때 그 내용을 기록한 갑골 문자는 한자의 기원이 되었다.

주(周)는 위수 분지에서 일어나 11세기에는 은을 무너뜨리고 호경에 도읍을 정한 뒤 여러 도시 국가를 지배하였다. 주는 왕은 나라의 중심부만 직접 통치하고, 그 밖의 지역은 왕족이나 공신을 제후로 삼아 그 땅을 지배하도록 하였다. 그 대신 제후들은 왕실에 공납과 군사 의무를 졌다. 또 제후들도 자기 영토 중 일부는 가신에게 나누어 주었는데, 이런 지배 체제를 '봉건 제도'라고 한다.

◀ 은나라의 청동기

夕 (저녁석) 部

저물어 가는 하늘에 희게 뜬 반달 모양을 본떠 '저녁'을 나타낸 부수 명칭.

저녁 석

한자 사전 찾기
부수:夕부 / 총획:3획

ノ ク 夕

글자의 원리

지사 저무는 하늘에 희게 뜬 반달 모양을 본떠 '저녁'을 뜻함.

풀이 ①저녁. ②밤. ③쏠리다. 기욺.

夕刊(석간) 석간 신문. ↔ 朝刊(조간).
夕食(석식) 저녁밥.
夕陽(석양) ①저녁 해. ②산의 서쪽. ③늘그막의 비유.
▶七夕(칠석)

夕 부
[0획]

秋夕(추석)

음력 8월 15일인 추석은 우리 나라의 큰 명절로 '가윗날', '한가위' 라고도 한다. 신라 때, 두 패로 나뉜 여자들이 7월 16일부터 모여 길쌈을 해서 8월 15일에 그 많고 적음을 살펴, 진 쪽에서 술과 음식을 내놓고, 이긴 쪽을 축하하며 춤추고 여러 놀이를 한 데서 유래되었다.

外

바깥 외

夕 부
[2획]

한자 사전 찾기
부수: 夕부 / 총획: 5획

丿 ク 夕 列 外

글자의 원리 ⇒ 夕 ⇒ 外

회의 점(卜)을 저녁(夕)에 치는 것은 관례에 벗어난다 하여 '밖'을 뜻함.

풀이 ①바깥. 겉. ②남. 타국. ③처가. 외가.

外家(외가) 어머니의 친정. 외척의 집안.
外交(외교) 국가가 다른 국가와 관계를 맺고, 상호간에 교섭하고 협상하는 활동.
外來(외래) ①밖에서 옴. ②환자가 의사를 찾아옴. 또는, 찾아오는 곳.
外面(외면) ①바깥쪽. ②겉. 표면. ↔ 內面(내면). ③대면하기를 꺼려 얼굴을 돌림.
外貌(외모) 겉모습.
外勢(외세) ①외부의 세력. ②외부의 형세.
外柔內剛(외유내강) 겉으로는 부드러워 보이나 속은 강직함.
外出(외출) ①집 밖으로 잠시 나감. ②나들이함.

外來語(외래어)

외국어가 국어 속에 들어와서 국어처럼 쓰이는 말. 우리 나라에서도 라디오, 컴퓨터 등 많은 외래어를 쓴다. 고무(gomu→네덜란드어), 타이어(tyre→영어), 아르바이트(Arbeit→독일어) 같은 것은 외국어의 느낌이 드는 차이는 있지만 모두 외래어이다.

多

많을 다

한자 사전 찾기
부수: 夕부 / 총획: 6획

丿 ク 夕 夕 多
多

글자의 원리

회의 저녁(夕)과 저녁(夕)이 거듭되어 날짜가 '많아진다'는 뜻.

풀이 많다.

多岐亡羊(다기망양) 갈래가 많은 갈림길에서 양을 잃는다는 뜻. 학문의 길이 여러 갈래이므로 진리를 찾기 어려움을 비유한 말.

多少(다소) 분량이나 정도의 많고 적음.
多樣(다양) 여러 가지. 갖가지 모양.

夕부
[3·5획]

夜

밤 야

한자 사전 찾기
부수: 夕부 / 총획: 8획

丶 亠 广 疒 夵
夵 夜 夜

글자의 원리

형성 아이들을 품고 있는 옆구리 사이로 달빛이 보이니 '밤'이라는 뜻.

풀이 ①밤. ②새벽. ③그늘. 어둠.

夜間(야간) 밤 동안.
夜景(야경) 밤경치.
錦衣夜行(금의야행) 비단옷을 입고 밤에 다닌다는 뜻으로, 자랑삼아 어떤 일을 하지만 생색이 나지 아니함을 이르는 말.

223

大 (큰대) 部

어른이 양 팔과 다리를 크게 벌리고 서 있는 모양을 본뜬 부수 명칭.

大 부
[0획]

大
큰 대

한자 사전 찾기
부수:대부 / 총획:3획

一 ナ 大

글자의 원리
 ⇨ 大 ⇨ 大

상형 사람이 팔과 다리를 쫙 벌리고 있는 모습에서 '크다'라는 뜻.

풀이 ①크다. ②많다. ③대개.

大規模(대규모) 일의 규모나 범위가 넓고 큼.
大氣(대기) ①공기. ②천지의 기운.
大同小異(대동소이) 조금 다르나 전체적으로는 거의 같음.
大勢(대세) ①세상 돌아가는 형세. ②지위가 높고 권력이 있음.
大小(대소) ①(사물의) 큰 것과 작은 것. ②크기.
大丈夫(대장부) '건장하고 씩씩한 사내'라는 뜻으로, 남자를 이르는 말.
大衆(대중) ①많은 사람. ②현대 사회를 이루고 있는 대다수의 사람.
大會(대회) ①많은 사람이 모이는 집회나 회의. ②많은 사람이 일정한 곳에 모여 글짓기, 그리기 등의 재능이나 기량을 겨루는 일.

아하!

大陸棚(대륙붕)

대륙이나 큰 섬 주변, 깊이 약 200m까지의 경사가 완만한 해저 지역을 말한다. 햇빛과 생물의 생육에 필요한 염류(鹽類)가 충분해 좋은 어장이 많다. 또한 석탄·석유·천연가스가 풍부하게 매장되어 있어 우리 나라는 물론 세계가 대륙붕 개발에 눈을 돌리고 있다.

남편 부

한자 사전 찾기
부수:大부 / 총획:4획

一 二 丰 夫

글자의 원리 ⇒ ⇒ 夫

회의 상투를 튼(一) 사람(大)은 장가든 사내라 하여 '남편, 지아비'의 뜻.

풀이 ①남편. 지아비. ②사내. ③일꾼.

夫君(부군) ①남편을 높여 이르는 말.
夫婦(부부) 남편과 아내.
夫唱婦隨(부창부수) 남편이 부르고 아내가 따른다는 말로, 남편이 앞서 어떤 일을 하면 아내는 이를 따라 행함을 이름.

▶丈夫(장부), 鑛夫(광부)

大부
[1획]

225

天

하늘 천

한자 사전 찾기
부수: 大부 / 총획: 4획

一 二 チ 天

大부
[1획]

글자의 원리

회의 사람의 머리 위에 선을 하나 그어 높고 넓게 펼쳐진 '하늘'을 뜻함.

풀이 ①하늘. ②하느님. 조화(造化)의 주재자. ③임금. ④기후. 계절. ⑤천성.

天高馬肥(천고마비) '하늘이 높고 말이 살찐다.'는 말로, 가을이 썩 좋은 철임을 일컫는 표현.

天國(천국) 하늘나라. 天堂(천당).

天倫(천륜) 부자·형제 사이에서 지켜야 할 마땅한 도리.

天罰(천벌) 하늘이 내리는 벌.

天然(천연) 사람의 힘을 가하지 않은 자연 그대로의 상태.

天體(천체) 우주 공간에 떠 있는 물체. 해·달·별 등의 총칭.

天下(천하) ①온 나라. ②온 천하. ③한 나라의 정치 권력. ④실권을 장악하고 마음대로 휘두름.

▶雨天(우천)

 아하!

〈**天**地創造(**천**지창조)〉

〈천지창조〉는 미켈란젤로가 로마의 시스티나 성당 천장에 그린 세계 최대의 벽화. 크기는 가로 41.2m, 세로 13.2m이고, 교황 율리우스 2세의 명에 따라 1508~1512년에 제작되었다. 성서에 나오는 천지창조 순서와는 반대로, 노아의 이야기부터 빛과 어둠의 창조까지 성당 입구 쪽에서부터 그려졌다.

〈천지창조〉의 일부 ▶

하늘의 옷은 꿰맨 자국이 없다

천의무봉(天衣無縫)

곽한이 선녀에게 다가가서 훑어보니 그녀의 옷 어디에도 실로 꿰맨 자국이 없었다. 너무나 이상하여 곽한은 그 까닭을 물어보았다.
선녀는 곽한에게 미소를 띠며 말했다.
"우리가 입는 천의(天衣)라는 옷은 본래부터 바늘이나 실을 쓰지 않는답니다."

클 태

大부
[1·2획]

한자 사전 찾기
부수:大부 / 총획:4획

一 ナ 大 太

글자의 원리 회의 대(大)가 두 개 겹쳐진 모양에서 '살찌다, 매우 크게 되다' 라는 뜻.

풀이 ①크다. ②처음. 최초.

太古(태고) 아주 먼 옛날.
太極旗(태극기) 우리 나라의 국기.
太陽(태양) 해. 태양계의 중심을 이루는 항성.
太初(태초) 천지가 처음 생긴 때.
太平聖代(태평성대) 어진 임금이 다스리는 태평한 세상.

이 동굴은 **태고**의 신비를 그대로 지니고 있습니다.

잃을 실

한자 사전 찾기
부수:大부 / 총획:5획

ノ ￢ ㄷ 失 失

글자의 원리 형성 손에 쥐고 있던 물건이 스르르 떨어져 나가니 '잃다' 의 뜻.

풀이 ①잃다. ②잘못.

失望(실망) ①희망을 잃음. ②기대에 어긋남.
失手(실수) 부주의하여 잘못을 저지르는 것. 또는 그 잘못.
失踪(실종) 종적을 잃음. 거처나 생사를 모르게 됨.
大驚失色(대경실색) 사람이 충격을 받거나 놀라운 소식을 들었을 때 얼굴빛이 급격히 변하는 것을 두고 한 말.

실수를 반복해서는 안 됩니다.

받들 봉

한자 사전 찾기
부수:大부 / 총획:8획

一 二 三 丰 夫
 夛 夆 奉

글자의 원리
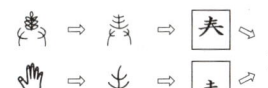 

形聲 꽃 같은 것을 두 손으로 '받들어' 드린다는 뜻.

풀이 ①받들다. ②바치다.

奉仕(봉사) ①공손히 시중듦. 곁에서 섬김. ②남을 위해 진력함. ③편의를 제공함.
奉送(봉송) ①공손히 배웅함. ②정중히 보냄.
奉養(봉양) 부모를 받들어 섬김.
奉職(봉직) 관직에 종사함.

大부
[5획]

정성을 다하여 부모님을 **봉양**하였습니다.

 한자 Q&A

Q 부수(部首)란 무엇일까요?

A 한자에는 공통으로 들어가는 부분이 있는데, 이 부분을 '부수(部首)' 라고 합니다. 부수를 잘 알면 자전(字典)에서 한자를 빠르고 쉽게 찾을 수 있습니다. 각 글자에서 부수를 뺀 나머지 부분을 '몸' 이라고 하고, 대부분의 한자는 부수와 몸으로 이루어집니다. 한편, 火(불 화)나 木(나무 목)같이 부수만으로 된 한자도 있는데 이런 것을 '제부수' 라고 합니다.

女 (계집녀) 部

女부
[0획]

女
계집 녀

한자 사전 찾기
부수:女부 / 총획:3획

ㄑ ㄑ 女

여자가 두 손을 모으고 모로 꿇어앉은 모습을 본뜬 부수 명칭.

글자의 원리 ⇒ ⇒ 女   **상형** 손을 모으고 꿇어 앉아 있는 여인의 모습에서 '여자, 딸'을 뜻함.

풀이 ①계집. 여자. ②딸. 처녀.

女權(여권) 여자의 정치적·사회적·법률적 권리. 女權伸長(여권 신장).

女流(여류) 어떤 명사 앞에 쓰여, 그 방면에 뛰어난 여성임을 나타낼 때 쓰는 말.

女士(여사) ①학문, 덕망이 있는 여성. ②여자에 대한 경칭.

女息(여식) 남에게 자기 딸을 이르는 말.

女兒(여아) ①계집아이. ↔ 男兒(남아). ②딸.

女優(여우) 여자 배우.

女人(여인) 어른이 된 여자를 글로 표현하는 말.

女子(여자) 아기를 직접 낳을 수 있는 성(性)을 가진 사람을 두루 이르는 말.

女丈夫(여장부) 남자같이 굳세고 활발한 여자. 女傑(여걸).

 **아하!**

自由의 女神像
(자유의 여신상)

미국 뉴욕항의 리버티섬에 세워진 거대한 여신상. 오른손에는 햇불, 왼손에는 '1776년 7월 4일'이 적힌 독립선언서를 들고 있다. 프랑스가 미국 독립 100주년을 기념해 기증한 것으로, 무게 225t, 햇불까지의 높이 약 46m, 대좌 높이 약 47.5m이다.

如

같을 여

한자 사전 찾기
부수: 女부 / 총획: 6획

く 夊 女 如 如 如

회의 여자(女)는 부모, 남편, 자식의 말(口)과 자신의 뜻을 '같이한다' 는 뜻.

풀이 ①같다. ②조사. 비교, 가정, 접속, 의문의 조사.

如前(여전) 전과 다름이 없음.
如何間(여하간) 어떠하든지 간에.
始終如一(시종여일) 처음부터 끝까지 변함없이 한결같음을 뜻하는 말.

女부
[3획]

여하간 오늘 안으로 떠나거라.

好

❶ 좋을 호
❷ 좋아할 호

한자 사전 찾기
부수: 女부 / 총획: 6획

く 夊 女 女' 好 好

 ⇒ ⇒ 女 ⇒ 好
⇒ ⇒ 子

회의 女와 子를 합쳐 '딸'을 나타낸다. 딸은 아름다우니 '좋다' 라는 뜻.

풀이 ❶①좋다. ②아름답다. ③우의. 교분. ❷좋아하다. 사랑함.

好感(호감) 좋은 느낌. 좋은 인상.
好奇心(호기심) 신기하고 이상한 일에 끌려 그 정체나 내용을 알고 싶어하는 마음.
好事多魔(호사다마) 좋은 일에는 방해가 끼어들기 쉬움.
好人(호인) 대인 관계가 원만하고 좋은 사람.

우리 동네 쌀가게 아저씨는 **호인**이라 장사가 잘됩니다.

231

물고기가 물을 만나다

수어지교(水魚之交)

후세 사람들은 유비의 말에서 '수어지교(물고기와 물의 사귐.)'라는 성어를 만들었다. 이 말은 서로 간의 감정의 융합이 아주 좋거나 혹은 지내는 환경이 몹시 쾌적하여 마치 고기가 물 속에서 자유자재로 노니는 것과 같음을 비유할 때 쓰인다.

233

묘할 묘

女부
[4·5획]

한자 사전 찾기
부수:女부 / 총획:7획

く 夕 女 女 如
奵 妙

글자의 원리: ⇒ ⇒ 女 ⇒ 妙
 ⇒ ⇒ 少

형성 젊은(少) 여인(女)이 맵시 있다 하여 '아름답다, 묘하다'의 뜻.

풀이 ①묘하다. ②뛰어나다. ③젊다.

妙技(묘기) 교묘한 기술과 재주.
妙齡(묘령) 여자의 스물 안팎의 나이.
妙味(묘미) 절묘한 맛. 진귀한 맛.
妙案(묘안) 매우 좋은 생각. 교묘한 방안(方案).
妙藥(묘약) 매우 잘 듣는 약.

신년 특집 방송에서 마술사의 **묘기**가 두 시간 동안이나 계속되었습니다.

누이 매

한자 사전 찾기
부수:女부 / 총획:8획

く 夕 女 女 如
奸 妹 妹

글자의 원리: ⇒ ⇒ 女 ⇒ 妹
 ⇒ ⇒ 未

형성 누이(女) 중에서 아직(未) 철이 들지 않은 '손아래 누이'를 뜻함.

풀이 ①누이. 손아래 누이. ②소녀. 자기보다 나이가 아래인 여자의 애칭.

妹夫(매부) 누이의 남편.
妹弟(매제) 손아래 누이의 남편.
妹兄(매형) 누나의 남편. 姉兄(자형).
男妹(남매) 오빠와 누이동생, 또는 누나와 남동생을 이르는 말.

전쟁으로 헤어졌던 **남매**가 국제 스포츠 행사를 계기로 제3국에서 극적으로 만났습니다.

姓

성씨 성

한자 사전 찾기
부수:女부 / 총획:8획

글자의 원리 姓

형성 어머니(女)의 성이 나낳은(生) 곳의 지명을 따서 '성씨'를 삼았다는 뜻.

풀이 ①성(姓). ②씨족(氏族). 인민.

姓名(성명) 성과 이름.
姓氏(성씨) 남의 성을 이르는 경칭.
姓銜(성함) 성씨와 함자. 곧, 성명을 높여 이르는 말.
百姓(백성) 옛날에 양반이 아닌 보통 사람을 이르던 말. 오늘날에는 '국민'을 예스럽게 이를 때 씀.

▶ 同姓(동성)

女부
[5획]

始

비로소 시

女부
[5획]

한자 사전 찾기
부수:女부 / 총획:8획

丶 乁 女 女' 女ㅏ
女ㅏ 始 始

글자의 원리

형성 여성(女)의 뱃속에서 아기를 기르는(台) 것은 생명의 '처음' 이라는 뜻.

풀이 ①처음. 시초. ②시작하다. 비롯됨.

始動(시동) ①움직이기 시작함. ②처음으로 움직임.
始作(시작) 어떤 일이나 대상이 시간적, 공간적으로 처음의 단계에 있는 상태.
始終一貫(시종일관) 처음부터 끝까지 한결같다는 뜻으로, 어떤 사람의 성격, 태도 등이 끝까지 똑같다는 말.

일의 **시작**이 중요합니다.

姉

손위누이 자

한자 사전 찾기
부수:女부 / 총획:8획

丶 乁 女 女' 女ㅏ
女ㅏ 姉 姉

글자의 원리

형성 여형제(女) 중에서 성숙하게 자란(市) '맏누이'를 뜻함.

풀이 손위 누이. 姊자가 본자(本字)이나 최근 들어 속자(俗字)인 姉 자를 본자처럼 쓰고 있다.
姉妹(자매) ①여자 형제. ②같은 계통에 속하며 유사점이 많은 것들의 속칭.
姉妹結緣(자매결연) ①자매 관계를 맺음. ②지역이나 단체 등이 서로 도우며 가까이 지내려고 관계를 맺음.
姉兄(자형) 손위 누이의 남편.

자형께서 용돈을 주셨습니다.

시황제

▲ 진시황

시황제는 오랜 기간의 분열을 수습하고, 최초로 중국을 통일 제국으로 이룬 진(秦)의 황제이다. 보통 진시황이라고 부른다. 시황제는 봉건 제도를 폐지하고 천하를 36군으로 나눠 군 밑에 현을 두는 군현 제도를 실시하였고, 그곳의 관리는 모두 중앙에서 파견시켜 황제의 권한을 강화하였다. 자신의 정책에 대한 비판을 억제하기 위하여 의약서나 점술책, 농사에 관한 책을 제외한 민간 서적을 불태우고, 선비 460여 명을 생매장시킨 이른바 분서 갱유를 하는 등 중앙 집권을 위한 여러 가지 정책을 적극적으로 추진해 나갔다. 또한, 밖으로는 흉노족의 침입을 막기 위해 만리 장성을 쌓았다. 이러한 모든 정책은 그 후 2000년에 걸친 중국 전제 정치의 바탕이 되었다.

그러나 화려한 아방궁을 짓게 하고, 자신이 죽으면 묻힐 거대한 능을 여산에 만들게 함으로써 백성들에게 큰 부담을 주어, 그만큼 원성도 컸다.

▼ 진시황릉 안의 병마용

妻

❶ 아내 처
❷ 시집보낼 처

女부
[5·6획]

한자 사전 찾기
부수:女부 / 총획:8획

一 彐 쿠 妻 妻
妻 妻 妻

글자의 원리 ⇨ ⇨  妻

형성 집 안에서 먼지떨이를 쥐고 쓸고 닦는 여자라는 것에서 '아내'의 뜻.

풀이 ❶아내. ❷시집 보내다.

妻男(처남) 아내의 남자 형제.
妻子(처자) 아내와 자식.
夫妻(부처) 남편과 아내를 이르는 말.
糟糠之妻(조강지처) 몹시 가난하고 어려울 때부터 고생을 함께 겪어 온 아내.

미국 대통령 **부처**가 수행원들을 대동하고 한국을 방문하였습니다.

威

위엄 위

한자 사전 찾기
부수:女부 / 총획:9획

丿 厂 厂 反 反
反 威 威 威

글자의 원리 ⇨ 威 ⇨ 威

형성 위엄(戌) 있는 '시어머니'(女)라는 데서 '위엄'을 뜻함.

풀이 ①위엄. 존엄. ②세력. 권세. ③두려워하다. 두려움.

威勢(위세) 위엄과 세력. 또는, 힘차고 용맹스러운 기세.
威嚴(위엄) 두려울 정도로 의젓하고 엄숙함.
威脅(위협) 으르고 협박함.
狐假虎威(호가호위) 여우가 호랑이의 위세를 빌려 호기를 부린다는 뜻으로, 남의 권세를 빌려 위세를 부림을 비유한 말.

장군이 **위엄** 있는 목소리로 명령을 내렸습니다.

婦
며느리 부

한자 사전 찾기
부수: 女부 / 총획: 11획

く 夕 女 女 女'
女' 女⁻ 女⁻ 娟 婦
婦

글자의 원리

회의 비를 들고 청소를 하는 여자의 모습에서 '아내, 부인'이라는 뜻.

풀이 ①며느리. ②아내. ③여자. ④지어미. 주부(主婦).

婦女(부녀) 여자. 婦女子(부녀자).
婦德(부덕) 여자로서의 덕행(德行).
婦人(부인) 결혼한 여자.
主婦(주부) 한 집안의 살림살이를 주관하는 안주인.
▶姑婦(고부)

女부
[8획]

우리 어머니는 전업 **주부**이십니다.

婚
혼인할 혼

한자 사전 찾기
부수: 女부 / 총획: 11획

く 夕 女 女 女'
女⁻ 妒 婚 婚 婚
婚

글자의 원리

형성 옛날에는 신부(女)를 저물녘(昏)에 맞이했다는 데서 '혼인하다'의 뜻.

풀이 혼인하다.

婚禮(혼례) 혼인 예식.
冠婚喪祭(관혼상제) 관례(성인식), 혼례(혼인), 상례(장례), 제례(제사) 등을 통틀어 일컫는 말.
結婚(결혼) 부부로서의 법률적 관계를 맺는 일.

외삼촌이 드디어 내일 **결혼**하십니다.

子 (아들 자) 部

포대기에 싸여 양팔을 벌린 아기의 모양을 본뜬 부수 명칭.

子 아들 자

子부
[0획]

한자 사전 찾기
부수:子부 / 총획:3획

ㄱ 了 子

글자의 원리 ⇨ 子 ⇨ 子

상형 아기가 손을 벌리고 있는 모양을 본뜬 글자로 '아들'을 뜻함.

풀이 ①아들. 자식. ②남자. ③학덕(學德) 있는 이의 호칭. ④12지(支)의 하나. 시각으로는 밤 11시에서 1시 사이.

子女(자녀) ①어린이. ②여자 아이.
子孫(자손) 아들과 손자. 후손.
子欲養而親不待(자욕양이 친부대)
　자식이 부모의 은혜를 깨달아 효성으로 봉양하려고 하나 이미 부모는 죽어서 이 세상에 없다는 말로, 효도하기 어려움을 이름.
子子孫孫(자자손손) 자손 대대로. 먼 후손의 끝까지. 대대손손.
子正(자정) 밤 12시.
子弟(자제) ①아들과 아우. ②젊은이. ③남을 높여 그 아들이나 그 집안 젊은이를 이르는 말.
孫子(손자) 자녀가 낳은 아들.
▶孔子(공자)

 아하!

子午線(자오선)

우리가 서 있는 곳에서 볼 때, 지평선의 북쪽-12지(支)의 자(子)의 방향-에서 머리 위를 지나 지평선의 남쪽-오(午)의 방향-을 연결하면 반원이 되는데 이를 '자오선' 이라 한다. 하루 동안 대부분의 천체들은 동쪽 지평선에서 떠올라 서쪽 지평선으로 사라지는데 항상 이 자오선을 통과하게 되어 있다. 이렇게 자오선을 통과하는 현상을 '남중(南中)' 이라 한다. 우리가 쓰는 하루의 길이는 태양의 남중을 기준으로 한다. 곧 태양이 자오선을 지나 다음 날 다시 자오선에 도달하는 동안이 '하루' 인 것이다.

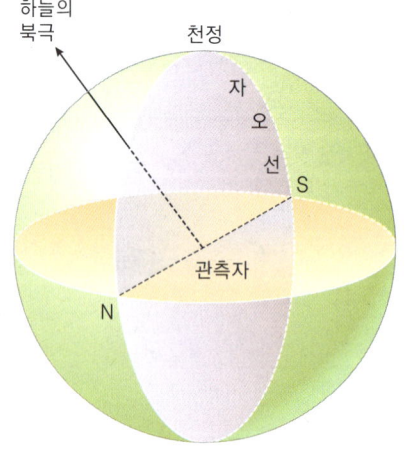

대들보 위의 군자

양상군자(梁上君子)

후한 말 진식이 태구현의 현령으로 있던 어느 해, 심한 흉년이 들어 백성들이 고통을 당하고 있었다.

그러던 어느 날 진식의 집에 도둑이 들었다.

진식은 대들보 위의 도둑을 눈치채고 아들과 손자들을 방으로 불렀다.

"사람이란 스스로 힘쓰지 않으면 안 된다."

"선량하지 못한 사람이라 할지라도 본심이 나쁜 것은 아니다."

"다만 습관이 사람을 그렇게 만드느니라."

"지금 대들보 위의 군자도 그러하다."
이 말을 들은 도둑은 깨달은 바가 있어 방바닥으로 내려와 사죄하였다. 한동안 그를 바라보던 진식은 그에게 인자한 말로 위로하고 비단 두 필을 주어 돌려보냈다. 그 후로 태구현에서 도둑을 볼 수가 없었다고 한다.

字

글자 자

子부
[3획]

한자 사전 찾기
부수:子부 / 총획:6획

丶 宀 宀 宀 字
字

글자의 원리

형성 아이가 태어나는 것처럼 글자에서 글자가 태어나니 '문자' 라는 뜻.

풀이 ①글자. ②자(字). 본명 외에 부르는 이름.

字幕(자막) 영화 등의 화면에 배역·설명·대사 따위를 글자로 나타낸 것.

字母(자모) 한 개의 음절을 자음과 모음으로 갈라서 적을 수 있는 낱낱의 글자. 낱자.

字源(자원) 한자가 구성된 밑뿌리. 예를 들면, 信 자에서 그것을 이룬 人과 言.

字典(자전) 한자를 모아 일정한 순서로 배열하고 그 음과 뜻 등을 풀이한 책.

一字千金(일자천금) 글자 한 자가 천금의 가치가 있다는 뜻으로, 그만큼 훌륭한 문장이란 말.

八字(팔자) 사람이 태어날 때부터 정해져 있다는 운명.

 **아하!**

康熙字典(강희자전)

중국 청나라에서 1716년에 출판된 중국 최대의 자전. 강희제(康熙帝)의 명령으로 30명의 학자가 역대의 자전을 총 집대성했다. 214개의 부수(部首)를 세워 약 4만 7,000자를 각 부수에 배속시켜 획수 순으로 배열한 것으로, 오늘날 한자 자전의 체재를 정립했다.

있을 존

한자 사전 찾기
부수:子부 / 총획:6획

一 ナ 才 オ 存
存

글자의 원리

회의 땅속에 있는 뿌리가 지금은 보이지 않아도 싹을 틔우니 '있다' 라는 뜻.

풀이 ①있다. 생존하다. ②보존하다. 편안하다.

存亡(존망) 생존과 멸망.
存續(존속) 없어지지 않고 계속하여 존재함.
存在(존재) 실제로 있는 것.
現存(현존) 현재 존재하는 것.
▶保存(보존)

子부
[3획]

이것이 **현존**하는 가장 오래 된 책입니다.

 한자 Q&A

Q 설에는 어떤 의미가 있을까요?

A 설은 묵은 해를 떨쳐 버리고 새로 맞이하는 한 해의 첫날을 말합니다. 즉, 양력이나 음력의 1월 1일을 말하지만, 특히 음력 정월 초하루를 설날로 정하고 있습니다. '설다', '낯설다' 라는 말에서 따온 '설' 은 한 해를 시작하는 처음이라 낯설다는 뜻입니다. 설날에는 조상들께 차례를 지내고, 어른들께 세배를 하며, 떡국을 먹으면서 덕담을 나눕니다. 설날 아침에는 미리 준비한 새 옷을 입는데, 이것을 특별히 '설빔' 이라고 부릅니다.

243

효도 효

子부
[4획]

한자 사전 찾기
부수:子부 / 총획:7획

一 十 土 耂 考
孝 孝

글자의 원리

회의 아이가 나이 든 부모를 잘 보살피는 것에서 '효도'를 뜻함.

풀이 효도.

孝女(효녀) 효도하는 딸.
孝道(효도) 어버이를 잘 받드는 도리. 효행의 도리.
孝婦(효부) 시부모를 잘 섬기는 며느리.
孝孫(효손) 조상을 잘 섬기는 손자.
孝心(효심) 효도하는 마음.
孝子(효자) 효도하는 아들.
孝子門(효자문) 효자를 표창하여 그 집 앞에 세운 붉은 문. 이 문을 정문(旌門)이라고 함.
孝親(효친) 어버이에게 효도함.
孝行(효행) 부모를 잘 섬김. 또는, 그 행실. 孝道(효도).
事親以孝(사친이효) 부모 섬기기를 효도로써 행한다는 말로, 화랑 세속 오계 중의 하나.

아하!

孝行錄(효행록)

효자 62명의 전기(傳記)를 모은 책으로, 고려 시대의 권준(權準)과 그의 아버지 권부(權溥)가 엮었다. 그 후 권부의 증손 권근(權近)이 이를 교정, 주(註)를 달고 《효행록》이라 하였다. 초판은 고려 말이며, 1428년 (세 종 10), 1600년 (선조 33)에 간행되기도 했다.

季
끝 계

한자 사전 찾기
부수: 子부 / 총획: 8획

一 二 千 千 禾
季 季 季

글자의 원리

형성 곡식이 자라는 때를 기준으로 한 해를 구분하니 '철, 계절'의 뜻.

풀이 ①끝. 막내. ②어리다. 작음. ③철. 시절.

季刊(계간) 석 달에 한 번씩 간행함. 또는, 그 간행물.
季嫂(계수) 아우의 아내. ↔ 兄嫂(형수).
季指(계지) 새끼손가락. 새끼발가락.
四季節(사계절) 봄, 여름, 가을, 겨울.

子부
[5·7획]

가을은 **사계절** 중에서 가장 책을 읽기 좋은 계절입니다.

孫
손자 손

한자 사전 찾기
부수: 子부 / 총획: 10획

丁 了 子 子' 子'
子系 孫 孫 孫 孫

글자의 원리

회의 몇 개씩 연결된 실타래처럼 자식에서 자식으로 이어지니 '손자'라는 뜻.

풀이 ①손자. ②자손. 후손.

孫子(손자) ①자녀가 낳은 아들. ②손무(孫武). ③손무가 지은 병서(兵書). 孫子兵法(손자 병법).
子孫(자손) ①자식과 손자 ②후손.
▶ 王孫(왕손), 外孫(외손)

자손 만대까지 행복을 누리시길 바랍니다.

손빈(孫殯)과 방연(龐涓)

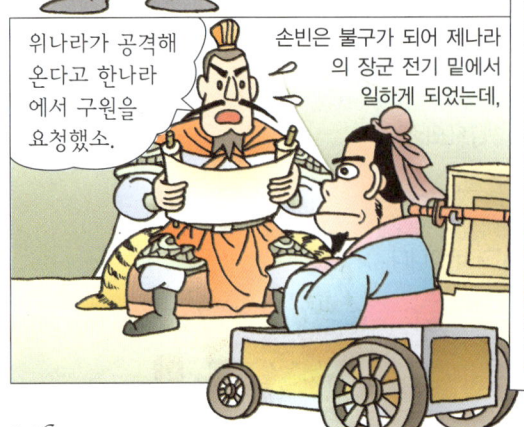

마릉은 길이 좁고, 옆이 막혀 군사를 매복시키기 좋은 곳이었다. 방연이 나무에 쓰인 글을 읽으려고 불을 켠 것을 신호로 매복해 있던 제나라 군사들이 일제히 화살을 날렸다. 방연은 자신의 지혜가 모자람을 깨닫고 스스로 자결했다. 이 전투를 승리로 이끈 손빈은 천하에 명성을 날리게 된다.

學

배울 학

子부
[13획]

한자 사전 찾기
부수:子부 / 총획:16획

 ⇒ ⇒ 學

형성 아이가 어떤 것을 배우는 장소인 '학교'를 뜻함.

풀이 ①배우다. ②학문. ③학생. 학자. ④학교. ⑤학파. 가르침.

學界(학계) ①학문의 세계. ②학자들의 사회.
學校(학교) 일정한 시설과 조직을 갖추고 학생들을 교육하는, 사회가 공인하는 제도적 기관. 또는, 그 시설이나 건물.
學問(학문) ①배우고 익힘. 지식, 예술을 닦음. ②체계적인 지식.
學父兄(학부형) 학생의 부모 등 보호자.
學生(학생) 학교에서 공부하는 사람.
學習(학습) 배우고 익힘.
學識(학식) 학문과 지식. 또는, 학문과 식견(識見).
學業(학업) 배움을 닦는 일.
學者(학자) ①학문이 뛰어난 사람. ②학문에 뜻을 둔 사람. 배우는 사람.

▶ 見學(견학)

아하!

學名(학명)

학문상, 세계 공통으로 만들어진 생물의 이름. 린네의 이명식(二名式) 명명법에 따라 작성되는데, 생물의 이름을 그 종의 속명(屬名)과 종명(種名)을 같이 적어 2단어로 구성한다. 예컨대, 사람의 학명은 Homo sapiens인데 Homo는 속명이고, sapiens는 종명이다.

248

宀(갓머리) 部 　움집의 위를 덮어씌운 모양을 본뜬 부수 명칭.

 글자의 원리

회의 집을 손으로 다 듬고 있으니 '지키다, 대비하다' 라는 뜻.

풀이 **❶**①지키다. ②임무. 절개. **❷**벼슬 이름.

守

❶ 지킬 수
❷ 벼슬이름 수

한자 사전 찾기
부수:宀부 / 총획:6획

守備(수비) 적을 막고 진지를 지킴. ↔ 攻擊(공격).
守身(수신) 바르게 처신하여 불의(不義)에 빠지지 않음.
守株待兔(수주대토) 한번 토끼가 부딪혀 죽은 그루터기를 지키며 다시 그 일이 있기를 기다렸다는 옛일에서, 전례나 격식만을 고수하려는 어리석음을 비유한 말.

▶郡守(군수)

宀부
[3획]

丶 宀 宀 宀 守
守

상대방의 **수비**가 워낙 빈틈이 없어 공격하기가 어려웠습니다.

 고사성어

묵수 (墨守)

· 풀이 : 자기 주장이나 소신을 끝까지 굳게 지킨다는 뜻.

초나라의 형왕이 송나라를 공격하려 하자 묵적이 초왕을 만났다.
"자기 집의 화려한 수레를 두고, 찌그러진 수레를 훔치려는 사람은 어떤 사람이겠습니까?"
"도적질하는 버릇이 있는 사람이오."
"초나라가 송나라를 공격하면 도적질하는 것과 같지 않겠습니까?"
그러자 초왕은 그 책임을 공격용 사다리를 만든 목수 공수반에게 돌렸다. 묵적은 초왕 앞에서 허리띠로 성을, 나무패로 성벽 모양을 만들었다. 공수반은 모형 사다리로 아홉 번 공격했으나 묵적은 한 번도 함락되지 않았다. 결국 초왕은 송을 공격하려는 계획을 취소했다.

安

편안할 안

宀부
[3획]

한자 사전 찾기
부수: 宀부 / 총획: 6획

丶 宀 宀 安 安
安

 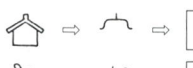 

회의 집(宀)에 여자(女)가 있어 가정을 지키면 평화로우니 '편안하다'는 뜻.

 ①편안하다. ②즐기다.

安寧(안녕) ①건강하고 편안함. ②안전하고 태평함.
安樂(안락) 몸과 마음이 편안하고 즐거움.
安否(안부) 편안한지의 여부.
安貧樂道(안빈낙도) 가난한 생활을 하면서도 편안한 마음으로 분수를 지키면서 지내는 것.
安息(안식) 편안히 쉼.
安心(안심) 근심 걱정 없이 마음이 편안함. 또는 마음이 놓임.
安全(안전) 위험이 없음.
安定(안정) 흔들리지 않게 튼튼히 자리잡음. 또는, 편안히 자리잡힌 상태.
安住(안주) 자리잡고 편히 삶.

 아하!

安全保障理事會
(안전 보장 이사회)

1945년 설립된, 국제 평화와 안전 유지를 1차적으로 책임지는 국제 연합 기구. 5개의 상임 이사국(미국·영국·프랑스·러시아·중국)과 10개의 비상임 이사국으로 구성된다. 안건을 표결할 때는 상임 이사국의 전원 일치제를 원칙으로 한다.

집 우

한자 사전 찾기
부수: 宀부 / 총획: 6획

丶丶宀宀宇
宇

글자의 원리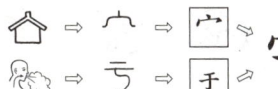

형성 대기로 이루어진 하늘을 지붕에 비겨 '우주, 집'을 뜻함.

풀이 ①집. ②지붕. ③하늘. 공간.

宇宙(우주) 무수한 별과 행성 등이 있는 무한한 공간. 또는, 지구 밖의 무한한 공간.

宇宙船(우주선) 우주 공간을 비행할 수 있도록 만든 여러 가지 과학적인 비행 물체.

宀부
[3획]

우주선은 힘차게 하늘로 솟아올랐습니다.

❶ 집 택
❷ 댁 댁

한자 사전 찾기
부수: 宀부 / 총획: 6획

丶丶宀宀宅
宅

글자의 원리 ⇒ ⇒ 宅

형성 풀이 뿌리를 내린 모양에 지붕을 붙여 자리잡은 '집'을 뜻함.

풀이 ❶①집. ②대지. ❷댁. 남의 집·부인의 경칭.

宅內(댁내) 남의 집안을 이르는 경칭.
宅兆(택조) 묘지. 산소.
宅地(택지) 가옥의 대지.
▶住宅(주택)

댁내에 두루 평안하신지요?

251

완전할 완

한자 사전 찾기
부수:宀부 / 총획:7획

宀부
[4·5획]

글자의 원리 ⇒ 完 ⇒ 完

형성 위에 서 있는 사람은 훌륭하니 '완전, 완성되다' 라는 뜻.

풀이 ①완전하다. ②완전하게 하다.

完了(완료) 끝남. 완전히 마침.
完璧(완벽) '흠잡을 데가 전혀 없는 구슬' 이라는 말로, 완전 무결함을 이름.
完成(완성) 완전히 다 이룸.
完全(완전) 모두 갖추어져 부족함이나 결함이 없음.

해인사 팔만대장경은 **완성**하는 데 십육 년이 걸렸다고 합니다.

벼슬 관

한자 사전 찾기
부수:宀부 / 총획:8획

글자의 원리 ⇒ 官

회의 건물 안에 많은 사람이 모여 있으니 '관청, 관리, 공무원'의 뜻.

풀이 ①벼슬. 벼슬아치. ②마을. 관청. ③벼슬을 주다.

官公署(관공서) 관청과 공공 단체의 사무소.
官吏(관리) 벼슬아치. 공무원. 관직에 있는 사람.
官職(관직) 관리가 나라로부터 위임받은 직무. 또는, 그 지위.
外交官(외교관) 외국과의 교섭을 위한 업무에 종사하는 관리.

그는 **외교관**이 되겠다는 포부를 가지고 견문을 넓혀 나갔습니다.

定

정할 정

한자 사전 찾기
부수: 宀부 / 총획: 8획

丶 丶 宀 宀 宀
宀 定 定

 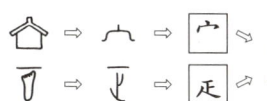 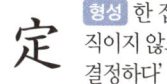

[형성] 한 집에 머물러 움직이지 않으니 '정하다, 결정하다'라는 뜻.

[풀이] 정하다. 결정하다.

定刻(정각) 정해진 시각. 일정한 시각.
定期(정기) 정해진 기간 또는 시기.
定義(정의) 어떤 말이나 사물의 뜻을 분명히 밝혀 규정함.
決定(결정) 어떤 문제에 대한 태도나 뜻을 정함.

宀부
[5획]

회의란 여러 사람이 모여 의사를 **결정**하는 과정입니다.

宗

마루 종

한자 사전 찾기
부수: 宀부 / 총획: 8획

丶 丶 宀 宀 宀
宀 宗 宗

[회의] 집(宀)에서 신을(示) 모시는 곳, 즉 '사당'을 뜻함.

[풀이] ①마루. 일의 근원. 근본. ②사당. ③우두머리. 뛰어난 것.

宗敎(종교) 숭고하고 위대한 대상인 신을 숭배하고 믿어, 그 믿음을 통해 마음의 안식을 얻고, 삶의 궁극적인 의미를 깨닫고자 하는 일. 또는, 그런 믿음의 체계나 가르침.
宗廟社稷(종묘사직) 왕실과 나라를 함께 이르는 말.
宗主國(종주국) 식민지나 예속국에 대하여, 지배하는 나라.

우리 나라는 **종교**와 신앙의 자유가 있습니다.

宙
집 주

한자 사전 찾기
부수: 宀부 / 총획: 8획

宀부
[5·6획]

丶丶宀宀宀宀
宙宙宙

 ①집. 주거. ②하늘. ③때. 무한의 시간.

宇宙(우주) 온 세계를 둘러싼, 지구 밖의 무한한 공간. 천체를 비롯한 만물이 포함되어 있음.

거대한 **우주**와 견주어 보면, 우리 인간의 존재는 참으로 미약한 것입니다.

客
손 객

한자 사전 찾기
부수: 宀부 / 총획: 9획

丶丶宀宀宀
宀宀客客

형성 찾아온 사람이 집 안에 머물러 이야기를 하는 것에서 '손님'이라는 뜻.

 ①손님. ②여행. 객지. ③객쩍다. 요긴하지 않음.

客氣(객기) 객쩍게 부리는 혈기나 용기.
客席(객석) 손님이 앉는 자리.
客地(객지) 집을 떠나 임시로 가 있는 곳.
百年之客(백년지객) 한평생을 두고 늘 어려운 손님으로 맞아 준다는 뜻으로, 처가에서 사위를 두고 하는 말.

객지에 나와 있으니 부모님이 그립습니다.

254

집 실

한자 사전 찾기
부수: 宀부 / 총획: 9획

丶 丶 宀 宀 宀
宏 宏 室 室

글자의 원리
 ⇒  ⇒

형성 집(宀)에 사람이 머무르는(至) 곳, 즉 '방' 또는 '집'을 뜻함.

풀이 ①집. 건물. ②방. 거실. ③거처. ③아내.

室内(실내) 방 안. ↔ 室外(실외).
室人(실인) ①주인. ②자기 아내를 이르는 말.
教室(교실) 학교에서 선생님이 학생들을 가르치는 방.
▶居室(거실), 病室(병실), 溫室(온실), 浴室(욕실)

宀부
[6획]

집 가

한자 사전 찾기
부수: 宀부 / 총획: 10획

宀부
[7획]

 ⇒ 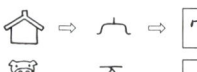 ⇒

형성 돼지를 한 지붕 밑에서 키운다는 의미로 '집'이라는 뜻.

 ①집. ②거주하다. ③학파. 학자. ④전문가.

家家戶戶(가가호호) 집집이. 세대마다.
家計(가계) 한 집안의 살림살이.
家口(가구) ①가족. 또는, 가족의 수. ②세대(世帶).
家寶(가보) 대대로 내려오는 집안의 보물.
家事(가사) 집안일.
家業(가업) ①그 집안의 직업. ②대대로 물려받은 직업.
家庭(가정) 함께 살아가는 한 가족의 모임. 또는 그들이 사는 곳.
家族(가족) 부부, 부모, 자녀, 형제 등 혼인이나 혈연으로 이루어진 공동체.
家畜(가축) ①집에서 기르는 짐승. ②집에서 기름.
家訓(가훈) 한 집안의 생활 지침이나 교훈.
▶儒家(유가), 作家(작가), 畵家(화가)

家和萬事成
(가화만사성)

집안이 화목하면 모든 일이 잘 이루어진다는 뜻. 《명심보감(明心寶鑑)》치가(治家)편에 "자식이 효도하면 양친이 즐거워하고, 가정이 화목하면 만사가 이루어진다.(子孝雙親樂 家和萬事成)"는 말이 나온다.

얼굴 용

한자 사전 찾기
부수: 宀부 / 총획: 10획

 글자의 원리

회의 집에 물건을 많이 넣으니 '넣다' 라는 뜻에서 '얼굴' 의 뜻으로도 쓰임.

宀부
[7획]

풀이 ①얼굴. 모습. ②꾸미다. ③몸가짐. ④받아들이다.

容貌(용모) 얼굴 모습.
容恕(용서) 잘못의 책임을 없애 주어, 꾸짖지 아니함.
容儀(용의) 몸가짐과 행동거지.
受容(수용) 인정하거나 용납하여 받아들이는 것.

외국의 문물을 **수용**하는 데는 주체적인 자세가 필요합니다.

해할 해

한자 사전 찾기
부수: 宀부 / 총획: 10획

 글자의 원리

회의 이 집은 어떻다 하면서 소문을 널리 퍼뜨리니 '재앙, 해치다' 라는 뜻.

풀이 ①해치다. 죽임. ②손해. 재해. ③훼방하다.

害蟲(해충) 사람, 농작물 등에 해를 끼치는 벌레.
公害(공해) 폐수, 매연, 각종 쓰레기 등으로 자연환경이 오염되는 재해.
百害無益(백해무익) 모든 것이 해롭고 이익되는 것이 없다는 뜻으로, 조금도 이로운 것이 없음을 뜻하는 말.
▶妨害(방해)

공해 때문에 많은 텃새들이 사라졌습니다.

빽빽할 밀

宀부
[8획]

한자 사전 찾기
부수:宀부 / 총획:11획

丶 丶 宀 宀 宀
宓 宓 宓 宓 密
密

  密

형성 나무가 빽빽한 산속에서 드러나지 않게 일하니 '빽빽하다, 비밀'의 뜻.

 ①빽빽하다. ②자세하다. ③은밀하다.

密告(밀고) 몰래 일러바침.
密林(밀림) 나무가 빽빽이 들어선 숲.
密集(밀집) 빽빽하게 모임.
密閉(밀폐) 틈새없이 꼭 닫음.

서울에는 인구가 **밀집**해 있습니다.

잘 숙

한자 사전 찾기
부수:宀부 / 총획:11획

丶 丶 宀 宀 宀
宀 宀 宿 宿 宿
宿

 宿

형성 집(宀)에서 많은(百) 사람(亻)이 '쉰다'는 뜻.

풀이 ①묵다. ②머무는 집. ③오래다. ④지키다.

宿所(숙소) 묵고 있는 곳.
宿題(숙제) ①학교 등에서 미리 내 주는 과제. ②두고 생각할 문제.
宿直(숙직) 관공서 등에서 밤중의 도난·화재 등에 대비해 근무하는 일.
宿患(숙환) 오래 된 병.

선생님께서 **숙제**를 해 오지 않은 학생들을 일일이 호명하셨다.

 **고사성어**

· 출전 : 《태평어람》

동가식서가숙(東家食西家宿) · 풀이 : 이곳 저곳 떠돌아다니는 삶을 뜻함.

　제나라에 결혼을 할 때가 된 한 처녀가 있었는데 동쪽에 사는 집과 서쪽에 사는 집에서 동시에 청혼이 들어왔다. 동쪽 집 아들은 못생긴 반면 살림이 부유했고, 서쪽 집 아들은 잘생겼지만 집안이 가난하였다. 처녀의 부모는 딸이 결혼할 사람을 결정하도록 하였다. 그러자 딸은 다음과 같이 말했다.
　"낮에는 동쪽 집에 가서 먹고, 밤에는 서쪽 집에 가서 자고 싶어요."
　'동가식서가숙'은 본래 위의 이야기에 나온 처녀처럼 욕심이 지나친 경우를 가리키는 말이었으나, 오늘날에는 한 곳에 정착하지 못하고 이곳 저곳으로 떠돌아다니는 삶을 비유할 때 쓰인다.

宀부
[8획]

셋째 지지 인

한자 사전 찾기
부수: 宀부 / 총획: 11획

丶宀宀宀
宀宙宙寅寅
寅

글자의 원리 ⇒  ⇒  ⇒ 寅

회의 굽은 화살을 펴서 잘 나가게 하니 '나아가다'의 뜻. '동쪽'의 뜻도 있음.

풀이 ①셋째 지지(地支). 달로는 정월, 방위로는 동북간, 시간으로는 새벽 3시부터 5시 사이. ②동료. ③공경하다.

寅念(인념) 삼가 생각함.
寅方(인방) 동북동쪽. 24방위 가운데 하나.
寅時(인시) 새벽 3시부터 5시 사이.

오늘 닭이 **인시**에 울었습니다.

富 부자 부

한자 사전 찾기
부수: 宀부 / 총획:12획

宀부
[9획]

丶 丷 宀 宀 宀
宁 宁 宁 宮 宿
富 富

글자의 원리
 ➡ 宀 ➡  富
 ➡ 畐 ➡ 畐

형성 집 안에 물건이 많이 쌓여 있는 것에서 '재산이 많음, 증가하다' 라는 뜻.

풀이 ①재물이 넉넉함. ②재보(財寶).

富強(부강) 경제적으로 부유하고, 군사적으로 강함.
富貴榮華(부귀영화) 재산이 많고 지위가 높으며 이름을 세상에 드날리는 것. 또, 세상의 온갖 좋은 것을 누릴 때 쓰는 말.
富者(부자) 재산이 많은 사람.

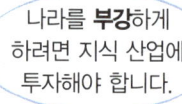

寒 찰 한

한자 사전 찾기
부수: 宀부 / 총획:12획

丶 丷 宀 宀 宀
宁 宁 宰 寒 寒
寒 寒

글자의 원리
 ➡ 寒 ➡ 寒

형성 겨울이 되면 풀을 바닥에 깔고 사람이 그 위에서 자니 '춥다' 라는 뜻.

풀이 ①차다. 추움. ②가난하다. ③천하다.

寒食(한식) 명절의 하나. 이 날은 성묘를 하고, 찬밥을 먹음.
寒村(한촌) 가난한 마을. 쓸쓸한 마을.
寒波(한파) 기온이 갑자기 내려가 몹시 추운 현상.
三寒四溫(삼한사온) 3일은 춥고 4일은 온난하다는 뜻으로, 우리나라 겨울 날씨의 특성을 가리키는 말.
▶ **貧寒(빈한)**

열매 실

한자 사전 찾기
부수: 宀부 / 총획: 14획

丶丶宀宀宀
宀宀宀宀宀
宀宀實實

 글자의 원리

회의 집(宀) 안에 돈꿰미(貫)가 가득 찼음을 뜻하다 가차 '열매'의 뜻이 됨.

풀이 ①열매. ②결실하다. ③차다. 채우다. ④속. 내용. ⑤참으로.

實果(실과) 먹을 수 있는 초목의 열매. 과일.
實名(실명) 진짜 이름. ↔ 假名(가명).
實事求是(실사구시) 사실에 토대를 두고 진리를 탐구하는 일. 또는, 그런 학문적 태도.
實踐(실천) 실제로 행함. 몸소 실행함.

宀부
[11획]

환경을 살리는 일은 말보다 **실천**이 중요합니다.

살필 찰

한자 사전 찾기
부수: 宀부 / 총획: 14획

丶丶宀宀宀
宀宀宀宀宀
宀宀察察

 글자의 원리

형성 집안의 신에게 제사 지내며 신의 대답에 귀 기울이니 '살피다'라는 뜻.

풀이 ①살피다. ②드러나다. ③자세하다.

察色(찰색) ①안색으로 상대의 기분을 알아차림. ②혈색을 보아서 병을 진단함.
觀察(관찰) 사물을 주의하여 살펴봄.
▶監察(감찰), 考察(고찰), 診察(진찰)

사물을 주의 깊게 **관찰**하고, 탐구하는 태도를 기르는 것이 좋습니다.

寸(마디촌) 部

손 밑, 손가락 한 마디의 부분을 나타낸 부수 명칭.

寸

마디 촌

한자 사전 찾기
부수: 寸부 / 총획: 3획

寸부
[0획]

一 十 寸

글자의 원리 ⇒ ⇒ 寸

지사 손목은 손바닥에서 일 촌 정도 아래에 있으니 '1촌'이라는 길이를 뜻함.

풀이 ①마디. 손가락 하나의 너비. ②치. 길이의 단위. ③조금. ④촌수.

寸刻(촌각) 아주 짧은 시간.
寸劇(촌극) 아주 짧은 연극. 토막극.
寸陰(촌음) 아주 짧은 시간.
寸志(촌지) ①자그마한 뜻. 자기 뜻의 겸칭. ②'약간의 성의'라는 뜻으로, 선물 포장지에 쓰는 말.
寸鐵(촌철) 짧은 칼. 작은 무기.
寸鐵殺人(촌철살인) 촌철로 사람을 죽인다는 뜻으로, 짤막한 경구(警句)로 사람의 마음을 찌른다는 말.
寸土(촌토) 얼마 안 되는 작은 땅.
三寸(삼촌) 아버지의 형제를 이르는 말로, 특히 결혼하지 않았을 때 사용하는 말임.

아하!

寸數(촌수)

친족의 혈통 관계를 따질 때 그 멀고 가까운 차이를 세는 단위. 촌수는 방계(旁系)를 계산하기 위한 것으로 직계의 촌수는 인정하지 않고, 다만 자신과 아버지의 관계만 1촌으로 인정한다. 이를 기준으로 촌수를 정하는데, 예컨대 아버지(1)의 형제(2)는 나에게 3(←1+2)촌이 된다.

寺
절 사

한자 사전 찾기
부수: 寸부 / 총획: 6획

一 十 土 𡈼 寺 寺

 ⇒ ⇒ 寺

형성 원래 '관청'이라는 뜻. 관청을 빌려 불법을 폈던 데서 '절'을 뜻하게 됨.

풀이 절. 불도를 수행하는 곳.

寺內(사내) 사원(寺院) 안. 절의 안.
寺院(사원) 절.
寺址(사지) 절터.
寺刹(사찰) 절.

寸부
[3·7획]

큰 산에는 대개 큰 **사찰**이 있습니다.

射
쏠 사

한자 사전 찾기
부수: 寸부 / 총획: 10획

' ⺁ 𠂆 𠂉 𠂊 身 身 身 身 射 射

 ⇒ ⇒ 射

회의 화살이 몸에서 떠난다 하여 '쏘다'라는 뜻.

풀이 ①쏘다. ②궁술(弓術).

射擊(사격) 총이나 포·활 등으로 쏨.
射石飮羽(사석음우) 돌을 범인 줄 알고 쏜 화살이 깃까지 들어가 박혔다는 뜻으로, 열성을 다하면 어떤 일이든 성취할 수 있음을 비유한 말.
射手(사수) 활이나 총을 쏘는 사람.

군인들이 **사격** 연습을 하고 있습니다.

263

將

寸 부
[8획]

❶ 장수 장
❷ 장차 장

한자 사전 찾기
부수:寸부 / 총획:11획

丨 冫 爿 爿 爿
爿 爿 爿 將 將
將

글자의 원리 ⇒ ⇒ 將

형성 널판(爿)에 고기(月←肉)를 놓고 법도(寸)대로 제사 지내는 '장수' 라는 뜻.

풀이 ❶①장수. 인솔자. ②거느리다. 인솔함. ❷장차.

將軍(장군) ①온 군대를 통솔·지휘하는 무관. 大將(대장). ②군대에서, 준장·소장·중장·대장의 총칭.

將來(장래) 앞날. 앞으로.

將兵(장병) ①장교와 사병을 이르는 말. ②군사를 거느려 통솔함. ③대장으로서 병사를 다스림.

해전의 명장은 단연 충무공 이순신 **장군**을 꼽습니다.

한자 Q&A

Q 대보름은 어떤 풍속일까요?

A 우리 조상들은 둥근 보름달의 달빛이 어둠과 질병을 몰아 낸다고 믿었습니다. 그래서 대보름날(음력 1월 15일)에는 여러 가지 행사와 놀이를 즐기며 각자의 복을 빌고 마을 전체의 건강과 안녕을 기원했답니다. 대보름날에는 오곡밥과 아홉 가지 나물을 먹고, 아침에 일어나면 부럼이라 하여 호두·땅콩·잣 같은 단단한 과실을 깨무는 풍습이 있고, 어른들은 귀가 밝아진다고 하는 귀밝이술을 마십니다.

높을 존

한자 사전 찾기
부수: 寸부 / 총획: 12획

丶 ⺍ ⺍ 酋 酋
酋 酋 酋 酋 尊
尊 尊

글자의 원리 ⇒ ⇒ 尊

회의 술잔(酋)을 손(寸)에 들고 제사상이나 윗사람에게 바쳐 '높이다' 라는 뜻.

풀이 ①높다. ②높이다. ③높은 사람. 임금·부형(父兄) 등을 이르는 말.

尊重(존중) 높이고 중하게 여기는 것.
尊銜(존함) 남을 높이어 그의 이름을 이르는 말.
尊兄(존형) 같은 또래 사이에서 상대방을 높이어 부르는 말.

寸부
[9·11획]

다른 사람의 의사를 **존중**할 줄 알아야 합니다.

대할 대

한자 사전 찾기
부수: 寸부 / 총획: 14획

丨 业 业 业 业
业 业 业 业 業
業 對 對 對

글자의 원리 ⇒ ⇒ 對

회의 악기를 거는 대는 좌우 한쌍으로 설치하니 '마주 보다, 대하다' 라는 뜻.

풀이 ①대하다. ②대답하다. ③상대. ④같다.

對答(대답) 묻거나 부르는 말에 응하여 어떤 말을 하는 것. 또는, 그 말.
對等(대등) 서로 견주어, 낮고 못함이 없음. 동등함.
對備(대비) 어떠한 일에 미리 대응하여 준비함.
對策(대책) 어떤 일에 대응하는 방책.
▶相對(상대)

불러도 **대답** 없는 이름이여!

눈을 비비고 새롭게 상대방을 보다

괄목상대(刮目相對)

여몽은 학문을 닦은 뒤 군사에 대한 해박한 지식을 가진 다재다능한 사람으로 거듭났다. 주유가 죽은 뒤 그 뒤를 이어 도독이 되었으며, 반장(潘璋)에게 촉나라의 명장 관우를 죽이게 하였다. 이와 같은 큰 공을 세워 여몽은 오나라의 백성들에게 명장으로 추앙받았다.

小 (작을소) 部

점 셋으로 물건의 작은 모양을 나타낸 부수 명칭.

작을 소

한자 사전 찾기
부수:小부 / 총획:3획

亅 小 小

小부
[0획]

글자의 원리

지사 점 셋으로 물건의 작은 모양을 나타내니 '작다' 라는 뜻.

풀이 ①작다. ②좁다. ③조금. ④겸양의 뜻을 나타내는 접두어.

小女(소녀) ①젊은 여자. 작은 계집아이. ②윗사람에 대한 여자 스스로의 겸칭.

小說(소설) 허구에 의해 줄거리를 사실처럼 구성하고 세태와 인정을 묘사하거나, 역사적인 사실을 덧붙인 산문체 문장.

小兒(소아) 어린아이.

小人(소인) ①일반 민간인. ②덕이 없고, 마음이 간사한 사람. ↔ 君子(군자). ③자기 자신을 겸손하게 이르는 말.

小貪大失(소탐대실) 작은 것을 탐하다가 큰 것을 잃음.

小包(소포) ①자그맣게 포장한 것. ②소포 우편물의 준말.

過小評價(과소평가) 실제보다 작거나 약하게 치는 것.

▶狹小(협소)

小腸(소장)

작은창자. 위(胃)에서 오른쪽 아랫배에 있는 맹장까지 약 6.5~7.5m 길이의 소화관이다. 소장은 꼬불꼬불하며 십이지장, 공장, 회장으로 나뉜다. 소장에서는 음식물의 소화가 잘 되게 하고, 흡수한 영양분은 비장, 수분은 방광, 나머지 찌꺼기는 대장으로 보내는 일을 한다.

❶ 적을 소
❷ 젊을 소

한자 사전 찾기
부수:小부 / 총획:4획

글자의 원리 ⇨ ⇨ 少

지사 물체의 일부가 끊어져서(丿) '작아짐(小)'을 뜻함.

풀이 ❶①적다. ②모자라다. ③잠깐. 조금 뒤. ❷젊다. 젊은이.

少年(소년) ①나이 어린 사람. ②약간의 세월.
少年易老學難成(소년이로 학난성) '세월은 빨리 지나가고 학문은 이루기 어렵다.'는 뜻으로, 시간을 아껴 배우기를 힘쓰라는 말.
少量(소량) 적은 분량.
少數(소수) 적은 수효.
少時(소시) ①나이 어린 시절. 어렸을 때. ②잠시.
少額(소액) 적은 액수.
些少(사소) 매우 작거나 적다.
一笑一少(일소일소) 한 번 웃으면 한 번 젊어진다는 뜻으로 웃고 지내라는 말.

小부
[1획]

아하!

少脚類(소각류)

절지동물에 속하는 동물의 총칭으로, 몸길이는 0.5~2mm 정도이다. 머리에 난 1쌍의 촉각은 끝이 둘로 갈라지고 그 가운데 하나가 다시 둘로 갈라진다. 지네나 노래기보다 다리 수가 훨씬 적고, 대개 쓰러진 나무 밑, 돌 밑, 낙엽 밑, 흙 속에 산다. 전 세계에 약 360종이 있다.

尚

오히려 상

한자 사전 찾기
부수: 小부 / 총획: 8획

글자의 원리 ⇒ 八 ⇒ ⇒ 尚
⇒ ⇒

회의 창문(向)을 열 때 공기가 위로 빠져 나가니(八) '높이다' 라는 뜻.

풀이 ①오히려. ②더하다. ③숭상하다.

尚宮(상궁) 조선 시대 여관(女官)으로 정5품 이상의 벼슬. 궁관(宮官)의 우두머리로, 중궁(中宮)을 인도하는 일을 맡아봄.

尚武(상무) ①무덕(武德)을 숭상함. 또는, 무사(武事)를 중히 여김. ↔尚文(상문) ②군비를 왕성하게 하여 실력을 기름.

崇尚(숭상) 높여 소중히 여기는 것.

우리 민족은 예로부터 예의를 **숭상**하였습니다.

尤(절름발이왕)部

尤

더욱 우

한자 사전 찾기
부수: 尤부 / 총획: 4획

한쪽 정강이가 굽은 사람의 모양을 본떠 절름발이를 나타낸 부수 명칭.

글자의 원리 ⇒ ⇒ 尤

회의 손에 쥔 물건을 떨어뜨린 '허물' 이란 뜻에서 '더욱' 의 뜻으로도 쓰임.

풀이 ①더욱. 유달리. ②유달리 뛰어남. ③탓하다. 비난함.

尤物(우물) 가장 좋은 물건.
尤妙(우묘) 매우 이상함.
尤甚(우심) 극진함. 매우 심함.

내가 가진 것 중에서 **우물**은 금목걸이뿐입니다.

이룰 취

한자 사전 찾기
부수:尢부 / 총획:12획

丶 亠 宁 㐭 㐭
亯 京 京 京 京 尌
就 就

 글자의 원리

尃 ⇒ 宗 ⇒ 京 ⇒ 就
亍 ⇒ 大 ⇒ 尤

회의 사람을 초대하여 살도록 하니 어떤 장소나 건물에 '달라붙다' 의 뜻.

풀이 ①이루다. ②나아가다. 일자리. 또는, 벼슬자리에 나아감.

尢부
[9획]

尸부
[1획]

就任(취임) 비교적 높은 직위나 직책을 새로 맡아 일하게 됨.
↔ 辭任(사임).
就職(취직) 일할 자리를 얻게 되는 것.
就寢(취침) 잠자리에 들어 잠을 잠.
就學(취학) 공부하기 위해 학교에 들어감.

우리 언니는 두 달이나 지나서 그 은행에 **취직**되었습니다.

尸(주검시) 部

사람이 고꾸라져 누운 모양을 본떠 주검을 나타낸 부수 명칭.

자 척

한자 사전 찾기
부수:尸부 / 총획:4획

⺂ ⺃ 尸 尺

 글자의 원리

지사 손목(尺)에서 팔꿈치(乙)까지의 길이를 한 자로 했음을 뜻함.

풀이 ①자. ②법. 법도.

尺度(척도) ①물건을 재는 자. 계량의 표준. ②평가하거나 측정하는 기준.
尺量(척량) 물건을 자로 잼.
百尺竿頭(백척간두) '높은 장대 끝에 섰다.' 는 말로, 막다른 위험에 빠진 것을 뜻하는 말.

길이를 잘 **척량**해서 똑같은 크기로 잘라 보세요.

271

尾

꼬리 미

부수: 尸부 [4·5획]

한자 사전 찾기
부수:尸부 / 총획:7획

一 フ 尸 尸 尸 尾 尾

글자의 원리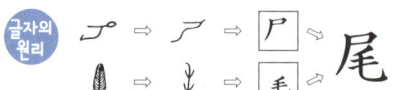

회의 몸(尸)의 뒤꽁무니에 털(毛)이 난 '꼬리'를 뜻함.

풀이 ①꼬리. ②마리. 물고기를 세는 단위.

尾生之信(미생지신) 노나라의 미생이 한 여자와의 약속을 지키려 끝내 죽고 말았다는 옛일에서 약속을 굳게 지킴. 또는, 융통성이 없음을 이름.

尾行(미행) 남의 행동을 감시하기 위해 몰래 뒤를 따라다님.

大尾(대미) 마지막. 맨 끝.

연극 발표회는 이번 축제의 **대미**를 장식하게 됩니다.

居

있을 거

한자 사전 찾기
부수:尸부 / 총획:8획

一 フ 尸 尸 尸 居 居 居

글자의 원리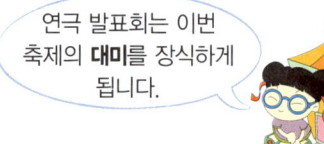

형성 사람이 집(尸)에 오랫동안(古) 머물러 있으니 '산다'라는 뜻.

풀이 ①있다. ②살다. ③앉다. ④있는 곳.

居室(거실) ①거처하는 방. ②집에 있음.
居安思危(거안사위) 편안하게 살면서 항상 위험할 때를 생각한다는 말.
居住(거주) 머물러 삶. 또는, 그 집.
住居地(주거지) 살고 있는 토지.

주거지의 녹지 공간은 잘 보존되어야 합니다.

屋
집 옥

한자 사전 찾기
부수: 尸부 / 총획: 9획

フ ヲ ㄹ 尸 尸
屈 尾 屋 屋

글자의 원리

회의 (누운) 사람(尸)이 머물러(至) 사는 '집'을 뜻함.

풀이 ①집. ②지붕. ③지붕 모양의 덮개.

屋上(옥상) 지붕 위.
屋上架屋(옥상가옥) 집 위에 집을 짓는다는 뜻으로, 필요 없는 일을 거듭하거나 독창성이 없이 모방하는 것을 비유하는 말.
家屋(가옥) 사람이 사는 집.

지방마다 **가옥** 구조가 다릅니다.

尸부
[6·7획]

展
펼 전

한자 사전 찾기
부수: 尸부 / 총획: 10획

フ ㄱ 尸 尸 尸
屈 屋 屏 展 展

글자의 원리

회의 사람이 옷을 입고 옆으로 누우면 옷이 흐트러지니 '펴지다'라는 뜻.

풀이 ①펴다. ②열다. 벌림. ③발달하다.

展開(전개) ①넓게 펼쳐지는 것. ②시작하여 벌이는 것. 또는, 논리나 내용을 일정한 방향으로 이끌어 가는 것.
展覽(전람) 펴서 봄. 또는, 여러 가지 물건을 진열하여 놓고 봄.
發展(발전) 능력, 수준이 더욱 나아지거나 내용, 영역이 충실해져 훌륭한 상태가 되는 것.

한국 영화는 10년 전에 비해 큰 **발전**을 이루었습니다.

273

山(메산) 部

우뚝 솟은 산봉우리의 모양을 본뜬 부수 명칭.

山
메 산

山부
[0획]

한자 사전 찾기
부수:山부 / 총획:3획

丨 山 山

글자의 원리 ⇒ ⇒ 山

상형 큰 산을 멀리에서 바라본 모습을 본떠 만들어 '산'이라는 뜻.

풀이 메. 산.

山林(산림) 산과 숲. 또는, 산에 있는 숲.
山脈(산맥) 여러 산이 잇달아 길게 뻗쳐 줄기를 이룬 지대.
山沙汰(산사태) 산의 바윗돌, 흙 등이 갑자기 무너져 내리는 일.
山城(산성) 산 위에 쌓은 성.
山水畵(산수화) 산과 물의 경치를 그린 그림.
山戰水戰(산전수전) 세상의 온갖 고생과 어려움을 다 겪어 경험이 많음을 이름.
山川草木(산천초목) 산과 물과 풀과 나무. 곧, 자연.
山海珍味(산해진미) 산과 바다의 온갖 산물로 차린, 매우 진귀한 음식.
山行(산행) ①산길을 감. ②산에 감.

아하!

山海經(산해경)

중국 최고(最古)의 지리서로, 낙양을 중심으로 산맥·하천·산물(産物)·산신(山神)·전설 등이 기록되어 있다. 원래는 23권이 있었으나 18권만 전해진다. 이 책은 고대 중국의 자연관을 아는 데 귀중하며, 신화의 기록이 비교적 적은 중국으로서는 매우 소중한 고전이다.

섬 도

한자 사전 찾기
부수:山부 / 총획:10획

′ 亻 亻 亻 卢
皀 鸟 鸟 島 島

 글자의 원리

 ⇨ ⇨ 島

형성 바다에 떠 있는 산으로, 새가 쉬거나 살고 있는 곳인 '섬'을 뜻함.

풀이 섬.

島國根性(도국근성) 섬나라 사람의 옹졸한 성질. 배타적이고 단결성·독립성이 강함.

島嶼(도서) 섬. 嶼는 작은 섬.

半島(반도) 삼면이 바다로 둘러싸이고 한 면은 육지에 이어진 땅.

▶ **無人島**(무인도)

山부
[7획]

우리 나라는 **반도** 국가로서 해양 진출에 유리합니다.

 한자 Q&A

Q 부수로 짐작할 수 있는 한자의 뜻은?

A 한자의 부수를 잘 알면 한자의 뜻을 쉽게 짐작할 수 있습니다.
　왜냐 하면, 보통 한자의 뜻을 나타내는 부분 중에서 중요한 부분이 부수가 되기 때문입니다. 예를 들면, 나무 목(木) 자가 들어가는 한자는 일반적으로 나무의 성질을 나타냅니다. 또한 사람 인(人)이 들어가는 한자는 사람의 상태나 성질 등을 뜻하는 경우가 많습니다.

崇 높을 숭

山부
[8·20획]

한자 사전 찾기
부수:山부 / 총획:11획

글자의 원리 ⇒ ⇒ ⇒ 崇

형성 산(山)이 크고 '높음(宗)'을 뜻하는 글자이다.

풀이 ①높다. ②높이다. 존중하다.

崇高(숭고) 거룩하고 고상함.
崇德(숭덕) ①덕을 숭상함. 덕이 있는 사람을 존경함. ②덕을 높이 쌓아 충실하게 함. ③덕을 크게 일으킴.
崇拜(숭배) 높이 우러름. 존경함.
崇尙(숭상) 높이어 존경함.

숭고한 애국지사의 희생을 잊지 맙시다.

巖 바위 암

한자 사전 찾기
부수:山부 / 총획:23획

글자의 원리 ⇒ ⇒ ⇒ 巖

회의 산에 돌이 울퉁불퉁 겹쳐 있는 모양에서 '바위'라는 뜻.

풀이 ①바위. ②가파르다. ③석굴.

巖窟(암굴) 바위굴.
巖壁(암벽) 깎아지른 듯이 솟아 있는 바위. 巖壁登攀(암벽 등반).
巖石(암석) 바위.
奇巖怪石(기암괴석) 기이하고 괴상하게 생긴 바위와 돌.

곱게 물든 단풍은 **기암괴석**과 어우러져 가을 풍경의 절정을 이루고 있었습니다.

巛 (개미허리) 部

물이 흐르는 모양을 본떠 '내'의 뜻을 나타낸 부수 명칭. 川으로 쓰기도 함.

川
내 천

한자 사전 찾기
부수: 巛 부 / 총획: 3획

丿 丿丿 川

글자의 원리 ⇒ ⇒ 川

상형 둑 사이로 물이 흐르고 있는 모양을 본떠 만든 글자로 '내'라는 뜻.

풀이 내. 물 흐름의 총칭.

川獵(천렵) 냇물에서 고기잡이를 하는 일.
川邊(천변) 냇가. 내 부근.
川澤納汚(천택납오) 하천이나 연못은 더러운 물을 받아들인다는 뜻으로, 우두머리 되는 사람은 모든 사람을 널리 포용해야 된다는 말.
名山大川(명산대천) 이름난 산과 큰 내.
▶山川(산천), 河川(하천)

巛 부
[0획]

아하!

河川(하천)

지표면에 내린 비나 눈의 일부는 증발하거나 식물을 통해 수증기가 되고, 일부는 지하수가 된다. 그 나머지는 지표면에서 흐르는데, 이 때 그 흐름의 길이 생긴다. 이 길을 하도(河道)라 하고, 하도에서의 물의 흐름을 하류(河流)라 하며, 하도와 하류를 합쳐 하천이라고 한다.

277

工 (장인공) 部

장인 공

한자 사전 찾기
부수:工부 / 총획:3획

一 丁 工

工 부
[0획]

목공 일을 할 때 쓰는 자나 도구의 모양을 본떠 '만들다'의 뜻을 나타낸 부수 명칭.

글자의 원리 ⇒ 工 ⇒ 工

상형 자 또는 공구를 사용해서 일하는 사람인 '장인'을 뜻함.

풀이 ①장인(匠人). 주로 기능공·예술인 등에 쓰임. ②교묘하다. 교묘하게 만듦. ③만드는 일.

工巧(공교) ①솜씨가 좋음. ②솜씨가 좋은 목수. ③생각지 않았던 우연한 사실과의 마주침이 매우 기이함.

工夫(공부) ①수단을 강구함. 여러 모로 생각함. ②학문이나 기술 등을 배우고 익힘. 또는, 정신의 수양·단련을 위하여 힘쓰는 일.

工業(공업) 자연물이나 품질이 낮은 물건에 인공을 가하여 쓸모있는 물건을 만드는 생산업.

工藝(공예) 미술적 조형미를 갖추는 일.

工作(공작) ①물건을 만드는 일. ②일을 위한 계획이나 준비.

工場(공장) 물건을 만들거나 가공하는 곳.

▶木工(목공), 石工(석공)

巨

클 거

한자 사전 찾기
부수: 工부 / 총획: 5획

一 丆 丅 互 巨

 글자의 원리

상형 가운데에 손잡이가 달린 커다란 자의 모양을 본떠 '크다'라는 뜻.

풀이 ①크다. ②많다. ③어찌.

巨大(거대) 엄청나게 큰 것.
巨額(거액) 많은 액수의 돈.
巨人(거인) ①몸집이 아주 큰 사람. ②인격·학식 등이 뛰어난 사람. 위대한 인물. ③신화·전설 따위에 나오는 초인적 힘을 가진 인물.
巨匠(거장) 위대한 예술가나 기술자 또는 학자.

工부
[2획]

항구에는 **거대**한 여객선이 손님을 기다리며 정박해 있습니다.

고사성어

거경지신 (巨卿之信)

· 풀이 : '거경의 신의'라는 말로, 굳은 약속을 뜻함.

자가 거경(巨卿)인 범식은 친구 장소와 이야기를 나누고 있었다.
"2년 후, 고향에 돌아갈 때에는 자네 부모님께 절하고 자네를 만나겠네."
그런 다음 날짜를 약속하고 헤어졌다. 어느덧 그 약속한 날이 다가오자 장소는 어머께 범식을 위해 음식을 준비해 달라고 부탁했다. 어머니는
"2년간 헤어져 있었고, 그 먼 곳에 있으니 어찌 약속을 지키겠느냐?"
하고 말했으나 장소는 다음과 같이 대답했다.
"거경은 신의가 있는 선비이니 반드시 약속을 지킬 것입니다."
장소의 말대로 거경은 약속한 날에 도착했다. 그는 장소의 부모님께 절을 올린 후 음식을 먹으며 한껏 회포를 풀었다.

左

왼쪽 좌

工부
[2획]

한자 사전 찾기
부수:工부 / 총획:5획

一 ナ 𠂇 ナ 左

글자의 원리

형성 공작을 할 때에 자 등을 잡고 오른손을 도와주는 것이 '왼쪽'이라는 뜻.

풀이 ①왼. ②왼쪽으로 ~하다. 왼쪽 자리로 정하다. ③낮추 보다.

左腕(좌완) 왼팔.
左右(좌우) ①왼쪽과 오른쪽. ②임금을 가까이서 모시는 신하.
左右間(좌우간) 어쨌든.
左之右之(좌지우지) 이리저리 제 마음대로 다루거나 휘두름.
左遷(좌천) 낮은 지위로 떨어짐. 중앙에서 지방으로 전근됨.
左衝右突(좌충우돌) 이리저리 마구 찌르고 부딪침.
左側(좌측) 왼쪽.

아하!

左國史漢(좌국사한)

중국의 대표적인 역사서로, 좌구명(左丘明)의 《춘추좌씨전(春秋左氏傳)》과 《국어(國語)》, 사마천(司馬遷)의 《사기(史記)》, 반고(班固)의 《한서(漢書)》를 일괄해서 이른다. 서사문의 모범으로, 한문을 배우는 자가 반드시 읽어야 할 책이라고 한다.

己 (몸기) 部

사람의 척주 마디 모양을 나타내어 '몸' 또는 '자기'를 가리킨 부수 명칭.

己 몸 기

한자 사전 찾기
부수:己부 / 총획:3획

ㄱ ㄱ 己

글자의 원리 ⇨ ⇨ 己 **상형** 무릎을 꿇고 있는 사람의 모양을 본뜬 글자로, '몸'이라는 뜻.

풀이 ①몸. ②천간(天干)의 여섯 번째. ③다스리다.

己巳(기사) 60갑자의 여섯 번째.
克己復禮(극기복례) 나를 이기고 예의를 회복한다는 뜻으로, 개인적인 이익을 추구하는 마음을 버리고 공공의 이익을 위한 예를 회복하여 질서 유지에 힘쓴다는 말.
利己(이기) 자기의 이익만 꾀하는 것.

이기적인 사람은 친구가 적습니다.

己부
[0획]

巳 뱀 사

한자 사전 찾기
부수:己부 / 총획:3획

ㄱ ㄱ 巳

글자의 원리 ⇨ ⇨ 巳 **상형** 구불구불 기어가는 뱀의 형상을 본떠 만든 글자로, '뱀'이라는 뜻.

풀이 ①뱀. ②여섯 번째 지지(地支). 시간으로는 오전 9시~11시, 동물로는 뱀(蛇)에 해당함.

巳時(사시) 오전 9시부터 11시 사이.
巳月(사월) 음양가(陰陽家)에서의 음력 4월의 이름.
白巳(백사) 흰 뱀.

백사는 보기 힘든 희귀한 뱀입니다.

281

그칠 이

한자 사전 찾기
부수:己부 / 총획:3획

己부
[0획]

글자의 원리 ⇒ ⇒ 己

상형 보습 모양을 본떠 만든 글자로, 밭갈이가 '이미' 끝났음을 뜻함.

풀이 ①그치다. 그만둠. ②이미. 벌써.

己往(이왕) 이전. 그전. 旣往(기왕).
己往之事(이왕지사) 이미 지나간 일.

ㄱ ㄱ 己

이왕 시작한 일이니 우리 서로 잘 해 봅시다.

 **한자 Q&A**

Q 왜 모양이 다를까요?

A 어떤 글자가 부수로 쓰일 때는 본래의 모양과 다른 형태로 쓰이기도 합니다. 예를 들어, 불 화(火) 자는 부수로 쓰일 때 灬 로 쓰인답니다. 부수로 자주 쓰이는 글자들이 부수일 때는 어떤 모양을 하고 있는지 알아 두면 편리하겠지요?

예) 人 (사람 인) → 亻
　　 刀 (칼 도) → 刂
　　 水 (물 수) → 氵

마음이 혼란스러우니
어떤 일도 계속할 수 없다

방촌이란(方寸己亂)

유비 밑에서 군사 문제를 계획하고 있던 서서는 조조에게 인질로 잡혀 있다는 어머니의 편지를 받고 마음이 흔들렸다. 사실 그 편지는 조조에 의해 조작된 것이었다. 이처럼 어떤 일을 함에 있어 한 번 마음이 흔들리면 뜻대로 일을 진행할 수 없게 된다. 그러므로 무슨 일을 하든, 먼저 마음을 안정시켜야 한다.

巾(수건건) 部

수건을 몸에 걸친 모양을 본뜬 부수 명칭.

市
저자 시

巾부
[2획]

한자 사전 찾기
부수:巾부 / 총획:5획

글자의 원리 ⇨ ⇨ 市 **회의** 시장에 물건과 사람이 드나드니 상품을 팔거나 사는 '시장'을 뜻함.

풀이 ①저자. 시장. ②장사. 거래. ③행정 구획의 단위.

市立(시립) 시(市)에서 설립하여 관리하고 유지함. 또는, 그러한 것. 市立病院(시립 병원).

市民(시민) ①시에 주소를 두고 살고 있는 사람. ②정치에 참여할 수 있는 권리를 가진 사람.

市外(시외) 도시 밖의 부근으로 시에 가까운 지역. ↔ 市內(시내).

市場(시장) ①여러 가지 상품을 팔고 사는 장소. ②장소·시간에 관계 없이 서로 경합하는 무수한 수요·공급 간의 교환 관계를 이름. 국내 시장, 국제 시장 따위.

市長(시장) 시를 대표하여 시의 행정을 책임지는 최고의 직위. 또는, 그 직위에 있는 사람.

아하!

市場經濟(시장 경제)

자유 경쟁에 의해 시장에서 가격이 형성되는 경제. 시장 경제의 가장 큰 특징은 자유로운 경제 활동을 보장하고, 사적인 이익을 추구할 수 있다는 것이다. 이런 자유주의 경제 체제에서 '가격'은 시장에서 상품 매매가 되게 하고, 생산과 소비를 조정하는 중요한 역할을 한다.

284

布

베 포

한자 사전 찾기
부수:巾부 / 총획:5획

글자의 원리

형성 아비(父)가 자식을 잘되라고 때리듯, 방망이 질한 천(巾)인 '베'를 뜻함.

풀이 ①베. 피륙의 총칭. ②돈. ③펴다. ④베풀다.

布施(보시←포시) 자비심으로 남에게 재물을 베풂. 또는, 그 물건.
布教(포교) ①가르침을 널리 폄. ②종교를 널리 폄.
布木店(포목점) 피륙을 파는 가게. 옷감을 파는 상점.
布衣之交(포의지교) '가난했을 때의 교제'라는 뜻으로, 이익과 손해를 생각하지 않는 교제를 의미하는 말.

대개 종교를
믿는 사람은 **포교** 활동을
합니다.
언어생활

希

바랄 희

한자 사전 찾기
부수:巾부 / 총획:7획

글자의 원리

회의 무늬(✕)가 있는 천(巾)은 드물어 누구나 갖고 싶어하니 '바라다'의 뜻.

풀이 ①바라다. 기대하다. ②수놓은 옷.

希求(희구) 어떤 일을 바라고 구함.
希臘(희랍) 그리스. 希臘神話(희랍 신화).
希望(희망) 어떤 것을 얻거나 이루기를 바람. ↔ 絕望(절망).

성공은 큰 **희망**과 견고한
의지의 산물입니다.
언어생활

巾부
[2·4획]

巾부
[6·7획]

임금 제

한자 사전 찾기
부수:巾부 / 총획:9획

一一一一
帝帝帝帝

글자의 원리 형성 면류관을 쓰고 곤룡포를 입고 띠를 맨 '제왕'을 뜻함.

풀이 ①임금. ②하느님.

帝國(제국) 제왕(帝王)이 다스리는 나라.
帝王(제왕) 황제, 국왕의 총칭.
帝位(제위) 제왕의 자리.
帝政(제정) ①황제가 다스리는 정치. ②제국주의의 정치.

러시아에는 **제정** 시대가 있었습니다.

스승 사

한자 사전 찾기
부수:巾부 / 총획:10획

′ ſ ſ ſ 白
白 白 師 師 師

글자의 원리 형성 깃발 아래 모이는 '군대'의 상관이 부하를 가르치므로 '스승'을 뜻함.

풀이 ①스승. ②전문적인 기예(技藝)를 닦은 사람. ③스승으로 삼다. 모범으로 삼음. ④軍師(군사).

師團(사단) 군대를 편성하는 단위의 하나. 사령부가 있는 최대의 부대.
師範(사범) ①스승으로 모범이 되는 사람. ②무술을 가르치는 이.
師父(사부) ①스승의 존칭. ②스승과 아버지.
師表(사표) 학식과 인격이 높아 남의 모범이 됨. 또는, 그 사람.

삼촌은 **사범** 대학을 졸업하셨습니다.

席

자리 석

한자 사전 찾기
부수: 巾부 / 총획: 10획

丶 亠 广 广 庐
庐 庐 庐 席 席

형성 방석을 집 안에 두고, 그곳을 앉는 곳으로 하니 '자리'라는 뜻.

풀이 ①자리. ㉮ 바닥에 까는 자리. ㉯ 일정한 일이 벌어진 자리. ② 자리를 깔다. ③ 앉음.

席卷(석권) 자리를 말듯이 손쉽게 모조리 차지한다는 뜻으로, 거침없는 기세로 우위나 정상을 차지하여 휩쓰는 것.

坐不安席(좌불안석) 자리에 가만히 앉아 있지 못하고 있다는 뜻으로, 어떤 사람이 불안, 근심 등으로 자리에 가만히 앉아 있지 못함을 이르는 말.

缺席(결석) 마땅히 나와야 할 자리에 나오지 않음.

巾부 [7획]

짝이 아파서 **결석**했습니다.

한자 Q&A

Q 금자탑(金字塔)이란 무엇일까요?

A 금자탑은 후세에 오래 남을 뛰어난 업적을 비유할 때, 흔히 쓰는 말입니다. 원래 피라미드의 모양이 쇠 금(金) 자의 모양처럼 밑은 넓고 위는 뾰족한 모양으로 생겼다고 하여 붙여진 말입니다. 피라미드가 만들어지는 데에는 오랜 시간과 많은 노동력이 들어갔고, 그 결과 만들어진 피라미드는 인류의 위대한 업적으로 남아 있습니다. 이를 빗대어, 어떤 사람이 훌륭한 일을 해내거나 위대한 업적을 쌓으면 '금자탑을 세웠다.'라고 말합니다.

항상 상

한자 사전 찾기
부수: 巾부 / 총획: 11획

巾부 [8획]
干부 [0획]

글자의 원리

형성 사람은 고상하게 (尙) 늘 옷(巾)을 입고 있다고 하여 '항상' 을 뜻함.

풀이 ①항상. 여느 때. ②보통.

常綠樹(상록수) 늘푸른나무.
常設(상설) 늘 이용할 수 있도록 설비나 시설을 갖추어 둠.
常識(상식) 보통 사람이 가지고 있는, 또는 가져야 할 지식이나, 일반적으로 알려져 있는 지식.
常套的(상투적) 버릇이 되다시피 한 것.

그 일은 **상식**적으로 이해할 수 없습니다.

干(방패간)部

방패 간

한자 사전 찾기
부수: 干부 / 총획: 3획

一 二 干

방패의 모양을 본뜬 부수 명칭. 창이 방패를 뚫으니 '범하다' 의 뜻으로도 쓰임.

글자의 원리

상형 '방패' 의 모양을 본떠, 창이나 화살을 '막는다' 는 뜻으로도 쓰임.

풀이 ①방패. ②범하다. ③막다. ④구하다. ⑤관여하다. ⑥천간(天干).

干涉(간섭) 남의 일에 나서서 참견함.
干城(간성) ①방패와 성. ② '나라의 방패와 성' 인 군인을 이름.
干支(간지) 천간(天干)과 지지(地支). 곧, 10간(干)과 12지(支).
干拓(간척) 바다 따위를 막아 물을 빼고 육지로 만드는 일.

국군은 우리 영토를 지키는 호국의 **간성**입니다.

288

평평할 평

한자 사전 찾기
부수:干부 / 총획:5획

一 ㄱ ㄡ ㄡ 平

글자의 원리 ⇨ ⇨ 平

상형 부평초가 물 위에 떠 있는 모습에서 '평평하다', '평안하다'의 뜻.

풀이 ①평평하다. ②바르게 하다. ③편안하다. ④보통.

平等(평등) 차별 없이 동등함.
平凡(평범) 뛰어난 데 없이 보통임. ↔ 非凡(비범).
平沙落雁(평사낙안) '모래펄에 날아와 앉는 기러기'라는 뜻으로, 글씨나 문장이 매끈하게 잘 됨을 비유한 말.
平生(평생) 사람이 태어나 죽을 때까지의 동안.
平安(평안) 마음에 걱정이 없음.
平地風波(평지풍파) 조용한 곳에 풍파를 일으킨다는 뜻으로, 공연히 말썽을 일으키거나 뜻밖의 분쟁이 일어남을 비유한 말.
平和(평화) ①평온하고 화목함. ②싸움 없이 세상이 잘 다스려짐.

干부
[2획]

 **아하!**

노벨 平和賞(평화상)

노벨상은 다이너마이트를 발명한 노벨이 '인류 복지에 공헌한 사람들에게 나누어 주도록' 유산을 기부하면서 생겼다. 물리학, 화학, 생리·의학, 문학, 평화, 경제학 부문이 있다. 2000년에는 김대중 대통령이 한국인 최초로 노벨 평화상을 수상했다.

年

해 년

干부
[3획]

한자 사전 찾기
부수:干부 / 총획:6획

丿 一 二 午 乍
年

글자의 원리 ⇒ ⇒ 年

형성 벼가 생겨 사람이 거둘 때까지의 사이를 일컫는 '해, 년'이라는 뜻.

풀이 ①해. ②때. 시대. ③나이.

年間(연간) 한 해 동안.
年年歲歲(연년세세) 매년. 해마다.
年代(연대) ①지나온 햇수나 시대. ②어떤 일이 이루어진 시기.
年老(연로) ①나이가 많아 늙음. ↔ 年少(연소). ②늙은이.
年輪(연륜) ①나무의 나이테. ②여러 해 동안의 노력, 경험에 의해 이룩된 숙련의 정도.
年輩(연배) ①서로 비슷한 나이. 같은 나이 또래. ②지긋한 나이. ③그 일에 어울리는 나이.
年俸(연봉) 한 해를 단위로 지급하는 봉급.
年歲(연세) '나이'의 높임말.
年少者(연소자) ①나이 적은 사람. ②미성년자.

年號(연호)

중국에서 비롯된 것으로, 과거의 특정 연도를 기원 원년으로 하여 햇수를 세는 방법. 한자를 쓰는 아시아의 군주 국가 및 우리 나라에서도 연호를 사용했다. 예컨대 고종은 대한 제국을 세우고 연호를 '광무'로 한 다음, 한일합방 전까지 광무 1년, 2년,…으로 사용했다.

다행 행

한자 사전 찾기
부수: 干부 / 총획: 8획

一 十 土 坴 幸
幸 幸 幸

글자의 원리 ⇒ ⇒ 幸

회의 요절할 운명이었지만 그것이 거꾸로 뒤집혀 죽지 않으니 '행복'을 뜻함.

풀이 ①다행하다. ②혜택. 은총. ③바라다. ④요행하다. ⑤거둥하다.

幸福(행복) ①모든 것에 만족하여 기쁘고 즐거운 상태. ②복된 운수.
幸御(행어) ①임금이 거둥함. ②잠자리 시중을 들게 함.
幸運(행운) 좋은 운수. ↔ 不運(불운).
▶多幸(다행), 不幸(불행)

干부 [5획]
幺부 [2획]

행복은 하루하루의 보람 있는 생활 속에서 이루어집니다.

幺(작을요) 部

아기가 갓 태어날 때의 모양을 본떠 '작다', '어리다'의 뜻을 나타낸 부수 명칭.

어릴 유

한자 사전 찾기
부수: 幺부 / 총획: 5획

ㄥ ㄠ 幺 幻 幼

글자의 원리 ⇒ ⇒ 幼

형성 실에 힘을 주면 약하게 끊어지니 '어리다', '연약한 힘'이라는 뜻.

풀이 ①어리다. ②어린아이. ③작다.

幼兒(유아) 어린아이.
幼弱(유약) 어리고 연약함.
幼稚(유치) ①나이가 어림. ②지능이나 재주 등이 미숙함.
幼稚園(유치원) 만 4세부터 초등학교 입학하기 전까지의 아이를 교육하는 기관.

유치원에 다니는 동생이 오늘 소풍을 갑니다.

❶ 기미 기
❷ 몇 기

幺부
[9획]
广부
[4획]

한자 사전 찾기
부수: 幺부 / 총획:12획

글자의 원리

회의 베틀에 걸린 실올이 몇 개냐고 물은 데서 '몇' 이라는 뜻.

풀이 ❶①기미. 낌새. ②위태하다. ③거의. ❷몇.

幾望(기망) 음력 14일 밤의 달.
幾微(기미) 조짐.
幾死之境(기사지경) 거의 다 죽게 된 지경.
幾何(기하) ①얼마. 몇. ②많지 않음.

그 손님이 분주하게 여장을 꾸리는 것으로 보아 떠날 **기미**가 보입니다.

广(엄호)部

序

차례 서

한자 사전 찾기
부수: 广부 / 총획:7획

언덕이나 바위를 지붕 삼아 지은 '바위집' 또는 '돌집' 의 모양을 본뜬 부수 명칭.

글자의 원리

형성 앞(予)에 있는 방(广)에서부터 차례로 들어가니 '차례', '처음' 의 뜻.

풀이 ①차례. ②차례를 매기다. ③서문(序文).

序論(서론) 본론에 앞서 그 전체에 걸쳐 간략하게 논하는 글.
序列(서열) 차례로 정하여 늘어놓음. 또는, 그 차례.
秩序(질서) 사회가 조화롭고 평온한 상태를 유지하기 위해 정해 놓은 차례나 규칙.

공중 도덕을 잘 지켜 **질서** 있는 사회를 만들어야 합니다.

庚

일곱 번째 천간 경

한자 사전 찾기
부수:广부 / 총획:8획

丶 亠 广 庐 庐
庐 庚 庚

글자의 원리 ⇒ 庚

상형 집(广)에서 절굿공이(丯)로 '곡식'을 찧는다는 뜻.

풀이 일곱 번째 천간(天干). 방위로는 서(西), 계절로는 가을에 해당함.

庚方(경방) 24방위의 하나. 서쪽에서 남쪽으로 15도 되는 방향.
庚伏(경복) 여름날의 몹시 더운 때인 초복, 중복, 말복을 이름.
庚午(경오) 60갑자의 일곱 번째.

广부
[5획]

삼복은 초복·중복·말복을 이르는데, **경복**이라는 말도 같은 뜻입니다.

店

가게 점

한자 사전 찾기
부수:广부 / 총획:8획

丶 亠 广 广 庐
庐 店 店

글자의 원리 ⇒ 店

형성 집(广)에서 자리를 차지(占)하고 물건을 파는 '가게'를 뜻함.

풀이 가게.

店頭(점두) 가게의 앞쪽.
店員(점원) 상점에서 일하는 종업원.
店鋪(점포) 상점. 가겟집.

화재로 인해 많은 **점포**들이 피해를 입었습니다.

度

❶ 법도 도
❷ 헤아릴 탁

한자 사전 찾기
부수:广부 / 총획:9획

广부
[6획]

글자의 원리

형성 집의 크기를 손가락을 벌려 재니 '재다', '척도' 등을 뜻함.

풀이 ❶①법도. ②제도. 규정. ③한도. ④자. 길이의 표준.
❷헤아리다.

度量衡(도량형) 길이·부피·무게, 자·말·저울을 말함.
度數(도수) ①거듭하는 횟수. ②각도, 온도의 크기를 나타내는 수.
度支(탁지) 옛날 벼슬 이름. 나라의 재정과 조세 징수를 맡아봄.
角度(각도) ①각의 크기. ②사물에 대한 견해나 관점.

丶 亠 广 广 庐
庐 庐 庐 度

그 문제는 여러 **각도**에서 살펴보아야 합니다.

 **고사성어**

도외시 (度外視)

· 출전 : 《후한서》 〈광무기〉
· 풀이 : 어떤 일을 불문에 붙인다는 뜻.

후한 광무제가 반란군을 거의 무찌르고 기반을 다지려 할 때의 일이다. 그 당시 반란군의 대다수가 광무제에게 항복했으나 외효와 공손술만은 끝까지 항거하고 있었다. 오랜 전쟁에 지친 광무제는 전쟁을 중지하려고 했는데 이를 알아챈 중신들은 외효와 공손술을 끝까지 토벌해야 한다고 건의했다. 그러나 광무제는
"아니오, 이미 중원을 평정했으니 이제 그들을 안중에 둘 필요는 없소." 라고 말한 뒤 그 동안 함께 동고동락한 병사와 장수들에게 상을 내리고 고향에 내려가 쉬게 했다. 그 뒤 외효가 죽자 그 아들은 광무제에게 항복하였고, 그 여세로 남은 공손술마저 토벌하였다.

庭

뜰 정

한자 사전 찾기
부수: 广부 / 총획: 10획

丶 亠 广 广 庀
庁 庭 庭 庭 庭

 글자의 원리

 풀이

형성 넓고 길게 펼쳐진 마당 있는 건물의 '안 뜰' '정원' 이라는 뜻.

①뜰. ②집안.

庭試(정시) 나라에 경사가 있을 때 대궐 안마당에서 보이던 과거(科擧).
庭園(정원) 집 안의 뜰.
校庭(교정) 학교의 마당 또는 운동장.

广부
[7·12획]

친구와 함께 **교정**을 걷습니다.

廣

❶ 넓을 광
❷ 넓이 광

한자 사전 찾기
부수: 广부 / 총획: 15획

丶 亠 广 广 庀
庁 庐 庐 庐 庶
庶 庿 廣 廣 廣

 글자의 원리

풀이

형성 누런(黃) 땅같이 넓은 집(广)이라 하여 '넓다' 라는 뜻.

❶①넓다. 넓힘. ②퍼지다. ❷①넓이. ②가로. 너비.

廣告(광고) ①세상에 널리 알림. ②고객 유치를 위하여 상품·서비스 내용 등을 대중에게 알림.
廣場(광장) 너른 마당.
廣狹(광협) 넓음과 좁음.
長廣舌(장광설) '길고 넓은 혀' 라는 뜻으로, 극히 교묘하고 막힘 없는 웅변을 가리키는 말.

삼촌께서는 **광고** 회사에 다니십니다.

廴 (민책받침) 部

발을 길게 끌며 멀리 걸어감을 나타낸 부수 명칭.

建 세울 건

글자의 원리 ⇒ 建

회의 글을 쓸 때처럼 어떤 일을 시작할 때 순서를 잘 정하니 '세우다'라는 뜻.

풀이 세우다.

建國(건국) 나라를 세움.
建物(건물) 사람이 들어 살거나 일하거나, 물건을 넣어 두기 위해 지은 집.
建設(건설) 새로 만들어 세움.
建築(건축) 집·절 따위 건조물을 세움.

> **건국** 신화란 나라의 창업에 관한 신성한 이야기입니다.

한자 사전 찾기
부수: 廴_부 / 총획: 9획

廴 부 [6획]
弋 부 [3획]

弋 (주살익) 部

꺾은 나뭇가지로 만든 말뚝이나 줄을 매어 쏘는 화살 모양을 본뜬 부수 명칭.

式 법 식

글자의 원리  ⇒ 式

형성 도구를 사용하여 일을 하는 것에서 '방법'이라는 뜻.

풀이 ①법. 표준. ②식. ㉮의식(儀式). ㉯수학의 산식(算式). ㉰방식.

式順(식순) 의식의 차례.
式場(식장) 의식을 올리는 장소.
記念式(기념식) 어떠한 일을 기념하기 위하여 행하는 의식.
▶法式(법식), 方程式(방정식), 自動式(자동식)

한자 사전 찾기
부수: 弋부 / 총획: 6획

> 텔레비전에서 광복절 **기념식**을 방송합니다.

弓(활궁) 部

활을 세워 놓은 모양을 본뜬 부수 명칭.

弓
활 궁

한자 사전 찾기
부수:弓부 / 총획:3획

㇀ 弓 弓

글자의 원리 ⟶ ⟶ 弓

상형 새나 짐승 등을 잡기 위한 도구를 본뜬 글자로, '활'을 뜻함.

풀이 ①활. ②활 쏘는 기술.

弓師(궁사) ①활을 만드는 사람. ②궁술의 스승.
弓術(궁술) 활 쏘는 기술.
弓形(궁형) 활처럼 굽은 모양.
洋弓(양궁) 서양식의 활. 또는 그 활로 겨루는 경기.

> 한국 선수들이 **양궁** 경기에서 금, 은, 동메달을 휩쓸었습니다.

弓부
[0·1획]

引
당길 인

한자 사전 찾기
부수:弓부 / 총획:4획

㇀ 弓 引

글자의 원리 ⟶ ⟶ 弓 ⟶ 引
　　　　　 ⟶ │ ⟶ │

회의 활(弓)시위에 화살(│)을 메겨 '끌어당긴다'라는 뜻.

풀이 ①당기다. ②끌다. ㉮길게 잡아늘이다. ㉯인도하다.

引導(인도) ①길을 안내함. ②종교 또는 신앙을 가지도록 이끎. ③어떤 일이나 행위를 하도록 이끎.
引力(인력) 떨어져 있는 두 물체가 서로 끌어당기는 힘.
引上(인상) ①끌어올림. ②값이나 액수 따위를 올림.
引率(인솔) 이끌어 거느림.

> 선생님께서는 우리들을 올바른 길로 **인도**하십니다.

297

弓부
[4획]

弟

아우 제

한자 사전 찾기
부수:弓부 / 총획:7획

글자의 원리 ⇨ ⇨ 弟

상형 끈을 위에서부터 아래로 감는 것처럼 순서대로 태어난 '아우' 라는 뜻.

풀이 ①아우. ②제자.

弟嫂(제수) 아우의 아내. ↔ 兄嫂(형수).
弟子(제자) 가르치고 배우는 사람의 관계에서, 배우는 사람.
▶ 兄弟(형제)

형은 동생의 아내를 **제수**, 동생은 형의 아내를 형수 라고 부릅니다.

 아하!

師弟之間(사제지간)

가장 이상적인 사제지간을 이르는 말로 '줄탁동시' 가 있다. 닭이 알을 깔 때, 알 속 병아리가 껍질을 쪼는 것이 '줄', 어미가 밖에서 쪼는 것이 '탁' 이다. 이 두 힘으로 병아리를 까듯, 스승과 제자의 행동이 함께 이루어질 때 제자가 온전히 깨달을 수 있다는 말이다.

약할 약

한자 사전 찾기
부수: 弓부 / 총획: 10획

> 　 ユ ヨ 马 引
> 引 引 引 弱 弱

상형 막 태어난 병아리의 허약한 모습에서 '약하다' 라는 뜻.

풀이 ①약하다. ②쇠약해지다. ③어리다. 주로 20살 미만을 이름.

弱冠(약관) 남자의 20세 전후 때. 또는, 그 나이.
弱肉強食(약육강식) 약자의 살을 강자가 먹는다는 뜻으로, 강한 것이 약한 것을 차지하거나 침해함.
弱化(약화) 세력 따위가 약하게 됨. 또는, 약하게 함.
虛弱(허약) 힘이나 기운이 약함.

弓부
[7·9획]

그는 **허약**해서 꾸준히 운동을 해야 합니다.

❶ 굳셀 강
❷ 힘쓸 강

한자 사전 찾기
부수: 弓부 / 총획: 12획

> 　 ユ 引 引 引
> 引 引 引 强 强
> 强 强

형성 딱정벌레는 활시위와 같이 단단하고 튼튼하니 '강하다' 라는 뜻.

풀이 ❶①굳세다. 세력이 크다. ②강하게 하다. ❷①힘쓰다. ②억지로 하게 함.

強國(강국) 세력이 큰 나라.
強弱(강약) 강함과 약함. 또는, 강자와 약자.
強要(강요) 무리하게 요구함. 억지로 시킴.
強制(강제) ①남의 행위나 의사를 억지로 하게 함. ②법률에 의하여 어떤 행위를 하게 하거나 못하게 하는 일.

노래는 **강약**을 달리해서 불러야 그 맛이 삽니다.

彡(삐친석삼) 部

머리털이 보기 좋게 자란 모양을 본뜬 부수 명칭.

形

형상 형

한자 사전 찾기
부수: 彡부 / 총획:7획

一 二 于 开 开′
形 形

彡부 [4획]
彳부 [5획]

글자의 원리: 丼 ⇒ 开 ⇒ 开 ⇒ 形

형성 아름다운 선으로 그린 상자 모양에서 '모양'이라는 뜻.

풀이 ①모양. 꼴. ②용모. ③몸. ④형세.

形狀(형상) 물체의 생긴 모양.
形便(형편) ①일이 되어 가는 상태. ②살림살이 정도.
形形色色(형형색색) ①가지각색. ②모양이나 종류 등이 제각각인 여러 가지.
原形(원형) 본디의 모양.

전통 문화의 **원형**을 보존하는 것은 중요한 일입니다.

彳(두인변) 部

허벅다리, 정강이, 발을 나타내어 '자축거리다'라는 뜻을 나타낸 부수 명칭.

往

갈 왕

한자 사전 찾기
부수: 彳부 / 총획:8획

′ ′′ ′′′ 彳 彳′ 彳″
彳‴ 徍 往

글자의 원리: ⇒ ⇒ 彳 ⇒ 往

형성 풀이 자라는 듯 점점 앞으로 나아가니 '가다', '지나가다'라는 뜻.

풀이 ①가다. ②예. 옛적. 지나간 일. ③이따금.

往年(왕년) ①지나간 해. ②옛날.
往復(왕복) ①갔다가 돌아옴. ②문서나 편지의 오고 감.
往往(왕왕) 이따금. 때때로.
說往說來(설왕설래) 서로 옳고 그름을 따지느라고 다투는 모양을 이르는 말.

그 가수는 이번 공연으로 **왕년**의 인기를 되찾았습니다.

彼
저 피

한자 사전 찾기
부수: 亻부 / 총획:8획

丿 丿 亻 个 扩
彷 彼 彼

글자의 원리

형성 벗긴 가죽(皮)처럼 떨어져 나간 사람(亻)을 가리켜 '저이', '저쪽'의 뜻.

풀이 ①저. ②상대방.

彼岸(피안) ①저편의 강기슭. ②이승의 번뇌를 해탈하여 열반의 세계에 도달함. 또는, 그 경지.
彼此(피차) ①그와 이. 그 일과 이 일. ②서로.
彼此一般(피차일반) 저편과 이편이 다를 것 없이 서로 같다는 뜻.

이 교통 사고의 잘잘못을 따지자면 **피차일반**입니다.

待
기다릴 대

한자 사전 찾기
부수: 亻부 / 총획:9획

丿 丿 亻 亻 犭
律 律 待 待

글자의 원리

형성 관청(寺)에 사람(亻)이 너무 많아 순서를 기다리니 '기다리다'라는 뜻.

풀이 ①기다리다. ②대접하다.

待遇(대우) 예의를 갖추어 대함.
待接(대접) ①음식을 차려서 대함. ②예를 차려 대우함.
待合室(대합실) 터미널 등에서 차를 기다릴 때 쉬는 곳.
期待(기대) 바라고 기다리는 것.
▶**歡待**(환대)

어떤 일에 대한 **기대**가 크면 실망도 큽니다.

律

법률

한자 사전 찾기
부수: 彳부 / 총획:9획

彳부
[6획]

丶 彳 彳 彳
彳 彳 律 律

글자의 원리

형성 사람(彳)이 지켜 가야 할 바를 붓(聿)으로 쓴 '법률'을 뜻함.

풀이 ①법. ②가락.

律動(율동) ①일정한 규칙을 따라 조화롭게 이루어지는 움직임. ②리듬에 맞추어 추는 춤.
律令(율령) 법률과 명령.
法律(법률) 법. 국민이 사회 생활을 유지하기 위한 국가적인 강제 규범.
千篇一律(천편일률) 여러 시문의 글귀가 모두 비슷비슷하여 변화가 없음을 뜻하는 말. 또는, 사물이 한결같아서 변화가 없음을 비유하는 말.

▶ **音律(음률)**

수많은 **법률** 속에서 우리는 살고 있습니다.

 **한자 Q&A**

Q '열심'이란 무슨 뜻일까요?

A 우리가 흔히 쓰는 말 중에 '열심(熱心)'이란 단어가 있습니다. 열심은 '더울 열(熱)' 자에 '마음 심(心)' 자를 써서 '뜨거운 마음', 즉 '마음이 뜨거워진다.'라는 뜻입니다.
우리가 어떤 일을 할 때 힘을 기울여 최선을 다한다면 마음이 뜨거워져서, 목적하는 일을 마침내 성공할 수 있게 될 것입니다. 따라서 학생은 열심히 공부하고, 선생님은 열심히 가르치며, 직장인은 열심히 일해야 한다는 뜻입니다.

後

❶ 뒤 후
❷ 뒤로할 후

한자 사전 찾기
부수: 彳부 / 총획: 9획

글자의 원리

회의 길을 뒤로 걸으면 조금밖에 가지 못하니 '늦다', '뒤'라는 뜻.

풀이 ❶뒤. ㉮나아가는 반대쪽. ㉯나중. 장래. ❷①뒤로 하다. ②뒤서다.

後記(후기) ①뒷날의 기록. ②본문 뒤에 기록함. 또는, 그 기록.
後年(후년) 다음다음 해.
後斂(후렴) 노래 끝에 붙여서 같은 곡조로 되풀이하여 부르는 짧은 가사.
後半戰(후반전) 축구 등과 같이 중간에 쉬는 시간을 두어 전후를 구별하는 경기에서, 뒤에 하는 경기.
後孫(후손) 여러 대가 지난 뒤의 자손.
後裔(후예) 핏줄을 이은 후손.
後退(후퇴) 뒤로 물러남.
前無後無(전무후무) 전에도 없었고, 앞으로도 없다는 뜻으로, 어떤 사람이 뛰어난 일을 성취했을 때 쓰임.

彳부 [6획]

아하!

後三國(후삼국)

후백제·후고구려·신라의 세 나라를 이르는 말. 신라 말기, 귀족들 간의 권력 싸움이 치열해지고, 지방에 대한 중앙 정부의 통제력이 약해진 가운데 지방에서 성장하던 견훤이 후백제를, 궁예가 후고구려를 세웠다. 따라서 신라는 지배권이 경주 일대로 축소되었는데, 이 3국을 일러 후삼국이라 한다. 후삼국은 나중에 고려에 의해 44년 만에 통일되었다.

| 견훤이 후백제의 기반을 닦았던 완산주 |

닭의 부리가 될지언정
소의 꼬리는 되지 말라

계구우후(鷄口牛後)

"속담에 '차라리 닭의 부리가 될지언정 소의 꼬리는 되지 말라.'는 말이 있습니다. 지금 폐하께서 진나라에 투항하여 진나라를 섬긴다면 소의 꼬리가 되는 것과 같습니다."
이렇게 소진은 선왕과 다른 나라의 군주들을 설득하여 힘을 합치는 데 성공했다고 한다.

徒

무리 도

彳부
[7・8획]

한자 사전 찾기
부수: 彳부 / 총획:10획

′ ㇒ 彳 彳 彴
彴 彴 徒 徒 徒

글자의 원리 ⇒ 徒

형성 땅 위를 발로 걸어 다니는 많은 사람들을 가리켜 '무리' 의 뜻.

풀이 ①무리. 동아리. ②걷다. 걸어감.

徒黨(도당) (불순한 사람들의) 무리.
徒步(도보) 탈것을 타지 않고 걸어감.
無爲徒食(무위도식) '하는 일 없이 먹기만 한다.' 는 뜻.
▶生徒(생도)

학교까지는 **도보**로 10분이 걸립니다.

得

얻을 득

彳부

한자 사전 찾기
부수: 彳부 / 총획:11획

′ ㇒ 彳 彳 彴
彴 彴 得 得 得
得

글자의 원리 ⇒ 得

형성 돈을 손에 쥐고 있어 자신이 원하는 것을 가질 수 있으니 '얻다' 라는 뜻.

풀이 ①얻다. ②만족하다. ③이득.

得失(득실) ①얻음과 잃음. ②이익과 손해. ③성공과 실패.
得意揚揚(득의양양) 뜻을 이루어 우쭐거리며 뽐냄.
得點(득점) 시험이나 운동 경기에서 점수를 얻음. 또는, 그 점수.
得票(득표) 선거에서 표를 얻음.

반장 선거에서 민수가 과반수 **득표**로 당선되었습니다.

從

❶ 좇을 종
❷ 시중들 종

한자 사전 찾기
부수: 彳부 / 총획:11획

丿 丿 彳 彳 彳
彳 彳 彳 彳 從
從

글자의 원리
₩ ⇒ 〻 ⇒ 從 ⇒ 從
⁊⁊ ⇒ 从 ⇒ 从

형성 앞 사람의 뒤에 또 다른 사람이 줄지어 걸어가니 '따라가다' 라는 뜻.

풀이 ❶①좇다. ②나아가다. ③~부터. ❷①시중들다.
②친척 사이의 관계를 나타내는 말.

彳부
[8·9획]

從軍(종군) 군대를 따라 싸움터로 감.
從來(종래) 이제까지.
從事(종사) 어떤 일에 관계하여 힘을 기울임.
從屬(종속) 주가 되는 것에 딸려 있음.
▶外從兄弟(외종형제)

종래와는 달리 앞으로는 그 곳에서 자전거를 탈 수 있습니다.

復

❶ 회복할 복
❷ 다시 부

한자 사전 찾기
부수: 彳부 / 총획:12획

丿 丿 彳 彳 彳
彳 彳 彳 彳 復
復 復

글자의 원리
⇒ ⇒ 彳 ⇒ 復
⇒ ⇒ 复

형성 계단을 오르는 동시에 내려오니 '되돌아오다', '되풀이하다' 라는 뜻.

풀이 ❶①회복하다. ②돌아가다. ③갚다. ④되풀이하다.
❷다시. 거듭.

復舊(복구) 그전 모양으로 되돌림.
復讐(복수) 원수를 갚음. 앙갚음.
復習(복습) 배운 것을 되풀이하여 익힘.
復活(부활) ①죽었다가 다시 살아남. ②쇠퇴한 것을 다시 흥하게 함. ③기독교에서, 죽은 사람이 다시 살아난다는 믿음. 특히, 예수 그리스도의 부활을 말함.

언니는 집에 돌아오면 항상 **복습**을 합니다.

덕 덕

彳부
[12획]

한자 사전 찾기
부수: 彳부 / 총획:15획

글자의 원리

형성 옳고 진실(悳←直)한 마음에서 나타난 행위(彳)라는 데서 '은덕'의 뜻.

풀이 ①덕. 인품. 마음을 닦아 몸에 얻은 것. ②행위. ③어진 이. ④은혜를 베풀다.

德談(덕담) 잘되기를 비는 말. ↔ 惡談(악담).
德不孤必有隣(덕불고필유린) 덕은 외롭지 않으니 반드시 이웃이 있다는 말로서, 훌륭한 일을 하는 사람 곁에는 동참하는 사람이 따른다는 말.
德澤(덕택) 남에게 끼치는 은덕의 혜택.
德行(덕행) 어질고 너그러운 행실.

새해 아침에 어른들은 세배를 받고, **덕담**을 해 주십니다.

한자 Q&A

Q 지명(地名)은 어떻게 정해졌을까요?

A 우리 나라 지명의 특징은 거의 대부분이 지형이나 기후 등에서 유래되었다는 점입니다. 山(메 산), 川(내 천) 등의 한자가 들어 있는 지명이 많은 것은 산과 골짜기를 넘는 고개와 그 사이를 굽이치는 하천을 반영한 것입니다. 부산, 군산, 화천, 대천 같은 지명들을 생각해 보면 알 수 있겠죠? 평지나 고을, 큰 들이 있는 곳에는 平(평평할 평), 州(고을 주), 原(언덕 원) 자가 많이 쓰입니다. 부평, 청평, 광주, 원주, 수원, 철원 등이 그 예입니다.

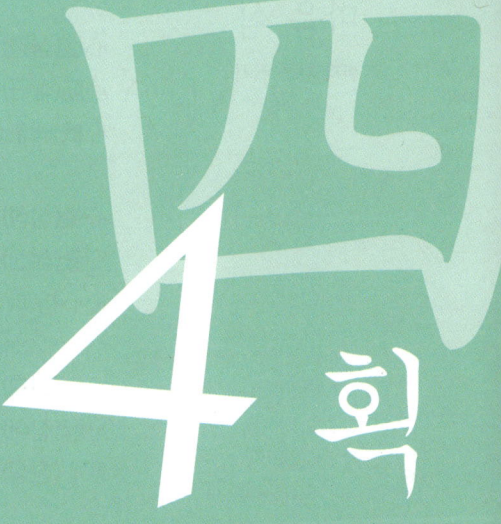

四
4획

心 (마음 심) 部

심장의 모양을 본뜬 부수 명칭, 변으로 올 때에는 忄으로 씀.

마음 심

한자 사전 찾기
부수:心부 / 총획:4획

心부
[0획]

글자의 원리 ⇨

상형 마음은 '심장'에서 우러나오니 그 모양을 본떠 '마음'을 뜻함.

풀이 ①마음. ②염통. ③가슴.

心境(심경) 이러저러한 느낌을 가진 마음의 상태.
心筋(심근) 심장의 벽을 이루는 근육.
心機一轉(심기일전) 어떤 계기로 종전의 생각을 고쳐 마음이 근본적으로 달라짐.
心性(심성) ①타고난 마음씨. ②변하지 않는 마음의 본체.
心身(심신) 마음과 몸. 정신과 육체.
心心相印(심심상인) 묵묵한 가운데 마음과 마음이 서로 통함. 以心傳心(이심전심).
心志(심지) 마음에 품은 의지.
心醉(심취) 어떤 일에 마음이 쏠리어 열중함.
寒心(한심) ①가엾고 딱함. ②마음에 언짢아 기막힘.

아하!

心臟(심장)

순환계의 중추 기관으로, 주기적인 수축과 이완을 되풀이함으로써 피를 혈관으로 보내는 일을 한다. 사람의 심장은 주먹보다 약간 크며, 2심방 2심실로 나뉘어 있다. 염통이라고도 하고, 가슴의 중앙보다 왼쪽에 자리를 잡고 있다. 사람의 생명과 매우 밀접한 관계를 갖는다.

必

반드시 필

한자 사전 찾기
부수:心부 / 총획:5획

`ゝ ソ 义 必 必`

 글자의 원리 ⇒ 必 ⇒ 必

형성 나라와 나라 사이에 말뚝을 박으면 틀림이 없으니 '반드시'라는 뜻.

풀이 ①반드시. ②기필하다.

必勝(필승) 반드시 이김.
必要(필요) 꼭 소용이 됨.
信賞必罰(신상필벌) 상을 줄 만한 사람에게는 상을, 죄가 있는 사람에게는 벌을 준다는 뜻으로, 상벌을 규정대로 공정하게 하는 일.

필승의 각오로 경기에 임하겠습니다.

心부
[1·3획]

忙

바쁠 망

한자 사전 찾기
부수:心부 / 총획:6획

`ゝ ㆍ 㐅 忄 忙 忙`

글자의 원리 ⇒ ⇒ ⇒ 忙

형성 심장(忄)이 곤두서서 정신을 잃을(亡) 만큼 '바쁘다'는 뜻.

풀이 ①바쁘다. ②조급하다.

忙月(망월) 농사일에 가장 바쁜 달.
忙中閑(망중한) 바쁜 가운데 얻어 낸 한가한 시간.
▶多忙(다망)

그는 휴양지에서 가족들과 함께 **망중한**을 즐기고 있습니다.

忘

잊을 망

한자 사전 찾기
부수: 心부 / 총획: 7획

心부
[3획]

丶 亠 亡 产 庐 忘 忘 忘

글자의 원리
 ⇒ 厶 ⇒ 亡 ⇒ 忘
🔥 ⇒ ⺗ ⇒ 心

형성 마음(心)에서 없어져(亡) 버렸다는 데서 '잊다' 라는 뜻.

풀이 ①잊다. ②건망증.

忘却(망각) 잊어버림.
背恩忘德(배은망덕) 은혜를 배신하고 덕을 잊는다는 뜻으로, 남의 은혜를 입고도 그 덕을 저버림을 뜻함.
備忘錄(비망록) 잊지 않으려고 중요한 골자를 적어 두는 책.
▶健忘症(건망증)

자신만의 **비망록**을 만드는 것도 좋은 방법입니다.

忍

참을 인

한자 사전 찾기
부수: 心부 / 총획: 7획

フ 刀 刀 刃 刃 忍 忍 忍

글자의 원리
 ⇒ 刀 ⇒ 刃 ⇒ 忍
🔥 ⇒ ⺗ ⇒ 心

형성 칼날(刃)이 심장(心)을 찌르는 듯한 고통을 견뎌 내니 '참다' 라는 뜻.

 참다. 견디어 내다.

忍苦(인고) 고통을 참음.
忍耐(인내) 참고 견딤.
目不忍見(목불인견) 어떤 사람의 행동이나 장면이 사람의 눈으로는 차마 볼 수 없음.

인내의 열매는 달다.

뜻 지

한자 사전 찾기
부수:心부 / 총획:7획

一 十 士 志 志
志 志

 글자의 원리

 ⇒ ⇒ 志

형성 마음이 어떤 목표를 향해 나아가니 '의지' 라는 뜻.

풀이 ①뜻. ②뜻하다. ③의를 지키다.

志士(지사) ①고매한 뜻을 품은 사람. ②의를 지키는 사람. ③나라에 충성을 다하는 사람.
志願(지원) 뜻이 있어 원함. 바라서 원함.
志操(지조) 굳은 의지. 굳은 절개.

心부
[3·4획]

사육신들은 **지조**를 지켰습니다.

생각 념

한자 사전 찾기
부수:心부 / 총획:8획

丿 人 亼 今 念
念 念 念

 글자의 원리

 ⇒ 念

형성 이제 (今)까지 잊지 않고 마음(心)으로 '생각한다' 는 뜻.

 풀이 ①생각. ②생각하다. ③외다.

念慮(염려) 헤아려 걱정함. 또는, 그런 생각.
念佛(염불) 부처를 마음 속으로 생각하며 부르는 일.
念願(염원) 늘 마음에 생각하고 간절히 바람. 또는, 그 바라는 바.
雜念(잡념) 여러 가지 쓸데없는 생각.

공부를 할 때는 **잡념**을 버리고 집중해야 합니다.

313

忠
충성 충

心부
[4획]

한자 사전 찾기
부수: 心부 / 총획: 8획

ㅣ ㅁ ㅁ 며 며
忠 忠 忠

글자의 원리 ⇒ 中 ⇒ 中 ⇒ 忠
 ⇒ 心 ⇒ 心

형성 어느 쪽으로도 치우치지 않는 진정한 마음인 '진심'을 뜻함.

풀이 ①충성. ②정성을 다하다.

忠告(충고) 남의 잘못이나 결함을 진심으로 타일러 주는 말.
忠誠(충성) 임금이나 나라에 대해 몸과 마음을 다하여 받듦.
忠節(충절) 충의를 지키는 절개.
忠孝(충효) 충성과 효도.

선죽교에는 정몽주의 **충절**이 서려 있습니다.

快
쾌할 쾌

한자 사전 찾기
부수: 心부 / 총획: 7획

ㅣ ㅏ ㅓ 卜 忖
快 快

글자의 원리 ⇒ 心 ⇒ 忄 ⇒ 快
 ⇒ 夬 ⇒ 夬

형성 마음이 활짝 열려, 아무런 거리낌이 없으니 '기분 좋음'을 뜻함.

풀이 ①마음이 유쾌하다. ②기뻐하다. ③빠르다.

快速(쾌속) 속도가 매우 빠름.
快適(쾌적) 몸과 마음에 맞아서 기분이 썩 좋음.
快活(쾌활) 성질이나 태도가 명랑하고 활발함.
輕快(경쾌) 움직임이나 모습, 기분 따위가 가볍고 상쾌함.

라디오를 틀자 **경쾌**한 음악이 흘러 나왔습니다.

급할 급

한자 사전 찾기
부수:心부 / 총획:9획

丿 ク 夕 刍 多
急 急 急 急

 글자의 원리

형성 앞사람에게 닿으려고 헐레벌떡 서두르니 '서두르다' 라는 뜻.

풀이 ①급하다. ②갑자기. ③중요한 것.

急迫(급박) 눈앞에 닥쳐 아주 급함.
急變(급변) 갑자기 변함.
急所(급소) ①몸 가운데서 비교적 조금만 다쳐도 목숨에 관계되기 쉬운 자리. ②사물의 가장 중요한 곳. 要點(요점).

心부
[5획]

날씨가 **급변**하여 오후부터 눈이 내리고 추워졌습니다.

성낼 노

한자 사전 찾기
부수:心부 / 총획:9획

乙 夕 女 奴 奴
奴 怒 怒 怒

 글자의 원리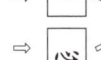

형성 종 (奴)의 얼굴에 노여운 마음(心)이 나타나니 '노하다' 라는 뜻.

풀이 ①성내다. ②성. 화.

怒氣(노기) 성난 얼굴빛.
怒氣騰騰(노기등등) 몹시 성나서 노기가 얼굴에 가득하다.
怒濤(노도) 무섭게 밀려오는 큰 파도.
怒發大發(노발대발) 몹시 성을 냄.

그의 얼굴에는 **노기**가 가득했습니다.

思

생각 사

한자 사전 찾기
부수: 心부 / 총획: 9획

心부
[5획]

丨 口 田 田 田
田 思 思 思

글자의 원리: ⇒ ⊕ ⇒ 田 ⇒ 思
 ⇒ 心 ⇒ 心

형성 농부의 마음(心)은 항상 밭(田)의 곡식을 '생각한다'는 뜻.

풀이 ①생각하다. ②생각.

思考力(사고력) 생각하고 궁리하는 힘.
思慮(사려) 깊은 생각.
思潮(사조) 그 시대 사람들의 사상의 일반적인 경향. 사상의 흐름.
思春期(사춘기) 신체적·정신적으로 아동의 시기를 지나 청년기로 옮아가는 시기.

폭넓은 독서를 통해서 **사고력**을 높일 수 있습니다.

性

성품 성

한자 사전 찾기
부수: 心부 / 총획: 8획

丶 丶 忄 忄 忄
忄 性 性

글자의 원리: ⇒ 心 ⇒ 忄 ⇒ 性
 ⇒ 生 ⇒ 生

형성 땅에서 자란 식물과 같은 마음이라는 것에서 '천성', '성품'이라는 뜻.

풀이 ①성품. 천성. ②성질. 본질. ③남녀·자웅(雌雄)의 구별.

性格(성격) 각 사람이 가진 특유한 성질.
性能(성능) ①성질과 능력. ②기계 따위의 성질과 기능.
性別(성별) 남성·여성의 구별. 암·수의 구별.
性質(성질) ①타고난 기질. ②그것만이 가지고 있는 바탕. 특성.

병아리 감별사는 병아리의 **성별**을 가리는 일을 합니다.

怨

❶ 원망할 원
❷ 원수 원

한자 사전 찾기
부수:心부 / 총획:9획

丿 ク タ タ´ 夗
夗 怨 怨 怨

글자의 원리

형성 자면서도 뒤척거리며(夗) 언짢게 생각하니(心) '원망하다'라는 뜻.

풀이 ❶①원망하다. ②원망. ❷원수(怨讐).

怨聲(원성) 원망하는 소리.
怨讐(원수) 원한이 맺히게 한 상대.
怨入骨髓(원입골수) 원한이 뼛속까지 들어가 있다는 뜻으로, 뼈에 사무친 원한을 말함.
怨恨(원한) 원망스럽고 한이 되는 생각.

心부
[5·6획]

여인이 **원한**을 품으면 오뉴월에도 서리가 내린다는 속담이 있다.

恩

은혜 은

한자 사전 찾기
부수:心부 / 총획:10획

丨 冂 冃 冈 囚
因 因 恩 恩 恩

글자의 원리

형성 울타리 속에 있으면 사람이 안심하는 것에서 '은혜'라는 뜻.

풀이 ①은혜. ②은혜로이 여기다. 고마워함.

恩功(은공) 은혜와 공로.
恩師(은사) '가르쳐 주신 선생님'을 높여 이르는 말.
恩人(은인) 은혜를 끼친 사람.
恩惠(은혜) 베풀어 주는 혜택. 고마움. 신세.

부모님의 **은혜**에 감사하는 마음을 가져야 합니다.

317

죽은 뒤에도 은혜를
잊지 않고 보답하다

결초보은(結草報恩)

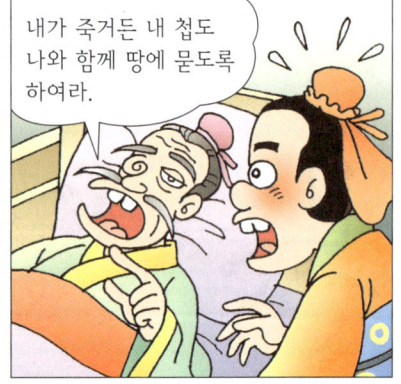

그날 밤 과는 꿈 속에서 한 노인을 만났다.
"나는 그대가 개가시켜 준 여자의 아비 되는 사람이오. 그대가 선친의 바른 유언에 따랐기 때문에 죽을 뻔한 내 딸이 살았소. 내가 그 은혜에 보답하고자 풀을 엮어 놓은 것이오."

恨

한할 한

心부
[6획]

한자 사전 찾기
부수:心부 / 총획:9획

丶 丨 忄 忄
忄 忄 恨 恨

글자의 원리: ⇒ 心 ⇒ 忄 ⇒ 恨
 ⇒ 貝 ⇒ 艮

형성 소원을 이루지 못해 마음(忄)이 머물러(艮) 있다고 하여 '한'을 뜻함.

풀이 ①한하다. ②뉘우치다. 애석하게 여겨 뉘우침. ③한.

恨歎(한탄) 원통하거나 한스러운 일이 있을 때, 한숨 쉬며 하는 탄식.
餘恨(여한) 풀지 못하고 남은 원한.
▶**悔恨(회한)**

그 애와 한 번만 짝이 된다면 **여한**이 없겠다.

 한자 Q&A

Q 한자의 획이란 무엇이며, 어떤 종류가 있을까요?

A 한자를 쓸 때 한 번에 쓰는 선이나 점을 획이라고 합니다.
한자를 이루는 기본 요소의 하나인 획은 점, 한 일, 뚫을 곤, 왼쪽 삐침, 오른쪽 삐침, 갈고리궐, 민갓머리, 민음호 등이 있습니다. 쓰는 순서는 '위에서 아래로, 왼쪽에서 오른쪽으로' 라는 원칙이 있고, '가로획이 먼저, 가운데가 먼저, 바깥쪽이 먼저' 라는 원칙도 있습니다.

恒
항상 항
한자 사전 찾기
부수:心부 / 총획:9획

丶 亅 忄 忄
忄 忄 忄 恒

 ⇒ ⇒ 忄
⇒ 亘 ⇒ 亘 ⇒ 恒

형성 마음(忄)이 끊임없이 뻗친다(亘) 하여 '항상' 이라는 뜻.

풀이 ①항상. ②변하지 아니하다.

恒常(항상) 늘. 언제나.
恒星(항성) 스스로 빛을 내며, 지구에서 볼 때 천구상(天球上)의 위치가 변하지 않는 별.
恒心(항심) 늘 지니고 있는 마음.
恒用(항용) 보통. 늘.

心부
[6·7획]

행복은 **항상** 자신의 마음에 달려 있습니다.

悅
기쁠 열
한자 사전 찾기
부수:心부 / 총획:10획

丶 亅 忄 忄
忄 忄 忄 忄 悅

 ⇒ ⇒ 忄
兌 ⇒ 兌 ⇒ 兌 ⇒ 悅

형성 마음(忄)이 즐겁고 기쁘니(兌) '기쁘다' 라는 뜻.

풀이 기쁘다.

悅樂(열락) 기뻐하고 즐거워함.
悅服(열복) 기쁜 마음으로 복종함.
喜悅(희열) 어떤 일에 만족하여 기쁨이나 즐거움을 느끼는 것.

일을 마치고 난 뒤의 **희열**을 생각하며 오늘의 고난을 이겨 냅시다.

悟

깨달을 오

心부
[7획]

한자 사전 찾기
부수:心부 / 총획:10획

丶 丶 丬 忄 忄
忾 怀 怀 悟 悟

글자의 원리 ⇨ 心 ⇨ 忄 ⇨ 悟

 ⇨ 吾 ⇨ 吾

형성 생각하는(忄) 바를 웅얼거리는(吾) 사이에 '깨닫는다' 는 뜻.

풀이 ①깨닫다. ②깨달음. ③계발함.

悟道(오도) 번뇌를 해탈하고 불계에 들어갈 수 있는 부처의 가르침.
悟性(오성) 사물에 대해 개념을 만들고, 판단하는 인간의 능력.
覺悟(각오) 마음을 단단히 먹고 받아들일 작정을 하는 것.

새로운 **각오**로 출발합시다!

患

근심 환

心부

한자 사전 찾기
부수:心부 / 총획:11획

丶 口 口 吕 吕
吕 串 串 患 患
患

글자의 원리

串 ⇨ 串 ⇨ 串 ⇨ 患

 ⇨ 心 ⇨ 心

형성 꼬챙이에 찔린(串) 듯이 마음(心)이 고통스러우니 '근심하다' 라는 뜻.

풀이 ①근심. ㉮근심. ㉯고난. ㉰재해. ㉱병(病). ②앓다.

患難相救(환난상구) 환난을 당했을 때 서로 구원함.
患難(환란 ← 환난) 근심 걱정과 재난.
患者(환자) 병을 앓는 사람.
患候(환후) 웃어른을 높이어 그의 병을 이르는 말.

병원 대기실에는 많은 **환자**들이 진료를 기다리고 있었습니다.

悲

슬플 비

한자 사전 찾기
부수: 心부 / 총획: 12획

丨 丨 丿 扌 非
非 非 非 非 悲
悲 悲

글자의 원리 ⇒ 非/心 ⇒ 悲

형성 마음(心)이 아파 좋지 아니하다(非)는 데서 '슬프다'라는 뜻.

心부
[8획]

풀이 ①슬프다. ②슬픔. 비애.

悲劇(비극) ①내용이 슬프고 불행한 결말을 짓는 연극. ↔ 喜劇(희극). ②세상에서 일어난 비참한 일.
悲報(비보) 슬픈 기별. 슬픈 소식.
悲憤慷慨(비분강개) 슬프고 분한 느낌이 마음 속에 가득 참.
悲壯(비장) 슬프면서도 마음과 의지가 굳셈.

6·25 전쟁은 동족을 둘로 가른 **비극**이었습니다.

惜

아낄 석

한자 사전 찾기
부수: 心부 / 총획: 11획

丶 丨 忄 忄 忄
忄 忄 惜 惜 惜
惜

글자의 원리 ⇒ 忄/昔 ⇒ 惜

형성 마음(忄) 속으로 오래오래(昔) 알뜰히 여기니 '아끼다'라는 뜻.

풀이 ①아끼다. ②아깝다.

惜閔(석민) 애석히 여겨 슬퍼함.
惜別(석별) 이별을 아쉬워함.
惜敗(석패) 약간의 차이로 아깝게 짐.

계백 장군은 최선을 다하여 싸웠으나, 신라군에 **석패**하였습니다.

惡

❶ 악할 악
❷ 미워할 오

心부
[8획]

한자 사전 찾기
부수:心부 / 총획:12획

一 ㄧ ㄒ 冠 冠
冠 冠 亞 亞 惡
惡 惡

글자의 원리
 ⇒ 亞 ⇒ 亞 ⇒ 惡
⇒ ⇒ 心

형성 구부러진 마음은 좋지 않은 것이니 '나쁘다', '미워하다'라는 뜻.

풀이 ❶①악하다. 모질다. ②잘못. ❷미워하다.

惡童(악동) ①성질이 나쁜 아이. ②장난꾸러기.
惡逆無道(악역무도) 어떤 사람의 행위가 비길 데 없이 악독하고 도리에 어긋남을 뜻하는 말.
惡寒(오한) ①추위를 싫어함. ②병으로 열이 심할 때 느끼는 추위.
罪惡(죄악) 죄가 될 만한 악한 짓.

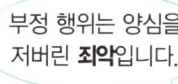

부정 행위는 양심을 저버린 **죄악**입니다.

情

뜻 정

心부

한자 사전 찾기
부수:心부 / 총획:11획

글자의 원리
 ⇒ 心 ⇒ 忄 ⇒ 情
 ⇒ 靑 ⇒ 靑

형성 풀과 같이 파랗고, 맑은 물과 같은 마음이 '진심', '정성'이라는 뜻.

풀이 ①뜻. 느끼는 마음. ②본성. ③사정. 형편. ④인정.

情感(정감) 사람의 마음에 호소해 오는 듯한 느낌.
情報(정보) ①사물의 내용이나 형편에 관한 소식이나 자료. ②국가 안보・군사 등의 상황이나 그에 대한 지식 또는 보고.
情勢(정세) 일이 되어 가는 형편.
多情多感(다정다감) 정이 많고 느낌도 많다는 뜻으로, 감수성이 많다는 말.

인터넷을 활용하면 **정보**를 많이 얻을 수 있습니다.

은혜 혜

한자 사전 찾기
부수:心부 / 총획:12획

一 ㄷ ㅁ ㅂ 甫
由 東 東 東 惠
惠 惠

글자의 원리:

회의 언행을 삼가고(叀) 어진 마음(心)을 베푼다는 데서 '은혜'를 뜻함.

풀이 ①은혜. ②은혜를 베풀다. ③순종하다.

惠示(혜시) 주로 편지에서, 친절하게 알려 달라는 뜻으로 쓰는 말.
惠存(혜존) 자신의 저서나 작품을 남에게 기증할 때 받아 간직하여 달라는 뜻으로, 받는 사람의 성명 아래 쓰는 말.
惠澤(혜택) 사물이나 다른 사람으로부터 받는 이익이나 덕택.

心부
[8·9획]

그 보험에 가입하면 많은 **혜택**이 있다고 합니다.

느낄 감

한자 사전 찾기
부수:心부 / 총획:13획

丿 ㄱ ㄷ 斤 斤
后 咸 咸 咸
感 感 感

글자의 원리:

형성 부지런히 수확한 것을 모두 먹으니 놀란다고 해서 '느끼다'라는 뜻.

풀이 ①느끼다. ②깨닫다. ③고맙게 여기다. ④지각(知覺). 감각.

感覺(감각) ①사물의 가치나 변화 등을 느끼어 깨달음. ②눈·귀·코·혀·살갗 등의 감각 기관을 통해 자극을 받아들임.
感動(감동) 깊이 느껴 마음이 움직임.
感電(감전) 전기가 통하고 있는 물체에 몸의 일부가 닿아 충격을 느끼는 일.
感之德之(감지덕지) 어떤 사람의 은혜나 혜택에 대해서 과분한 듯이 아주 고맙게 여기는 모양을 뜻하는 말.

그 소설의 마지막 장면은 무척 **감동**적이었습니다.

생각 상

心부
[9획]

한자 사전 찾기
부수:心부 / 총획:13획

一 † † 木 机
机 机 相 相 相
想 想 想

글자의 원리 ⇨ 相 ⇨ 相 ⇨ 想
 ⇨ 心 ⇨ 心

형성 서로 마주 바라보듯이(相) 마음(心) 속으로 상대방을 '생각한다' 는 뜻.

풀이 ①생각. 상상하다. ②바라다.

想念(상념) 마음 속에 품은 여러 가지 생각.
想像(상상) ①짐작으로 생각함. ②이미 아는 사실이나 관념을 바탕으로 새로운 사실이나 관념을 구성하는 마음의 작용.
理想(이상) 사람이 추구하거나 실현하고자 하는 가장 바람직한 사물의 모습이나 상태.

자유와 평등은 민주 사회가 추구하는 **이상**의 하나입니다.

시름 수

한자 사전 찾기
부수:心부 / 총획:13획

一 二 千 千 禾
禾 利 秒 秋 秋
愁 愁 愁

글자의 원리 ⇨ ⇨ 秋 ⇨ 愁
 ⇨ 心 ⇨ 心

형성 초목이 가을(秋)에 시들듯 걱정스러운 생각(心)으로 '근심하다' 의 뜻.

풀이 ①시름. 걱정. ②시름겹다. ③슬퍼하다.

愁色(수색) 근심스러운 표정.
愁聲(수성) 구슬픈 소리.
愁心(수심) 근심히는 마음.

어머니의 얼굴에는 **수심**이 가득 찼습니다.

사랑 애

한자 사전 찾기
부수:心부 / 총획:13획

글자의 원리
 愛

형성 사랑하는 이에게 가려고 하나 배가 나아가지 못해 '그리워하다'의 뜻.

풀이 ①사랑. 인정. ②사랑하다. ③아끼다. 아깝게 여김.

愛國(애국) 자기 나라를 사랑함. 나라를 위하여 힘을 다함.
愛讀(애독) 책이나 잡지 등을 즐겨 읽음.
愛人(애인) ①사랑하는 사람. ②다른 사람을 사랑함.
愛之重之(애지중지) 몹시 사랑하여 소중히 여김.

心부
[9획]

자연을 보호하는 것도 **애국**하는 방법 중의 하나입니다.

뜻 의

한자 사전 찾기
부수:心부 / 총획:13획

글자의 원리
意

형성 말소리(音)로써 마음(心) 속의 뜻을 알 수 있으니 '뜻'이라는 뜻.

풀이 ①뜻. ㉮의지. ㉯생각. 사려(思慮). ㉰의미. ②생각하다.

意見(의견) 마음 속에 느낀 생각. 所見(소견).
意圖(의도) 마음 속으로 계획함. 또는, 그 계획.
意義(의의) ①뜻. 의미. ②일·행위 등이 가지는 가치나 중요성.
意中(의중) 마음속. 마음속으로 생각하는 일.
意志(의지) 어떤 일을 해내려는 굳센 마음가짐.

의견을 서로 나누어 봅시다.

사랑 자

心 부
[9·11획]

한자 사전 찾기
부수:心부 / 총획:13획

丷 丷 亠 立
玄 玄 兹 兹 兹
慈 慈 慈

글자의 원리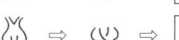

형성 모든 생명에 평등하게 베풀어지는 이(玆) 마음(心)이 '자비' 라는 뜻.

풀이 ①사랑. 사랑하다. ②어머니.

慈堂(자당) 상대방의 어머니를 높이어 이르는 말.
慈悲(자비) 어려운 처지에 있는 사람을 불쌍히 여기는 마음이 있음. 또는, 그렇게 여겨 도와줌.
慈善(자선) 가난한 사람을 불쌍히 여겨 도와줌.
慈幼恤孤(자유휼고) 어린아이를 사랑하고 부모가 없이 사는 고아를 가엾게 여긴다는 말.

부처는 **자비**를 강조했습니다.

경사 경

한자 사전 찾기
부수:心부 / 총획:15획

丶 亠 广 户
户 庐 庐 庐 庐
廊 廊 廖 廖 慶

글자의 원리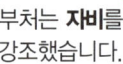

회의 좋은 일에 사슴(鹿)을 가지고 가서(夂) '축하한다' 는 뜻.

풀이 ①경사. 축하할 만한 일. ②경사스럽다.

慶事(경사) 경축할 만한 일. 즐겁고 기쁜 일.
慶弔(경조) 혼인·회갑 따위의 경사스러운 일과, 초상·장사 따위의 불행한 일.
慶祝(경축) 경사로운 일을 축하함.

경축 행사에 참가한 사람들이 시내를 가득 메웠습니다.

근심 우

한자 사전 찾기
부수:心부 / 총획:15획

글자의 원리: ⇒ 憂 ⇒ 憂

형성 머리(頁)에 수심(心)이 가득 차 발걸음(夂)이 무거우니 '근심하다' 의뜻.

풀이 ①걱정. 애태움. ②걱정하다. ③질병. 앓다.

憂國(우국) 나라의 현상이나 장래를 걱정함.
憂慮(우려) 걱정함. 염려함.
憂愁(우수) 걱정과 근심.
憂患(우환) ①근심. 근심함. ②집안의 환자로 인한 걱정.

心부
[11획]

다행히 축구 경기 중 **우려**했던 일은 일어나지 않았습니다.

고사성어

기우 (杞憂)

· 출전 : 《열자》〈천서〉
· 풀이 : 쓸데없는 걱정을 하는 것을 뜻함.

주나라 시대 기(杞)나라의 어떤 사람이 행여나 하늘이 무너지고 땅이 꺼질까 걱정하며 불안한 하루하루를 보내고 있었다. 그의 걱정이 점점 깊어지자 이를 안타깝게 지켜보던 어떤 사람이 말해 주었다.
"이보게, 하늘이란 기운이 쌓여 있는 것이라 무너질 까닭이 없다네."
"그럼 해와 달은 떨어지지 않을까? 땅은 왜 꺼지지 않지?"
"해와 달은 기운이 쌓인 속에서 빛이 있는 것이네. 떨어진다 해도 크게 다치지는 않을 걸세. 땅도 흙덩이가 사방 빈 곳을 가득 메우고 있는 것인데 어찌 무너지겠는가?"
그제야 그 사람은 걱정이 사라졌다며 기뻐했다고 한다.

생각할 억

心부
[13획]

한자 사전 찾기
부수:心부 / 총획:16획

忄 忄 忄 忄
忄 忄 忄 忄 悟
悟 悟 憶 憶 憶
憶

글자의 원리 ⇒ 心 ⇒ 忄 ⇒ 憶
 ⇒ 意 ⇒ 意

형성 마음(忄) 속에 간직한 뜻(意)의 작용을 가리켜 '기억', '생각'의 뜻.

풀이 ①생각하다. ②추억. 기억.

憶昔(억석) 지난날을 돌이켜 생각함.
記憶(기억) 머릿속에 잊지 않고 새기어 보존하는 일. 또는, 어떤 인상이나 경험을 되살려 생각하는 일.

어머니는 아직도 휴대폰을 어디에 두었는지 **기억**하지 못하셨습니다.

응할 응

한자 사전 찾기
부수:心부 / 총획:17획

广 广 广 广
广 广 广 广 广
广 雁 雁 雁 應
應 應

글자의 원리 ⇒ 广 ⇒ 广 ⇒ 應
 ⇒ 心 ⇒ 應

형성 따로 떨어진 집에 살며 부르면 기꺼이 대답을 하니 '대답하다'라는 뜻.

풀이 ①응하다. 대답함. ②허락하다. ③응당 ~하여야 한다.

應急(응급) 급한 대로 우선 처리함.
應答(응답) 부름이나 물음에 응하여 대답함.
應援(응원) ①운동 경기 따위에서, 노래나 춤 등으로 선수들을 격려함. ②호응하여 도움.
臨機應變(임기응변) 그때그때의 사정에 따라 즉석에서 처리한다는 뜻.

메아리가 반갑다고 **응답**합니다.

戈(창과) 部

날 부분이 갈라진 창의 모양을 본뜬 부수 명칭.

戌
다섯 번째 천간 무

한자 사전 찾기
부수:戈부 / 총획:5획

ノ 厂 戊 戊 戊

 戊 ⇒ 戊 ⇒ 戊

상형 원래 '무성하다'는 뜻에서 '다섯 번째 천간'의 뜻으로 쓰이게 됨.

 다섯 번째 천간. 방위로는 중앙.

戊夜(무야) 오경(五更). 새벽 3시부터 5시 사이.
戊辰(무진) 육십 갑자의 다섯 번째.

戈부
[1·2획]

무진년은 용띠 해입니다.

戌
개 술

한자 사전 찾기
부수:戈부 / 총획:6획

ノ 厂 F 戊 戌 戌

 戌 ⇒ 戌 ⇒ 戌

회의 십이지 중 개의 달인 '구월'에서 '개'의 뜻으로 쓰임.

 개. 열한 번째 지지(地支). 방위로는 서북(西北).

戌年(술년) 태세(太歲)의 지지(地支)가 술(戌)인 해. 개 해.
戌時(술시) 12시제(時制)에서 열한 번째 시각. 오후 7시부터 9시 사이.

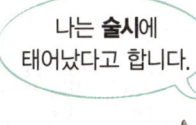

나는 **술시**에 태어났다고 합니다.

成

이룰 성

戈부
[3획]

한자 사전 찾기
부수: 戈부 / 총획: 7획

 이루다.

형성 도끼로 몇 번이고 나무를 깎아서 물건을 만드니 '이루다' 라는 뜻.

丿 厂 厂 厅 成
成 成

成功(성공) 목적을 이룸. 부자가 되거나 출세를 함. ↔ 失敗(실패).
成果(성과) 일을 이룬 결과. 또는, 일이 이루어진 결과.
成績(성적) ①어떤 일을 한 뒤에 나타난 결과. ②학업이나 시험의 결과.
語不成說(어불성설) 도무지 말이 되지 않는다는 뜻.

我

나 아

한자 사전 찾기
부수: 戈부 / 총획: 7획

 ①나. ②나의. ③아집(我執).

상형 창을 들고 나 자신을 지키는 것에서 '나' 라는 뜻.

丿 二 千 手 我
我 我

我國(아국) 우리 나라.
我田引水(아전인수) '자기 논에 물대기' 라는 뜻으로, 무슨 일을 자기에게 이로운 대로만 함을 이르는 말.
我執(아집) 제 생각만 옳다고 믿고 고집하는 기질이나 성질.

或

혹 혹

한자 사전 찾기
부수: 戈부 / 총획: 8획

一 ア 戸 戸 豆
或 或 或

 글자의 원리 ⇒ 或

회의 혹 적이 침입할까봐 무기(戈)로 국민(口)과 국토(一)를 지키니 '혹'의 뜻.

戈부
[4·12획]

풀이 ①혹은. ②어떤 사람. 어떤 경우. ③늘.

或是(혹시) 만일. 혹은.
或躍在淵(혹약재연) 장차 구름을 탈 용이 아직은 못 속에 있다는 뜻으로, 크게 될 인재를 의미함.
或者(혹자) ①혹시. ②어떤 사람.
間或(간혹) 어쩌다가 간간이.

깨끗함을 너무 강조하는 사람은 **간혹** 불필요한 오해를 살 수도 있습니다.

戰

싸움 전

한자 사전 찾기
부수: 戈부 / 총획: 16획

 글자의 원리  ⇒ 戰

형성 여러 종류의 창을 모아서 싸우니 '싸우다', '전투'라는 뜻.

풀이 ①싸움. 전쟁. ②두려워하다.

戰略(전략) 전쟁·전투에서 승리하기 위한 계략. 작전 계획.
戰爭(전쟁) 국가와 국가 사이의 무력에 의한 투쟁. 싸움.
戰戰兢兢(전전긍긍) 몹시 두려워 조심하는 모양.
臨戰無退(임전무퇴) 싸움터에서는 물러서지 아니한다는 뜻으로, 화랑도 세속 오계의 하나.

전쟁으로 인해 지구 곳곳에는 많은 고아와 난민들이 생겨났습니다.

전국 시대

▲ 전국 시대의 청동기

주나라의 세력이 크게 약해지고, 시간이 지날수록 왕실과 제후 사이의 혈연 관계도 멀어지면서 중국은 분열과 전쟁의 시대를 맞이하게 된다. 이 때를 '춘추 전국 시대'라고 한다. 그러나 이 시기에 국가의 형태는 도시 국가에서 영토 국가로 발전하고, 봉건제는 중앙 집권적인 군현제로 변하였으며, 사회와 경제면에서도 큰 발전이 있었다.

춘추 시대는 제후들이 아직은 주 왕실의 권위를 인정하며 경쟁하던 시대여서 그다지 전쟁은 많이 일어나지 않았다. 하지만 전국 시대에 들어서면서부터는 각 제후국들이 체면을 불구하고 부국 강병을 추진하였다. 그 때문에 제후국들 간의 전쟁이 그칠 새가 없었지만, 다른 한편으로는 국가 간의 경쟁 덕분에 농업과 산업이 크게 발달하고, 중국인의 생활 공간도 확대되었다.

기원전 6세기경부터 철제 농기구를 사용하였고, 청동 화폐도 널리 사용하게 되었다.

▲ 전국 시대 유물에 나타난 수렵 광경

戶(지게호) 部

외짝 문인 지게문의 모양을 본뜬 부수 명칭.

戶

지게 호

한자 사전 찾기
부수: 戶부 / 총획: 4획

一 厂 尸 戶

글자의 원리: ⇒  ⇒ 戶

상형 외짝 문인 지게문을 본뜬 글자로, 사람이 사는 '집'을 뜻하기도 함.

풀이 ①지게. 지게문. 외짝 문. ②출입구. ③집.

戶口(호구) 호수(戶數)와 인구.
戶籍(호적) 한 집안 식구의 이름, 출생, 결혼, 사망 등의 변동 사항을 적어서 행정 관청에 보관하는 문서.
家家戶戶(가가호호) 집집마다.

삼일절이 되자 **가가호호** 태극기를 게양했습니다.

房

방 방

한자 사전 찾기
부수: 戶부 / 총획: 8획

一 厂 尸 戶 戶
戶 房 房

글자의 원리: ⇒  ⇒ 戶 / 方 ⇒ 房

형성 집의 한쪽에 있는 '방'을 뜻함.

풀이 ①방. ②집. 거처.

房門(방문) 방으로 드나드는 문.
房貰(방세) 남의 집 방을 일정 기간 빌려 쓰고 내는 돈.
房帳(방장) 겨울에 외풍을 막기 위해 방 안에 치는 휘장.

밀린 **방세**를 받으러 온 집주인은 마치 거만한 폭군과도 같았습니다.

所

바 소

戶부
[4획]

한자 사전 찾기
부수:戶부 / 총획:8획

`丶 厂 厂 厉 厉`
`所 所 所`

글자의 원리 ⇒ ⇒ 所

형성 도끼로 나무를 찍는 소리가 들려오는 곳이라는 데서 '장소' 라는 뜻.

풀이 ①바. 지사(指事) 구실을 하는 말. ②곳.

所感(소감) 마음에 느낀 바. 또는, 그 생각.
所見(소견) ①눈으로 본 바. ②사물에 대한 의견·생각.
所管(소관) 어떤 사무를 맡아 관리함. 또는 그 사무.
所關(소관) 관계되는 바.
所得(소득) ①어떤 일의 결과로 얻는 것. ②수입.
所聞(소문) 여러 사람을 통해 전하여 오는 말.
所屬(소속) 딸려 있음. 附屬(부속).
所信(소신) 믿는 바.
所願(소원) 이루어지기를 간절히 바라는 바.
所用(소용) 쓰임. 또는 쓰이는 바.
所有(소유) 자기 것으로 가짐.

아하!

鄕·所·部曲
(향·소·부곡)

향·소·부곡은 신라 때부터 조선 초까지 존속하였던 지방 하급 행정 구획이다. 이곳의 주민은 일반적인 양민과 달라 신분이 노비·천민에 가까웠다. '所'는 고려 시대부터 조선 초기에 걸쳐, 광석을 캐거나 수공품을 만들던 천민들의 집단 거주지였다.

手(손수)部

손의 모양을 본뜬 부수 명칭. 변으로 올 때에는 扌로 씀.

手
손 수

한자 사전 찾기
부수:手부 / 총획:4획

丿 二 三 手

글자의 원리 ⇒ 手

상형 다섯 개의 손가락과 손바닥과 팔 모양을 본떠 '손'이라는 뜻.

풀이 ①손. ②손가락. ③힘. 도움이 되는 행위. ④사람. 인사(人士).

手工(수공) 손으로 하는 공예.
手記(수기) 체험을 손수 적음. 또는, 그 기록.
手段(수단) 일을 처리하는 방법.
手術(수술) 신체의 일부를 째거나 베어서 하는 외과적 치료법.
手足(수족) ①손과 발. ②'손과 발처럼 마음대로 부리는 사람'을 비유하여 이르는 말.
手帖(수첩) ①손수 쓴 문서. ②가지고 다니며 간단히 적을 수 있는 조그만 공책.
握手(악수) 인사를 할 때 오른손을 마주 내어 잠시 잡는 것.
自手成家(자수성가) 부모로부터 물려받은 재산이 없이 스스로의 힘으로 한 살림을 이루는 일.

▶名手(명수), 捕手(포수)

手부
[0획]

才

재주 재

手부
[0·2획]

한자 사전 찾기
부수:手부 / 총획:3획

一 十 才

글자의 원리

지사 싹은 가지나 잎의 근본이 되니 '소질', '재주'를 뜻함.

풀이 ①재주. ②재능이 있는 사람.

才能(재능) 재주와 능력.
才子佳人(재자가인) '재주 있는 남자와 용모가 아름다운 여자'를 뜻하는 말.
才致(재치) 눈치 빠르게 재빨리 응하는 재주.

그의 **재치**는 알아주어야 해!

打

칠 타

한자 사전 찾기
부수:手부 / 총획:5획

一 十 扌 扩 打

글자의 원리

형성 손으로 못을 탕탕 쳐 박으니 '두드리다', '치다'라는 뜻.

풀이 ①치다. ②공격하다.

打樂器(타악기) 두드려 연주하는 악기의 총칭. 징이나 북 따위.
打者(타자) 야구에서, 상대편 투수가 던진 공을 치는 사람.
打草驚蛇(타초경사) 풀을 건드리면 뱀이 놀란다는 뜻으로, 조심하지 못하여 상대방에게 미리 막을 기회를 준다는 말.

4번 **타자**가 친 공이 담을 넘어 홈런이 되었습니다!

재주 기

한자 사전 찾기
부수:手부 / 총획:7획

一 † 扌 扌 抃 抄 技

형성 대나무로 공예품을 만들듯, 손으로 여러 가지를 만드니 '솜씨' 라는 뜻.

풀이 ①재주. ②재능.

技能(기능) 기술상의 재능.
技法(기법) ①기교와 방법. ②기교를 나타내는 방법.
技術(기술) ①무엇을 만들거나 고치거나 다루는 뛰어난 재간이나 솜씨. ②과학에서의 재주.
特技(특기) 특별한 기술.

手부
[4획]

나의 **특기**는 태권도입니다.

도울 부

한자 사전 찾기
부수:手부 / 총획:7획

一 † 扌 扌 抃 扗 扶

형성 지아비(夫)를 '붙들어(扌)' 주며 돕는다는 뜻.

풀이 ①돕다. ②받치다. 붙듦.

扶養(부양) 도와서 기름. 스스로 살아나갈 힘이 없는 사람을 생활하게 함.
扶助(부조) ①남을 도와줌. ②잔칫집이나 상가 등에 물건이나 돈을 줌. 또는, 그 물건이나 돈.
相扶相助(상부상조) 서로 붙들고 서로 도와준다는 뜻으로 서로서로 도움.

우리 아버지에겐 **부양** 가족이 많은 편입니다.

承

받들 승

手部
[4획]

한자 사전 찾기
부수: 手부 / 총획: 8획

一 了 了 千 手
手 承 承

글자의 원리 ⇒  ⇒ 承

회의 무릎을 꿇고 양 손으로 물건을 조심스레 받드니 '계승하다' 라는 뜻.

풀이 ①받들다. 받들어 모심. ②받쳐 들다. ③잇다. 계승함. ④받다. 받아들임.

承繼(승계) 뒤를 이음. 권리나 의무를 이어받음.
承諾(승낙) 청하는 것을 허락함.
承恩(승은) 임금의 은혜를 입음.
承認(승인) ①옳다고 인정함. ②청하는 일을 들어 줌.

아버지께 이번 여행의 **승낙**을 얻었습니다.

投

던질 투

한자 사전 찾기
부수: 手부 / 총획: 7획

一 † 扌 扌 扚
抈 投

글자의 원리 ⇒ ⇒ ⇒ 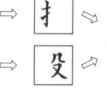 ⇒ 投
 ⇒ ⇒ ⇒

형성 창을 손으로 잡고 던지니 '던지다', '내던지다' 라는 뜻.

풀이 ①던지다. ②주다.

投手(투수) 야구에서, 내야의 중앙에 서서 타자에게 공을 던지는 선수.
投藥(투약) 약을 알맞게 처방하여 환자에게 줌.
投票(투표) 선거할 때나 어떤 결정의 가부를 표시할 때 표지(票紙)에 표를 하여 일정한 곳에 내는 일.

야구 경기에서는 **투수**의 역할이 중요합니다.

拜

절 배

한자 사전 찾기
부수:手부 / 총획:9획

一 二 三 手 手
手 手 手 拜

 글자의 원리

회의 양 손을 모으고 머리를 숙여 절하는 모습에서 '절하다'라는 뜻.

풀이 ①절. 절하다. ②경의를 나타내는 접두어.

拜金(배금) 돈을 지나치게 숭배함.
拜上(배상) 삼가 올림. 편지에서 자기 이름 아래에 쓰는 말.
拜謁(배알) 지체 높은 분을 만나뵘.
歲拜(세배) 섣달 그믐이나 정초에 웃어른께 하는 절.

手부
[5획]

설날에는 웃어른께 **세배**를 드립니다.

招

부를 초

한자 사전 찾기
부수:手부 / 총획:8획

一 十 才 扛 扔
招 招 招

 글자의 원리

형성 손짓으로(扌) 사람을 부르니(召) '불러 모으다'라는 뜻.

풀이 부르다.

招待(초대) 불러서 대접함.
招來(초래) 어떤 결과를 가져옴.
招聘(초빙) 예를 갖추어 다른 사람을 모셔 옴.
招請(초청) 청하여 부름.

부정하게 얻은 것은 오히려 화를 **초래**합니다.

手부
[5·6획]

抱

안을 포

한자 사전 찾기
부수:手부 / 총획:8획

一 十 扌 扌 扩
扚 扚 抱

글자의 원리 ⇒ 抱

형성 싸는 것처럼 팔로 껴안으니 '안다', '껴안다' 라는 뜻.

풀이 ①안다. ②지키다. ③받들다.

抱負(포부) 마음 속에 간직한, 미래에 대한 훌륭한 계획이나 희망.
抱擁(포옹) 어떤 사람을 양팔로 껴안는 것. 또는, 두 사람이 서로 양팔로 껴안는 것.
抱恨(포한) 원한을 품는 것.

청년은 원대한 **포부**를 가지고 있어야 합니다.

拾

❶ 주울 습
❷ 열 십

한자 사전 찾기
부수:手부 / 총획:9획

一 十 扌 扌 扒
扲 拎 拾 拾

글자의 원리 ⇒ 拾

형성 흩어져 있는 것을 손으로 모으라고 명령하니 '습득하다' 라는 뜻.

풀이 ❶줍다. ❷열. 十의 갖은자.

拾得(습득) 다른 사람이 잃은 물건을 주움. 주워서 얻음.
拾遺(습유) ①떨어진 것을 주움. ②빠진 작품이나 글을 모음.
拾遺補闕(습유보궐) 버려진 것을 주워 모으고, 모자란 것을 기워 넣음.
▶收拾(수습)

길거리에서 **습득**한 물건은 근처의 파출소에 가져다 주어야 합니다.

가질 지

한자 사전 찾기
부수:手부 / 총획:9획

一 十 扌 扌 扌
扌 扌 持 持

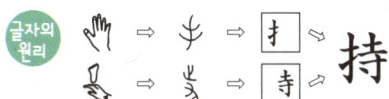

형성 손발을 움직이는 것은 물건을 들고 움직이는 것이니 '가지다' 라는 뜻.

풀이 ①가지다. ②보전하다. ③지키다.

持病(지병) 오랫동안 낫지 않고 계속 앓고 있는 만성병.
持斧伏闕(지부복궐) 죽을 각오로 임금에게 상소할 때에 '도끼를 가지고 대궐 밖에서 엎드림'을 말함.
持續(지속) 계속하여 지녀 나감. 같은 상태가 오래 계속됨.
持參(지참) 돈이나 물건을 가지고 가서 참가함.

手부
[6획]

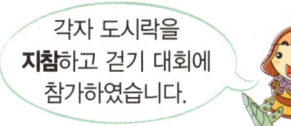

각자 도시락을 **지참**하고 걷기 대회에 참가하였습니다.

손가락 지

한자 사전 찾기
부수:手부 / 총획:9획

一 十 扌 扌 扌
扌 指 指 指

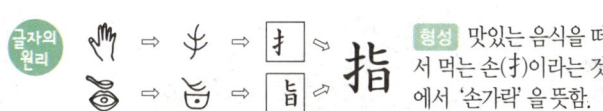

형성 맛있는 음식을 떠서 먹는 손(扌)이라는 것에서 '손가락'을 뜻함.

풀이 ①손가락. 발가락. ②가리키다. ③뜻. 취지.

指導(지도) 목적이나 방향에 따라 가르쳐 인도함.
指名(지명) 여럿 가운데서 누구라고 그 이름을 가리켜 말함.
指紋(지문) 손가락의 안쪽에 있는 물결 같은 금. 또는, 그것을 물체에 남긴 흔적.
指向(지향) ①뜻하여 향함. ②작정하거나 지정한 방향.

그 선생님에게 직접 **지도**를 받을 예정입니다.

343

사슴을 가리켜 말이라 하다

지록위마(指鹿爲馬)

조고를 두려워하고 있던 대신들은 대부분 말이라고 대답하였다. 이것으로 자신에 대한 대신들의 마음을 파악한 조고는 며칠 후, 황제 호해를 죽이고 부소의 아들 자영을 황제의 자리에 앉히고 실권을 잡았다. 그러나 이번에는 조고 자신이 자영에게 살해되었다.

手부
[8획]

授
줄 수

한자 사전 찾기
부수:手부 / 총획:11획

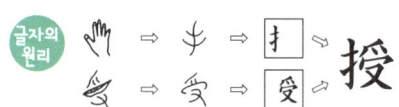

형성 받음을 뜻하는 '受'에 손 수(扌)변을 붙여 '주다' 라는 뜻.

풀이 ①주다. ②가르치다. ③임명하다.

授賞(수상) 상을 줌.
授受(수수) 주고받음.
授業(수업) 학생들을 대상으로 일정한 교과 내용을 가르치는 것.
授與(수여) 내려 줌. 상장, 증서 따위를 줌.

선생님께서는 늘 **수업** 분위기를 강조하십니다.

한자 Q&A

Q 《천자문(千字文)》이란 무엇일까요?

A 《천자문(千字文)》은 한자를 처음 배우는 사람들을 위한 입문서입니다. 《천자문》은 중국 양나라의 주흥사라는 사람이 무제의 명을 받아 1000개의 한자를 내용별로 정리한 책으로, 당나라 이후 급격히 보급되어 우리 나라에서도 널리 사용되어 왔습니다. 《천자문》은 한자를 4개씩 묶어 두어서 기억 효과가 뛰어나고, 내용 또한 자연 현상에서 인륜, 도덕에 이르기까지 광범위하여, 한자를 처음 접하는 사람들을 위한 필수 교과서가 되었답니다.

사귈 접

한자 사전 찾기
부수: 手부 / 총획: 11획

一 ㇐ 扌 扌' 扩
扩 护 拦 按 接
接

글자의 원리

형성 벌로 문신을 새기기 위해 죄지은 여인의 손을 잡아당기니 '닿다'라는 뜻.

풀이 ①사귀다. ②서로 마주 걸리다. ③대접하다. ④잇다. ⑤접붙이다. 접.

接待(접대) 손님을 맞아 안내하거나 시중들거나 함.
接木(접목) 나무를 접붙임.
接續(접속) 서로 맞대어 이음.
接觸(접촉) ①두 물체가 맞닿음. ②더불어 일하거나 사귀기 위하여 가까이 대함.

手부
[8획]

오늘은 인터넷 **접속**이 잘 안 되는 날이었습니다.

캘 채

한자 사전 찾기
부수: 手부 / 총획: 11획

一 ㇐ 扌 扩 扩
扩 护 拦 採 採
採

글자의 원리

형성 손끝으로 나무의 싹을 따니 '캐다', '채택하다'라는 뜻.

풀이 ①캐다. ②가리다. 채택함.

採根(채근) ①식물의 뿌리를 캠. ②일의 근원을 캠.
採石場(채석장) 건축이나 건설 등의 재료로 쓸 돌을 떠내는 곳.
採用(채용) 의견·방법 등을 채택하여 씀. 인재를 등용함.
採集(채집) 잡거나 따거나 캐거나 하여 모음.

선생님과 함께 식물 **채집**을 했던 기억이 새롭습니다.

推

❶ 옮을 추
❷ 밀 퇴

手부
[8획]

한자 사전 찾기
부수:手부 / 총획:11획

一 亻 亻 扌 扌
扩 扩 护 护 推
推

글자의 원리

형성 새를 손으로 쫓아 버리는 것에서 '어떤 것을 밀고 나가다' 라는 뜻.

풀이 ❶ ①옮다. 변천함. ②밀다. ❷밀다.

推理(추리) 알고 있는 사실을 바탕으로 알지 못하는 것을 미루어 생각하는 것.
推移(추이) 시간이 지남에 따라 일이나 형편이 변하여 가는 일.
推薦(추천) 물건을 권하거나 사람을 쓰도록 권함.
推敲(퇴고) 시나 문장을 지을 때, 글귀나 글자를 이리저리 생각하여 다듬고 고치는 일.

탐정은 **추리**를 잘 해야 사건을 해결할 수 있습니다.

探

찾을 탐

手부

한자 사전 찾기
부수:手부 / 총획:11획

一 亻 亻 扌 扩
扩 护 护 探 探
探

글자의 원리

형성 화덕 속에 남은 불씨를 손으로 찾아 내니 '더듬어 찾다' 라는 뜻.

풀이 ①찾다. ②엿보다.

探究(탐구) 진리, 과학 등을 파고들어 깊이 연구함.
探訪(탐방) 어떤 곳이나 사람을 더듬어 찾아감.
探偵(탐정) 남의 비밀스런 일을 몰래 알아보거나 범죄 사건을 파헤치는 일. 또는, 그 사람.
探險(탐험) 위험을 무릅쓰고 미지의 세계를 찾아다니며 살핌.

그는 어릴 적부터 사물을 **탐구**하는 습관이 있었습니다.

揚

오를 양

한자 사전 찾기
부수: 手부 / 총획: 12획

一 十 扌 扌 扩
扪 押 捍 捍 捍
揚 揚

글자의 원리

형성 손(扌)으로 올리는 깃발이 햇빛(昜)에 펄럭이니 '드날리다' 라는 뜻.

풀이 ① 오르다. 날다. ② 일다. 불어 오름.

揚名(양명) 이름을 드날림.
揚水(양수) 물을 자아올림. 또는, 그 물.
揚揚(양양) 우쭐거리며 뽐내는 태도가 있는 모양.
宣揚(선양) 널리 떨치거나 드날리는 것.

手부
[9·14획]

국위를 **선양**하고 돌아왔습니다.

擧

들 거

한자 사전 찾기
부수: 手부 / 총획: 18획

丶 ⺍ ⺍ 臼 臼
臼 舁 舁 舁 舁
舁 舉 舉 擧 擧
擧 擧 擧

글자의 원리

형성 코끼리의 엄니를 소중하게 운반하니 '들어올리다' 라는 뜻.

풀이 ① 들다. ㉮ 권하다. ㉯ 천거하다. ② 다. 통틀어.

擧國(거국) 온 나라.
擧動(거동) 행동하는 짓이나 태도. 몸가짐.
擧論(거론) 어떤 사항을 이야깃거리로 삼아 의논함.
擧手(거수) ① 손을 듦. ② 손을 들어 경례하는 의식.
擧行(거행) ① 행사나 의식을 격식에 맞게 치름. ② 명령에 따라 행함.

그 안건은 다시 **거론**하지 않기를 바랍니다.

支 (버틸지) 部

댓가지를 손으로 잡고 있는 모습에서 '버티다'의 뜻을 나타낸 부수 명칭.

글자의 원리: 🎋 ⇒ 支 ⇒ 支

회의 대나무 잎을 손에 쥐고 떠받치는 모양에서 '떠받치다' 라는 뜻.

가를 지

한자 사전 찾기
부수:支부 / 총획:4획

一 十 十 支

풀이 ①가르다. 갈림. ②가지. ③버티다. 맞서서 겨루다. ④지지(地支). 12지(支).

支局(지국) 본사의 관리를 받으면서 다른 곳에서 그 지역의 업무를 맡아보는 곳.
支配(지배) ①거느리어 마음대로 다스림. ②힘으로 타인의 생각이나 행동을 구속함.
支持(지지) ①받쳐서 버팀. ②찬동하여 원조함.
支出(지출) 돈을 내 줌. 금전을 지불하는 일. ↔ 收入(수입).

> 작은아버지께서는 신문사 런던 **지국**으로 발령이 나셨다고 합니다.

攵 (등글월문) 部
[支부 [0획] 攵부 [2획]]

손에 나뭇가지를 들고 똑똑 두드리거나 치는 모습을 나타낸 부수 명칭.

글자의 원리: ⇒ ⇒  ⇒ 收

형성 뿔뿔이 흩어진 물건을 한군데 모아 거둬들이니 '거둬들이다' 라는 뜻.

거둘 수

한자 사전 찾기
부수:攵부 / 총획:6획

丨 丩 丩 収 収
收

풀이 ①거두다. 받아들이다. ②가지런히 하다.

收去(수거) 거두어 감.
收拾(수습) ①주워 모음. 정리함. ②치움. 정돈함. ③어지러운 현상을 안정되게 함.
收入(수입) ①거두어들임. ②금전이 들어옴. ↔ 支出(지출).

> 쓰레기를 분리 **수거**하여 자원을 재활용합시다.

改

고칠 개

한자 사전 찾기
부수: 攵부 / 총획: 7획

` ｺ ｺ ｺ ｺ ｺ `
` 改 改 `

 글자의 원리

 형성: 나쁜 짓을 한 사람을 채찍으로 때려 고치니 '고쳐서 좋게 한다' 는 뜻.

풀이 ①고치다. ㉮새롭게 고치다. ㉯바꾸다. ②다시. ③고쳐지다.

改過遷善(개과천선) 지난날의 허물을 고치고 착하게 된다는 뜻.
改善(개선) 잘못된 점을 고쳐 좋게 함.
改正(개정) 잘못된 것을 바르게 고침.
改宗(개종) 믿던 종교를 바꾸어 다른 종교를 믿음.
改革(개혁) 바꿈. 새롭게 뜯어 고침.

攵부
[3·4획]

환경 보전과 **개선**에 힘써야 합니다.

放

놓을 방

한자 사전 찾기
부수: 攵부 / 총획: 8획

` ` ｰ ｧ 方 方 `
` 放 放 放 `

 글자의 원리

형성: 죄인을 때려 배에 태워 귀양 보내니 '쫓아 버리다', '놓다' 라는 뜻.

풀이 ①놓다. ②내치다. ③놓이다. ④멋대로 하다.

放牧(방목) 가축을 놓아 먹임.
放心(방심) 마음을 다잡지 않고 풀어 놓음. 긴장이 풀어진 상태에서 조심하지 않거나 주의를 기울이지 않는 것.
放置(방치) 그대로 내버려 둠.
放學(방학) 학교에서 일정한 기간 수업을 쉬는 일.

방학 때는 학교에서 수업을 하지 않습니다.

351

政

정사 정

女부
[5획]

한자 사전 찾기
부수:女부 / 총획:9획

一 T F F 正
正 政 政 政

형성 나쁜 것을 채찍으로 때려 바로잡는 것에서 '수습하다', '정치'라는 뜻.

풀이 ①정사(政事). 정치에 관계되는 일. ②바르게 하다. ③법규. 법제.

政權(정권) ①정치를 행하는 권력. ②국가의 통치 기관을 움직이는 권력.
政府(정부) 국가의 정무를 행사하는 기관.
政丞(정승) 조선 시대의 영의정, 좌의정, 우의정을 이름.
政治(정치) 통치자나 위정자가 국민을 위해 시행하는 여러 가지 일.

국회 의원이 **정치**를 잘 해야 국민이 행복합니다.

故

연고 고

한자 사전 찾기
부수:女부 / 총획:9획

一 十 十 古 古
古 古 故 故

형성 과거의 일을 들추어 그 까닭을 캐어 본다는 데서 '연고'의 뜻.

풀이 ①까닭. ②옛, 이전의. ③오래 되다. ④그러므로. ⑤죽다.

故事(고사) ①옛날에 있었던 일. ②옛날부터 전해지는 유서 깊은 일.
故人(고인) ①죽은 사람. ②사귄 지 오래 된 친구.
故障(고장) 기계 따위가 못 쓰게 됨.
故鄕(고향) 태어나서 자란 고장.

누런 벼 이삭이 고개 숙인 황금 들녘의 가을 농촌은 언제나 마음의 **고향**입니다.

 **고사성어**

죽마고우 (竹馬故友)

· 출전 : 《세설신어》〈품조편〉
· 풀이 : 어릴 때의 친구를 뜻함.

　진(晉)나라 간문제 때의 일이다. 촉 땅을 평정한 환온의 세력이 날로 커지자 간문제는 이를 견제하려고 은호를 기용했다. 그는 환온의 어릴 때 친구로서 학식과 재능이 뛰어났다. 은호가 기용된 이후로 둘은 서로 적이 되었다. 그 무렵, 진나라는 호족 사이에 일어난 내분을 이용해 중원 땅을 회복하려고 하여 은호가 출병했으나 말에서 떨어지는 바람에 크게 패하고 말았다. 환온은 바로 상소를 올려 은호를 귀양 보내었다. 환온은 사람들에게 "은호는 나와 어릴 때 같이 죽마를 타고 놀던 친구였는데, 내가 죽마를 버리면 은호가 늘 가져갔지. 그러니 그가 내 밑에 있는 것은 당연한 일이다."라고 말했다. 은호는 결국 변방의 귀양지에서 삶을 마쳤다고 한다.

攵부 [6획]

본받을 효

한자 사전 찾기
부수: 攵부 / 총획: 10획

글자의 원리

형성 두 힘이 서로 교차하면서 만나면 일이 잘 되니 '효험', '공적'의 뜻.

풀이 ①본받다. ②나타나다. ③보람. 효험.

效果(효과) ①보람 있는 결과. ②공. 공적. ③좋은 결과.
效能(효능) 주로 약품의, 병을 낫게 하는 성능.
效則(효칙) 본받아서 법으로 삼음.
效驗(효험) 행한 일의 보람.
實效(실효) 실제의 효력.

그 계획은 **실효**성이 없는 일입니다.

가르칠 교

攵부
[7획]

한자 사전 찾기
부수:攵부 / 총획:11획

ノ × ⺍ ¥ 耂
孝 孝 教 教 教
教

글자의 원리

형성 채찍으로 때리는 것처럼 아이를 엄하게 가르치니 '가르치다' 라는 뜻.

풀이 ①가르치다. ㉮깨닫게 하다. ㉯올바른 길로 일깨우다. ㉰바로잡아 주다. ②가르침. ③스승.

教師(교사) 학교에서 일정한 자격을 가지고 학생을 가르치거나 돌보는 사람.

教室(교실) 학교에서 선생님이 학생들을 가르치는 방.

教育(교육) 가르쳐 기름. 지식을 가르치며 품성을 길러 줌.

教鞭(교편) 학생을 가르칠 때 교사가 가지는 회초리라는 뜻으로, 교사로서의 직무를 이르는 말.

教學相長(교학상장) 남을 가르치는 일과 남에게서 배우는 일은 모두 다 자기의 학업을 증진시킨다는 말.

教化(교화) ①죄를 지은 사람을 가르치고 일깨워서 올바른 사람이 되도록 함. ②불도로 사람을 가르쳐 착한 마음을 가지게 함.

教訓(교훈) 가르치고 타이름. 또는, 그 가르침.

아하!

教皇(교황)

가톨릭 교회의 최고 지도자이자 로마 주교, 바티칸 공화국의 최고 통치자를 겸한다. 20세기에 들어서는 국제 사회의 문제를 지도하며 세계 평화에 기여했다. 2005년 선종한 폴란드 인 교황 요한 바오로 2세는, 1523년 이래 이탈리아 인 추기경만이 교황으로 뽑히는 전례를 깼다.

비주얼 한자

공자와 유교

▲ 공자의 일대기를 그린 그림

공자는 유교의 창시자로, 춘추 시대 말기 노나라의 창핑샹에서 태어났다. 본명은 공구이고, 자는 중니이다. 공자는 6예(의례·음악·활쏘기·마차술·서예·수학)에 능하고, 특히 역사와 시에 밝아서 30대에 훌륭한 스승으로 이름을 날렸다. 그러나 다른 학식 있는 은자(숨어 사는 사람)와는 달리 세상에 속해 살면서 세상을 바꾸려고 노력했다. 그래서 자신이 숭배했던 인물인 주공의 이상 정치를 실현하기 위해 노나라의 관리가 되었으나, 반대파로 인해 국외로 망명하여 여러 나라를 돌아다니며 10여 년 간 자신의 정치 사상을 폈다. 공자가 비록 노나라에서 자신의 정치 이상을 실현시키지는 못했지만, 정치는 곧 도덕이라는 그의 철학은 후세에 큰 영향을 미쳤다. 공자의 근본 사상은 덕치주의인데, 그에 따르면 국왕은 군자(하늘과 땅, 신과 인간 사이의 모든 일을 다스리는 사람)여야 하고, 힘으로써가 아니라 덕으로 사람들을 감복시켜야 한다고 강조했다.

67세에 고향으로 돌아온 공자는 제자들의 교육에만 전념하면서 《역경》, 《시경》, 《춘추》, 《예기》 등의 경전을 편찬하였으며, 공자가 죽은 후 제자들이 그의 사상을 정리하여 《논어》를 편찬하였다.

▲ 공자의 묘

◀ 공자

救

구원할 구

攵부
[7획]

부수: 攵부 / 총획: 11획

一 十 寸 寸 求
求 求 求 救 救
救

글자의 원리

형성 쓰러진 사람을 정신 차리게 하고 따뜻하게 해서 구하니 '구원하다' 라는 뜻.

풀이 ①구원하다. 도움. ②고치다. 치료함. ③도움. 구원.

救國(구국) 나라를 위기에서 건짐.
救病(구병) 병구완을 함.
救援(구원) 곤란을 면하도록 도와줌.
救助(구조) 위험하거나 어려운 지경에 있는 사람을 구하여 줌.
救護(구호) 재난을 당한 사람이나 부상자, 병자 등을 도와주고 보호함.

침몰되었던 어선의 어부들이 **구조**되었습니다.

敗

패할 패

攵부

부수: 攵부 / 총획: 11획

l 冂 冃 月 貝
貝 貝 貯 貯 敗
敗

글자의 원리

형성 조개를 두드려 둘로 나누니 '때려부수다', '패배하다' 라는 뜻.

풀이 ①패하다. ㉮지다. ㉯실패하다. ㉰망하다. ②썩다.

敗家亡身(패가망신) 집안의 재산을 없애고 몸을 망친다는 뜻으로, 어떤 일을 도모하다가 재산과 몸을 망친 경우를 의미하는 말.
敗北(패배) 싸움에 짐. 싸움에 져 도망함.
失敗(실패) 능력이 부족하거나 조건이 불리하여 뜻을 이루지 못하는 것.
▶腐敗(부패)

실패는 성공의 어머니입니다.

패배한 군대의 장수는 말이 없다

패군장불가이언용(敗軍將不可以言勇)

"만일 성안군이 그대의 계책을 받아들였더라면 내가 그대의 포로가 되었을 것이네. 내가 그대의 계책을 따르겠으니 사양하지 말게."
이좌거는 한신의 정성에 감동하여 연나라와 제나라를 토벌할 방법을 제시해 주었고, 한신은 그것을 받아들여 뜻을 이룰 수 있었다.

敢

감히 감

한자 사전 찾기
부수: 攵부 / 총획: 12획

一 丁 工 エ 千
耳 垂 耳 耳 耵
耵 敢

글자의 원리

 ⇒ 舍 ⇒ 耳 ⇒ 敢
⇒ 攴 ⇒ 攵

회의 어른 앞에 나아가 두 손으로 무엇을 받으니 '감히', '용감하다'는 뜻.

풀이 ①감히. ㉮두려움을 무릅쓰다. ㉯함부로. ㉰결연히. ②감당하다.

攵부 [8획]

敢死(감사) 죽음을 두려워하지 않음. 필사적임. 決死(결사).
敢言(감언) 감히 말함. 어려움을 무릅쓰고 의견을 말함.
敢行(감행) 용감하게 실행함.
勇敢(용감) 씩씩하고 겁이 없으며 기운 참.

그는 근래에 보기 드문 **용감**한 시민이었습니다.

 한자 Q&A

Q 모양이 비슷한 한자에는 어떤 것이 있을까요?

A 한자의 자수가 워낙 많다 보니 모양이 비슷한 한자도 많습니다. 한자를 정확하게 익히려면 모양이 비슷한 한자들을 잘 구분할 수 있어야 합니다. 모양이 비슷해서 헷갈리는 한자를 알아봅시다.

예) 材(재목 재) / 財(재물 재)
　　失(잃을 실) / 夫(남편, 사내 부)
　　完(완전할 완) / 元(으뜸 원)

散

흩을 산

攵부
[8·9획]

한자 사전 찾기
부수:攵부 / 총획:12획

一 卜 卝 쓰 쓰
뱌 뱌 뱌 背 背
散 散

글자의 원리 ⇒ 昔 ⇒ 昔 ⇒ 散

형성 채찍으로 고기를 때려 흩어지게 한 모양에서 '흩어지다' 라는 뜻.

풀이 ①흩다. ②흩어지다. ③풀어 놓음. ④문체(文體) 이름.

散文(산문) 글자 수의 제한이나 운율의 규정이 없는 보통의 문장.
散髮(산발) 머리를 풀어 헤침. 또는, 그 머리.
離散(이산) 헤어져 흩어지는 것.
魂飛魄散(혼비백산) 혼백이 이리저리 흩어진다는 뜻으로, 사람이 어떤 일을 당하여 몹시 놀라 넋을 잃는 것.

우리 나라는 6·25전쟁 직후에 **이산** 가족이 많이 생겼습니다.

敬

공경 경

攵부

한자 사전 찾기
부수:攵부 / 총획:13획

丶 十 艹 艹 岁
芍 苟 苟 苟 苟
敬 敬 敬

글자의 원리 ⇒ 苟 ⇒ 苟 ⇒ 敬

회의 양처럼 순한 사람을 채찍으로 때려 인사를 하게 하니 '공경하다' 의 뜻.

풀이 ①공경. 공경하다. ②정중하다. 공손함.

敬老(경로) 노인을 공경함.
敬語(경어) 존경하는 뜻을 나타내는 말. 공대어.
敬意(경의) 존경하는 마음.
敬天愛人(경천애인) 하늘을 공경하고 사람을 사랑함.

조국과 민족을 위해 돌아가신 순국 선열들께 **경의**를 표합니다.

❶ 셈 수
❷ 자주 삭

한자 사전 찾기
부수: 攵부 / 총획:15획

형성 여인이 천을 몇 번이고 두드려 부드럽게 하니 '자주', '세다'라는 뜻.

풀이 ❶①세다. 계산함. ②헤아리다. ③수. ④약간의. ❷자주.

攵부 [11획]

數尿症(삭뇨증) 오줌이 자주 마려운 병.
數理(수리) ①수학의 이론이나 이치. ②계산의 이치. 셈.
數米而炊(수미이취) 쌀을 세어 밥을 짓는다는 뜻으로, 대담하지 못하고 좀스러운 사람을 비유한 말.
數式(수식) 수나 양을 나타내는 숫자나 문자를 계산 기호로 연결한 식.
數日(수일) 며칠. 2, 3일에서 5, 6일 정도.
數次(수차) 몇 차례. 두세 차례.
數値(수치) 계산하여 얻은 값.
數爻(수효) 낱낱의 수.
個數(개수) 낱으로 셀 수 있는 물건의 수효.

아하! 數字(숫자)

지금 우리가 사용하는 숫자는 1,400~1,500년 전 인도에서 발명된 것으로, 아라비아에서 유럽으로 전해졌다. 그래서 '아라비아 숫자'라고도한다. 1~9의 숫자와 0을 쓰면 어떤 큰 숫자도 아주 쉽게 만들어 낼 수가 있게 되어 숫자를 받아들인후 유럽의 수학은 급속히 발달했다.

敵

원수 적

攵부
[11획]

부수:攵부 / 총획:15획

 ⇒ ⇒ ⇒ 敵

형성 지붕에서 물방울이 떨어지는 것처럼, 어떤 상대를 때리니 '적'을 뜻함.

 ①원수. 적. ②상대. ③대등하다.

敵愾心(적개심) 적을 미워하여 싸우려는 마음.
敵手(적수) ①자기와 필적하는 사람. 맞수. ②자기에게 대항하는 사람. 원수.
敵陣(적진) 적군의 진영.
衆寡不敵(중과부적) 적은 수로는 많은 수의 적에 맞서지 못한다는 뜻.
匹敵(필적) 재주나 힘이 어슷비슷하여 서로 맞서는 것.

씨름판에서는 저 선수를 **필적**할 만한 선수가 없습니다.

 한자 Q&A

Q 뜻이 상대되는 한자에는 어떤 것이 있을까요?

A 한자어에는 서로 상대, 또는 반대되는 뜻의 한자가 합쳐서 만들어진 단어들이 많기 때문에 한자를 배울 때에는 뜻이 상대되는 한자를 같이 기억해 두는 것이 좋습니다.
서로 상대되는 뜻을 가진 한자를 알아봅시다

　　예) 男(사내 남) ↔ 女(계집 녀)
　　　　左(왼쪽 좌) ↔ 右(오른쪽 우)
　　　　上(위 상) ↔ 下(아래 하)

文 (글월문) 部

바르게 선 사람 몸에 문신을 그린 모양을 본뜬 부수 명칭.

글월 문

한자 사전 찾기
부수:文부 / 총획:4획

` 一 ナ 文

글자의 원리 ⇒ 文 ⇒ 文

상형 몸에 그린 문신을 뜻 하는 '무늬'에서 점차 '글월'이라는 뜻으로 쓰임.

풀이 ①글월. 문장. ②글자. ③책. ④학문.

文明(문명) 사람의 지혜가 발달하여 생활이 편리하고 풍부해진 상태.
文房四友(문방사우) 종이, 붓, 먹, 벼루 등의 네 가지 문방구를 뜻하는 말.
文書(문서) 계약이나 소유를 밝힌 서류 따위.
文章(문장) 생각이나 느낌을 글로 적어 나타낸 것.
文學(문학) ①글에 대한 학문·학예. ②예술의 한 장르.
不立文字(불립문자) 문자로는 세울 수 없다는 뜻으로, 깊은 진리는 말이나 글을 써서 전할 수 없다는 말.
▶**國文(국문), 單文(단문), 漢文(한문)**

文부
[0획]

아하!

古代文明(고대 문명)

고대의 4대 문명은 나일 강 유역의 이집트 문명, 티그리스·유프라테스 강 유역의 메소포타미아 문명, 인더스 강 유역의 인더스 문명, 황허강 중·하류 지역의 황허 문명이다. 4대 문명의 발상지들은 모두 북반구에 위치하여 대부분 기후가 온화하고 기름진 토지를 지녔다.

수나라
문제

▲ 문제

　470여 년 동안이나 분열 상태에 놓여 있던 중국을 다시 통일한 사람은 수나라의 문제(양견)였다. 문제는 북위 때 처음 실시된 균전제를 실시하고 과거 제도를 처음으로 시행하여 중앙 집권 체제를 갖춤으로써 왕조의 기반을 튼튼히 하였다. 뒤를 이은 양제는 동진 이후 경제적 개발이 촉진되어 온 강남의 물자를 정치적 중심지인 화북으로 쉽게 운반하기 위해 총길이가 14km 에 이르는 대운하를 건설하였다. 이 운하는 후세에까지도 중국의 교통과 산업의 발달에 크게 기여하였다.

　수는 북방의 강력한 세력인 돌궐을 누르고 안남을 공략하는 등 대외 확장 정책을 폈다. 그러나 문제의 뒤를 이은 양제의 대규모 토목 공사와 무리한 대외 원정, 특히 3차에 걸친 고구려 원정의 실패로 각지에서 반란이 일어나 통일된 지 30여 년 만에 멸망하였다.

▼ 수나라 때 만든 윈강석굴

斗(말두) 部

용량을 헤아리는 '말'의 모양을 본뜬 부수 명칭.

斗
말 두

한자 사전 찾기
부수:斗부 / 총획:4획

丶 丷 斗 斗

글자의 원리  **상형** 용량을 재는 그릇인 말의 모양을 본뜬 글자로 '말' 이라는 뜻.

풀이 ①말. 10되. ②별 이름.

斗極(두극) 북두칠성과 북극성. 또는, 북두칠성.
斗大(두대) 한 말 들이의 크기.
斗星(두성) 북두칠성.
泰斗(태두) 어떤 방면에서 가장 권위 있는 사람.

斗부
[0·6획]

퇴계 이황 선생은 성리학의 **태두**입니다.

料
헤아릴 료

한자 사전 찾기
부수:斗부 / 총획:10획

丶 丷 ¥ ¥
米 米 米 米 料

글자의 원리 ※ ⇒ ⼩ ⇒ 米 ⇒ 料
⌐ ⇒ 斗 ⇒ 斗

회의 쌀(米)을 말질한다(斗)는 뜻에서 널리 '헤아린다' 는 뜻으로도 쓰임.

풀이 ①헤아리다. ②되다. ③세다. ④봉급. ⑤재료. ⑥삯. 값.

料金(요금) 사용하거나 힘을 빌렸거나 했을 때 값으로 셈하는 돈.
料量(요량) ①말로 됨. 또는, 그 말[斗]. ②헤아려 생각함. 또는, 그 생각.
史料(사료) 역사의 연구·편찬에 자료가 되는 문헌이나 유물.
▶給料(급료), 無料(무료), 材料(재료)

삼국 시대로부터 전하는 전통 민속놀이에 관한 **사료**는 남아 있는 것이 적습니다.

365

斤(도끼근) 部

도끼의 모양을 본뜬 부수 명칭.

새 신

斤부
[9획]

한자 사전 찾기
부수:斤부 / 총획:13획

' 亠 亣 立 호
후 휴 亲 新
新 新 新

글자의 원리

형성 도끼로 막 자른 생나무라는 것에서 '새롭다', '처음으로'라는 뜻.

풀이 ①새. 새로운. ②새로워지다. 새롭게 함. ③새로움. 새 것. ④새해.

新舊(신구) 새것과 헌것. 새로운 것과 낡은 것.
新年(신년) 새해.
新綠(신록) 초여름에 새로 나온 나뭇잎의 연한 초록빛.
新聞(신문) ①새로 들음. ②새 소식이나 언론을 신속히 보도하는 정기 간행물.
▶迎新(영신)

나무마다 물이 오르고 **신록**이 아름다운 오월입니다.

고사성어

온고지신 (溫故知新)

· 출전 : 《논어》〈위정〉
· 풀이 : 옛것을 익혀 새것을 안다는 뜻.

유교를 창시한 공자가 스승의 자격에 대해 다음과 같이 말했다.
"옛것을 익혀 새로운 것을 알면 스승이 될 수 있다."
스승의 역할은 예나 지금이나 올바른 삶의 방법을 제시하는 것이다. 그러려면 미래에 전개될 일을 정확히 파악하여 그것에 대처할 수 있는 능력이 뛰어나야 한다. 미래란 과거와 현재를 떼어 놓고 생각할 수 없는 것으로, 과거와 현재에 이르는 흐름의 변화를 파악한다면 앞으로 다가올 미지의 세계 또한 어렵지 않게 예측할 수 있게 된다. 따라서 그에 대한 대처 방안도 정확히 알 수 있으니 '옛것을 익혀 새로운 것을 안다.'는 것은 바로 이런 뜻으로, 스승의 역할이 학문의 가르침에만 있지 않다는 것을 일러 준다.

方 (모방) 部

두 척의 배를 붙여 '모남'을 뜻하거나 쟁기의 보습이 나아갈 '방향'을 가리킨 부수 명칭.

방위 방

한자 사전 찾기
부수:方부 / 총획:4획

상형 배를 대 놓은 모양에서 '네모'를 뜻함. 또는, 쟁기를 본떠 '수단'이라는 뜻.

方부
[0획]

 ①모. 각(角). ②방향. ③약. 약을 조제하는 일. ④바야흐로. 막.

方今(방금) 바로 이제. 조금 전.
方面(방면) 향하는 쪽. 또는, 그 지방이나 방향.
方法(방법) 일의 방식, 또는 달성 수단.
方位(방위) 동서남북을 기준으로 하여 정한 방향.
方正(방정) ①언행이 바르고 점잖음. ②물건이 네모지고 반듯함.
方舟(방주) 네모진 모양의 배.
方針(방침) 앞으로 일을 처리해 갈 방향이나 계획.
方向(방향) ①사람이나 사물 등이 향하거나 움직이는 쪽. ②향하여 나아가고자 하는 일의 목표나 대상.

▶漢方(한방)

於

方부
[4·5획]

❶ 어조사 어
❷ 탄식할 오

한자 사전 찾기
부수:方부 / 총획:8획

丶 亠 ナ 方 扩
於 於 於

글자의 원리 ⇒ ⇒ 於

회의 까마귀 소리가 '아' 하고 감탄하는 것과 비슷하다는 데서 어조사로 쓰임.

풀이 ❶어조사. ㉮장소. ~에. ~에서. ㉯비교. ~보다. ❷감탄하는 소리. '아!'

於中間(어중간) ①거의 중간이 되는 곳. ②엉거주춤한 형편.
於乎(오호) 감탄하는 소리. 아아!
靑出於藍(청출어람) 푸른색은 쪽빛에서 나온다는 뜻으로, '而靑於藍(이청어람 : 그 청은 쪽빛보다 더 푸르다)'과 이어져 제자가 스승보다 나음을 뜻함.

친구와 약속한 시각까지 시간이 **어중간**하게 남았습니다.

施

베풀 시

한자 사전 찾기
부수:方부 / 총획:9획

丶 亠 方 方 扩
扩 斿 施 施

글자의 원리 ⇒ ⇒ 施

형성 말렸던 깃발이 펼쳐지니 '펴다'는 뜻에서 '베푼다'는 뜻으로도 쓰임.

풀이 ①베풀다. 설치함. ②퍼지다. 이어짐. ③은혜. 은혜를 베풂.

施工(시공) 공사를 착수하여 진행함.
施賞(시상) 상(賞)을 줌.
施設(시설) 장치나 도구 등을 베풀어 갖춤. 또는, 그 설비.
施惠(시혜) 은혜를 베풂. 또는, 그 은혜.

우리 학교는 어느 학교보다 **시설**이 좋습니다.

旅

나그네 려

한자 사전 찾기
부수: 方부 / 총획: 10획

丶 亠 亍 方 方
方 方 旅 旅 旅

글자의 원리

회의 깃발 아래에 줄지어 행진하는 모습에서 '여행하다', '나그네'를 뜻함.

풀이 ①나그네. 여행함. ②군사. 군대.

旅券(여권) 외국 여행하는 사람에게 정부가 주는 여행 허가증.
旅團(여단) 군대를 구성하는 부대 중 연대보다 크고 사단보다 작은 부대.
旅程(여정) 여행하는 과정이나 일정.
旅行(여행) 다른 고장이나 외국에 가는 일.

여정에 즐거운 일도 있었지만 힘든 일도 있었습니다.

方부
[6·7획]

族

겨레 족

한자 사전 찾기
부수: 方부 / 총획: 11획

丶 亠 亍 方 方
方 方 圵 族 族
族

글자의 원리

회의 깃발 아래에 화살을 모아 정돈한 것에서 '동료', '집안'을 뜻함.

풀이 ①겨레. ②가계(家系).

族屬(족속) 같은 문중의 겨레붙이. 또는, 같은 동아리.
家族(가족) 혼인으로 맺어지거나 혈연으로 이루어진 집단. 한 집의 친족.
白衣民族(백의민족) 예로부터 흰 옷을 즐겨 입은 우리 나라 민족(한민족)을 뜻하는 말.
▶民族(민족), 親族(친족)

오랜만에 가족이 다 모였습니다.

369

无(없을무)部

兀(우뚝 올)의 왼쪽 획이 치뚫고 하늘(一)까지 통해 그 위가 '없다'는 뜻의 부수 명칭.

旣

이미 기

无부
[7획]

한자 사전 찾기
부수:无부 / 총획:11획

글자의 원리 ⇒ ⇒ 旣

형성 밥(皀)을 목이 멜(旡) 만큼 이미 먹어 치웠다는 데서 '이미'를 뜻함.

풀이 ①이미. ②본디. 원래. ③다하다.

旣決(기결) ①이미 결정됨. ②재판의 판결이 확정됨.
旣得(기득) 이미 얻어서 차지함. 旣得權(기득권).
旣望(기망) 음력 16일. 또는, 그날 밤의 달.
旣成(기성) 이미 이루어짐. 이미 만들어짐.
旣往(기왕) 이미 지나간 일.

기성 세대와 신세대 사이에 사고 방식, 문화 등의 차이는 항상 있습니다.

 **한자 Q&A**

Q 높임말과 한자어와의 관계는?

A 한자어로 된 단어 중에는 한글로 된 단어와 같은 뜻을 가지고 있지만, 웃어른께 사용하는 높임말, 또는 격식이 필요할 때 사용하는 단어가 많습니다. 따라서 한자를 많이 알면 자연스럽게 높임말도 쉽게 익힐 수 있답니다.

예) 집 → 댁(宅), 나이 → 연세(年歲)
　　몸 → 옥체(玉體), 안색 → 신색(神色)

日(날일) 部

해의 모양을 본뜬 부수 명칭.

날 일

한자 사전 찾기
부수: 日부 / 총획:4획

丨 冂 日 日

글자의 원리 ⇨ ⇨ 日

상형 해의 모양을 본떠 '해' 또는 해가 뜨고 지는 '하루' 라는 뜻.

풀이 ①날. 낮 동안. ②해. ③햇볕. 햇살.

日課(일과) ①날마다 하는 일. ②날마다 하는 과정.
日光(일광) 햇빛.
日久月深(일구월심) 날이 오래 되고 달이 깊어 감. 세월이 흘러 오래 될수록 자꾸 더하여짐.
日暮途遠(일모도원) 날은 저물고 갈 길은 멂. 늙고 쇠약한데 할 일은 아직 많음의 비유.
日出(일출) 해가 돋음. 또는, 해돋이.
日就月將(일취월장) 날로 달로 자라거나 발전한다는 뜻으로, 학문이나 능력이 날로 나아진다는 뜻.
曜日(요일) 월, 화, 수, 목, 금, 토, 일에 붙어 한 주일의 각 날을 나타내는 말.

日 부
[0획]

아하!

日較差(일교차)

기온·습도 등이 하루 동안 변화하는 차이. '기온의 일교차' 란 하루 기온 중 가장 온도가 높은 때와 가장 낮은 때의 차이다. 우리 나라는 일교차가 심한 대륙성 기후이다. 대륙에서 불어온 건조한 공기가 태양열에 빨리 더워지고, 빨리 식어 낮의 기온은 높고, 밤의 기온은 낮다.

早

일찍 조

한자 사전 찾기
부수: 日부 / 총획: 6획

日부
[2·4획]

丨 口 曰 曱 브
早

글자의 원리 ⇒  ⇒ ⇒ 早

회의 싹이 껍질(十)에서 터서 나오듯이 해(日)가 떠오르는 '이른 아침'을 뜻함.

풀이 ①일찍. ㉮미리. ㉯급히. ②이르다. 젊다.

早急(조급) 몹시 급함. 이르고 급함.
早期(조기) 이른 시기.
早晚間(조만간) 앞으로 얼마 안 지나서.
早産(조산) 달이 차기 전에 아이를 낳는 일.
早退(조퇴) 정한 시각 이전에 물러감.

너무 **조급**하게 서두르지 맙시다.

明

밝을 명

한자 사전 찾기
부수: 日부 / 총획: 8획

丨 冂 冃 日 日)
明 明 明

글자의 원리 ⇒ ⇒ 明

형성 낮에는 해(日)가, 밤에는 달(月)이 세상을 비추니 '밝다'라는 뜻.

풀이 ①밝다. ②밝게. 확실하게. ③다음의. ④빛.

明鏡止水(명경지수) '맑은 거울과 조용한 물'이라는 뜻으로, 아주 맑고 깨끗한 마음의 상태를 일컫는 말.
明年(명년) 내년. 이듬해.
明明白白(명명백백) 의심할 필요가 없이 아주 분명함.
明暗(명암) ①밝음과 어두움. ②회화, 사진 등에서 밝기의 정도.

지구가 자전한다는 것은 **명명백백**한 사실입니다.

명나라

◀ 상품 작물을 생산하는 명의 농촌 모습

명나라는 중국 강남을 근거지로 하여 전국을 통일한 한족의 왕조이다. 태조인 주원장은 원나라의 정치적 압력에 대항하는 각지의 반란을 진압하고 한인 왕조를 부흥시켰다. 그는 1368년에 명을 건국하고 황제가 되어 홍무제(태조) 라고 칭하였다.

홍무제는 몽고의 지배 아래 파괴된 한족의 문화를 부흥시키는 데 힘을 기울여 당과 송의 제도와 문물을 부활시켰고, 한때 중단되었던 과거 제도도 부활시켰다. 또한 조세 수입을 확실하게 하기 위해 토지 대장과 조세 대장을 정리하고, 지방 행정 조직도 정비하였다. 영락제 때는 수도를 베이징으로 옮기고 왕권을 강화하면서 주변 북방 민족의 정벌에 힘을 기울였다. 또한 동남아시아와 인도양의 여러 나라로부터 조공을 받게 되었고, 남해 무역이 성행하게 되었다.

그러나 영락제가 죽은 후 북변은 몽골족이, 동남 해안은 왜구가 자주 침입하여 명을 위협하였다. 국력은 점점 약해지고, 안으로 당쟁이 계속되는데다, 농민 반란까지 일어나 결국 이자성의 난으로 멸망하고 말았다.

▲ 이자성의 난군

▲ 명의 화폐

昔
예 석

日부
[4획]

한자 사전 찾기
부수: 日부 / 총획: 8획

一 十 廾 놪 芇
昔 昔 昔

글자의 원리 ⇒ ⇒ 昔

회의 날수가 많이 포개지니 지나간 날, 즉 '옛날'이라는 뜻.

풀이 예. 옛날.

昔年(석년) ①옛날. 이전. ②지난해.
昔人(석인) 옛사람.
今昔之感(금석지감) '오늘날과 옛날의 느낌'이란 뜻으로, 지금을 옛적과 비교하여 보니 그 동안의 변화가 매우 심해 일어나는 느낌을 말함.

석년에는 즐거운 일도 많았습니다.

易
❶ 바꿀 역
❷ 쉬울 이

한자 사전 찾기
부수: 日부 / 총획: 8획

丨 冂 曰 日 月
昮 易 易

글자의 원리 ⇒ ⇒ 易

상형 '영원(동물이름)'은 햇빛에 따라 쉽게 색을 바꾸니 '바꾸다', '쉽다'라는 뜻.

풀이 ❶①바꾸다. ②바뀌다. 개선됨. ③역학(易學). ❷①쉽다. ②편안하다.

易經(역경) 오경(五經)의 하나. 음양의 이치에 따라 천지 만물의 변화하는 현상을 설명한 유교의 경전. 周易(주역).
易地思之(역지사지) 처지를 바꾸어 생각한다는 뜻으로, 남의 입장과 나의 입장을 바꾸어 생각해 본다는 뜻.
平易(평이) 까다롭지 않고 쉬움.
▶貿易(무역), 難易(난이)

시험이 평이하게 출제되었습니다.

374

창성 창

한자 사전 찾기
부수: 日부 / 총획: 8획

丶 冂 冃 日 旦
吕 昌 昌

글자의 원리 ⇒ ⇒ 昌

회의 해(日)처럼 공명정대하게 말하니(日) '한창 임', '창성하다'의 뜻.

풀이 창성하다. 번성함.

昌盛(창성) 번창함. 융성함.
昌言(창언) ①이치에 맞는 말. ②도움이 되는 좋은 말.
▶繁昌(번창)

日부
[4·5획]

독창적인 문화를 지닌 민족이 **창성**하게 됩니다.

별 성

한자 사전 찾기
부수: 日부 / 총획: 9획

丶 冂 冃 日 旦
星 星 星 星

글자의 원리 ⇒ ⇒ 星

형성 싹이 나와 그 정기가 하늘에 올라가고 다시 태어나 흩어진 '별'이라는 뜻.

풀이 ①별. ②세월.

星霜(성상) ①별과 서리. ②세월.
星星(성성) 머리털이 희끗희끗하다.
星雲(성운) 구름처럼 보이는, 많이 모여 있는 별들.
星座(성좌) 별자리.

은하수는 **성운**으로 이루어져 있습니다.

是

옳을 시

日부
[5획]

한자 사전 찾기
부수: 日부 / 총획:9획

丨 冂 日 早 旦
早 早 昰 是

글자의 원리

회의 태양(日)의 운행이 절대 어긋나는 일이 없으니 (疋←正) '바르다'는 뜻.

풀이 ①옳다. ②바로잡다. ③이. 이것. 이곳.

是非(시비) ①옳음과 그름. ②옳고 그름을 따짐.
是認(시인) 옳다고 인정함. ↔ 否認(부인).
是日(시일) 이 날.
是正(시정) 잘못된 것을 바로잡음.
▶或是(혹시)

昨

어제 작

한자 사전 찾기
부수: 日부 / 총획:9획

丨 冂 日 旦 旷
旷 旷 昨 昨

글자의 원리

형성 지금 짓는 집이 전에는 이렇지 않았다는 데서 '어제', '전'이라는 뜻.

풀이 ①어제. ②앞서. 옛날.

昨今(작금) 어제와 오늘. 요즈음.
昨年(작년) 지난해.
昨非今是(작비금시) 전에는 틀렸다고 여겨지던 것이 오늘날에 와서는 옳게 여겨진다는 뜻의 말.
昨日(작일) 어제. 어저께.

봄 춘

한자 사전 찾기
부수: 日부 / 총획: 9획

一 = 三 챂 夫
秂 秂 春 春

글자의 원리

형성 풀이나 나무의 싹이 햇빛을 받아 싹을 틔우기 시작하는 '봄'을 뜻함.

풀이 ①봄. ②젊은 때. 청춘.

春季(춘계) 봄철.
春困(춘곤) 봄철에 느끼는 나른하고 졸린 기운.
春來不似春(춘래 불사춘) 봄이 왔으나 봄 같지가 않음. 시국이 어수선함의 일컬음.
春府丈(춘부장) 남의 아버지의 존칭.
春三月(춘삼월) 봄의 끝 달인 음력 3월. 봄 경치가 가장 좋은 때를 이름.
春風(춘풍) 봄바람.
思春期(사춘기) 신체적·정신적으로 아동의 시기를 지나 청년기로 옮아가는 13~17세 가량의 시기.
一場春夢(일장춘몽) '한바탕의 봄꿈'이라는 뜻으로, 헛된 영화나 덧없는 일을 뜻함.

日부
[5획]

아하!

春秋(춘추)

공자가 편찬한 중국의 사서(史書). 춘추 시대 노(魯)나라의 연대기로, 은공 ~ 애공에 이르는 242년간 (BC 722년~BC 481년)에 걸친 중요한 일의 기록을 연대 순으로 엮었다. 유교 사상과 교리를 적은 5경 중의 하나인데, 《춘추》, 《시경》, 《서경》, 《역경》, 《예기》를 5경이라 한다.

377

춘추 시대

기원전 770~403년으로 이 시대는 주 왕실을 받들고(존왕) 이민족의 침입을 막는다(양이)는 명분으로 유력자들이 동맹을 맺고 주변 이민족의 침입을 방어하였다. 이 시기에는 전쟁은 그다지 일어나지 않았다. 되도록이면 주의 왕실의 건의를 인정해 주려고 노력하던 시기였다. 이 유력자들을 '패자'라고 하는데, 제의 환공, 진의 문공, 초의 장왕, 오의 부차, 월의 구천을 '춘추 5패'라고 한다.

▼ 춘추 시대의 대표적인 사상가인 공자와 노자의 만남

時

때 시

한자 사전 찾기
부수: 日부 / 총획: 10획

丨 冂 日 日 旷
旷 旷 旷 時 時

글자의 원리 ⇒ 一 ⇒ 日 ⇒ 時
 ⇒ 寺 ⇒ 寺

형성 태양이 움직이는 것은 시간이 흐르는 것으로 '시간의 길이'라는 뜻.

풀이 ①때. ㉮철. 사철. ㉯시. ㉰기회. ②때에.

時刻(시각) ①시간의 흐름 속의 어떤 순간. ②짧은 시간.
時間(시간) ①어떤 시각에서 다른 시각까지의 동안. 또는, 그 길이. ②어떤 일을 하기 위해 정한 일정한 길이의 동안.
時急(시급) 시간적으로 매우 급함.
時期尙早(시기상조) 아직 시기가 이름.
時代(시대) 역사적으로 구분된 기간.
時報(시보) ①그때그때 일어나는 사건의 알림. ②시각의 알림.
時速(시속) 한 시간을 단위로 하여 잰 속도.
時時刻刻(시시각각) 시각마다.
時節(시절) ①철. 계절. ②좋은 기회. ③사람의 일생을 구분한 한 동안.

日부
[6획]

時調(시조)

고려 중기에 발생하여 조선 시대에 꽃을 피운 일종의 정형시. 고려 말 이방원의 〈하여가(何如歌)〉, 정몽주의 〈단심가(丹心歌)〉 등이 유명하고, 조선의 정철, 윤선도 등이 계승·발전시켰다. 3장 6구 45자 내외의 기본 형태를 가지는 평시조 외에 엇시조, 사설시조 등이 있다.

晚

저물 만

日부
[7획]

한자 사전 찾기
부수: 日부 / 총획: 11획

글자의 원리 ⇒ 一 ⇒ 日 ⇒ 晚
 ⇒ 兔 ⇒ 免

형성 해(日)가 서산에 떨어져(免) '저물다' 는 뜻에서 '늦다' 는 뜻도 됨.

풀이 ①저물다. ㉮해가 저물다. ㉯해질 무렵. ②늦다.

晚年(만년) 노년. 일생을 마칠 시기.
晚成(만성) 늦게 성취함. 나이가 든 후에 성공함.
晚時之歎(만시지탄) 어떤 일을 하기에 때가 너무 늦어 안타까워 하는 탄식.
晚鐘(만종) 저녁을 알리는 종소리.
晚秋(만추) 늦가을.

그는 **만년**에 걸작을 완성하였습니다.

고사성어

대기만성 (大器晚成)

· 출전 : 《삼국지》 〈위서〉
· 풀이 : 큰 인물은 오랜 노력 끝에 완성된다.

삼국이 정립하던 때, 위나라에 최염이라는 장수가 있었다. 그는 대인다운 풍모와 인격을 갖추고 있어 주위 사람은 물론 조조에게서도 두터운 신임을 얻고 있었다. 한편 그의 사촌동생 최림은 최염과 달리 영리하지도 않고, 명성을 떨치지도 못하였다. 그래서 친척들은 하나같이 그를 업신여겼다. 그러나 최염만은 최림의 인물됨을 꿰뚫어보고, 이렇게 말했다.

"큰 종이나 큰 솥이 쉽게 만들어지지 않듯 큰 재능도 쉽게 완성되지 않는다. 큰 재능이 완성되어 빛을 발하려면 많은 시간이 필요하다. 최림 또한 대기만성형이니 시간이 걸릴 뿐 반드시 큰 인물이 될 것이다."

훗날 최림은 최염의 말대로 천자를 보좌하는 큰 인물이 되었다고 한다.

낮 주

한자 사전 찾기
부수: 日부 / 총획: 11획

ㄱ ㄱ ㄱ ㄹ 글
晝 晝 晝 晝 晝
晝

글자의 원리

회의 해(日)가 뜨고 지는 것을 선으로 긋는(聿) 것과 같다는 데서 '낮'을 뜻함.

日부
[7·8획]

풀이 낮.

晝間(주간) 낮. 낮 동안. ↔ 夜間(야간).
晝耕夜讀(주경야독) 낮에는 일하고 밤에는 책을 읽는다는 뜻으로, 분주한 틈을 타서 어렵게 공부한다는 말.
晝夜(주야) 낮과 밤. 밤낮.
晝夜長川(주야장천) '밤과 낮으로 쉬지 않고 연달아' 라는 뜻.

도서관 열람은 **주간**에만 가능합니다.

볕 경

한자 사전 찾기
부수: 日부 / 총획: 12획

ㅣ ㅁ 曰 日 旦
星 暑 暑 景 景
景 景

글자의 원리

형성 해(日)가 궁전(京) 위에 높이 떠서 비추니 '볕', '밝다' 라는 뜻.

풀이 ①볕. 빛. ②우러르다. 사모함. ③경치.

景觀(경관) ①경치. ②특색이 있는 풍경을 가진 일정한 지역.
景慕(경모) 우러러 사모함.
景色(경색) 경치. 풍치.
景致(경치) 산수 풍물 등의 아름다운 모습.
光景(광경) 어떤 일이나 현상이 벌어지는 장면이나 모습.

토함산에 올라가 해돋이 **광경**을 바라 보았습니다.

381

晴
갤 청

日부
[8·9획]

한자 사전 찾기
부수: 日부 / 총획:12획

| 丨 丨 刀 月 日 日⁺
日⁺ 日⁺ 昕 睛 晴
晴 晴

글자의 원리
 ⇒ 一 ⇒ 日 ⇒ 晴
🌱 ⇒ 青 ⇒ 青 ⇒

형성 해가 떠오를 때 동쪽 하늘이 맑게 개니 '개다', '맑다' 라는 뜻.

풀이 개다. 하늘이 맑음.

晴雲秋月(청운추월) '맑은 구름과 가을 하늘의 밝은 달' 이라는 뜻으로, 가슴 속이 맑고 깨끗함을 비유한 말.

晴天霹靂(청천벽력) '맑은 하늘에 날벼락' 이란 뜻으로, 뜻밖에 일어난 큰 변을 이르는 말.

快晴(쾌청) 하늘이 구름 한 점 없이 상쾌하게 맑음.

暖
따뜻할 난

한자 사전 찾기
부수: 日부 / 총획:13획

丨 丨 刀 月 日 日⁺
日⁺ 日⁺ 昈 晖 晖
晖 晖 暖

글자의 원리
 ⇒ 一 ⇒ 日 ⇒ 暖
 ⇒ 爰 ⇒ 爰 ⇒

형성 자루를 풀면 느슨해 지듯 해가 뜨면 추위가 누그러지니 '따뜻하다' 라는 뜻.

풀이 ①따뜻하다. 따뜻해지다. ②따뜻하게 하다.

暖帶(난대) 아열대. 열대와 온대의 중간 지대.
暖冬(난동) 예년보다 기온이 높은 따뜻한 겨울.
暖流(난류) 적도 부근에서 고위도의 방향으로 흐르는 해류.
暖房(난방) 방을 따뜻하게 함. 또는, 따뜻한 방.
▶ **溫暖(온난)**

暑 더울 서

한자 사전 찾기
부수: 日부 / 총획:13획

丶 亠 ㅁ 日 旦
早 早 星 畧 晷
暑 暑 暑

글자의 원리
 ⇒ 日 ⇒ 日 ⇒
 ⇒ 者 ⇒ 者 ⇒ 暑

형성 햇볕(日)이 타오르는 장작불(者)처럼 뜨거우니 '덥다'라는 뜻.

풀이 ①덥다. 무더움. ②여름.

暑氣(서기) 더운 기운.
暑月(서월) 더운 계절이나 그 달. 음력 6월을 다르게 부르는 말.
寒暑(한서) 추위와 더위.
▶避暑(피서), 酷暑(혹서)

日부
[9획]

우리 나라는 **한서**의 차이가 심한 편입니다.

暗 어두울 암

한자 사전 찾기
부수: 日부 / 총획:13획

丶 亠 日 日 日
日' 日" 日立 日音 日音
暗 暗 暗

글자의 원리
 ⇒ 日 ⇒ 日 ⇒
 ⇒ 音 ⇒ 音 ⇒ 暗

형성 햇빛이 어떤 물체 사이로 조금밖에 나오지 않으니 '어둡다'라는 뜻.

풀이 ①어둡다. ②밤. 어둠. ③몰래. ④숨어 있음. ⑤외다.

暗記(암기) 머릿속에 기억하여 욈.
暗澹(암담) ①어두컴컴하고 선명하지 않음. ②희망 없이 막연함.
暗中摸索(암중모색) '어둠 속에서 손을 더듬어 물건을 찾는다.'는 뜻으로, 어림으로 무엇을 찾아내려 함.
暗號(암호) 비밀한 신호나 기호.

그 프로그램은 **암호**를 입력해야 실행시킬 수 있습니다.

暮

저물 모

日부
[11획]

한자 사전 찾기
부수: 日부 / 총획: 15획

글자의 원리 ⇨ ⇨ 莫 ⇨ 暮

회의 원래 '저물다'는 뜻의 莫(막)에 日(일)을 붙여 '저물다'는 뜻으로 씀.

풀이 ①저물다. ㉮해가 지다. ㉯세밑이 되다. ②늙다.

暮景(모경) 저녁 무렵의 경치.
暮年(모년) 노년.
歲暮(세모) 한 해의 마지막 무렵.

세모가 다가오면 불우한 이웃을 더욱 생각하게 됩니다.

고사성어

조삼모사 (朝三暮四)

· 출전 : 《열자》〈동제〉
· 풀이 : 간사한 꾀로 남을 농락함을 뜻함.

송나라에 저공이라는 사람이 있었다. 저공은 식구들의 양식을 줄여 가면서까지 원숭이를 길러 서로 마음이 통할 정도였다. 그러나 원숭이의 수가 점차 많아지자 먹이를 대는 일이 걱정이었다. 저공은 생각 끝에
"너희들에게 앞으로 도토리를 아침에 세 개, 저녁에 네 개 주겠다."
고 말했다. 그러자 원숭이들은 너무 적다며 화를 내었다. 저공이 다시
"그렇다면 아침에 네 개, 저녁에 세 개를 주면 어떨까?"
하고 말하자 원숭이들은 모두 기뻐했다고 한다.
이 이야기는 저공처럼 지혜로운 자가 어리석은 자를 농락하는 경우, 혹은 같은 것임을 알지 못하고 편견이 생긴 경우를 비유하여 나타낸 것이다.

❶ 사나울 폭·포
❷ 쬘 폭

한자 사전 찾기
부수: 日부 / 총획:15획

丨 冂 冃 日 昌
早 昂 杲 昇 昊
暴 暴 暴 暴 暴

글자의 원리 ⇒ 日 ⇒ 日 ⇒
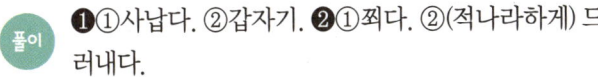

형성 젖은 물건을 들어 태양(日)에 말리니 '쬐다', '드러내다'라는 뜻.

풀이 ❶①사납다. ②갑자기. ❷①쬐다. ②(적나라하게) 드러내다.

暴惡(포악) 성질이 사납고 악함.
暴騰(폭등) 물가나 주가 등이 갑자기 오름.
暴露(폭로) ①비밀을 드러나게 함. ②노천에서 비바람을 맞음.
自暴自棄(자포자기) 절망 상태에 빠져서, 스스로 자신을 포기하여 돌아보지 아니함을 뜻하는 말.

日부
[11획]

日부
[0획]

그는 사법고시에 세 번 떨어지고도 **자포자기**하지 않았습니다.

曰 (가로왈) 部

입(口)에서 입김(一)이 나가면서 '말이 됨'을 가리킨 부수 명칭.

가로 왈

한자 사전 찾기
부수:曰부 / 총획:4획

丨 冂 冃 曰

글자의 원리 ⇒ ⇒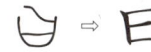

지사 입(口)에서 입김(一)이 나가면서 '말'이 됨을 뜻함.

풀이 ①가로되. 말하기를. ②이르다. 말함.

曰可曰否(왈가왈부) 어떤 일에 대하여 옳으니 그르니 함.
曰兄曰弟(왈형왈제) 사람들 사이에서 서로 형이니 아우니 하면서 부르는 것을 뜻하는 말.

쓸데없이 남의 일에 **왈가왈부**하지 마세요.

曲

굽을 곡

日부 [2획]

한자 사전 찾기
부수:日부 / 총획:6획

丨 冂 巾 曲 曲
曲

  ⇒ ⇒ 曲

상형 광주리는 대나무나 싸리나무를 구부려 만드니 '굽다' 라는 뜻.

 ①굽다. ②옳지 않다. ③자세하다. ④가락. ⑤구석.

曲線(곡선) 곧게 뻗지 않고 둥글게 구부러진 선. ↔ 직선(直線).
曲折(곡절) ①어떤 일에 얽힌 복잡한 사정이나 까닭. ②순조롭지 못한 어려운 사정.
曲調(곡조) 가사나 음악 등의 가락.
▶ **坊坊曲曲(방방곡곡)**

어떻게 된 **곡절**인지 말해 보아라.

 고사성어

곡학아세 (曲學阿世)

· 출전 : 《한서》〈유림열전〉
· 풀이 : 정도에 벗어난 학문으로 세상에 아첨함.

전한(前漢)의 효경제는 즉위하자마자 천하의 어진 선비들을 불러 모았는데 그 중에는 90세의 고령인 원고생도 있었다. 원고생은 바른말을 잘 해, 아첨하기 좋아하던 사이비 학자들이 그의 임용을 강력히 반대했다. 그러나 원고생은 공손홍과 함께 임용되었다. 공손홍은 사이비 학자들처럼 무례히 원고생을 대했다. 그러나 원고생은 불쾌해하지 않고 다음과 같이 말했다.

"지금 학문의 길은 어지러워지고 속설만이 유행하고 있소. 이대로라면 학문의 전통은 사라지고 말 거야. 자네는 부디 자기가 믿는 학문을 굽혀 세상의 속물들에게 아첨하지 않기를 바라네."

이 말을 들은 공손홍은 그만 용서를 빌고 그의 제자가 되었다고 한다.

① 다시 갱
② 고칠 경

한자 사전 찾기
부수:曰부 / 총획:7획

一 一 一 丙 百 更 更

글자의 원리

형성 꺼지려는 화덕의 불을 휘저어 다시 타게 하니 '다시' 라는 뜻.

풀이 ❶다시. ❷①고치다. 개선함. ②바꾸다. ③밤 시각. 하룻밤을 5등분한 것의 하나.

更生(갱생) ①다시 살아남. ②바람직한 상태로 되돌아감.
更新(갱신) 기간이 끝나 가는 계약이나 법적 문서를 새로 바꾸거나 기간을 연장함.
更迭(경질) 어떤 직위에 있는 사람을 갈고, 딴 사람을 그 자리에 임용함.
▶變更(변경), 三更(삼경)

曰부
[3·6획]

글 서

한자 사전 찾기
부수:曰부 / 총획:10획

一 ⺕ ⺕ 크 클
⺻ ⺻ 書 書 書

글자의 원리

형성 입(曰←口)으로 전해 오던 것을 붓(聿)으로 적은 '글', '책' 을 뜻함.

풀이 ①글. ㉮책. ㉯문장. 기록. ②쓰다. 기록함. ③글자. 문자. ④글씨.

書記(서기) 기록을 맡아보는 사람.
書堂(서당) 글방.
書店(서점) 책을 파는 가게.
書體(서체) 글씨체. 글씨의 체재.
白面書生(백면서생) '하얀 얼굴의 책 읽는 학생'이란 뜻으로, 글만 읽고 세상일에는 경험이 없는 사람을 말함.

일찍 증

日 부
[8획]

한자 사전 찾기
부수:日부 / 총획:12획

글자의 원리 ⇒

상형 솥과 시루가 겹친 데서 '거듭'이라는 뜻. 어조사일 때는 '일찍이'의 뜻.

풀이 ①일찍. 이전에. ②거듭하다.

曾往(증왕) 일찍이 지나간 때.
曾祖父(증조부) 아버지의 할아버지.
曾孫(증손) 아들의 손자.

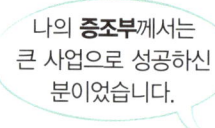

나의 **증조부**께서는 큰 사업으로 성공하신 분이었습니다.

고사성어

증삼살인 (曾參殺人)

· 출전 : 《전국책》〈진책〉
· 풀이 : 사실이 아닌 것도 우기면 진실이 됨.

　공자의 제자인 증삼이 노나라의 '비'라는 읍에 있을 때의 일이다. 이곳에는 증삼과 이름, 성이 같은 자가 있었는데 그가 사람을 죽였다. 그런데 어떤 이가 증삼의 어머니에게 '증삼이 사람을 죽였다.'고 말했다.
　"우리 아들은 사람을 죽이지 않았을 것입니다."
　얼마 후 또 한 사람이 증삼이 사람을 죽였다고 말하는 것이다. 이번에도 증삼의 어머니는 믿지 않고 태연히 앉아 베를 짰다.
　다시 얼마의 시간이 지나자 다른 사람이 또 증삼이 사람을 죽였다고 말했다. 그러자 증삼의 어머니는 두려워하며 담을 넘어 달렸다고 한다. 세 사람의 말은 어머니조차도 자식을 믿지 못하게 만들었다.

가장 최

한자 사전 찾기
부수:曰부 / 총획:12획

丶 冂 冃 冐 冣
冣 冣 冣 冣 冣
冣 最

 글자의 원리

 ⇒ 冣 ⇒ 最

회의 위험을 무릅쓰고(冃) 적의 귀를 잘라(取)오니 '가장 큰 모험을 했다는 뜻.

풀이 가장. 으뜸.

最高(최고) 가장 높음. ↔ 最低(최저).
最多(최다) 가장 많음. ↔ 最少(최소).
最善(최선) ①가장 좋고 훌륭함. ②온 정성과 힘.
最終(최종) 맨 나중. 맨 끝. ↔ 最初(최초).

日부
[8・9획]

최선을 다할 뿐, 그 결과는 묻지 않습니다.

모일 회

한자 사전 찾기
부수:曰부 / 총획:13획

丿 人 亼 亼 슷
슷 슷 슷 슷 슷
會 會 會

 글자의 원리

 ⇒ 會

회의 사람이 여기저기에서 와서 한 장소에 모이니 '모여 만나다'라는 뜻.

 풀이 ①모이다. ②만나다. ③때. 적당한 시기. ④셈.

會計(회계) 나가고 들어오는 돈을 따져서 셈함. 또는, 그런 사무를 보는 사람.
會議(회의) 어떤 일을 결정하기 위해 여럿이 모여 의논함. 또는, 그 모임.
會者定離(회자정리) 만나면 반드시 이별한다는 뜻으로, 인생의 무상함을 이름.
▶**機會**(기회)

오전에 시작한 **회의**가 오후까지 계속되고 있습니다.

月(달 월) 部

초승달의 모양을 본뜬 부수 명칭.

月
달 월

한자 사전 찾기
부수:月부 / 총획:4획

丿 刀 月 月

月부
[0획]

글자의 원리 ⇒ ⇒ 月

상형 산 저편으로 나온 초승달 모양을 본떠 만든 글자로 '달' 이라는 뜻.

풀이 ①달. ②세월.

月刊(월간) 매달 한 차례씩 간행함. 또는, 그 간행물.
月桂冠(월계관) ①월계수의 잎사귀로 만든 관. 고대 그리스에서 경기의 승리자에게 씌웠음. ②우승을 한 영예의 비유.
月光(월광) 달빛.
月曆(월력) 달력.
月夜(월야) 달밤.
月出(월출) 달이 떠오름.
每月(매월) ①매달. ②다달이.
▶歲月(세월)

月蝕(월식)

지구가 태양과 달 사이에 들었을 때 즉, '태양-지구-달'의 차례로 놓였을 때 달의 밝은 부분 중 한쪽 또는 전체가 지구 그림자에 가려 어둡게 보이는 현상이다. 한쪽만 어둡게 보이는 경우를 '부분 월식', 전체가 어둡게 보이는 경우를 '개기 월식'이라 한다. 월식은 보름일 때만 일어날 수 있고, 달이 뜨는 지구의 모든 장소에서 볼 수 있다. 월식은 보통 1년에 2번 발생하지만, 어떤 해에는 한 번도 발생하지 않을 수도 있고, 어떤 해에는 1번 또는 3번까지도 일어날 수 있다.

| 부분 월식 |

혼인을 중매하는 사람

월하빙인(月下氷人)

영고책(호책) 이야기는 크게 두 가지로 전해지고 있는데, 하나는 꿈을 꾼 이후로 영고책이 정말 장가를 갔다는 것이고, 다른 하나는 과연 얼마 후 영고책이 태수로부터 아들의 중매를 부탁받아 성사시켰으며, 결혼식은 얼음이 녹을 때 치러졌다는 것이다.
'월하빙인'은 '월하노인(月下老人)'과 '빙상인(氷上人)'을 합친 말로, 혼인을 중매하는 사람을 말한다.

有 있을 유

한자 사전 찾기
부수:月부 / 총획:6획

丿 ナ 才 冇 有
有

글자의 원리

형성 짐승의 고기를 손에 들고 '있어요' 라고 말하니 '있다', '가지다' 라는 뜻.

풀이 있다. ㉮존재하다. ㉯가지다.

有口無言(유구무언) 입은 있으나 할 말이 없다는 뜻으로, 변명할 말이 없다는 뜻.
有利(유리) ①이로움. ②형편이 좋음.
有名(유명) 이름이 있음. 이름이 세상에 널리 알려짐.
有名無實(유명무실) 어떤 사물이나 일이 이름만 있고, 실제의 내용이 없음을 뜻하는 말.
有無(유무) 있음과 없음.
有識(유식) 학식이 있음. 아는 것이 많음. ↔ 無識(무식).
有效(유효) ①효력이 있음. ②그 자격이 있어 법률상의 효력이 생김. ↔ 無效(무효).
▶公有(공유), 保有(보유), 所有(소유)

月부
[2획]

有袋目(유대목)

척추동물 포유류의 한 목(目). 이 동물들은 암컷에게 자궁과 육아주머니가 있는데, 새끼는 미숙 상태로 태어나 스스로 어미의 육아주머니로 들어가 젖을 물고 성장을 계속한다. 여기에 속하는 동물로는 오스트레일리아의 붉은 캥거루, 왈라비, 주머니여우, 코알라 등이 있다.

미리 준비하면
실패나 환난이 없다

유비무환(有備無患)

진나라가 화해를 받아들여 전쟁은 끝이 났다. 이에 정나라가 감사의 뜻으로 선물들을 보내왔는데 도공은 공이 큰 위강에게 선물을 나눠 주려 하였다. 그러나 위강은 사양하며 "저는 준비를 하면 근심이 없다는 말씀을 주군께 아뢰고 싶을 뿐입니다." 라고 말했다고 한다.

服

옷 복

한자 사전 찾기
부수:月부 / 총획:8획

丿 刀 月 月 月'
月' 尸' 服 服

글자의 원리:

형성 명령을 받고 배 타고 가니 '복종하다' 라는 데서 '옷 입다' 라는 뜻으로 씀.

풀이 ①옷. ②옷을 입다. ③좇다. 복종하다. ④약을 먹다. ⑤일하다.

服務(복무) 직업으로서 맡은 일을 함.
服用(복용) 약을 먹음.
服裝(복장) 옷 또는 옷차림.
服從(복종) 남의 의사, 명령 따위를 그대로 따름.

月부
[4획]

기침 때문에 감기약을 **복용**하였습니다.

朋

벗 붕

한자 사전 찾기
부수:月부 / 총획:8획

丿 刀 月 月 月
朋 朋 朋

글자의 원리:

상형 끈으로 묶은 조개를 본뜬 것으로, 두 개가 나란히 있으니 '친구' 라는 뜻.

풀이 ①벗. ②떼. 무리.

朋黨(붕당) ①뜻을 같이하는 사람들이 맺은 단체. ②후한(後漢), 당(唐), 송(宋) 때에 발생한 정치적 당파.
朋友(붕우) 서로 가까이 사귀는 사람. 친구.
朋友有信(붕우유신) 벗 사이에는 믿음이 있어야 함. 오륜(五倫)의 하나.

붕우 간에는 믿음을 지키는 것이 중요합니다.

395

望

바랄 망

月 부
[7·8획]

한자 사전 찾기
부수:月부 / 총획:11획

`ヽ 亠 ㅗ ㅁ ㅁ`
`ㅁ ㅁ ㅁ 덧 望`
`望`

글자의 원리

형성 사람이 큰 눈으로 달을 바라보니 '바라다', '먼 곳을 보다' 라는 뜻.

풀이 ①바라다. ㉮원하다. 기대함. ㉯멀리 내다보다. ②덕 망. ③보름. ④원망하다.

望洋之嘆(망양지탄) 어떤 일에 자기의 힘이 미치지 못할 때 나오는 탄식.

望月(망월) ①달을 바라봄. ②음력 보름날 밤의 달. 보름달.

希望(희망) ①어떤 일을 이루거나 얻고자 바라는 것. ②앞날에 좋은 일이 있을 수 있는 가능성.

▶展望(전망), 怨望(원망). 人望(인망)

희망은 인생의 등불입니다.

期

기약할 기

한자 사전 찾기
부수:月부 / 총획:12획

`一 十 甘 甘 甘`
`甘 其 其 期 期`
`期 期`

글자의 원리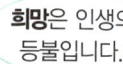

형성 달의 참과 기움에 일정한 규칙이 있으니 '정해진 날짜나 시기' 라는 뜻.

풀이 ①만나다. ②정하다. 결심함. ③약속하다. ④기대하다.

期待(기대) 어떤 일이 이루어지기를 바라고 기다림. 또는, 그렇게 되리라고 믿는 마음.

期約(기약) 때를 정하여 약속함.

期必(기필) 꼭 이루어지기를 기약하는 것.

▶滿期(만기), 末期(말기), 時期(시기)

사람들은 축구 경기에서 우리 나라가 우승할 것이라고 **기대**하고 있습니다.

환상으로 잠시 실제의 욕망을 만족시키다

망매지갈(望梅止渴)

유비가 조조에게 잠시 몸을 의탁하고 있던 어느 날,

유공, 매실이 파랗게 익은 것을 보니 작년의 일이 생각나는구려.

군사들이 행군할 때 물이 떨어져 갈증으로 고통스러워했지.

그 때 나는 병사들에게 앞을 가리키며

저기 넓은 매실 숲이 있다. 저 매실로는 우리의 목을 축이고도 남는다.

모두 매실의 신맛을 생각하니 입 안에 침이 고여 갈증을 잊게 되었소.

그리고 조조의 군사들은 오래지 않아 물 있는 곳을 찾게 되었다고 한다. 후세 사람들은 이 이야기에서 '망매지갈 (매실을 바라보며 갈증을 해소함)' 이라는 고사성어를 만들어 거짓 사실이나 현상으로 현실의 욕망을 충족하는 방법을 비유할 때 썼다.

朝

아침 조

月 부
[8획]

한자 사전 찾기
부수: 月부 / 총획: 12획

一 十 十 古 古
古 直 卓 朝 朝
朝 朝

글자의 원리

형성 풀 사이로 떠오른 아침 해가 강물 위를 비추니 '아침'이라는 뜻.

풀이 ①아침. ②조정(朝廷).

朝刊(조간) 아침에 발행하는 일간 신문. ↔ 夕刊(석간).
朝變夕改(조변석개) 아침저녁으로 뜯어고친다는 뜻으로, 변덕스럽게 자꾸 고침.
朝服(조복) 지난날, 벼슬아치가 조정에 나아갈 때 입던 관복. 비단으로 지었음.
朝夕(조석) ①아침과 저녁. ②날마다. ③아침밥과 저녁밥.

아버지께서는 아침에 일어나면 **조간** 신문을 보십니다.

고사성어

조령모개 (朝令暮改)

· 출전 : 〈논귀속소〉
· 풀이 : 일관성 없는 정책을 뜻함.

　전한 시대의 어사대부 조착은 변방의 곡식이 부족하다는 것을 알고, 〈논귀속소(論貴粟疏-곡식의 귀함을 논의한 상소문)〉라는 상소문을 올렸다. 조착은 백성들이 농사와 부역을 하느라고 당하는 고통과 다음의 내용을 썼다.
　"홍수와 가뭄을 당하여 갑자기 세금 징수나 부역 동원을 당하게 되니, 세금과 부역의 시기가 정해지지 않은 것은 아침에 명령을 내리고 저녁에 이를 고치는 결과를 초래하게 되는 것입니다."
　즉, 법령을 지나치게 자주 바꿔서는 안 된다는 것이다. 그러나 백성을 편히 해 주려던 조착의 노력은 현실화되지 못하고, 조착은 그를 시기하는 귀족들에 의해 죽임을 당하게 된다.

木 (나무목) 部

땅에 뿌리를 내리고 가지를 뻗으며 자라나는 나무의 모양을 본뜬 부수 명칭.

나무 목

한자 사전 찾기
부수: 木부 / 총획: 4획

一 十 才 木

글자의 원리

상형 땅에 뿌리를 내리고 뻗어 자라나는 나무를 본떠 '나무'라는 뜻.

풀이 ①나무. 목재. ②별 이름. 목성.

木工(목공) 나무로 물건을 만드는 일. 또는, 그 사람.
木器(목기) 나무로 만든 그릇.
木馬(목마) ①나무로 만든 장난감 말. ②기계 체조에 쓰는 기구.
木材(목재) 건축이나 가구를 만드는, 나무로 된 재료.
木枕(목침) 나무토막으로 된 베개.
木炭(목탄) ①숯. ②그림을 그리는 데 쓰는 가느다란 숯.
木版(목판) 나무에 글자나 그림을 새겨 인쇄하는 데 쓰는 판.
十伐之木(십벌지목) 열 번 찍어 안 넘어가는 나무가 없다는 뜻.
緣木求魚(연목구어) 나무에 올라 물고기를 구한다는 뜻으로, 불가능한 일을 무리하게 하려고 드는 것을 비유한 말.

木부 [0획]

木花(목화)

면화(綿花). 열대 지방 원산으로 온대 지방에서도 널리 재배한다. 열매가 성숙하면 긴 솜털이 달린 종자가 나오는데, 털은 모아서 솜을 만들고 종자로는 기름을 짠다. 원산지는 인도로 알려져 있는데, 중국에 전해진 것은 BC 600년경 승려에 의해서라고 한다. 우리 나라에는 고려 말 1363년 문익점이 원나라에 갔다가 돌아오는 길에 붓대 속에 종자를 숨겨 와 그의 장인 정천익에게 재배하게 한 것이 시초가 된다.

나무를 옮기기로 한 믿음

이목지신(移木之信)

이 법령이 시행된 지 10년이 되자,
진나라 백성들은 모두 이 법에 만족했으며
도둑이 사라지고 생활이 풍족해졌다.
그 뒤로 나라에서 하는 일을 믿게 된 백성들은
나라를 위한 싸움에는 용감했고,
개인의 싸움은 겁이 나서 피하게 되었다.

끝 말

木부
[1획]

한자 사전 찾기
부수:木부 / 총획:5획

一 二 丰 丰 末

글자의 원리 　**지사** 나무(木) 위에 한 일(一) 자를 그어 나무의 '끝'을 뜻함.

풀이 ①끝. ㉮사물의 끝 부분. ㉯차례의 마지막. ㉰일의 결과. ②중요하지 않은 부분. ③가루.

末期(말기) ①어떤 시대나 기간이 끝나는 시기. ②어떤 일의 끝 무렵. ↔ 初期(초기).
末年(말년) 일생의 끝 무렵. 늘그막. 老年(노년).
末端(말단) 맨 끄트머리.
尾官末職(미관말직) '작은 관직과 맨 밑의 직책'이란 뜻으로, 지위가 아주 낮은 벼슬. 또는, 그 벼슬아치.

▶粉末(분말), 週末(주말)

통일 신라 **말기**에는 백제와 고구려를 다시 세우려는 세력들이 나타났습니다.

아닐 미

한자 사전 찾기
부수:木부 / 총획:5획

一 二 丰 丰 未

글자의 원리 　**상형** 무성하게 자란 나무(木)의 과일은 아직 덜 익었으니 '아니'라는 뜻.

풀이 ①아니다. ②미래. 장래.

未開(미개) 문화가 발달하지 못한 상태.
未來(미래) 아직 오지 않은 때. ↔ 過去(과거).
未滿(미만) 정한 수효나 정도에 차지 못함.
未知(미지) 아직 알지 못함.
未確認(미확인) 아직 확인되지 않음.

미확인 비행 물체는 UFO입니다.

근본 본

한자 사전 찾기
부수:木부 / 총획:5획

一 十 才 木 本

글자의 원리

지사 나무(木)의 아래에 一을 그어 나무의 '뿌리'라는 데서 '근본'의 뜻이 됨.

풀이 ①밑. 근본. 기초. ②근원. ③중심이 되는 것. ④책. 문서.

本能(본능) 학습이나 경험에 의하지 않고 태어날 때부터 가지고 있는 습성이나 능력.

本論(본론) 논문이나 논설의 중심이 되는 부분.

本末(본말) ①일의 처음과 나중. ②사물의 중요한 것과 대수롭지 않은 것.

本心(본심) 본디부터 갖추고 있는 마음. 본마음.

▶原本(원본)

木부
[1획]

일을 할 때에는 **본말**이 바뀌지 않도록 합시다.

 고사성어

발본색원 (拔本塞源)

· 출전 : 《사기》
· 풀이 : 근원을 뽑아서 없애 버림을 뜻함.

기원전 533년, 진나라가 주나라를 치자 주왕이 점잖게 진왕을 꾸짖었다. "지금 우리의 관계는 임금과 백성의 관계여서 옷에 갓이 있으며, 나무에 뿌리가 있고, 물에 샘이 있는 것과 같소. 만약 갓을 찢고, 뿌리를 뽑고, 샘을 막아 버린다면 이는 근본을 송두리째 없애는 행위로 비록 오랑캐라고 한들 우리를 섬기겠소?"
라고 하였다.

또한 명나라의 대표적인 철학자 왕양명도 '발본색원론'을 제시했다. '발본색원'은 하늘의 이치를 알고, 사람들은 욕심을 버리라는 것으로, 사사로운 탐욕은 그 근원부터 없애거나 철저히 차단해야 한다는 것을 의미한다.

木부
[2획]

❶ 성 박
❷ 순박할 박

한자 사전 찾기
부수:木부 / 총획:6획

글자의 원리 ⇨ 木 ⇨

형성 점(卜)을 칠 때 나온 갈라진 모양처럼 나무(木) 껍질이 자연 그대로라는 뜻.

풀이 ①성씨. ②순박하다. ③후박나무.

鈍朴(둔박) 미련하면서도 순박함.
素朴(소박) 꾸밈이나 거짓이 없이 수수함.
質朴(질박) 꾸민 데가 없이 수수함.
▶淳朴(순박)

一 十 才 木 朴
朴

졸업식 날 어머니께서는 **소박**한 옷차림으로 오셨습니다.

붉을 주

한자 사전 찾기
부수:木부 / 총획:6획

글자의 원리 ⇨ 朱 ⇨ 朱

지사 소나무(木) 속의 고갱이(丿)가 '붉음'을 뜻함.

풀이 붉다. 붉은빛.

朱丹(주단) 붉은색.
朱門(주문) 붉은 칠을 한 문. 고귀한 사람의 집을 말함.
朱紅色(주홍색) 붉은색과 주황색의 중간 빛깔.
印朱(인주) 도장을 찍을 때 쓰는 붉은색 재료.

丿 ノ 二 牛 朱
朱

종이를 오린 다음 **주홍색**을 칠해서 단풍 모양을 만들었습니다.

오얏 리

한자 사전 찾기
부수: 木부 / 총획: 7획

一 十 才 木 李
李 李

글자의 원리

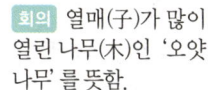 열매(子)가 많이 열린 나무(木)인 '오얏 나무'를 뜻함.

풀이 ①오얏나무. ②심부름꾼.

李下不整冠(이하부정관) 오얏나무 밑에서 갓을 고쳐 쓰지 말라는 뜻으로, 의심받을 일은 피하라는 뜻.

李花(이화) 오얏꽃.

▶行李(행리)

木부
[3획]

'이하부정관'이라 했는데 조심하지 않은 탓에 그는 공연히 범인으로 의심을 받았습니다.

재목 재

한자 사전 찾기
부수: 木부 / 총획: 7획

一 十 才 木 才
村 材

글자의 원리

형성 판이나 기둥으로 쓸 나무는 어떤 역할을 한다는 데서 '재목'이라는 뜻.

풀이 ①재목. ②원료.

材料(재료) 물건을 만들 감.

材木(재목) ①건축·가구 따위에 쓰이는 재료로서의 나무. ②어떤 일을 할 만한 능력이 있거나 또는 어떤 직위에 합당한 사람.

▶石材(석재)

곡식은 농토에서 얻고, **재목**은 산림에서 얻습니다.

마을 촌

한자 사전 찾기
부수:木부 / 총획:7획

木부
[3획]

一 十 才 木 术 村 村

글자의 원리

형성 나무(木)가 조금(寸)씩 자라는 곳에 사람들이 모여 사니 '마을' 이라는 뜻.

풀이 마을. 시골.

村家(촌가) 시골 마을에 있는 집.
村落(촌락) 시골의 부락.
村婦(촌부) 시골에 사는 여자.
村夫子(촌부자) ①시골의 훈장을 이르던 말. ② '학식이 좁고 고루한 사람' 을 빗대어 이르는 말.
農村(농촌) 주민의 대부분이 농업에 종사하는 지역이나 마을.
▶江村(강촌), 山村(산촌)

406

실과 과

한자 사전 찾기
부수: 木부 / 총획: 8획

丨 冂 冃 旦 早
甲 果 果

글자의 원리 ⇒ ⇒ 果

상형 나무(木)에 열린 과일(田) 모양을 본떠 '열매', '결과'를 뜻함.

풀이 ①실과. 나무의 열매. ②해내다. ③결단성이 있다. ④과연. ⑤결과.

果敢(과감) 결단성이 있고 용감함.
果實(과실) 사람이 먹을 수 있는 나무의 열매. 과일.
果然(과연) 참으로 그러함.
果汁(과즙) 과실의 즙.
結果(결과) 어떤 원인에서 초래된 결말의 상태.

木부
[4획]

열심히 노력한 후에 좋은 **결과**가 있는 법입니다.

한자 Q&A

Q '사서' 란 무엇일까요?

A '사서(四書)'는 유교의 기본 경전 중 네 가지를 말하는데, 《대학》, 《논어》, 《맹자》, 《중용》을 합해서 부르는 말입니다. 사서는 유교 경전의 기본이 되는 가르침을 담고 있어서, 중국에서는 송나라 이후부터 매우 중요하게 다루어졌으며, 명나라 때에는 '사서대전'이 편찬, 반포되어 마치 국정 교과서적인 권위를 갖고 있었습니다. 이와 같이 예전에 중국에서는 선비들이 《대학》, 《논어》, 《맹자》, 《중용》을 차례로 익히면서 옛 선인들의 사상을 배우고 학문의 깊이를 더해 갔답니다.

동녘 동

한자 사전 찾기
부수:木부 / 총획:8획

木부
[4획]

一 ㄱ ㅠ 戸 百
車 東 東

글자의 원리 ⇨ 東 ⇨ 東

상형 나뭇가지 사이로 햇빛이 나오는 쪽이라는 것에서 '동쪽'을 뜻함.

풀이 동녘. 동쪽.

東問西答(동문서답) 어떤 물음에 대하여 엉뚱한 대답을 함.
東方(동방) 동쪽. 동쪽 지방.
東奔西走(동분서주) 동으로 달리고 서쪽으로 달아난다는 뜻으로, 이리저리 분주하게 돌아다님을 의미함.
東西古今(동서고금) 동양과 서양, 옛날과 지금이라는 뜻으로 '언제, 어디서나' 라는 말.
東洋(동양) ①동쪽 해양. ②아시아 주의 동부에 있는 나라. 한국·일본·중국 등을 말함.
東窓(동창) 동쪽으로 난 창.
東風(동풍) ①동쪽에서 불어오는 바람. ②봄바람.
東軒(동헌) 고을의 수령들이 공사(公事)를 처리하던 대청이나 집.

東學(동학)

1860년(철종 11) 경주 사람 최제우에 의하여 창도된 종교. 최제우는 당시 조선에서 세력을 펴고 있는 서학(西學:천주교)에 대처하여 '동토(東土) 한국의 종교' 라는 뜻의 동학을 포교하였다. 동학은 풍수 사상과 유교·불교·도교를 토대로 하여, '인내천(人乃天) 천심즉인심(天心卽人心)' 을 기본 사상으로 삼았다. '인내천' 은 인간의 주체성을 강조하는 지상 천국의 이념과 만민 평등의 이상을 나타낸다.

| 동학 농민 운동 기록화 |

매우 가난함

동곽리(東郭履)

무제 때, 대장군 위청이 흉노를 무찌르고

적장의 머리를 베어 공을 세우고 돌아오자,

위청의 공이 크도다. 그에게 황금 천 근을 내리리라.

위청이 상금으로 받은 황금을 싣고 궁궐 문을 나서는데

동곽이 수레를 가로막았다.

무슨 일인가?

장군! 새로 황제의 총애를 받고 계시는 왕부인은

'동곽리'는 집안 형편이 매우 어려운 동곽 선생의 신이 닳고 닳아 신의 윗면만 있고 밑면은 없어 발이 그대로 땅에 닿았다는 데서 나온 것으로, 가난의 정도가 어떠했는지를 알게 해 준다. 이와 같이 예전의 선비는 청렴결백하여 가난을 미덕으로 삼았던 것이다.

林

수풀 림

한자 사전 찾기
부수: 木 부 / 총획: 8획

一 十 ナ ナ 札
朴 材 林

글자의 원리
 ⇒ ⇒ 林

형성 나무(木) 두 개가 나란히 서 있으니 나무가 많이 있는 '수풀'을 뜻함.

풀이 수풀. 숲.

林産(임산) ①임산물(林産物). ②산림의 생산에 관한 사업의 한 분야.
林野(임야) ①숲과 들. ②산. 산림 지대.
林業(임업) 산림을 육성하여 목재 등을 생산하는 산업.
原始林(원시림) 사람의 손이 가지 않은 자연 그대로의 삼림.
酒池肉林(주지육림) '술로 만든 연못과 고기가 매달려 있는 수풀' 이란 뜻으로 호사스런 술잔치를 이르는 말.

木 부
[4획]

 아하!

密林(밀림)

정글. 나무가 빽빽하게 들어선 열대 우림을 말한다. 그 중 아마존 강 유역의 밀림은 '지구의 허파'라고 할 정도로 지구 전체의 대기에 영향을 준다. 그러나 최근 다각적인 채광 산업, 대규모 벌목 등으로 열대 우림이 심각하게 감소해 매년 상당수의 동·식물이 멸종되고 있다.

잔 배

한자 사전 찾기
부수:木부 / 총획:8획

木부
[4획]

一 十 十 木 木́
木́ 木́ 杯

형성 나무(木)로 만든 표주박(不) 같은 '술잔' 을 뜻함.

풀이 잔.

優勝杯(우승배) 우승한 사람이나 팀에게 주는 커다란 사발 모양의 물건.

杯酒(배주) 잔에 따른 술. 또는, 잔술.

▶乾杯(건배), 祝杯(축배)

씨름 대회에서 우승한 천하 장사는 **우승배**를 높이 쳐들었습니다.

 **고사성어**

배중사영 (杯中蛇影)

· 출전 : 《진서》〈악광전〉
· 풀이 : 쓸데없이 의심하고 걱정함을 뜻함.

진(晉)나라에 악광이라는 사람이 있었다. 악광에게는 절친한 친구가 한 명 있었는데 한동안 만날 수가 없었다. 그래서 걱정 끝에 친구를 찾아갔더니 친구의 얼굴이 많이 상해 있어 그 까닭을 물어 보았다.
"저번에 자네와 함께 술을 마신 적이 있지? 그때 술을 마시려는데 술잔 속에 뱀이 보였다네. 기분이 나빴지만 그냥 마셨더니 그 뒤로 병이 났네."
악광이 곰곰이 생각해 보니 그것은 벽에 걸린 활에 그려져 있던 뱀이 술잔에 비친 것이었다. 악광은 친구를 불러 지난번과 같은 자리에 앉게 한 다음 술잔 속에 비친 것은 활에 그려져 있는 뱀 그림자임을 일깨워 주었다. 사실을 안 친구의 병은 그 뒤로 씻은 듯이 나았다고 한다.

솔 송

한자 사전 찾기
부수:木부 / 총획:8획

一 十 オ 木 木
木' 松 松

글자의 원리: ⇒ 木 ⇒ 木 ⇒ 松

형성) 잎과 잎 사이에 틈이 많아 공기가 통하는(公) 나무(木)인 '소나무'의 뜻.

풀이) 솔. 소나무.

松林(송림) 소나무 숲.
松柏(송백) ①소나무와 잣나무. 사철 변함없이 늘 푸르므로 굳은 절개에 비유함. ②껍질을 벗겨 솔잎에 꿴 잣.
松栮(송이) 소나무 뿌리 부근에 나는 식용 버섯의 하나.
松花(송화) 소나무의 꽃. 또는, 그 꽃가루.

해안에는 **송림**이 펼쳐져 있어서 시원한 그늘을 제공해 줍니다.

木부
[4획]

가지 지

한자 사전 찾기
부수:木부 / 총획:8획

一 十 オ 木 木
木' 朽 枝

글자의 원리: ⇒ 木 ⇒ 木 支 ⇒ 枝

형성) 나무 줄기에서 갈라져 나온 작은 가지라는 데서 '가지'를 뜻함.

풀이) ①가지. 초목의 가지. ②가지 치다.

枝葉(지엽) ①가지와 잎. ②사물의 중요하지 않은 부분.
金枝玉葉(금지옥엽) '금으로 된 가지와 옥으로 된 잎' 이라는 뜻으로, 귀여운 자손을 이르는 말.

할머니는 우리를 **금지옥엽**같이 기르셨습니다.

木부
[5획]

柳
버들 류
한자 사전 찾기
부수:木부 / 총획:9획

一 十 才 才 木
杧 柯 栁 柳

글자의 원리

형성 가지와 나뭇잎이 무성히(卯) 늘어진 모습의 '버드나무'를 뜻함.

풀이 버들. 버드나무의 총칭.

柳器(유기) 고리버들의 가지나 대오리로 엮어 만든 옷 상자.
柳綠花紅(유록화홍) 버들은 푸르고, 꽃은 붉다는 뜻으로 봄철의 경치를 뜻함.
細柳(세류) 가지가 가는 버드나무.

호숫가의 **세류**들이 바람에 흔들리고 있습니다.

柔
부드러울 유
한자 사전 찾기
부수:木부 / 총획:9획

一 ㄱ ㄲ 줒 ㄲ
丞 柔 柔 柔

글자의 원리

형성 창(矛)의 자루는 탄력성이 있는 나무(木)로 만드니 '부드럽다'는 뜻.

풀이 ①부드럽다. ②약하다. 여림.

柔順(유순) 성질이 부드럽고 온순함.
柔弱(유약) 몸이나 마음이 부드럽고 약함.
柔軟(유연) 부드럽고 연함.
溫柔(온유) 온화하고 부드럽다.

그는 **온유**한 성품의 사람입니다.

학교 교

한자 사전 찾기
부수: 木 부 / 총획: 10획

一 † † † †'
† † † † 校

글자의 원리

형성 나무(木)를 곧게 하듯, 학생들이 사귀며(交) 바르게 자라는 '학교'의 뜻.

풀이 ①학교. ②교정하다. ③군대의 지휘관.

校門(교문) 학교의 정문.
校友(교우) ①같은 학교에서 배우는 벗. ②학교측에서 졸업생을 칭하는 말.
校長(교장) 학교의 교육 및 사무에 대해 관리·감독하고, 밖으로는 학교를 대표하는 최고 행정 직책. 또는, 그 직책에 있는 사람.
校訂(교정) 책의 틀린 글자나 글귀를 바르게 고치는 일.
校庭(교정) 학교의 운동장.
校訓(교훈) 학교의 교육 이념을 간명하게 나타낸 표어.
學校(학교) 일정한 시설을 갖추고 학생들을 가르치는 공공의 교육 기관. 또는 그 시설이나 건물.

▶將校(장교)

木 부
[6획]

根

뿌리 근

木부
[6획]

한자 사전 찾기
부수:木부 / 총획:10획

一 十 才 木 木
杞 杞 根 根 根

글자의 원리

형성 나뭇가지와는 반대로 땅 속으로 자라는 '뿌리'를 뜻함.

풀이 뿌리. ㉮초목의 뿌리. ㉯사물의 밑부분. ㉰사물의 본원(本原).

根幹(근간) ①뿌리와 줄기. ②사물의 바탕이나 가장 중심이 되는 부분.

根據(근거) ①사물의 토대. ②의견이나 추측 등에 대해 그것이 옳음을 뒷받침해 주는 사실이나 이치.

根本(근본) 사물이 생겨나는 데 바탕이 되는 부분.

根源(근원) ①물줄기가 흘러나오기 시작하는 곳. ②어떤 일이 생겨나는 본바탕.

根絶(근절) 뿌리째 없애 버림.

근거 없는 사실을 퍼뜨려서는 안 됩니다.

고사성어

반근착절 (盤根錯節)

· 출전 : 《후한서》〈우후전〉
· 풀이 : 얽히고설켜 해결하기 힘든 일을 뜻함.

후한의 6대 황제 안제 때는 국외와 국내의 상황이 매우 어려운 때였다. 그래서 당시 병권을 쥐고 있던 등즐은 양주 땅을 포기하려고 했다. 그러나 우후는 양주가 수많은 무인들이 배출된 상징적인 땅이므로 포기할 수 없다고 반대하였다. 신하들도 이에 동조하여 등즐의 계획은 실현되지 못하였다.

이 일로 등즐이 우후를 미워하게 된 참에 조가현에 비적이 나타났다. 등즐은 우후에게 비적을 소탕하라고 지시했다. 우후는 걱정하는 사람들에게, "얼크러진 뿌리(盤根)와 섞인 마디(錯節)를 만나지 않고서 어찌 칼날의 예리함을 알겠는가?"
라고 태연히 말한 뒤 조가현의 비적들을 성공적으로 소탕했다.

책상 안

한자 사전 찾기
부수:木부 / 총획:10획

丶 丷 宀 宀 安
安 安 案 案 案

글자의 원리

형성 나무에 편하게 기대어 어떤 것을 생각하니 '생각하다' 라는 뜻.

풀이 ①책상. ②생각하다. ③인도하다.

案件(안건) 조사하거나 논의할 사항.
案內(안내) 어떤 사람이 가려는 곳으로 데려다 주거나, 그렇게 하면서 그곳의 사정이나 내용을 알려 주는 일. 또는, 그 사람.
提案(제안) 회의에서, 토의할 안건을 내어놓음.
▶書案(서안), 考案(고안), 答案(답안)

그의 **제안**에 나는 내심 기뻤습니다.

木 부
[6획]

심을 재

한자 사전 찾기
부수:木부 / 총획:10획

一 十 土 士 丰
丰 丰 栽 栽 栽

글자의 원리

형성 생나무(木)를 잘라 (弋) 세운 것이 뿌리를 내려 사니 '심다' 라는 뜻.

풀이 ①심다. 가꿈. ②묘목.

栽培(재배) 식물을 심어 가꾸거나 기르는 것.
盆栽(분재) 화분 등에 심어서, 줄기나 가지를 보기 좋게 가꾸어 감상하는 초목.

할아버지의 취미는 **분재**를 가꾸시는 것입니다.

植

심을 식

木부 [8획]

한자 사전 찾기
부수:木부 / 총획:12획

一 十 木 木 朾
朾 朾 植 植 植
植 植

글자의 원리 ⇒ 木 ⇒ 木 ⇒ 植
 ⇒ 直 ⇒ 直

형성 나무(木)를 곧게 (直) 세워 '심는다' 라는 뜻.

풀이 ①심다. ②일정한 곳에 근거를 두게 하다. ③초목의 총칭. 식물.

植木(식목) 나무를 심음.
植木日(식목일) 나무를 많이 심고 가꾸도록 권장하려고 국가에서 정한, 나무 심는 날.
植物(식물) 생물의 2대 구분의 하나. 빛·물·흙에서 영양을 공급받아 자라는 것.
植民(식민) 강대국이 본국과 종속 관계에 있는 나라에 자국민을 이주시키는 일. 또는, 그 이주한 사람들.
植樹(식수) 나무를 심음.
植栽(식재) 초목을 심어 가꿈.

極 다할 극

한자 사전 찾기
부수: 木 부 / 총획: 13획

一 十 才 木 朳
朳 朸 杤 朽 柯
柯 極 極

글자의 원리

형성 대마루(木)를 올리는 일은 정성으로 빨리(亟) 해야 하니 '극진하다' 라는 뜻.

풀이 ①다하다. 지극하다. ②극. 막다른 지경.

極端(극단) ①행동이나 생각이 정상에서 벗어나 한쪽으로 완전히 치우친 것. ②더는 어떻게 할 수 없는 최후의 상태.
極盡(극진) 정성이나 힘을 다함.
極讚(극찬) 아주 칭찬함.
北極(북극) 지구의 북쪽 끝 지역. ↔ 남극(南極).

木부
[9획]

이누잇 족은 **북극**에 살고 있습니다.

業 업 업

한자 사전 찾기
부수: 木 부 / 총획: 13획

丨 丨 丷 业 业
业 业 业 业 堂
堂 業 業

글자의 원리

상형 악기를 거는 장치의 모양을 본뜬 글자로 '일', '업' 이라는 뜻.

풀이 ①일. 사업. ②생계. 생업.

業界(업계) 같은 산업·사업에 종사하는 사람들의 사회.
業務(업무) 직업으로서 하는 일.
業績(업적) 어떤 사업이나 연구 등에서 이루어 놓은 성과.
業體(업체) 사업이나 기업의 주된 부분.

세종대왕은 한글 창제라는 위대한 **업적**을 남겼습니다.

榮

영화 영

木부
[10·11획]

한자 사전 찾기
부수: 木부 / 총획: 14획

丶 丷 ⺌ ⺍ 火
⺣ ⺥ 炏 炏 熒
熒 榮 榮 榮

글자의 원리

형성 빛이 주변에 밝게 퍼지듯 꽃이 나무에 가득 피니 '왕성함' 이라는 뜻.

풀이 ①영화. ②성하다.

榮枯盛衰(영고성쇠) 사물의 성함과 쇠함이 서로 뒤바뀐다는 뜻으로, 세상의 모든 것이 항상 그냥 있는 것이 아니라 성장과 쇠퇴를 거듭한다는 말.

榮光(영광) 다른 사람의 칭찬이나 존경을 받아 명예스럽거나 자랑스럽게 되는 것.

繁榮(번영) 나라나 단체가 잘되어 부유하게 되거나 더욱 커짐.

통일된 자주 국가를 이루어야 우리 민족의 **번영**이 보장됩니다.

樂

❶ 즐길 락
❷ 노래 악
❸ 좋아할 요

한자 사전 찾기
부수: 木부 / 총획: 15획

丿 亻 冎 冎 自
伯 狛 狛 泊 泊
樂 樂 樂 樂 樂

글자의 원리 ⇒ ⇒ 樂

상형 징이나 북 등 악기를 두드리며 즐거워하니 '즐기다' 라는 뜻.

풀이 ❶풍류. 음악. ❷①즐기다. ②즐거움. ❸좋아하다.

樂觀(낙관) ①일이 잘될 것으로 생각함. ②세상 형편을 즐겁고 밝은 것으로 생각함. ↔ 悲觀(비관).

樂園(낙원) 근심 걱정이 없이, 즐거움이 넘쳐 흐르는 곳.

樂譜(악보) 음악의 곡조를 일정한 문자 또는 기호로 나타낸 것.

樂山樂水(요산요수) 산과 물을 좋아함. 곧, 자연을 사랑함.

▶風樂(풍악). 快樂(쾌락).

행복한 가정은 인생의 **낙원**입니다.

 **고사성어**

낙불사촉 (樂不思蜀)

· 풀이 : 떠도는 나그네가 고향을 생각하지 않는다는 뜻.

촉나라의 왕 유선은 위나라에 항복을 하고 낙양에 살고 있었다. 어느 날, 위나라의 권력자 사마소가 연회를 베풀면서 촉나라 음악을 연주하게 하였다. 음악이 흐르자 촉나라의 신하들은 착잡한 마음이었으나, 유선만은 여전히 미소를 띠고 있었다. 사마소가 고향이 그립지 않느냐고 묻자 유선은 "여기가 즐거우니 촉나라가 생각나지 않습니다." 라고 대답했다. 촉나라 신하들은 연회에서 돌아오는 길에 정말로 위나라 생활이 즐거운지 물었다. 그러자 유선은 무거운 어조로 말했다.
"어찌 이곳 생활이 즐겁겠소? 우리는 지금 위나라의 포로인 셈인데, 슬퍼하는 마음을 그대로 드러냈다면 사마소는 우리들을 죽였을 것이오."

木부
[12획]

橋

다리 교

한자 사전 찾기
부수:木부 / 총획:16획

一 十 才 木 木̅
木̅ 朽 柞 柊 棒
梧 核 橋 橋 橋
橋

글자의 원리

 ⇒ 木 ⇒ 木 ⇒ 橋
倉 ⇒ 喬 ⇒ 喬

형성 키가 큰 나무(喬)로 걸쳐 놓은 나무(木) '다리'를 뜻함.

풀이 다리.

橋脚(교각) 다리를 받치는 기둥.
橋頭堡(교두보) ①다리를 엄호하기 위하여 쌓은 보루. ②아군의 상륙이나 도하(渡河) 작전을 위한 거점으로, 적지의 한모퉁이에 마련한 작은 진지. ③어떤 일을 하기 위한 발판.
橋梁(교량) 강·시내 등에 건너다닐 수 있게 가로질러 놓은 시설.
▶陸橋(육교)

섬과 섬이 **교량**으로 연결되어 있습니다.

421

樹

① 나무 수
② 심을 수

한자 사전 찾기
부수:木부 / 총획:16획

木부
[12·18획]

一 十 才 术 术
术 术 村 村 桂
桂 桂 桂 樹 樹
樹

글자의 원리 ⇒ 木 ⇒ 尌 ⇒ 樹

형성 나무(木)를 세워(尌) '심다' 라는 뜻.

풀이 ❶ ① 나무. 초목. ❷ ① 심다. ② 세우다.

樹立(수립) 사업이나 공을 이룩하여 세움. 政府樹立(정부 수립).
樹木(수목) ① 나무를 심음. ② 서 있는 나무.
風樹之嘆(풍수지탄) 효도를 다하지 못한 채 어버이를 여읜 자식의 슬픔을 이르는 말.
街路樹(가로수) 길을 따라 줄지어 심은 나무.

시원한 **가로수** 그늘에서 쉬고 있었습니다.

權

저울추 권

한자 사전 찾기
부수:木부 / 총획:22획

一 十 才 木 朴
朴 栌 栌 栌 梏
梏 梏 栲 栲 栲
榷 榷 榷 權 權
權 權

글자의 원리 ⇒ 木 ⇒ 雚 ⇒ 權

형성 새가 나무에서 맘대로 지저귀듯 생각한 대로 하니 '권세' 라는 뜻.

풀이 ① 저울추. ② 저울로 달다. ③ 권세.

權力(권력) 남을 지배하여 복종시키는 힘.
權利(권리) ① 권력과 이익. ② 어떤 일을 자유로이 행하거나 타인에 대하여 당연히 주장하고 요구할 수 있는 자격.
權限(권한) 법률상 행위를 할 수 있는 기능의 범위.
權衡(권형) 저울의 추와 대. 사물을 재는 척도나 기준.

국민들은 정부가 일하는 것에 대해 알 **권리**가 있습니다.

 欠(하품흠)部 입을 벌리고 하품하는 모양을 본뜬 부수 명칭.

次

버금 차

한자 사전 찾기
부수:欠부 / 총획:6획

丶 冫 冫 次 次
次

 글자의 원리

형성 하품(欠)하는 사람은 피곤해 정진하지 못하니 '다음(二) 차례'라는 뜻.

풀이 ①버금. ②차례. ③번. 횟수.

次男(차남) 둘째 아들.
次例(차례) ①나아가는 순서. ②물건을 노늘 때의 자기 몫.
　　　　　③책의 앞부분에 항목이나 제목 등을 벌여 놓은 것.
　　　　　目次(목차).
次席(차석) 수석의 다음 자리.
次次(차차) 어떤 일이 조금씩 차례로 되어 가는 모양. 점점.

欲

하고자 할 욕

한자 사전 찾기
부수:欠부 / 총획:11획

丶 八 夕 父 父
谷 谷 谷 欲 欲
欲

 글자의 원리

형성 목이 말라 입을 크게 벌리고 계곡물을 기다리니 '원하다'라는 뜻.

풀이 ①하고자 하다. 바라다. ②욕심.

欲求(욕구) 무엇을 얻거나 무슨 일을 하고 싶어하는 생리적·
　　　　　심리적 상태.
欲望(욕망) 바라고 원함. 무엇을 가지고자 하는 일. 또는, 그 마음.
欲速不達(욕속부달) 어떤 일을 너무 빨리 하려고 서두르면 도
　　　　　리어 이루지 못한다는 말.
▶意欲(의욕), 食欲(식욕)

인간의 기본적인 **욕구**가 충족되지 않으면 스트레스가 생기게 됩니다.

欠부
[2·7획]

423

歌

노래 가

欠 部
[10획]

한자 사전 찾기
부수:欠부 / 총획:14획

一 厂 冖 冖 冋
丏 丏 哥 哥 哥
哥' 哥' 歌' 歌

글자의 원리
 ⇒ 哥 ⇒ 哥 ⇒ 歌

형성 '소리를 지른다'는 뜻의 哥(가)에 欠(하품 흠)을 붙여 '노래하다'라는 뜻.

풀이 ①노래. ②노래하다. ③운문.

歌曲(가곡) ①시에 곡을 붙인 성악곡. ②시조에 곡을 붙여 부르는 노래의 가락.

歌舞(가무) 노래하고 춤을 춤. 또는, 노래와 춤.

歌手(가수) 노래 부르는 것을 직업으로 삼는 사람.

歌謠(가요) ①민요·동요·유행가 등을 통틀어 이르는 말. ②대중들이 부르는 노래.

歌唱(가창) 노래. 노래를 부름.

▶ **詩歌(시가)**

歌劇(가극)

오페라(opera). 음악·연극·무용·미술 등을 종합한 음악극. 오페라는 다음의 두 조건을 갖춰야 하는데 첫째, 16세기 말 이탈리아에서 일어난 음악극의 흐름을 따른 것이어야 하고, 둘째, 모든 대사가 노래로 표현되어야 하는 것이다. 대사는 독창·중창·합창으로 부른다.

歡

기뻐할 환

한자 사전 찾기
부수: 欠부 / 총획: 22획

글자의 원리

형성 꼬리 짧은 새가 즐겁게 지저귀니 '말을 하며 즐거워하다' 라는 뜻.

풀이 ①기뻐하다. ②기쁨. 즐거움.

歡聲(환성) 기쁘거나 즐거워서 지르는 소리.
歡迎(환영) 기쁜 마음으로 맞음.
歡呼(환호) 기뻐서 고함을 지름.
歡喜(환희) 매우 기뻐함. 또는, 그 기쁨.

欠부 [18획]
止부 [0획]

그 어부가 살아 돌아온다는 소식이 전해지자 **환성**이 터졌습니다.

止 (그칠지) 部

사람이 멈추어 선 발 모양을 본떠 '머무르다', '그치다' 의 뜻을 나타낸 부수 명칭.

止

그칠 지

한자 사전 찾기
부수: 止부 / 총획: 4획

글자의 원리

상형 발은 정강이 쪽에서 쭉 이어져 내려와 멈춘 곳에 있으니 '멈추다' 라는 뜻.

풀이 ①그치다. 멈춤. ②막다. 금하다.

止水(지수) 흐르지 않고 고여 있는 물.
止血(지혈) 피가 나오다가 그침. 또는, 나오는 피를 그치게 함.
禁止(금지) 어떤 일을 법이나 규정, 지시 등으로 하지 못하게 함.

동생과 싸운 벌로 외출 **금지**를 당했습니다.

正

❶ 바를 정
❷ 정월 정

止부
[1획]

한자 사전 찾기
부수: 止부 / 총획: 5획

一 丁 下 正 正

글자의 원리

회의 사람이 두 발(止)을 한데(一) 모아 바로 서 있으니 '바르다' 라는 뜻.

풀이 ❶①바르다. ②바르게 하다. ③바로. ❷정월.

正刻(정각) 바로 그 시각.
正鵠(정곡) ①과녁의 중심. ②사물의 요점.
正當(정당) 바르고 마땅함. 옳고 당연함. ↔ 不當(부당).
正道(정도) 올바른 길. 또는, 도리.
正面(정면) 바로 마주 보이는 면.
正常(정상) 특별한 변동이 없이 보통인 상태.
正午(정오) 한낮. 낮 12시.
正月(정월) 그 해의 첫달. 1월.
正義(정의) ①사람으로서 지켜야 할 바른 도리. ②바른 뜻.
正正堂堂(정정당당) 바르고 떳떳해서 기세가 당당한 모양.
正確(정확) 바르고 확실함.

아하!

正房瀑布(정방폭포)

천지연·천제연폭포와 함께 제주도 3대 폭포 중의 하나. 높이 23m, 너비 8m, 깊이 5m의 작은 못을 이루어 바다와 이어진다. 한라산 남쪽 기슭에 있으며, 서쪽으로 약 300m 떨어진 바닷가에는 큰 동굴이 있는데 전국에서 가장 큰 석불좌상이 이 안에 있다.

此
이 차

한자 사전 찾기
부수:止부 / 총획:6획

ㅣ ㅏ ㅏ 止 止
此

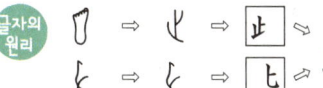

회의 몸을 구부리고(匕) 서서 머물러(止) 그친 곳을 가리켜 '이곳'이라는 뜻.

풀이 ①이. 이에. ②이곳. 이것.

此日彼日(차일피일) 오늘 내일 하며 약속이나 기한을 미루는 모양.
此際(차제) 이 기회. 이때. 이즈음.
此後(차후) 이 다음. 이 뒤.
▶彼此(피차), 如此如此(여차여차)

止부
[2·3획]

步
걸을 보

한자 사전 찾기
부수:止부 / 총획:7획

ㅣ ㅏ ㅏ 止 止
步 步

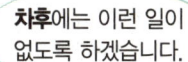

회의 왼발과 오른발을 교대로 내디디니 '걷다'라는 뜻.

풀이 ①걷다. 걸음. ②행하다.

步道(보도) 사람이 걸어다니는 길.
步武堂堂(보무당당) 걸음걸이가 활발하고 씩씩한 모양.
步哨(보초) 군대에서 경비를 하거나 망을 보는 임무. 또는, 그런 임무를 가진 병사.
步行者(보행자) 걸어다니는 사람.

427

武 호반 무

止 부
[4·9획]

한자 사전 찾기
부수: 止부 / 총획: 8획

一 二 午 午 午
正 武 武

글자의 원리 ⇒ ⇒ 武

회의 창을 들고 난리를 방지할 '호반(군인을 기르는 신분)', '군사'를 뜻함.

풀이 ①호반(虎班). 옛날, 우리 나라 무반(武班)의 별칭. ②굳세다. ③군인. ④병기.

武器(무기) 전쟁에 쓰는 도구.
武力(무력) ①군사상의 힘. ②억박질러 억누르는 힘.
武士(무사) 무예에 힘쓰고 군사에 종사하는 사람.
武術(무술) 칼·창·활 등의 무기를 쓸 줄 아는 기술.
武勇(무용) ①무예와 용맹. ②날래고 용감함.

무기도 없이 적을 막을 수는 없습니다.

歲 해 세

한자 사전 찾기
부수: 止부 / 총획: 13획

글자의 원리 ⇒ ⇒ ⇒ 歲

형성 한곳에 머물러 눈이 녹을 때를 기다리니 해가 바뀐 데서 한 '해'를 뜻함.

풀이 ①해. ②설. ③세월. ④나이.

歲暮(세모) 한 해의 마지막 무렵. 세밑. 연말.
歲首(세수) 해의 첫머리.
歲月(세월) 흘러가는 시간.
歲寒三友(세한삼우) 추위에 잘 견디는 소나무, 대나무, 매화나무를 이르는 말.

▶年歲(연세)

세월은 유수와 같이 빠르게 지나갑니다.

한무제

▼ 한나라 때의 전투 모습

진(秦)이 망하고 다시 혼란에 빠진 중국은 한의 고조(유방)에 의해 다시금 통일 제국을 이룩한다. 기원전 141년, 고조의 뒤를 이은 무제는 중앙 집권 체제를 확립하여 법과 힘에 의한 정치(패도 정치)를 실시하는 한편 유학을 국가의 통치 이념으로 채택하기도 하였다. 또 대외적으로 적극적인 원정을 단행하여 북방의 흉노족을 토벌하였고, 장건을 서역의 대월지국에 파견하여 비단길(실크로드)을 개척하였다. 무제는 또 한반도의 북서부와 베트남 북부를 침략하여 영토를 확장하고 한의 위세를 크게 떨쳤다.

또한 안으로는 국가의 수입을 늘리기 위한 소금, 철의 전매 제도를 비롯하여 물자의 원활한 유통과 물가 조절을 위한 균수법(均輸法), 물품을 저장했다 물가가 오르면 팔고 내리면 사들여 이익을 취하는 평준법(平準法)을 실시하였다.

가족 생활(위), 농업도(아래) ▶

歷

지낼 력

止 부
[12·14획]

한자 사전 찾기
부수:止부 / 총획:16획

一 厂 厃 厈 厈
厈 厈 厈 厯 厯
厯 厯 歷 歷 歷
歷

글자의 원리 ⇒ ⇒ 歷 ⇒ 歷

형성 벼를 순서대로 나란히 정렬하니 차례대로 '걸어서 지나다'라는 뜻.

풀이 ①지내다. ②순서대로. 차례차례. ③분명하다.

歷代(역대) 여러 대를 이음. 이어 내려온 모든 대. 각각의 대.
歷歷(역력) 분명함. 또렷하다.
歷史(역사) 인류 사회가 변천, 발전하여 온 사실의 기록.
歷任(역임) 여러 벼슬을 차례로 지냄.
▶ 經歷(경력)

나는 **역대** 조선의 왕들 중 세종 대왕을 가장 존경합니다.

歸

돌아갈 귀

止 부

한자 사전 찾기
부수:止부 / 총획:18획

′ ⺁ ⺁ ⺁ 阜
阜 阜 阜 歸
歸 歸 歸 歸
歸 歸 歸

글자의 원리 ⇒ ⇒ 歸 ⇒ 歸

형성 항상 걷는 길을 청소하고 돌아가니 '돌아가다' '되돌아가다'라는 뜻.

풀이 ①돌아가다. 돌려보내다. ②따르다.

歸家(귀가) 집으로 돌아가거나 돌아옴.
歸國(귀국) 본국으로 돌아가거나 돌아옴.
歸省(귀성) ①고향에 돌아가 부모를 뵘. ②고향을 찾아감. 귀향.
歸化(귀화) 다른 나라의 국적을 얻어 그 국민이 되는 일.

특별한 일이 없으면 일찍 **귀가**합니다.

歹 (죽을사변) 部

살이 없어진 뼈의 모양을 본뜬 부수 명칭.

死
죽을 사

한자 사전 찾기
부수: 歹부 / 총획: 6획

一 ㄱ ㄢ 歹 歹'
死

글자의 원리 ⇒ 死

회의 사람이 죽으면 살이 떨어져 나가 뼈만 남는데서 '죽다'의 뜻.

풀이 ①죽다. 죽이다. 죽음. ②활동하지 않다. ③목숨을 걸다.

死亡(사망) 사람의 죽음.
死火山(사화산) 구조로 보아 화산이지만 역사상 활동 기록이 없는 화산.
決死(결사) 어떤 일을 위해 죽기를 각오하는 것.

歹부 [2획]
殳부 [7획]

결사 항전을 감행했습니다.

殳 (갖은등글월문) 部

몽둥이를 손에 들고 '친다'는 뜻으로, '날 없는 창'을 뜻하기도 하는 부수 명칭.

殺
❶ 죽일 살
❷ 덜 쇄

한자 사전 찾기
부수: 殳부 / 총획: 11획

丿 ㄨ 千 ¥
朱 朱 杀 ¥殳
殺

글자의 원리 ⇒ 殺

형성 끈으로 묶은 나뭇가지로 동물을 때리니 '죽이다' 라는 뜻.

풀이 ❶①죽이다. ②없애다. ❷①덜다. 저밈. ②심하다.

殺菌(살균) 약품이나 열 따위로 병균을 죽임. 멸균.
殺身成仁(살신성인) 자기 몸을 희생하여 인을 이룬다는 뜻.
殺人(살인) 사람을 죽임.
殺到(쇄도) 한꺼번에 많이 몰려드는 것.
▶減殺(감쇄)

살인 용의자가 경찰에 잡혔습니다.

꾀를 내어 상대방을 자멸시키다

이도살삼사(二桃殺三士)

안영은 제나라 재상이 된 후에도 근검 절약하였으며, 임금의 다스림이 옳지 않을 때는 그 명의 옳고 그름을 가리어 실행했다. 안영은 재상이면서도 항상 겸허하였으며, 명공, 장공, 경공에 걸친 3대 제후를 잘 보필하여 그 명성을 알린 인물이다.

毋(말무) 部

여자(女)가 못된 짓을 하나(一)도 못하게 하니 '말다', '없다'의 뜻을 나타낸 부수 명칭.

母

어머니 모

毋부
[1획]

한자 사전 찾기
부수:毋부 / 총획:5획

글자의 원리

지사 女子 안에 두 점을 찍은 모습으로, 아이를 젖먹여 기르는 '어머니'의 뜻.

풀이 어머니.

母校(모교) 자기의 출신 학교.
母國(모국) 외국에 있는 교포가 자기의 조국을 이르는 말.
母性(모성) 어머니로서 가지는 정신적, 육체적 특성.
母體(모체) ①아기를 밴 어머니의 몸. ②근본이 되는 것.
母親(모친) 어머니. ↔ 父親(부친).
母胎(모태) ①어머니의 태 안. ②사물의 발생, 발전의 근거가 되는 토대.
父母(부모) 아버지와 어머니를 아울러 이르는 말.

매양 매

한자 사전 찾기
부수: 毋부 / 총획: 7획

상형 풀은 어미처럼 자손을 번식시키므로 그 하나하나를 가리켜 '매양'의 뜻.

풀이 ①매양. 늘. ②그 때마다.

每年(매년) 해마다.
每番(매번) 번번이. 여러 번 다.
每事(매사) 일마다. 모든 일.
每事不成(매사불성) '매번의 일마다 이루어지지 않는다.'는 뜻이니, 하는 일마다 잘 안 된다는 말.
每朔(매삭) 달마다. 다달이. 매월.
每樣(매양) 항상 그 모양으로.
每況愈下(매황유하) 형편이 날로 악화된다는 뜻으로, 날이 갈수록 점점 더 나빠진다는 말.

毋 부
[3획]

 아하!

每日新聞(매일신문)

1898년 1월 26일에 창간된 우리 나라 최초의 일간 신문. 순한글체의 언문일치 문장을 사용하여 한글 신문 시대를 여는 데 크게 기여하고, 외세에 저항하는 한국 신문의 전통을 확립하는 데 선구자적인 역할을 하였다. 독립협회 사건으로 1년 3개월 만에 폐간되었다.

比(견줄비) 部

두 사람이 나란히 서 있는 모양을 본떠 '견주어 보다'의 뜻을 나타낸 부수 명칭.

견줄 비

한자 사전 찾기
부수:比부 / 총획:4획

比부
[0획]
毛부
[0획]

丨 一 比 比 比

글자의 원리  ⇨ ⇨ 比

상형 두 사람이 나란히 서 있으니 '정렬하다', '견주다' 라는 뜻.

풀이 ①견주다. ②비율. ③겨루다. 어깨를 나란히 함.

比肩(비견) ①어깨를 나란히 하는 것. ②우열이 없이 거의 비슷함.
比較(비교) ①서로 견주어 봄. ②둘 이상의 사물을 서로 견주어 그 관계를 고찰함.
比喩(비유) 어떤 사물을 표현함에 있어서 그와 비슷한 다른 사물을 빌려 표현하는 일.
比率(비율) 어떤 수·양의 다른 수·양에 대한 비교 값.

같은 물건이면 값을 **비교**하여 더 싼 것을 사게 됩니다.

毛(터럭모) 部

짐승의 꼬리털이나 새의 깃털을 본뜬 부수 명칭.

毛

털 모

한자 사전 찾기
부수:毛부 / 총획:4획

丿 二 三 毛

글자의 원리 ⇨ ⇨ 毛

상형 짐승의 꼬리털, 또는 새의 깃털을 본떠 '털' 이라는 뜻.

풀이 털.

毛孔(모공) 털구멍. 털이 나는 구멍.
毛髮(모발) 사람의 머리털.
毛織(모직) 털실로 짠 직물.
毛皮(모피) 짐승의 털가죽.

동물 보호론자들은 **모피**로 옷을 만드는 것을 반대합니다.

 **고사성어**

구우일모 (九牛一毛)

· 출전 : 《한서》〈사마천전〉
· 풀이 : 아주 많은 것 중의 아주 적은 것을 뜻함.

한무제 때의 명장 이릉은 흉노를 정벌하러 갔다가 투항을 하고 말았는데, 세상에는 그가 호강하며 잘산다는 소문이 돌았다. 무제는 격분하여 이릉의 일족을 모두 죽이려고 하였다. 당시 사관이었던 사마천은 이릉을 변호하였다가 도리어 생식기가 잘리는 궁형(宮刑)의 벌을 받았다. 이 수치스러운 형벌을 받은 사마천은 당시의 심경을 담은 편지를 친구에게 보냈다.

"내가 죽임을 당하더라도 아홉 마리의 소 가운데 털 하나 없어진 것과 같으니, 땅강아지나 개미와 무엇이 다르랴?"

이토록 사마천이 자신의 처지를 비관하면서도 삶을 이어 간 까닭은 아버지의 유언을 따라 《사기》를 집필하기 위한 것이었다.

氏부 [0획]

氏(각시씨)部

뻗어 나가던 뿌리가 지상으로 올라와서 퍼진 모양을 본떠 '성씨'를 뜻한 부수 명칭.

씨 씨

한자 사전 찾기
부수:氏부 / 총획:4획

一 厂 F 氏

글자의 원리 ⇨

상형 쓰러지려는 것을 받치듯 형제들이 한 집안을 만드니 '혈통'이라는 뜻.

풀이 ①씨. ②성씨. ③사람의 성이나 이름 밑에 붙여서 존칭의 뜻을 나타냄.

氏族(씨족) ①겨레. 족속. ②원시 사회에서 같은 조상을 가진 혈족 단체.
姓氏(성씨) '성(姓)'을 높이거나 격식을 갖추어 이르는 말.
和氏之璧(화씨지벽) '화씨의 구슬'이라는 뜻으로, 천하 제일의 보옥을 가리키는 말.
▶無名氏(무명씨)

여러 **씨족**이 모여 고대 국가의 기틀을 마련했습니다.

백성 민

氏 부
[1획]

한자 사전 찾기
부수:氏부 / 총획:5획

フ ヲ ア 氏 民

글자의 원리 ⇨ ⇨ 民

지사 여인이 낳은 모든 사람을 가리켜 '백성' 을 뜻함.

풀이 백성. 다스림을 받는 사람들.

民間(민간) 관청, 또는 정부 기관에 속하지 않은 일반 국민의 사회.
民權(민권) ①국민의 권리. ②국민이 신체와 재산을 보호받거나 정치에 참여할 권리.
民生(민생) ①국민의 생활. 국민의 생계. ②일반 국민.
民俗(민속) 백성의 풍속. 민간에 전해 오는 풍습.
民心(민심) 백성의 마음.
民族(민족) 언어·혈통·역사를 같이하는 사람들의 집단.
民主(민주) ①주권이 국민에게 있음. ②민주주의.
市民(시민) 시의 주민.
惑世誣民(혹세무민) 세상 사람을 속여 마음을 홀리게 만들고 사회를 어지럽힌다는 말.

아하!

民謠(민요)

민중들 사이에서 불리는 전통적 노래의 총칭. 자연스럽게 생겨나 민중의 생활 감정을 반영하고, 국민성·민족성을 나타낸다. 우리 나라 민요는 토속 민요와 창민요로 구분한다. 소박한 모내기·상여 소리는 토속 민요, 직업 소리꾼에 의해 불리는 창부 타령 등은 창민요이다.

气 (기운기) 部

수증기 모양을 본떠 구름 기운을 나타낸 부수 명칭.

기운 기

한자 사전 찾기
부수·气부 / 총획:10획

글자의 원리 ⇒ ⇒ 气 ⇒ 氣

형성 쌀(米)로 밥을 지을 때 증기(气)가 올라가는 데서 '기운', '기체'의 뜻.

풀이
①기운. ㉮기체. ㉯만물의 근원. ㉰심신의 활력.
②호흡. ③자연계에 일어나는 현상. ④타고난 성질.

氣流(기류) 대기 중에서 일어나는 공기의 흐름.
氣分(기분) ①마음에 생기는 유쾌함, 불쾌함, 우울 따위의 감정 상태. ②분위기.
氣溫(기온) 대기의 온도.
氣質(기질) ①어떤 사람의 행동에 나타나는 특유한 성질. ②사람의 행동 양식의 바탕이 되는 유전적·생물학적·감정적 성질.
氣體(기체) 공기·수증기와 같이 일정한 형체가 없는 물질.
氣候(기후) 일정한 지역의 여러 해에 걸친 기온·비·눈 등의 평균적인 상태.

▶ 元氣(원기), 正氣(정기)

气부
[6획]

아하!

氣球(기구)

공중에 높이 올리기 위하여 수소 등 공기보다 가벼운 기체를 넣어 밀폐한 큰 주머니. 가장 오래 된 기구는 1783년 프랑스 몽골피에 형제가 실험한 것으로, 약 300m의 고도까지 떠올랐다. 이를 계기로 유럽에서는 연구와 제작이 활발해져 기구를 관측용이나 군용으로 사용했다.

水 (물수) 部

물 수

한자 사전 찾기
부수: 水부 / 총획: 4획

亅 亅 水 水

水부
[0획]

흐르는 물을 본뜬 부수 명칭. 변으로는 氵(삼수변)으로, 발로는 氺(아래물수)로 쓰임.

글자의 원리 ⇒ ⇒ 水

상형 물이 흘러가는 모양을 본떠 만든 글자로 '물'이라는 뜻.

풀이 ①물. ②고르다.

水道(수도) 물을 공급받을 수 있도록 관을 놓고 그 끝에 꼭지를 달아 틀거나 잠글 수 있게 만든 장치.
水力(수력) ①물의 힘. ②물의 운동 에너지와 위치 에너지를 변환시킨 동력.
水深(수심) 물의 깊이.
水魚之交(수어지교) '물과 고기 사이의 관계'라는 뜻으로, 아주 친해 떨어지려야 떨어질 수 없는 사이를 뜻함.
水泳(수영) 헤엄치기.
水溫(수온) 물의 온도.
水準(수준) 사물의 가치나 품질, 등급 따위의 정도.
水平(수평) 잔잔한 수면처럼 물체의 표면이 반듯하고 평평함.
水害(수해) 홍수로 인한 재해.

 아하!

水獺(수달)
포유류 족제빗과의 한 종. 몸길이가 63~75㎝ 정도 된다. 산기슭, 늪 가에 굴을 파고 사는데 발가락 사이에 물갈퀴가 있어 수중 생활에 적합하다. 물고기·개구리·게 따위를 잡아먹고 산다. 모피는 목도리·외투 깃 등으로 이용되고 있다.

일단 저지른 일은 되돌릴 수 없다

복수불반(覆水不返)

부인 마씨는 쏟아진 물을 다시 담으려 했지만 이미 땅 속으로 스며든 물을 담을 수는 없었다. 여상은 차가운 표정으로 말했다.
"한 번 엎지른 물은 다시 그릇에 담을 수 없고, 한 번 떠난 아내는 다시 돌아올 수 없소."

水부
[1획]

얼음 빙

한자 사전 찾기
부수: 水부 / 총획: 5획

丿 刁 オ 氺 氷

글자의 원리 ⇒ 冰 ⇒ 氷 **회의** 물이 얼어서 딱딱하게 되는 것에서 '얼음', '얼다' 라는 뜻.

풀이 ①얼음. ②얼다.

氷山(빙산) 북극이나 남극의 바다에 떠 있는 거대한 얼음덩어리.
氷上(빙상) 얼음판 위.
氷板(빙판) 얼음 바닥. 얼음이 덮인 길바닥.
氷河(빙하) 높은 산에서 응고된 만년설이 얼음이 되어 서서히 움직여 내리는 일.

겨울에는 **빙상** 경기가 많이 열립니다.

길 영

한자 사전 찾기
부수: 水부 / 총획: 5획

丶 亅 オ 永 永

글자의 원리 ⇒ ⇒ 永 **상형** 강물이 계속해서 길게 바다로 흘러가는 모양에서 '길다' 라는 뜻.

풀이 길다.

永久(영구) 길고 오램. 오래 계속되어 끊임이 없음.
永永(영영) 언제까지나. 영원히.
永遠(영원) 끝없이 길고 오램. 끝없는 세월.
半永久的(반영구적) 물건의 수명이 거의 영구적임.

그 건전지는 충전만 하면 **반영구적**으로 쓸 수 있습니다.

구할 구

한자 사전 찾기
부수:水부 / 총획:7획

一 十 寸 寸 寸 求
求 求

글자의 원리 ⇒ 求

상형 손 주위에 털이 자란 모양의 가죽옷은 모두 갖기 원하므로 '구하다'의 뜻.

풀이 ①구하다. ②빌다. 청함.

求乞(구걸) 남에게 돈, 물건, 곡식 따위를 거저 달라고 청함.
求人(구인) 필요한 사람을 구함.
刻舟求劍(각주구검) 칼을 떨어뜨린 자리를 뱃머리에 표시했다가 나중에 찾으려 한다는 뜻으로, 낡은 것만 고집하는 어리석음을 비유한 말.

▶要求(요구)

水부
[2획]

구인 광고를 보고 많은 구직자들이 전화를 했습니다.

한자 Q&A

Q '삼경'이란 무엇일까요?

A '삼경(三經)'은 사서인 《대학》, 《논어》, 《맹자》, 《중용》과 함께 '사서삼경'이라고 불리는 유교의 경전으로, 《시경》, 《서경》, 《주역》을 말합니다. 이 중에서 《시경》은 춘추 시대의 시가 305수를 수록한, 중국에서 가장 오래된 시집이고, 《서경》은 중국의 요순 때부터 주나라 때까지의 문서를 수집하여 공자가 편찬한 책입니다. 유교의 경전이 되면서 《역경》이라 불리게 된 《주역》은 후세의 철학·윤리·정치에 많은 영향을 끼쳤으며, 운명을 점치는 책의 원전으로 정착되었습니다.

江

강 강

水부
[3획]

한자 사전 찾기
부수: 水부 / 총획: 6획

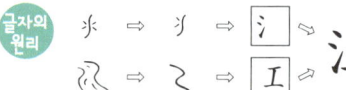

형성 본디는 중국의 양쯔강을 뜻하였는데, 점차 '강' 이라는 뜻으로 쓰임.

풀이 ①강. 큰 내. ②물 이름.

江口(강구) 강 어귀. 강과 강의 합류점. 또는, 나루.
江南(강남) ①서울에서 한강의 남쪽 지역. ② '중국 양쯔 강의 남쪽' 이라는 뜻으로, 중국 남부를 포함한 동남아 일대의 더운 지방을 이르는 말.
江邊(강변) 강이 육지와 닿아 있는 부근의 땅.
江心(강심) 강의 한복판. 강의 중류.
江村(강촌) 강가의 마을.
江幅(강폭) 강의 너비.
江湖(강호) ①강과 호수. ②세상. ③시골.
錦繡江山(금수강산) '비단에 수를 놓은 듯이 아름다운 산천' 이라는 뜻으로 우리 나라를 의미함.

 아하!

江湖四時歌
(강호사시가)

조선 초 맹사성이 지은 연시조. 맹사성이 만년에 벼슬을 내놓고 고향에 돌아간 자신의 생활을 사계절의 변화와 결부시켜 한 수씩 읊었다. 봄의 흥겨움, 여름의 한가로움, 가을의 고기잡이, 겨울의 설경을 소재로 소박한 생활과 임금의 은혜를 예찬했다.

汝

너 여

한자 사전 찾기
부수:水부 / 총획:6획

丶 丶 氵 氵 汝 汝
汝

글자의 원리
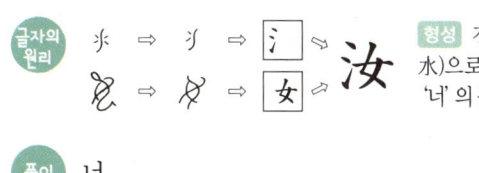

형성 강 이름(여수 : 汝水)으로 쓰이다가 점차 '너'의 뜻으로도 쓰임.

풀이 너.

汝等(여등) 너희들.
汝矣島(여의도) 서울 영등포구에 있는, 한강 중류에 있는 섬. 사람들이 '나의 섬', '너의 섬'으로 부른 것에서 이름이 유래됨.

水부
[3·4획]

여의도에는 방송국과 증권회사들이 모여 있습니다.

決

결단할 결

한자 사전 찾기
부수:水부 / 총획:7획

丶 丶 氵 氵 汧 汧
決 決

글자의 원리

형성 물꼬(氵)를 터 놓는다(夬)는 데서 '끊다', '결단하다'의 뜻.

풀이 ①트다. ②정하다. ③헤어지다.

決斷(결단) 딱 잘라 결정함. 또는, 그 결정.
決裂(결렬) 회담 등에서, 서로 의견이 맞지 않아 갈라서는 일.
決勝(결승) 최후의 승부를 결정하는 일.
決定(결정) 어떤 일에 대해 어떻게 하겠다는 태도나 방향을 정함. 또는, 그 내용.

회의란 여러 사람이 모여 의사를 **결정**하는 과정입니다.

水 부
[5획]

法

법 법

한자 사전 찾기
부수:水부 / 총획:8획

丶 冫 氵 氵 沐
沐 法 法

글자의 원리

회의 먼저 물건의 뚜껑을 열듯, 또 물이 흐르는 자연 이치에서 '법' 이라는 뜻.

풀이 법.

法規(법규) ①법률상의 규정. ②법률, 명령, 규정, 규칙 등을 모두 이르는 말.
法度(법도) ①법률과 제도. ②생활상의 예법과 제도.
法律(법률) 국가가 제정하고 국민이 지켜야 할 법규율.
法治(법치) 법률에 의하여 나라를 다스림.
立法(입법) 법을 제정하는 것.

법을 만드는 것은 **입법**이고, 이를 펴는 것은 행정입니다.

油

기름 유

한자 사전 찾기
부수:水부 / 총획:8획

丶 冫 氵 氵 汀
油 油 油

글자의 원리

형성 나무 열매를 쥐어 짜 얻은, 물보다 진하고 질퍽질퍽한 '기름' 의 뜻.

풀이 ①기름. ②구름이 피어오르는 모양.

油性(유성) 기름의 성질.
油印物(유인물) 등사한 인쇄물.
油田(유전) 석유가 나는 곳. 석유가 묻혀 있는 지역.
食用油(식용유) 음식에 넣거나 튀김, 부침개 등을 할 때 사용하는 기름.

못 쓰는 **식용유**는 비누로 만들어 재활용합니다.

울 읍

한자 사전 찾기
부수: 水부 / 총획: 8획

丶 丶 氵 氵 汁
汁 汁 泣

글자의 원리

형성 사람이 서서(立) 눈물(水)을 흘림을 나타내어 '울다' 라는 뜻.

풀이 ①울다. 울음. ②눈물.

泣諫(읍간) 울면서 간(諫)함.
泣訴(읍소) 눈물을 흘리면서 간절히 하소연함.
泣血(읍혈) 어버이의 상을 당하여 피를 토하듯 슬피 욺.
感泣(감읍) 감격하여 흐느끼는 것.

水부
[5획]

장렬하게 전사한 장군 앞에 **감읍**하지 않는 병사가 없었습니다.

고사성어

읍참마속 (泣斬馬謖)

· 출전 : 《삼국지》〈촉서〉
· 풀이 : 큰 목적을 위해 개인적인 정을 버림.

　삼국 시대, 제갈공명이 위나라를 공격할 때의 일이다. 제갈공명은 전략을 모두 세웠지만 군량 수송로인 가정을 지키는 일이 문제였다. 마속은 제갈공명의 친구 동생이자 제갈공명이 아끼는 장수였는데, 이 일을 맡겠다고 매달려 간청했다. 제갈공명은 걱정이 되었지만 전략을 지시하며 일을 맡겼다. 그런데 가정으로 간 마속은 자기의 생각대로 진을 쳤다가 결국 참패를 당했다. 이 때문에 제갈공명은 전군을 후퇴시켰고, 군율을 어긴 마속을 처형해야 했다.
　"개인적인 정 때문에 군율을 어길 수는 없다. 아끼는 사람일수록 가차없이 처단하여 나라의 기강을 바로잡아야 한다."
라고 제갈공명은 말했으나, 마속이 처형당할 때는 엎드려 울었다고 한다.

注

물댈 주

水部
[5획]

한자 사전 찾기
부수:水部 / 총획:8획

丶 丶 氵 氵 汁
汁 沖 注

 글자의 원리

형성 초가 타듯 한 줄기의 물이 오랫동안 이어지니 '흘러 들어가다' 라는 뜻.

풀이 ①물을 대다. ②붓다. ③마음을 쏟음. ④ 주해. 주석

注目(주목) ①주의하여 봄. ②어떤 일을 조심하고 경계하여 봄.
注釋(주석) 낱말이나 문장 등을 알기 쉽게 풀이함. 또는, 그 글.
注意(주의) ①마음에 새겨 두고 조심하는 것. ②특별한 사항에 대한 경계나 주목.
注入(주입) ①쏟아 부음. ②기억과 암송을 주로 하여 가르침.

자전거를 탈 때는 넘어지지 않도록 **주의**해야 합니다.

泉

샘 천

한자 사전 찾기
부수:水部 / 총획:9획

丶 丿 冂 白 白
白 身 泉 泉

 글자의 원리

상형 둥근 구멍에서 물이 솟아 나오는 모양에서 '샘', '수원' 이라는 뜻.

풀이 샘.

泉水(천수) 샘물.
泉源(천원) 샘의 근원.
溫泉(온천) 더운물이 땅 위로 솟구쳐 나오는 샘.
▶黃泉(황천), 源泉(원천)

화산으로 인해 **온천**이 생겼습니다.

448

治

다스릴 치

한자 사전 찾기
부수: 水부 / 총획: 8획

丶 冫 氵 氵氵
治 治 治

형성 물의 흐름을 조절하여 홍수를 막으니 '다스리다'라는 뜻.

水부
[5획]

풀이 ①다스리다. ②병·상처 따위를 보살펴 낫게 하다.

治療(치료) 병이나 상처를 낫게 하기 위하여 하는 의학적 처리.
治山治水(치산치수) 산과 물을 다스려 수해를 방지하는 일.
治安(치안) 세상이 편안하도록 다스리는 일.
治癒(치유) 치료하여 병이 낫거나 낫게 함.

경찰은 무엇보다도 민생 **치안**에 힘써야 합니다.

泰

클 태

한자 사전 찾기
부수: 水부 / 총획: 10획

一 二 三 三 夫
泰 泰 泰 泰 泰

형성 양 손에 물을 담아 흘려 보내니 '편안하다', '크다'라는 뜻.

풀이 ①매우 큼. ②넉넉하다. ③편안하다.

泰山(태산) ①중국의 다섯 영산 중의 하나로 산둥 성에 있는 높은 산. ②높고 큰 산. ③크고 많음.
泰然(태연) 흔들리지 아니하고 예사로운 모양.
泰平(태평) 세상이 평화로움. 몸이나 마음이나 집안이 평안함.

'티끌 모아 **태산**'이라는 말도 있는데, 좀 아껴 쓰도록 해라.

449

 비주얼 한자

▲ 궁녀도

수나라 양제의 폭정으로 각처에서 반란이 일어나고 국가 붕괴의 기색이 짙어지자, 이연(고조)은 수를 멸한 다음, 당을 건국하고 장안을 서울로 정하였다.

국가의 기틀을 마련한 고조의 뒤를 이어 그의 아들 이세민(태종)은 중국 통일을 완성하고 여러 제도를 정비하여 국력을 튼튼히 하였다. 농업과 상업이 발달했고, 학문과 예술도 성행했다.

당은 귀족 사회였으나 관료 선발에서 개인의 능력을 더 존중하는 과거 제도의 확대 실시로 남북조 시대 이래의 문벌 귀족은 점차 몰락해 가고 있었다.

한편 백성은 토지를 받은 양민과 신분적으로 예속된 천민으로 구분되어 있었다. 그러나 안녹산의 난 이후 균전제가 붕괴되면서 양민들은 대지주에 예속된 소작농의 처지로 전락하게 된다. 그러다 대규모 농민 반란인 황소의 난이 일어나기도 했다.

▲ 황소의 난

당태종

▲ 당태종

정관은 당태종의 연호로, 태종 자신이 훌륭한 정치가였을 뿐만 아니라 재상 방현령, 두여회, 위징 등의 도움을 받아 중국 역사상 가장 모범적인 정치를 하여 중앙 집권 체제가 궤도에 오르고, 정복 사업도 활발하여 그의 치세(세상을 잘 다스려 태평한 세상)를 '정관의 치'라고 한다.

그는 중앙에 3성 6부를 두는 등 율령 체제를 완성하였다. 율령 체제란 율령(형법), 영(행정법), 격(추가된 규정), 식(시행 세칙)을 의미한다.

▼ 우경을 하는 당의 농민

또한 호적을 만들어 성년 양민에게 일정한 토지를 지급하는 균전제를 시행하고, 조·용·조 세제와 부병제를 실시하였다.

중앙 집권 체제를 강화하면서 문물 교류를 활발하게 이끌고, 당을 세계 제국으로 발전시켰다.

▲ 당을 찾은 외국인 사절

물결 파

한자 사전 찾기
부수: 水부 / 총획: 8획

水부
[5획]

丶 氵 氵 氵 氵
氵 波 波

 글자의 원리

회의 동물의 껍질처럼 강물 위쪽이 울퉁불퉁하게 움직이니 '물결'이라는 뜻.

풀이 ①물결. ②영향이 다른 곳에 미치다.

波高(파고) 물결의 높이.
波濤(파도) 큰 물결.
波瀾萬丈(파란만장) 생활이나 일의 진행 도중에 여러 가지 곡절이 많고 변화가 심함을 뜻하는 말.
波文(파문) ①수면에 이는 잔물결. ②어떤 일의 영향.

하얀 **파도**가 밀려옵니다.

❶ 물 하
❷ 강이름 하

한자 사전 찾기
부수: 水부 / 총획: 8획

丶 氵 氵 氵 氵
氵 河 河

 글자의 원리

형성 강의 한쪽에서 불러도 반대쪽에서는 들리지 않으니 '큰 강'이라는 뜻.

풀이 ❶내. 강. ❷강 이름. 황허(黃河)강.

河床(하상) 하천 바닥. 강바닥.
河岸(하안) 강 양쪽의 강물과 이어져 있는 땅.
河川(하천) 강과 내.
運河(운하) 육지를 파서 강을 내고 배가 다니게 한 수로.
▶大河(대하), 山河(산하)

네덜란드의 암스테르담은 '**운하**의 도시'라고 일컬어집니다.

성질이 포악한 부인이 소리를 지르다

하동사자후(河東獅子吼)

진계상의 부인이 호통치는 소리를 들은 소동파는 다음과 같은 시를 지어 조롱했다고 한다.
"누가 용구거사처럼 가련하겠는가.
불법을 얘기하며 밤을 지새는데
갑자기 하동의 사자후 소리를 들으니
지팡이를 떨어뜨리고 어쩔 줄 몰라 하네."

洞

❶ 마을 동
❷ 통할 통

한자 사전 찾기
부수: 水부 / 총획: 9획

水부
[6획]

글자의 원리 ⇨ 氵 ⇨ 氵
 ⇨ 同 ⇨ 同

형성 물(氵) 있는 곳에 사람들이 같이(同) 모여 사는 '마을', '골'을 뜻함.

풀이 ①골. 골짜기. ②굴. ③동네. ④통하다. ('통'으로 읽음.)

洞窟(동굴) (자연적으로 생긴) 깊고 넓은 큰 굴.
洞里(동리) 마을.
洞天(동천) 산과 내로 둘러싸인 경치 좋은 곳.
洞穴(동혈) 깊고 넓은 굴의 구멍.
洞察(통찰) 훤히 꿰뚫어 앎. 전체를 환하게 내다봄.
▶空洞(공동)

氵氵氵汀
洞洞洞洞

洗

씻을 세

한자 사전 찾기
부수: 水부 / 총획: 9획

丶 氵 氵 汙 汙
汙 汼 泮 洗

글자의 원리: 火 ⇒ 氵 ⇒ 氵 ⇒ 洗

형성 강에서 발의 더러움을 씻어 내니 '씻다', '깨끗하게 하다' 라는 뜻.

풀이 씻다.

洗禮(세례) (기독교에서) 신자가 될 때에 행하는 의식. 물에 담그거나 머리에 물을 부어 원죄를 세척하는 의식.

洗面(세면) 얼굴을 씻음.

洗滌(세척) 깨끗이 씻음.

洗濯機(세탁기) 빨래하는 기계.

최근에 생산되는 **세탁기**는 여러 가지 기능이 있어서 매우 편리합니다.

水부
[6획]

洋

큰바다 양

한자 사전 찾기
부수: 水부 / 총획: 9획

丶 氵 氵 汙 汙
汙 汼 洋 洋

글자의 원리: 火 ⇒ 氵 ⇒ 氵 ⇒ 洋

형성 양털처럼 강물이 갈라졌다 다시 모여 흘러가니 '넓은 바다' 라는 뜻.

풀이 ①바다. ②넘치다. 가득 차서 넘침. ③외국. 특히 서양을 나타냄.

洋弓(양궁) 서양식 활. 또는, 그 활로 하는 궁술.

洋服(양복) 서양식 의복의 통칭.

洋洋(양양) ①광대한 모양. 끝없는 모양. ②앞날이 희망에 차 있어 밝은 모양.

海洋(해양) 넓고 큰 바다.

해양 자원 개발에 관심을 쏟아야 합니다.

活

살 활

한자 사전 찾기
부수: 水부 / 총획: 9획

水부
[6획]

丶 氵 氵 氵
汗 汗 活 活

글자의 원리 ⇨ ⇨ 活

형성 날름거리는 혀처럼 활발히 움직이는 물에서 '활발하다', '살다'의 뜻.

풀이 ①살다. ㉮생존하다. ㉯생기가 발동하다. ②살리다.

活氣(활기) 활동의 원천이 되는 싱싱한 생기. 활발한 기운.
活動(활동) ①활발하게 움직임. ②무슨 일을 이루려고 움직임.
活力(활력) 생활하는 힘. 활동력.
活路(활로) 살아나갈 길이나 방법. 목숨을 구하는 길.
活潑(활발) 정신이나 행동이 활기 있고 원기가 좋음을 이름.
活躍(활약) ①기운차게 뜀. 기운차게 움직임. ②힘차게 활동함.
活用(활용) 사물이나 재료를 충분히 잘 이용함.
活字(활자) 활판 인쇄에 사용되는 네모 기둥 모양의 금속이나, 나무 윗면에 글자나 기호를 볼록 튀어나오게 새긴 것.
活版(활판) 활자로 조판한 인쇄판.

▶復活(부활), 快活(쾌활)

浪

물결 랑

한자 사전 찾기
부수: 水부 / 총획: 10획

丶 丶 氵 氵 氵
氵 氵 浪 浪 浪

글자의 원리  浪

형성 깨끗하고 아름다운(良) 물(氵)인 '물결'을 뜻함.

水부
[7획]

풀이 ①물결. 파도. ②물결이 일다. ③떠돌아다님.

浪漫(낭만) 현실적이 아니고 공상적, 환상적인 상태.
浪費(낭비) 돈이나 물건이나 시간이나 노력 따위를 헛되이 씀.
浪說(낭설) 사람들 사이에서 허황하고 근거 없이 흘러다니는 터무니없는 소문.
▶**風浪(풍랑)**

종이를 **낭비**하지 맙시다.

流

흐를 류

한자 사전 찾기
부수: 水부 / 총획: 10획

丶 丶 氵 氵 氵
氵 氵 浐 流 流

글자의 원리 水 ⇒ 氵 ⇒ 氵 ⇒ 流

회의 아이가 머리를 강아래로 향하며 흘러가니 '흘러가다', '방황하다'의 뜻.

풀이 ①흐르다. ②흘리다. ③떠돌아다니다. ④옮기어 퍼지다.

流浪(유랑) 정처 없이 떠돌아다님. 이리저리 방랑함.
流水(유수) 흐르는 냇물이나 강물.
流言蜚語(유언비어) 근거 없는 소문. 뜬소문.
流入(유입) 흘러들어옴. ↔ 流出(유출).
流行(유행) 어떤 현상, 양식 등이 한동안 세상에 널리 퍼짐. 또는, 그런 경향.

유행을 따르기보다 자신의 개성을 살리는 것이 좋습니다.

浮

뜰 부

水부
[7획]

한자 사전 찾기
부수: 水부 / 총획: 10획

글자의 원리 ⇒ 氵 ⇒ 氵 ⇒ 浮
 ⇒ 孚 ⇒ 孚

형성 새가 알을 품은(孚) 것처럼, 물(氵)에 몸이 반쯤 잠기니 '뜨다'의 뜻.

풀이 ①뜨다. 띄우다. ②들뜨다. 침착하지 않음. ③물 위에 뜨게 하는 기구.

浮浪者(부랑자) 일정한 주소나 직업 없이 떠돌아다니는 사람.
浮力(부력) 기체나 액체 속에 있는 물체가 그 표면에 작용되는 압력으로 위로 뜨게 하는 힘.
浮薄(부박) 마음이 들뜨기 쉬움. 천박하고 경솔함.
浮標(부표) 물 위에 띄워 어떤 표적을 삼는 물건. 낚시찌나 암초 등의 소재, 항로 등을 나타내는 여러 기구.

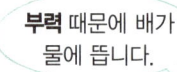

消

사라질 소

한자 사전 찾기
부수: 水부 / 총획: 10획

글자의 원리 ⇒ 氵 ⇒ 氵 ⇒ 消
 ⇒ 肖 ⇒ 肖

형성 고기를 자르면 고기 모양이 없어지듯 물이 점점 줄어 '사라지다'의 뜻.

풀이 ①사라지다. ②소극적이다. ③삭이다. ④불을 끄다.

消極的(소극적) 무슨 일에 대한 태도가 수동적이며, 미온적인 (것).
消滅(소멸) 모두 사라져 없어짐.
消防(소방) 불이 나지 않도록 예방하거나 불이 난 것을 끄는 일.
消化(소화) ①먹은 음식물을 삭여서 몸에 흡수되기 쉽게 만듦. ②배워 얻은 지식을 내 것으로 만듦.

목욕할 욕

한자 사전 찾기
부수:水부 / 총획:10획

丶 丶 氵 氵 沙
沙 浴 浴 浴 浴

 글자의 원리

형성 솟아나는 물에 몸을 씻어 깨끗이 하니 '목욕하다' 라는 뜻.

풀이 ①목욕하다. 미역 감다 ②목욕.

浴室(욕실) 목욕하는 설비가 되어 있는 방.
浴槽(욕조) 목욕물을 받아 그 물 속에 몸을 담글 수 있도록 설치해 놓은 통.
海水浴(해수욕) 주로 여름에 더위를 피해 바다에서 헤엄치거나 물놀이를 함.
▶沐浴(목욕), 日光浴(일광욕)

水부
[7획]

여름 바닷가는 **해수욕**을 하러 온 사람들로 가득 찹니다.

 한자 Q&A

Q 신체 부위를 나타내는 한자에는 어떤 것이 있을까요?

A 머리 수(首)와 머리 두(頭) 같은 한자들은 신체의 일부분을 나타내는 한자입니다. 눈, 입, 손, 발과 같은 다른 신체 부위를 나타내는 한자에는 다음과 같은 것이 있습니다.

- 눈 → 目(눈 목)
- 입 → 口(입 구)
- 손 → 手(손 수)
- 귀 → 耳(귀 이)
- 얼굴 → 面(낯 면)
- 혀 → 舌(혀 설)
- 발 → 足(발 족)
- 코 → 鼻(코 비)

海
바다 해

水부
[7획]

한자 사전 찾기
부수: 水부 / 총획: 10획

丶 氵 氵 汇
汇 洢 洢 海 海

글자의 원리

형성 엄마 풀에서 생긴 아기 풀이 점점 많아지듯 강물이 모인 '바다'의 뜻.

풀이 ①바다. ②바닷물.

海路(해로) 배가 다니는 바닷길. 뱃길.
海邊(해변) 바닷가. 또는, 그 지방.
海産(해산) 바다에서 나는 산물.
海水(해수) 바닷물.
海岸(해안) 바닷가의 언덕. 바닷가.
海底(해저) 바다 밑. 바다의 밑바닥.
海草(해초) 바다에서 자라는 풀의 총칭.
東海(동해) 우리 나라 동쪽에 있는 바다.
人山人海(인산인해) 사람이 산과 바다를 이루었다는 뜻으로, 사람이 헤아릴 수 없이 많이 모인 것을 의미하는 말.

海溢(해일)

폭풍, 지진, 화산 폭발 등에 의해 바닷물이 비정상적으로 높아져 육지로 넘쳐 들어오는 현상. 폭풍 때문에 생기는 폭풍 해일, 지진이나 화산 폭발 때문에 생기는 지진 해일(쓰나미)이 있다. 2004년, 동남아시아에서 초강력 해저 지진 때문에 발생한 쓰나미는 수십만 명의 인명 피해를 냈다.

아주 작고 보잘것이 없다

창해일속(滄海一粟)

산문과 시에 뛰어난 소동파가 친구와 함께 배를 타고 적벽강에서 유람을 할 때,

옛날 조조가 대군을 이끌고 형주를 함락한 뒤

이 강을 따라 동으로 진격할 때 전함은 천리나 이어졌으며 깃발은 하늘을 가렸건만

그 일세의 영웅은 어디로 갔는가?

바로 그곳에서 우리는 작은 배를 타고 술잔을 드니

"…우리 인생은 하루살이처럼 짧고, 우리 몸은 푸른 바닷속에 있는 좁쌀 한 톨 (창해일속)과 같구나. 우리의 삶은 너무 짧다. 어찌 장강처럼 다함이 없는가?" 라고 〈전적벽부〉에 적었다. '창해일속' 이라는 말에는 무한한 우주에 비해 보잘것 없는 인생에 대한 무상함도 들어 있다.

涼
서늘할 량

水부
[8획]

한자 사전 찾기
부수:水부 / 총획:11획

丶 丶 氵 氵 氵
氵 泸 泸 涼 涼
涼

 氵 ⇒ 氵 ⇒ 氵 ⇒ 涼
帀 ⇒ 京 ⇒ 京

형성 물(氵)가의 높은 (京) 언덕은 항상 선선하니 '서늘하다' 라는 뜻.

풀이 ①서늘하다. ②쓸쓸하다.

涼秋(양추) ①상쾌하고 서늘한 가을. ②음력 9월의 이칭.
涼風(양풍) ①서늘한 바람. ②북풍. 또는, 서남풍.
納涼(납량) 여름철에 더위를 피하여 서늘함을 맛보는 것.
▶ 荒涼(황량), 淸涼(청량)

여름이 되면 텔레비전에서는 **납량** 특집극이 방송되곤 합니다.

淑
착할 숙

한자 사전 찾기
부수:水부 / 총획:11획

丶 丶 氵 氵 氵
氵 泋 泋 淑 淑
淑

 氵 ⇒ 氵 ⇒ 氵 ⇒ 淑
±⁷ ⇒ 朴 ⇒ 叔

형성 콩(叔)은 깨끗한 물(氵)에서 싹튼다 하여 '맑다' 라는 뜻.

풀이 ①착하다. 정숙함. ②맑다.

淑女(숙녀) ①교양과 예의를 갖춘 여자. ②'성년이 된 여자'를 이르는 말.
淑德(숙덕) 여자의 정숙하고 우아한 덕행.
淑淸(숙청) 성품이 맑고 깨끗함.
▶ 貞淑(정숙)

화장실은 **숙녀**용과 신사용으로 구분되어 있습니다.

깊을 심

한자 사전 찾기
부수:水부 / 총획:11획

氵氵氵氵氵
氵氵氵深深深
深

형성 물, 구멍, 손, 부삽을 합해 만든 글자로, 물이 가득찬 '깊숙한 곳'을 뜻함.

풀이 ①깊다. ㉮밑바닥이 깊다. ㉯심오하다. ②깊이, 크게.

深刻(심각) 아주 깊고 절실함.
深思熟考(심사숙고) 깊이 잘 생각함.
深山幽谷(심산유곡) 깊은 산과 으슥한 골짜기.
深夜(심야) 한밤중. 깊은 밤.
水深(수심) 물의 깊이.

水부 [8획]

수심이 깊은 곳은 조심해야 합니다.

깨끗할 정

한자 사전 찾기
부수:水부 / 총획:11획

氵氵氵氵氵
氵氵氵淨淨
淨

형성 물(氵) 속까지 분별(爭)해 볼 수 있을 만큼 맑으니 '깨끗하다'라는 뜻.

풀이 깨끗하다.

淨潔(정결) 맑고 깨끗함. 결백함. ↔ 不潔(불결).
淨化(정화) 불순한 것과 더러운 것을 없애고 깨끗이 함.
淸淨(청정) 깨끗하여 더러움이 없음.

쓰레기 분리 수거는 청정한 환경의 보전뿐만 아니라, 자원의 재활용을 위해서도 필요합니다.

淺

얕을 천

한자 사전 찾기
부수: 水부 / 총획: 11획

水부
[8획]

丶 冫 氵 氻 汢
洡 浅 浅 淺 淺
淺

글자의 원리 **형성** 창을 두 개 붙인 모양(戔)에 물(氵)이 붙어 물이 '얕다' 라는 뜻.

풀이 얕다. ㉮물이 깊지 아니함. ㉯지식이나 견식 따위가 깊지 아니하다.

淺薄(천박) 생각하는 바나 지식, 태도 따위가 얕음.
淺海(천해) 얕은 바다. ↔ 深海(심해)

심해에 사는 물고기는 **천해**에서 잘 살지 못합니다.

淸

맑을 청

한자 사전 찾기
부수: 水부 / 총획: 11획

丶 冫 氵 氻 汢
氿 洼 淯 淸 淸
淸

 형성 새파란 풀처럼 파랗고 맑게 비치는 물을 나타내 '맑다' 라는 뜻.

글자의 원리

풀이 ①맑다. ②갚다. ③깨끗이 하다.

淸潔(청결) 맑고 깨끗함.
淸廉(청렴) 마음이 깨끗하고 바름.
淸算(청산) 빚이나 주고받을 돈을 셈하여 깨끗이 정리함.
淸掃(청소) 깨끗이 청소함.
淸純(청순) 맑고 순수함.

대청소를 했더니 마음까지 **청결**합니다.

청나라

◀ 청의 문물

명의 지배 아래에 있던 여진족(만주족)은 17세기 초에 명이 쇠약해진 틈을 타 만주에서 누르하치(태조)가 여러 부족을 통일하여 후금을 세웠다. 이어 2대 태종은 몽고를 점령하고 국호를 청이라 고쳤으며 조선을 두 차례나 침략해 오기도 하였다.

청은 대개 명대의 제도를 답습하였는데, 소수의 여진족이 다수의 한족을 다스리기란 쉬운 일이 아니었으므로, 청은 그들을 통치하는 데 회유책과 강압책을 함께 사용하였다. 회유책으로는 한족의 문화를 존중하고 과거 제도를 통하여 한족과 여진족을 함께 관리로 등용하였으며, 조세 부담도 덜어 주었다. 강압책으로는 지식인을 억압하고, 변발령을 내려 만주 풍습을 따르게 했다.

▲ 청의 변발

청은 중국 사상 최대의 영토를 확장했으며 대외 무역도 활발했고, 대규모의 편찬 사업도 이루어졌다.

▲ 청의 사회

465

混

섞을 혼

水부
[8·9획]

한자 사전 찾기
부수: 水부 / 총획: 11획

氵氵氵沪
沪沪泥混混
混

글자의 원리

형성 해 아래 여러 사람들이 섞여 모이듯 크고 작은 물이 모이니 '섞이다'의 뜻.

풀이 ①섞다. 섞임. ②흐리다.

混亂(혼란) 뒤섞여 어지러움. 질서 없이 뒤섞임.
混雜(혼잡) 뒤섞여 복잡함. 붐빔.
混濁(혼탁) 불순한 것이 섞여서 흐림. 뜻이 바뀌어, 세상이 어지러움을 이름.
混合(혼합) 뒤섞어 한데 합함.

> 서울의 명동 거리는 매우 **혼잡**합니다.

渴

목마를 갈

한자 사전 찾기
부수: 水부 / 총획: 12획

글자의 원리

형성 수분(氵)이 말라 그쳤으므로(曷) '목마르다'라는 뜻.

풀이 목마르다.

渴望(갈망) 목말라 물을 찾듯이 몹시 바람.
渴症(갈증) 목이 말라 물을 마시고 싶은 느낌.
解渴(해갈) ①목마름을 해소하는 것. ②비가 내려 가뭄을 겨우 면하는 것.
▶**枯渴(고갈)**

> 오랜 가뭄 끝에 많은 비가 내려 가뭄이 **해갈**되었습니다.

減 덜 감

한자 사전 찾기
부수:水부 / 총획:12획

글자의 원리

형성 잘 익은 열매를 먹으면 단물이 점점 줄어드니 '빼다', '덜다' 라는 뜻.

풀이 ①덜다. 감하다. ②빼기.

減算(감산) 뺄셈. 빼기.
減少(감소) 줄어서 적어짐. ↔ 增加(증가).
減速(감속) 속도를 줄임.
減員(감원) 인원을 줄임.

水부
[9획]

그 도시의 인구는 해마다 **감소**되고 있습니다.

湖 호수 호

한자 사전 찾기
부수:水부 / 총획:12획

글자의 원리

형성 달의 그림자가 비치는 연못에 삼수변(氵)을 붙여 '호수' 라는 뜻.

풀이 호수.

湖畔(호반) 호숫가.
湖沼(호소) 호수와 늪.
湖水(호수) 못이나 늪보다 넓고 깊은 땅에 물이 고여 있는 곳.

잔잔한 **호수**에 달빛이 반사되어 반짝거립니다.

水부
[10획]

시내 계

한자 사전 찾기
부수: 水부 / 총획:13획

丶 冫 氵 氵
氵 氵 汊 浐 浐
浐 溪 溪

글자의 원리

형성 큰 배(奚)를 가진 오리가 노는 물인 (氵) '시내'를 뜻함.

풀이 ①시내. ②산골짜기.

溪谷(계곡) 물이 흐르는 산골짜기.
溪流(계류) 산골짜기에 흐르는 시냇물.
▶碧溪水(벽계수)

더운 여름, **계곡**에 몸을 담그고 싶습니다.

따뜻할 온

한자 사전 찾기
부수: 水부 / 총획:13획

丶 冫 氵 氵 汀
汩 汨 泹 温 温
温 温 温

글자의 원리

형성 물을 끓여 따뜻하게 하는 것에서 '따뜻하다'라는 뜻.

풀이 ①따뜻하다. ②온화하다. ③묻다. 배움.

溫度(온도) 덥고 찬 정도를 나타내는 수치.
溫順(온순) 성질이나 마음씨가 온화하고 양순함.
溫情(온정) 따뜻한 인정. 정다운 마음.
溫泉(온천) 더운물이 솟는 샘.

그는 아주 **온순**한 마음씨를 갖고 있습니다.

468

滿
찰 만

한자 사전 찾기
부수: 水부 / 총획: 14획

丶 丶 氵 氵 汁
汁 汁 汁 满 满
满 满 满 满

글자의 원리: ⇒ ⇒ 滿

형성) 그릇에 물이 가득 담겨 있다는 데서 '차다'라는 뜻.

풀이) 차다. ㉠가득 차다. ㉡넉넉하다. ㉢둥그레지다.

滿發(만발) 많은 꽃이 한꺼번에 활짝 핌.
滿員(만원) 어떤 장소나 탈것에 사람이 가득 들어찬 상태.
滿月(만월) 이지러진 데가 없이 둥근 달.
滿足(만족) 부족함이나 모자람이 없어 좋은 느낌이나 기분을 가지는 상태가 되는 것.

水부
[11획]

버스는 승객들로 **만원**이었습니다.

漁
고기잡을 어

한자 사전 찾기
부수: 水부 / 총획: 14획

丶 丶 氵 氵 汙
汙 泠 渔 渔 渔
渔 渔 渔 渔

글자의 원리: ⇒  ⇒ 漁

형성) 물에서 헤엄치는 물고기를 잡으니 '사냥감을 잡다', '고기잡다'라는 뜻.

풀이) ①고기를 잡다. ②어부.

漁撈(어로) 고기잡이.
漁船(어선) 고기잡이를 하는 데 쓰는 배.
漁業(어업) 물고기를 잡거나 기르는 직업.
漁場(어장) 고기잡이 터.
漁村(어촌) 어업에 종사하는 사람들이 모여 사는 마을.

먼 바다에 **어선**들이 점점이 보입니다.

漢

한수 한

水部
[11획]

한자 사전 찾기
부수: 水부 / 총획: 14획

丶 丶 氵 汀 汁
汁 浐 浐 浐 漢
漢 漢 漢 漢

글자의 원리

형성 진흙(堇)이 많은 양쯔강 상류의 '한수(氵←漢水)'라는 강을 뜻함.

풀이

①한수(漢水)라는 강 이름. ②사나이. ③왕조 이름. ④나라 이름. ⑤종족 이름.

漢文(한문) 중국의 문장. 한자로 쓴 글.
漢詩(한시) 한자로 지은 시.
漢醫(한의) 한방의 의술. 우리 나라에서 발전 시행하고 있는 것은 한의(韓醫)라 함.
漢字(한자) 중국 고유의 글자.
漢族(한족) 중국 본토에서 예로부터 살아오는 중국의 중심이 되는 민족.
漢學(한학) 중국의 문화, 역사, 언어, 문학 등에 관한 학문. 한문학.
門外漢(문외한) 어떤 일에 전문가가 아닌 사람 또는 직접적인 관계가 없는 사람을 뜻하는 말.

漢江(한강)

우리 나라의 중부(강원·충북·경기·서울)를 거쳐 서해로 흘러들어가는 강. 상류부는 남한강과 북한강으로 나뉜다. 남한강은 삼척시의 대덕산에서, 북한강은 금강산 부근에서 발원하여 양수리에서 합쳐진다. 한강은 공업·농업용수뿐만 아니라, 상수도원으로서 큰 구실을 한다.

항우(項羽)와 유방(劉邦)

함양에 들어온 항우는 진나라 왕 자영을 죽이고 함양을 불사른 뒤에 팽성에 도읍을 정하여 스스로를 '서초의 패왕' 이라 칭하였다. 그러나 사람들의 마음을 끌어당길 만한 인간적인 매력을 갖지 못했던 그는, 후에 각지에 봉한 제후를 통솔하지 못하여 결국 해하에서 한나라의 왕이 된 유방에게 포위되어 자살하였다.

깨끗할 결

한자 사전 찾기
부수:水부 / 총획:15획

글자의 원리

형성 실다발을 가지런히 하여 물에 씻어 깨끗하게 하니 '깨끗하다' 라는 뜻.

풀이 ①깨끗하다. ㉮더러움이 없다. ㉯행실이 바르다.
②깨끗이 하다.

潔白(결백) ①맑고 흼. ②(행동이나 마음씨가) 깨끗하고 조촐하여 아무 허물이 없는 것.
潔癖(결벽) 남달리 깨끗함을 좋아하는 성벽.
高潔(고결) 뜻이 높고 깨끗하다.

水부
[12획]

그는 **고결**하고 온유한 성품을 지닌 사람입니다.

한자 Q&A

Q 맹자는 누구일까요?

A 맹자는 중국 전국 시대의 유교 사상가로, 기원전 4세기 전반에 태어났습니다. 어릴 때 이야기로 '맹모삼천' 의 가르침이 있습니다. 젊었을 때 노나라로 유학하여 공자의 손자인 자사의 문하생에게서 학문을 배웠습니다. 맹자는 한때 나라의 유능한 인재로 뽑혀 여러 나라를 돌아다닌 적도 있으나, 그 후로는 주로 제자 교육에 전념하였고, 저술 활동에 힘썼습니다. 그가 지은 《맹자》는 《논어》, 《대학》, 《중용》과 더불어 유교의 기본 경전인 '사서' 의 하나입니다.

火 (불화) 部

타오르는 불꽃의 모양을 본뜬 부수 명칭. 발로 쓰일 때는 灬 로 쓰임.

불 화

한자 사전 찾기
부수: 火부 / 총획: 4획

火부
[0획]

丶 ⺀ ⺍ 火

글자의 원리 ⇒  **상형** 불이 활활 타고 있는 모습을 본뜬 글자로 '불' 이라는 뜻.

풀이 ①불. ②타다. 태움. ㉮불때다. ㉯불에 익히다. ③몹시 급하다.

火口(화구) ①화산의 분화구. ②불을 때는 아궁이의 아가리.
火急(화급) 아주 급함.
火氣(화기) ①불의 뜨거운 기운. ②가슴이 답답해지는 기운.
火力(화력) ①불의 힘. ②총포 따위 무기의 위력.
火爐(화로) 불을 담아 두는 그릇. 또는, 난로.
火山(화산) 땅 속의 마그마와 가스가 지각의 얇은 곳을 뚫고 지표로 분출하는 곳. 또는, 그 분출물이 쌓여 된 산.
火傷(화상) 불에 덴. 또는, 그 상처.
火食(화식) 불에 익힌 음식을 먹는 일.
火災(화재) 불로 인한 재앙.

아하!

火星(화성)

지구 궤도의 바로 바깥쪽을 돌고 있는 태양계의 네 번째 행성. 얼음으로 덮인 극관을 제외한 화성의 표면 대부분은 붉게 보인다. 1965년 미국의 매리너 4호가 최초로 화성에 접근하여 관측했다. 화성은 대기가 희박하고, 물이 부족하며, 밤낮 온도차가 커 생물이 살 가능성이 적다.

일을 잘못 처리해 재난이 더 커지다

포신구화(抱薪救火)

소대는 불은 장작이 다 타기 전까지는 꺼지지 않는 법이라고 하며 진나라는 땅의 전부를 준다 해도 만족하지 않을 것이라고 주장했다. 결국 위왕은 다른 방법을 찾지 못하고 우왕좌왕하다가 끝내 진나라의 공격을 감당하지 못하고 멸망하고 말았다.

炎

불꽃 염

한자 사전 찾기
부수: 火부 / 총획: 8획

火부
[4·6획]

 불길(火)과 불꽃(火)이 층지어 타는 모습을 본떠 '불꽃'이라는 뜻.

풀이 ①불꽃. ②불타다. ③덥다.

炎暑(염서) 무더운 더위.
炎天(염천) 몹시 더운 여름의 기후.
世態炎涼(세태염량) 세상의 형편이 달라지면 그때마다 사람들의 태도도 바뀐다는 것을 뜻하는 말.
火炎(화염) 불꽃.

그 때 마침 **화염**이 치솟아 올랐습니다.

烈

세찰 렬

한자 사전 찾기
부수: 火부 / 총획: 10획

 몇 개가 늘어선 것(列)과 불(火)을 합쳐, 불이 번진 모습이 '세차다'는 뜻.

풀이 ①세차다. ㉮불길이 세다. ㉯거칠다. 맹렬함. ㉰굳세다. ②위엄.

烈女(열녀) 절개를 굳게 지키는 여자.
烈士(열사) 나라를 위하여 절의를 지키다 죽은 사람.
烈祖(열조) 큰 공훈이 있는 조상.
烈火(열화) ①맹렬하게 타는 불. ②불길을 세게 함.
▶  猛烈(맹렬)

그 후로 **열녀** 춘향이는 이몽룡과 함께 행복하게 잘 살았습니다.

까마귀 오

한자 사전 찾기
부수:火부 / 총획:10획

烏烏烏烏烏

글자의 원리
 ⇨ ⇨ 烏

상형 검은 몸에 검은 눈이라 잘 안 보이니 鳥에서 눈(一)을 빼 '까마귀'를 뜻함.

풀이 ①까마귀. ②검다. ③아아. ㉮탄식하는 소리. ㉯환호하는 소리.

烏骨鷄(오골계) 털, 살갗, 뼈까지 검은 닭.
烏合之卒(오합지졸) 질서 없이 모였다가 흩어지는 까마귀 떼처럼 단결이 되지 않는 무리나 훈련되지 않은 군사를 이르는 말.
烏呼(오호) 슬퍼서 탄식하는 소리.

火부
[6·8획]

적군은 **오합지졸**이라 쉽게 이길 수 있을 것입니다.

없을 무

한자 사전 찾기
부수:火부 / 총획:12획

無無無無無
無無

글자의 원리
 ⇨ ⇨ 無

형성 집에 불이 나서 아무것도 남지 않게 된 것에서 '없다'라는 뜻.

풀이 없다.

無關心(무관심) ①마음에 두지 않음. ②거리끼는 마음이 없음.
無禮(무례) 예의에 벗어남. 도리에 어긋난 짓을 함.
無料(무료) 요금이 필요하지 않음.
無事(무사) 탈이 없음.
無知(무지) ①아는 것이 없음. 지식이 없음. ②분별이 없음. 지각이 없음. ③지혜가 없음.

이번 항해도 **무사**히 끝날 수 있기를 기원합니다.

然

그럴 연

火부
[8획]

한자 사전 찾기
부수: 火부 / 총획: 12획

ㆍㅗㅗ夕夕
夗 夘 狄 狄 然
然 然

글자의 원리 ⇨ ⇨ 狄 ⇨ 然

형성 불로 개고기를 굽는 것에서 '태우다'의 뜻. '그대로'라는 뜻으로도 씀.

풀이 ①그러하다. ②동의하다. ③이에.

然則(연즉) 그런즉. 그렇다면.
然後(연후) 그런 뒤.
泰然(태연) (사람의 행동이나 태도가) 마땅히 두려워하거나 머뭇거리거나 거리낌이 있어야 할 상황에서 아무렇지도 않게 예사로운 상태.
古色蒼然(고색창연) 어떤 건물이나 물건이 퍽 오래되어 예스러운 멋이 나타남을 뜻하는 말.
▶**必然**(필연), **果然**(과연)

自然發生說
(자연발생설)

생물은 어버이가 없어도 자연적으로 생겨날 수 있다는 학설. 고대에는 쥐나 고등척추동물도 자연 발생한다고 믿었다. 이 학설이 17세기에 들어 부정되자 미생물들은 자연발생한다는 주장이 제기되었다. 그러나 이마저 파스퇴르에 의해 부정되었다.

煙

연기 연

한자 사전 찾기
부수:火부 / 총획:13획

丶 丷 少 火 灯
灯 炉 炉 炉 烟
煙 煙 煙

글자의 원리

형성 아궁이(垔)에서 불(火)이 탈 때 나는 기체인 '연기'를 뜻함.

풀이 ①연기. ②연기가 끼다. ③담배.

煙幕(연막) ①적의 눈을 가리기 위하여 피우는 연기. ②자기의 잘못이나 범행을 일시적으로 흐릿하게 얼버무림.
煙霧(연무) ①연기와 안개. ②먼지와 그을음이 공중에 떠다녀 생기는 대기의 혼탁 현상.
禁煙(금연) ①담배 피우는 것을 금하는 것. ②담배를 끊는 것.

火부
[9·11획]

熱

더울 열

한자 사전 찾기
부수:火부 / 총획:15획

一 十 土 尹 去
坴 坴 幸 刲 執
執 執 熱 熱 熱

글자의 원리

형성 작물이 잘 자라듯 불이 활활 타는 모습에서 '열', '뜨겁다'라는 뜻.

풀이 ①덥다. ②더위. ③열. ④흥분함. 열중함.

熱氣(열기) ①뜨거운 기운. 더위. ②분발하는 기세.
熱望(열망) 열심히 바람. 또는, 간절히 원함.
熱心(열심) 한 가지 일에 깊이 마음을 쏟음.
熱火(열화) ①뜨거운 불길. ②매우 급한 화증.
加熱(가열) 열을 가하는 것.

479

火부
[12획]

爪부
[4획]

등불 등

한자 사전 찾기
부수: 火부 / 총획: 16획

글자의 원리

형성 불(火)을 켜서 높은데 올려(登) 놓아 비추게 하는 '등불'을 뜻함.

풀이 ①등불. ②등.

燈盞(등잔) 기름을 담아서 등불을 켜는 데 쓰는 기구.
燈火可親(등화가친) '등불과 가히 친할 만하다.'라는 뜻으로, 서늘한 가을밤은 등불을 가까이하여 글 읽기에 좋다는 말.
街路燈(가로등) 거리를 밝히기 위하여 길가에 설치한 등.
▶電燈(전등)

어느 틈엔가 벌써 **가로등**이 빛을 발하고 있었습니다.

爪(손톱조)部

손가락이 무엇을 잡으려는 모습을 본뜬 부수 명칭. ⺥으로 쓰기도 함.

다툴 쟁

한자 사전 찾기
부수: 爪부 / 총획: 8획

글자의 원리 ⇒ 爭 ⇒ 爭

회의 막대를 손에 쥐고 잡아당기며 놓지 않으니 '싸우다' 라는 뜻.

풀이 ①다투다. ②소송하다. 하소연함. ③다툼.

爭議(쟁의) 서로 다른 의견을 주장하여 다툼.
爭點(쟁점) 논쟁의 중심이 되는 문제나 사항.
爭取(쟁취) 싸워 빼앗아 가짐.
爭奪(쟁탈) 서로 빼앗으려고 다툼. 다투어 빼앗음.
▶鬪爭(투쟁)

그 토론의 **쟁점**은 '수돗물이 마실 수 있을 만큼 깨끗한가' 였습니다.

❶ 할 위
❷ 위할 위

한자 사전 찾기
부수: 爪부 / 총획:12획

一 ㄱ ㄅ ㅌ ㄷ
ㄸ ㄹ 爲 爲 爲
爲 爲

 글자의 원리

상형 원숭이는 앞발을 손같이 쓸 수 있다는 데서 '하다'라는 뜻.

 풀이 ❶①하다. 행하다. ②다스리다. ③되다. ❷위하다. ~을 위하여 꾀함.

爲國(위국) 나라를 위함. 爲國忠節(위국 충절).
爲始(위시) 첫번으로 삼음. 비롯함.
爲人(위인) ①사람의 됨됨이. ②됨됨이로 본 그 사람.
爲政者(위정자) 정치를 행하는 사람.
▶行爲(행위)

爪부
[8획]

위정자들은 미래를 잘 내다보아야 합니다.

 고사성어

각자위정 (各自爲政)

· 풀이 : 여러 사람이 각자 제멋대로 행동함을 뜻함.

춘추 시대, 정나라와 송나라가 결전을 앞두고 있을 때였다. 송나라의 화원은 양고기를 준비하여 병사들의 사기를 북돋웠다. 그런데 화원의 마차를 모는 양짐에게는, 마부는 싸움과 관계 없다며 양고기를 먹이지 않았다.

이튿날 싸움이 시작되어 혼신의 힘을 다할 때 화원은 양짐에게 수레를 오른쪽으로 돌리라고 하였다. 그러나 양짐은 명령과 반대로 왼쪽으로 수레를 몰았다. 당황한 화원이 방향을 바꾸라고 소리치자 양짐은,

"어제 양고기는 당신의 판단이고, 오늘의 이 일은 제 생각입니다." 라고 말하고 정나라 쪽으로 달려갔다. 결국 화원은 정나라에 붙잡히고 화원의 병사들은 제멋대로 행동해 많은 군사가 사로잡히고 말았다.

父 (아비부) 部

회초리를 들고 아이들을 가르치고 이끌어 가는 아버지를 나타낸 부수 명칭.

아버지 부

父부
[0획]

한자 사전 찾기
부수:父부 / 총획:4획

丶 丷 ⼅ 父

글자의 원리 ⇒ ⇒ 父

지사 도끼를 들고 짐승을 사냥하는 사람은 그 집의 가장이니 '아버지' 의 뜻.

풀이 ①아비. 아버지. ②나이가 많은 친족의 남자 어른을 일컬음.

父系(부계) 혈연 관계에서 아버지의 계통.
父老(부로) ①한 마을에서 중심이 되는 덕망 있는 노인. ②연로한 이에 대한 높임말.
父母(부모) 아버지와 어머니. 어버이.
父子(부자) 아버지와 아들.
父子有親(부자유친) 오륜(五倫)의 하나. 아버지와 아들의 도리는 친애함에 있음. 또는, 그 도리.
父親(부친) 아버지. ↔ 母親(모친).

 아하!

**父母恩重經
(부모은중경)**

부모의 은혜에 보답하도록 가르친 불교 경전. 한국·중국·일본 등에 널리 보급되어 많은 유통본이 전한다. 우리 나라에는 《불설대보부모은중경(佛說大報父母恩重經)》이라는 많은 판본이 전하는데, 조선 초에는 주로 그림이 곁들여져 간행되었다.

片 (조각편) 部

통나무를 쪼갠 것 중 오른쪽 것의 모양을 본떠 '조각', '쪼개다' 라는 뜻의 부수 명칭.

조각 편

한자 사전 찾기
부수:片부 / 총획:4획

丿 丿' 广 片

글자의 원리: ⇨ ⇨ 片

지사 나무를 둘로 나눈 한쪽이라는 것에서 '자투리', '한쪽' 이라는 뜻.

풀이 ①조각. ②한쪽. ③얇은 조각.

片道(편도) 가고 오는 길 중에서 어느 한쪽 길.
片肉(편육) 얇게 저민 수육.
一葉片舟(일엽편주) 한 척의 조각배.
一片丹心(일편단심) '한 조각 붉은 마음' 이라는 뜻으로, 변함 없는 참된 마음을 의미하는 말.
▶斷片(단편), 破片(파편)

片부 [0획]
牛부 [0획]

항공권은 일단 **편도**로 끊었습니다.

牛 (소우) 部

소의 머리와 뿔의 모양을 본뜬 부수 명칭. 牜로 쓰기도 함.

소 우

한자 사전 찾기
부수:牛부 / 총획:4획

丿 ⺧ ⺧ 牛

글자의 원리: ⇨ ⇨ 牛

상형 뿔이 특징인 소의 얼굴 모양을 본떠 '소' 라는 뜻.

풀이 소.

牛馬(우마) 소와 말. 마소.
牛乳(우유) 소의 젖.
牛肉(우육) 쇠고기.
牛耳讀經(우이독경) 쇠귀에 경 읽기. 어리석은 사람은 아무리 가르쳐도 알아듣지 못하여 소용이 없음을 이름.

매일 아침, **우유**를 마십니다.

483

열심히 공부하다

우각괘서(牛角掛書)

길을 가는 시간이 아까워 쇠뿔에 책을 얹어 놓고 읽을 정도로 열심히 공부하던 이밀은 혼란하던 수나라 말기에 스스로 군사를 모아 낙구에 자리잡고 '위공'이라 칭하였다. 그러다가 왕세충에게 패하여 잠시 당나라 통치하에 살았으나 반역을 꾀하다가 죽고 말았다.

物
물건 물

한자 사전 찾기
부수: 牛부 / 총획: 8획

丿 ㇒ 牛 牜 牜
牧 物 物

글자의 원리

형성 깃발이 흔들리듯 무리지어 다니는 소는 귀한 재산이니 '물건'이라는 뜻.

풀이 ①물건. 만물. ②일. ③살펴봄.

物價(물가) 물건의 값. 시세.
物望(물망) 여러 사람이 우러러보는 사람. 평판이 좋음. 또는, 그 사람.
物物交換(물물교환) 화폐를 쓰지 않고 물건을 맞바꿈.
物産(물산) 그 고장에서 나는 물건.
物情(물정) ①어떤 사물의 실정. 속내. ②세상의 인심. 세상 돌아가는 형편.
物質(물질) ①사람의 외부에 있어서 눈으로 보고, 손으로 만질 수 있는 모든 것. ②물체의 본바탕을 이루는 모든 요소들.
格物致知(격물치지) 사물의 이치를 연구하여 지식을 명료하고 확실하게 한다는 말.

▶貨物(화물)

牛부
[4획]

 아하!

物價指數(물가지수)

물가의 변동을 종합적으로 나타내기 위한 지수. 기준이 되는 해(기준시점)의 물가 수준을 100으로 하고, 그 후의 동향을 기준과의 비교로 나타낸다. 예컨대 물가지수가 120이라는 것은 어떤 기준년도의 물가가 100일 때 현재의 물가가 120%라는 것을 뜻한다.

특별할 특

牛부
[6획]

부수:牛부 / 총획:10획

글자의 원리

형성 소는 동작이 느리지만, 그 중 수소는 동작이 빠르니 '특별하다' 라는 뜻.

풀이 ①특별하다 ②특히.

特權(특권) 일부의 사람만 특별히 가지는 권리.
特技(특기) 남이 쉽게 본받을 수 없는 특수한 기술.
特別(특별) 보통이 아님. 일반과 다름.
特徵(특징) 다른 것과 구별되어 특별히 눈에 띄게 다른 점.
特用作物(특용작물) 식용 이외의 특별한 용도에 쓰이는 농작물.

특용작물(特用作物)을 재배하여 소득을 늘려야 합니다.

한자 Q&A

Q 화랑도란 무엇일까요?

A 신라 시대의 청소년 수련 단체로, 신라의 진흥왕이 장차 나라를 위해서 일할 인재를 양성하기 위해서 만들었습니다. 화랑도에 뽑힌 청소년들은 '낭도'라고 불렸으며, 그 중에서 믿음직하고 품행이 곧은 사람 1명을 낭도들이 뽑아 '화랑'이라고 불렀습니다. 화랑과 낭도들은 위로는 국가를 위하고 아래로는 친구를 위하며, 의(義)에 어긋나는 일은 죽음으로써 항거하고, 국가를 위하여 용감히 싸우다가 전사함을 찬양하는 등 씩씩한 기상을 뽐내며 청소년의 모범이 되었습니다

犬 (개견) 部

개가 앞발을 들고 있는 모습을 본뜬 부수 명칭. 변으로 올 때에는 犭으로 씀.

犬
개 견

한자 사전 찾기
부수: 犬부 / 총획: 4획

一 ナ 大 犬

글자의 원리 ⇒ 尤 ⇒ 犬

상형 앞발을 들고 짖어 대는 '개'의 모양을 본뜬 글자.

풀이 ①개. ②하찮은 것의 비유.

犬馬之勞(견마지로) 윗사람을 위하여 애쓰는 자기 노력을 겸손하게 이르는 말.
犬猿之間(견원지간) '개와 원숭이 사이'라는 뜻으로, 서로 사이가 나쁜 두 사람의 관계를 이르는 말.
犬公(견공) 개를 의인화하여 이르는 말.
▶愛犬(애견)

犬부
[0·9획]

저 두 사람은 **견원지간**인지 만나기만 하면 싸웁니다.

猶
오히려 유

한자 사전 찾기
부수: 犬부 / 총획: 12획

丶 亅 犭 犭 犷
犷 犷 狝 狝 猶
猶 猶

글자의 원리 ⇒ 尤 ⇒ 犭 ⇒ 猶
 ⇒ 酋 ⇒ 酋

형성 충직한 개(犭←犬)는 못된 무리의 우두머리(酋)보다 '오히려' 낫다는 뜻.

풀이 ①오히려. 역시. 매우. 심히. ②닮다. 비슷함. ③같다. 고름. ④의심하다.

猶豫(유예) ①우물쭈물하며 망설임. ②날짜를 미룸.
猶爲不足(유위부족) 오히려 부족함. 싫증이 나지 않음을 이름.
過猶不及(과유불급) 정도를 지나침은 미치지 못한 것과 같음. 곧, 중용의 중요함을 이르는 말.

잠시도 **유예**할 수 없는 다급한 일이다.

홀로 독

犬부
[13획]

한자 사전 찾기
부수:犬부 / 총획:16획

형성 개나 벌레는 몸을 둥글려 한곳에 머무르기를 좋아하기에 '홀로'의 뜻.

풀이 ①홀로. ㉮혼자. ㉯남과 다르다. ②홀몸.

獨立(독립) ①한 나라가 다른 나라의 간섭 없이 완전한 주권을 가짐. ②남의 힘을 빌리지 않는 일. ③동떨어져 있음.
獨身(독신) 결혼하지 않고 혼자 사는 사람.
獨創(독창) 모방함이 없이 처음으로 만들어 내는 일.

그는 평생을 **독신**으로 지냈습니다.

고사성어

독안룡 (獨眼龍)

· 출전 : 《오대사》 당기
· 풀이 : 공을 세운 사람을 이르는 뜻.

당나라 18대 황제 희종이 나라를 다스리던 때에 '황소의 난'이 일어나자, 희종은 난을 피해 성도로 갔다. 그곳에서 맹장 이극용에게 황소 토벌을 명하였다. 젊었을 때부터 용맹스러웠던 이극용은 4만여 명의 병사를 이끌고 맹렬히 싸워 그 이듬해 소종이 즉위하고서야 반란군이 모두 토벌되었다.

그 당시 사람들은 당나라가 존재했을 때나 멸망했을 때나 변하지 않고 당나라 조정에 충성을 다하며 자신의 절개를 지킨 이극용을 높이 평가하였다. 그가 높은 자리에 오르게 되자, 그가 애꾸눈이라는 사실에 의거하여 '독안룡'이라고 일컫기도 하였다.

五
5획

玉 (구슬옥) 部

구슬을 꿴 형태를 본뜬 부수 명칭. 점을 찍어 왕(王)과 구별함. 王으로 쓰기도 함.

王

임금 왕

한자 사전 찾기
부수:玉부 / 총획:4획

一 二 干 王

玉부
[0획]

글자의 원리 ⇨ ⇨ 王

지사 무기를 사용해 전쟁에서 이겨 천하를 자신이 차지하는 데서 '왕'의 뜻.

풀이 ①임금. ②황족(皇族) 남자의 칭호. 한(漢)대에 비롯함. ③우두머리.

王國(왕국) 임금이 다스리는 나라.
王道(왕도) ①임금이 마땅히 지켜야 할 길. ②인덕을 근본으로 천하를 다스리는 도리. ③어려운 일을 아주 쉽게 이루는 방법.
王室(왕실) ①임금의 집안. ②국가.
王朝(왕조) 같은 왕가에 속하는 통치자의 계열. 또는, 그 왕가가 다스리는 시대.
王族(왕족) 임금의 일가.
王中王(왕중왕) 왕 가운데서도 왕. 즉, 훌륭한 것들 중에서도 더 훌륭한 것을 이르는 말.

▶國王(국왕), 大王(대왕), 女王(여왕)

 아하!

朝鮮王朝(조선 왕조)

조선은 태조 이성계에서 순종에 이르기까지 27명의 왕이 승계하면서 519년간 지속되었다. 태조, 정종, 태종, 세종, 문종, 단종, 세조, 예종, 성종, 연산군, 중종, 인종, 명종, 선조, 광해군, 인조, 효종, 현종, 숙종, 경종, 영조, 정조, 순조, 헌종, 철종, 고종, 순종 순이다.

왕안석

    중국 북송의 시인이며 정치가인 왕안석은 21세에 진사가 되어 거의 20년 동안 각급 지방 관직을 유능하게 수행했다. 벼슬길에 오른 초기에는 곧은 성격, 뛰어난 문장력, 탁월한 행정 능력으로 정평이 나서 후원자들에 의해 고위직에 오를 만한 인물로 천거받았다.

    1058년 왕안석은 송의 인종에게 〈만언서〉를 올렸다. 이 글은 그가 실행하게 될 정책과 정치 이론의 기초를 서술한 것이었지만 실행에 옮겨지지는 않았다.

    그는 1060년에 조정에 들어갔고, 제6대 신종이 왕위에 오른 뒤에는 재상에 임명되어 기금을 만들어 농민들에게 대부를 해 주었다. 또, 농한기에 군사 훈련을 실시하는 보갑제, 각 농가에 등급에 따라 면역전을 내게 하는 모역법, 군마를 농민들에게 위탁하여 사육시키는 보마법 등 다양한 개혁 정책을 주도하였다. 이렇게 1069년~1076년 사이에 왕안석에 의해 진행된 개혁 법안들을 '신법'이라고 한다. 그러나 이 개혁은 대지주 관료 및 대상인들의 거센 반대에 부딪혀 큰 성과를 보지 못했고, 왕안석은 1076년 재상직에서 물러났다. 은퇴한 후 그는 어원 연구에 관한 저술 및 학문을 계속하였으며, 우아하고 깊이 있는 글로써 '당송 8대가'의 한 사람으로 꼽히게 되었다.

玉

구슬 옥

한자 사전 찾기
부수:玉부 / 총획:5획

一 T 干 王 玉

글자의 원리  ⇒ ⇒ 玉

상형 귀중한 구슬 모양에서 '구슬'의 뜻. 王자와 구별하기 위해 점을 찍음.

풀이 ①구슬. ②남의 것에 대한 미칭. ③아껴 소중히 여기다.

玉童子(옥동자) 귀하고 사랑스러운 어린 아들.
玉璽(옥새) '국새'를 귀중한 것으로 여겨 이르는 말.
玉座(옥좌) 임금이 앉는 자리.
玉體(옥체) 임금이나 다른 사람의 몸을 높여서 이르는 말.
▶白玉(백옥), 珠玉(주옥)

자손이 귀한 집안에 **옥동자**가 태어났습니다.

理

다스릴 리

한자 사전 찾기
부수:玉부 / 총획:11획

一 T F 王 珇
珇 珇 珇 珇 理
理

글자의 원리 ⇒ ⇒ ⇒ 理

형성 밭(田)에 이랑(土)이 있듯 구슬(王←玉)을 간다는 데서 '다스리다'의 뜻.

풀이 ①다스리다. ②길. 도(道). ③깨닫다. 이해함.

理性(이성) ①어떤 일을 이치에 맞게 판단할 수 있고 자기를 반성할 수 있는 마음의 능력. ②감정에 휩쓸리지 않고 차분하고 냉정하게 생각할 수 있는 마음.
理解(이해) ①사물의 이치를 깨달아서 앎. ②남의 사정이나 마음을 잘 알아줌.
▶管理(관리), 論理(논리), 道理(도리), 推理(추리)

  그는 음악에 대한 **이해**가 깊습니다.

나타날 현

한자 사전 찾기
부수:玉부 / 총획:11획

一 丁 F 王 王
玗 玗 珇 珇 現
現

글자의 원리

형성 구슬이 반짝이듯 숨겨진 것이 모습을 나타내는 데서 '밝혀지다'의 뜻.

풀이 ①나타나다. 나타냄. ②이제. 현재. ③이승.

現象(현상) 직접 느껴 알 수 있는 자연의 여러 모양이나 상태.
現世(현세) 지금 살고 있는 이 세상.
現存(현존) 어떤 대상이 현재 있음. 또는, 살아 있음.
現地(현지) 어떤 일이 진행되거나 일어난 바로 그 지역.
▶실현(實現), 표현(表現)

玉부
[7획]
瓦부
[0획]

무지개는 빛의 굴절 작용에 의해 일어나는 **현상**입니다.

瓦 (기와와) 部

기와 지붕의 기와 모양을 본뜬 부수 명칭.

기와 와

한자 사전 찾기
부수:瓦부 / 총획:5획

一 丁 г 瓦 瓦

글자의 원리

상형 진흙으로 만든 기와 모양을 본떠 '질그릇'의 뜻.

풀이 ①기와. ②질그릇. ③실패.

瓦工(와공) 기와를 굽는 사람.
瓦器(와기) 토기. 고대에 쓰이던, 흙으로 만든 그릇.
瓦解(와해) 조직이나 단체 등이 더 지속되지 못하고 깨어지거나 없어짐.
▶弄瓦(농와), 靑瓦臺(청와대)

소련은 공산주의의 몰락과 함께 결국 **와해**되고 말았습니다.

493

甘 (달감) 部

입과 혀 끝을 나타낸 부수 명칭.

甘부
[0·4획]

甘
달 감

한자 사전 찾기
부수: 甘부 / 총획: 5획

一 十 十 廿 甘

글자의 원리

지사 입(口)의 혀(一) 끝으로 '단맛'을 가려 냄을 뜻함.

풀이 ①달다. ㉮단맛이 있다. ㉯쾌하다. 기분이 좋음. ②달게 여기다. 좋다고 하다.

甘味料(감미료) 단맛을 내는 데에 쓰는 물질.
甘受(감수) 어렵거나 괴로운 일을 불만 없이 받아들임.
甘言利說(감언이설) 남을 꾀하거나 부추기려고 마음이 끌리게 꾸며 낸 달콤한 말.
甘酒(감주) 엿기름을 우린 물에 쌀밥을 넣고 삭혀서 끓인 음료.

> 나는 그의 **감언이설**에 속아 넘어가고 말았습니다.

甚
심할 심

한자 사전 찾기
부수: 甘부 / 총획: 9획

一 十 十 廿 甘
其 其 其 甚

글자의 원리

형성 한 쌍(匹)의 남녀가 맛난(甘) 것을 먹어 좋다는 데서 '몹시, 심하다'의 뜻.

풀이 ①심하다. 정도에 지나침. ②깊다.

甚難(심난) 매우 어려움.
甚深(심심) 마음씀이 매우 깊음.
甚至於(심지어) 심하면. 심하게는. 심하다 못하여 나중에는.
極甚(극심) 극히 심함.

> **극심**한 가뭄으로 강물이 모조리 말라 버렸습니다.

生 (날생) 部

초목이 땅 위로 움터 나오는 모습을 본뜬 부수 명칭.

날 생

한자 사전 찾기
부수:生부 / 총획:5획

ノ 一 ヒ 牛 生

글자의 원리: ⇒ 土 ⇒ 生

상형: 싹이 땅을 뚫고 나오는 모양을 본떠 '나다, 살다'의 뜻.

풀이: ①나다. 낳다. ②살다. ③서투르다. ④기르다. ⑤가공하지 않은. ⑥싱싱하다. ⑦학문을 지닌 사람.

生氣(생기) 활발하고 생생한 기운.
生命(생명) ①생물이 살아서 숨쉬고 활동하게 하는 근원적인 힘. ②사물의 가장 중요한 점.
生産(생산) ①인간이 생활하는 데 필요한 물건을 만들어 냄. ↔ 消費(소비). ②아이나 새끼를 낳음.
生鮮(생선) 말리거나 절이지 아니한 잡은 그대로의 물고기.
生疎(생소) ①어떤 대상이 별로 대한 적이 없어 멀게 느껴지거나 서먹함. ②익숙하지 못하여 서투름.
生活(생활) ①사람이 일정한 환경 안에서 활동하며 살아가는 일. ②생계를 꾸려 나가는 일.

▶ 學生(학생)

生부 [0획]

아하!

生態系(생태계)

생태계 중에서 생물체는 기능적으로 생산자(녹색식물)·소비자(동물)·분해자(미생물)로 구분된다. 생산자·소비자의 배출물이나 유체는 분해자에 의하여 분해되어 다시 무기물이 되어 환경으로 되돌아온다. 이러한 물질은 무기화 → 유기화 → 무기화로 변하면서 순환한다.

495

生부
[6획]
用부
[0획]

産
낳을 산

한자 사전 찾기
부수:生부 / 총획:11획

丶 亠 产 产 产
产 产 产 产 産
産

글자의 원리

형성 절벽에서 여러 가지 광물을 얻을 수 있는 것에서 '태어나다, 얻다'의 뜻.

풀이 ①낳다. ②나다. ③산물. ④출신. 생장지. ⑤재산. 생업.

産物(산물) ①그 지방에서 생산되어 나오는 물건. ②어떤 것에 의하여 생겨나는 사물.
産業(산업) 생활에 필요한 온갖 물건을 만들어 내는 사업.
産地(산지) 물품이 생산되는 곳. 생산지.
出産(출산) 아이를 낳음.
▶國産(국산), 遺産(유산)

 부인께서 아드님을 **출산**하셨습니다.

用(쓸용)部

나무를 엮은 모양을 본뜨거나 창, 방망이 등 도구의 쓰임을 뜻하는 부수 명칭.

用
쓸 용

한자 사전 찾기
부수:用부 / 총획:5획

丿 冂 月 月 用

글자의 원리

상형 물건을 조립할 때 흩어지지 않게 못을 사용하는 데서 '사용하다'의 뜻.

풀이 ①쓰다. ②작용. 능력. ③용도.

用件(용건) 하려고 하는 말이나 일.
用語(용어) 일정한 분야에 쓰이는 말.
用役(용역) 생산과 소비에 필요한 노동력을 제공함.
用意(용의) 어떤 일을 하려고 마음을 먹음. 또는, 그 마음.
▶共用(공용), 信用(신용), 利用(이용), 作用(작용)

 **용건**만 간단히 말씀드리겠습니다.

田 (밭전) 部

농경지를 나타내는 부수 명칭.

밭 전

한자 사전 찾기
부수:田부 / 총획:5획

丨 冂 冂 田 田

글자의 원리 ⇒ 田 ⇒ 田

상형 넓은 밭의 모양을 멀리서 바라본 모양을 본떠 만든 글자.

풀이 ①밭. ②심다. ③갈다. 경작함. ④생업. 농업.

田穀(전곡) 밭에서 나는 곡식.
田畓(전답) 밭과 논. 농토.
田園(전원) 논과 밭이 있고 주위의 환경이 아름다운 곳.
田地(전지) 경작하는 토지. 논밭.

田 부
[0획]

부모님은 교외에서 **전원** 생활을 하고 계십니다.

甲

갑옷 갑

한자 사전 찾기
부수:田부 / 총획:5획

丨 冂 日 日 甲

글자의 원리 ⇒ 甲 ⇒ 甲

상형 싹이 돋는 모양을 본뜬 글자로, 겉껍질을 갑옷에 비유하여 '갑옷'의 뜻.

풀이 ①갑옷. ②첫째 천간. ③거북의 등딱지. ④껍질. ⑤빼어나다. 첫째감. ⑥비롯하다. ⑦아무.

甲殼(갑각) 게 등의 단단한 껍데기.
甲論乙駁(갑론을박) 서로 자기 주장을 내세우고 상대방의 주장을 반박하는 것.
甲富(갑부) 첫째가는 큰 부자.
甲板(갑판) 큰 배 위에 철판이나 나무로 깐 넓고 평평한 바닥.
▶同甲(동갑), 還甲(환갑)

나는 뱃멀미가 나 **갑판**에 나가 찬바람을 쐬었습니다.

497

❶ 납 신
❷ 펼 신

한자 사전 찾기
부수:田부 / 총획:5획

田 부
[0획]

丨 口 日 日 申

  획 스치는 번개 모양을 본뜬 글자로, '원숭이(납)'를 뜻함.

❶①납. 원숭이. 아홉째 지지(地支). ②말하다. 말씀 드리다. ❷①펴다. ②끌다.

申告(신고) 국민이 법률상의 의무로서 행정 관청에 일정한 사실을 보고하는 일.
申申當付(신신당부) 몇 번이고 거듭 간절히 하는 부탁.
申請(신청) 단체나 기관에 어떤 일을 해 달라고 정식으로 청구함.
▶ 內申(내신), 追申(추신)

말미암을 유

한자 사전 찾기
부수:田부 / 총획:5획

丨 口 由 由 由

  열매가 꼭지로 말미암아 매달린 모양에서 '말미암다'의 뜻.

①말미암다. ②~에서. ~으로부터. 기점을 나타내는 조사. ③까닭. 곡절. 이유.

由來(유래) 어떤 사물이 생겨남. 또는, 그 생겨난 내력.
由緖(유서) 어떤 사물이 오랜 세월을 거쳐 오면서 가지게 된, 특별한 역사나 유래.
理由(이유) 어떤 일이 일어나게 된 사정.
▶ 經由(경유), 事由(사유)

男

사내 남

한자 사전 찾기
부수:田부 / 총획:7획

丨 口 田 田 田
甲 男

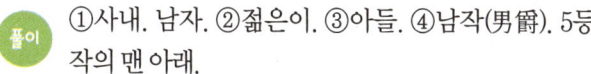

형성 밭 전(田)과 힘 력(力)이 합쳐져 밭에 나가 힘써 일하는 '사나이'를 뜻함.

풀이 ①사내. 남자. ②젊은이. ③아들. ④남작(男爵). 5등작의 맨 아래.

男女老少(남녀노소) 남자와 여자, 늙은이와 젊은이. 곧, 성별과 나이를 막론한 모든 사람들.

男兒(남아) ①남자인 아이. ②남자다운 남자.

男子(남자) 아기를 배고 낳을 수 없는 성(性)을 가진 사람을 두루 이르는 말. '남성'보다 훨씬 일반적으로 쓰이는 말.

男尊女卑(남존여비) 사회 관습상 권리나 지위 등에서, 남자는 높여 귀하게 여기고, 여자는 낮추어 천하게 여기는 일.

男便(남편) 결혼하여 여자의 짝이 된 남자를 그 여자에 대하여 이르는 말.

▶ **得男(득남), 長男(장남)**

田 부
[2획]

界

지경 계

田 부
[4·5획]

한자 사전 찾기
부수:田부 / 총획:9획

ㅣ 冂 曱 曱 田
甼 界 界 界

글자의 원리

형성 밭 전(田)과 낄 개(介)가 합쳐져 밭과 밭 사이의 '경계, 범위'를 뜻함.

풀이 ①지경(地境). ㉮구획하여 양쪽으로 나눈 경계선. ㉯한계. 한정. ②둘레 안. 범위. 세계.

界面(계면) 경계를 이루는 면.
界標(계표) 토지나 수면 따위의 경계를 나타내는 표지.
限界(한계) 능력이나 작용이 미칠 수 있는 범위의 끝.
▶境界(경계), 社交界(사교계), 世界(세계)

 사람의 능력에는 **한계**가 있습니다.

留

머무를 류

한자 사전 찾기
부수:田부 / 총획:10획

丶 𠂊 𠃌 𠂎 𠂎
𠂎 留 留 留 留

글자의 원리

형성 대문을 닫아걸고(卯) 멀리 떨어진 밭(田)에 나가 오래 '머무른다' 는 뜻.

풀이 ①머무르다. ②지체하다.

留念(유념) 잊지 않고 마음에 새겨 둠.
留意(유의) 마음에 둠.
留學(유학) 외국에 머물러 있으면서 공부함.
▶保留(보류), 遲留(지류), 滯留(체류)

 퇴원하더라도 늘 건강에 **유의**하세요.

異

다를 이

한자 사전 찾기
부수: 田부 / 총획: 11획

丶 口 冂 冊 田
旦 田 田 異 異
異

글자의 원리: ⇒ ⇒ 異

상형 신에게 드리는 제물은 다른 것보다 좋다는 데서 '다르다, 따로'의 뜻.

풀이 ①다르다. ②달리하다. ③의심하다. 이상하게 여김.

異見(이견) 남과 다른 생각. 또는, 보통과 다른 의견. 異論(이론).
異口同聲(이구동성) 여러 사람의 의견이 일치함을 이름.
異常(이상) ①정상적인 상태와 다름. ②의심스럽거나 알 수 없는 데가 있음.
▶相異(상이), 特異(특이), 判異(판이)

田부
[6·7획]

학생들은 **이구동성**으로 대답했습니다.

番

차례 번

한자 사전 찾기
부수: 田부 / 총획: 12획

丿 冖 宀 罒 平
乎 釆 釆 番 番
番 番

글자의 원리: ⇒ ⇒ 番

형성 밭에 씨앗을 뿌리고 간 농부 발자국이 순서대로 있는 데서 '차례'의 뜻.

풀이 ①수(數). ㉮차례. 순서. ㉯횟수. ㉰개수. ②갈마들다.

番地(번지) 땅을 일정한 기준에 따라 나누어서 붙인 번호.
番號(번호) 차례를 나타내거나 사물을 다른 것과 구별하기 위해 붙인 숫자.
順番(순번) 차례로 돌아오는 순서.
▶當番(당번)

청소할 **순번**을 정합시다.

畫

❶ 그림 화
❷ 그을 획

田 부
[7·8획]

한자 사전 찾기
부수: 田부 / 총획: 12획

一 子 子 즬 글
聿 聿 書 畵 畵
畵 畵

글자의 원리
형성 논의 경계를 만든 것에서 '경계', 붓으로 선을 긋는데서 '그리다'의 뜻.

풀이 ❶①그림. ②그리다. ❷①긋다. ②꾀하다. ③획.

畵家(화가) 그림 그리는 일을 직업으로 하는 사람.
畵廊(화랑) 그림이나 미술 작품을 전시하고 판매하는 곳.
畵數(획수) 자획의 수.
畵順(획순) 글씨를 쓸 때의 자획의 차례.
▶計畵(계획), 映畵(영화), 點畵(점획), 繪畵(회화), 畵虎(화호)

이 곳에는 많은 **화랑**들이 있습니다.

當

❶ 마땅 당
❷ 주관할 당

한자 사전 찾기
부수: 田부 / 총획: 13획

글자의 원리
형성 밭(田)이 서로 비슷하여(尙) 맞바꾸기에 '마땅하다'라는 뜻.

풀이 ❶①마땅하다. ②대적하다. ㉮맞서다. ㉯당해 내다. ㉰상당하다. ❷①주관하다. ②잡히다.

當局(당국) 어떤 일에 책임을 진 정부 부서. 또는, 수사를 하거나 법을 집행하는 기관.
當番(당번) 돌아가면서 하는 일에서 할 차례가 됨. 또는 그 사람.
當然(당연) 마땅히 그러하다.
▶擔當(담당), 不當(부당), 適當(적당), 典當(전당), 該當(해당)

정부 **당국**은 물가를 안정시키겠다고 약속했습니다.

문인화

▲ 명나라 문징명의 〈관산적설도권〉

　문인화란 그림 그리는 일을 생업으로 하지 않는 사대부 계급에 속한 자가 틈틈이 취미로 그리는 그림을 가리키는 말이다. 육조(六朝)·북송에서 소동파나 문동을 중심으로 한 일종의 문인화 집단이 형성되면서 발달하기 시작한 문인화는, 외형적 닮음을 추구할 뿐만 아니라 마음에 품은 뜻까지도 그려 내야 한다는 문인화론의 대체적 윤곽이 제시되고 크게 융성하였다. 하지만 이 시대까지만 해도 문인화는 이렇다 할 정해진 양식이 없었는데, 원말 4대가에 이르면서 대체로 하나의 양식적 면모를 갖추었다. 부드럽고 온유한 필법을 몇 번이고 중첩하여 그렸으며, 색채도 담묵화가 주로 쓰였다.

▶ 남송 미우인의 〈산수도〉

◀ 소동파

▶ 원나라 예찬의 〈용슬재도〉

503

疒 (병질) 部

침대에 누워 있는 병자 모양을 세워 그린 모양을 본뜬 부수 명칭.

病 병 병

한자 사전 찾기
부수: 疒부 / 총획: 10획

疒부 [5획]
癶부 [4획]

丶 亠 广 疒 疒
疒 疒 病 病 病

 글자의 원리

형성 활활 타고 있는 불처럼 열이 있는 것에서 '병' 이라는 뜻.

풀이 ①병. ㉮질병. ㉯근심. ②괴로워하다.

病苦(병고) 병으로 인한 괴로움.
病菌(병균) 사람이나 동식물의 몸에 병을 일으키는 세균.
病蟲害(병충해) 식물 특히 농작물의 병균이나 해충에 의한 해.
病患(병환) 다른 사람의 병을 높여 이르는 말.
▶看病(간병), 傳染病(전염병), 疾病(질병)

모기는 사람의 몸에 **병균**을 옮깁니다.

癶 (필발머리) 部

밖이나 위를 향해 발이 움직이는 모양을 본뜬 부수 명칭.

癸 열째 천간 계

한자 사전 찾기
부수: 癶부 / 총획: 9획

丿 ㇇ ㇇ 癶 癶
癶 癶 癸 癸

 글자의 원리

상형 걸을 발(癶)자와 화살 시(矢)가 합쳐져 '길이를 잼' 을 뜻함.

풀이 열째 천간(天干).

癸方(계방) 24방위의 하나. 정북에서 동으로 15° 되는 쪽을 중심한 15°의 방위.
癸酉(계유) 60갑자의 열째.
癸丑日記(계축일기) 광해군이 아우 영창 대군을 죽이고 인목 대비를 서궁에 가두었을 때의 정경을, 한 궁녀가 기록한 글.

계축일기에 대해 알아봅시다.

登

오를 등

한자 사전 찾기
부수: 癶부 / 총획: 12획

| 글자의 원리 | 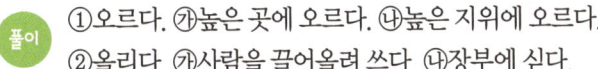 |

형성 양 발을 벌려 발판에 오르는 것에서 '오르다, 올라가다' 라는 뜻.

풀이
① 오르다. ㉠ 높은 곳에 오르다. ㉡ 높은 지위에 오르다.
② 올리다. ㉠ 사람을 끌어올려 쓰다. ㉡ 장부에 싣다.

癶부
[7획]

登校(등교) 학생이 학교에 감. ↔ 下校(하교).
登壇(등단) 강연·연설 등을 하기 위해 높직하게 만든 단 위에 오름. 전문적으로 글을 쓰거나 그림을 그리는 사람으로서 자격을 얻어 활동을 시작함.
登錄(등록) ① 관청이나 단체의 문서에 기록하여 허가나 자격을 얻음. ② 학교나 학원에 정해진 돈을 내고 그곳에 다닐 수 있는 자격을 얻음.
登攀(등반) 아주 높고 험한 산을 오름.
登場(등장) ① 사람이 무대나 연단 위에 나타남. ↔ 退場(퇴장). ② 소설·연극·영화 등에 어떤 인물로 나타남.
登板(등판) 야구에서, 투수가 경기를 하려고 마운드에 서는 일.

아하!

登山(등산)

등산은 말 그대로 산을 오르는 것이다. 그렇다고 무턱대고 산에 오르는 것이 아닌 심신을 단련하고 즐거움을 맛보는 데에 그 목적이 있다. 그러므로 편하게 케이블카를 타고 올라가거나 헬리콥터를 타고 올라가는 것은 참된 의미의 등산이라고 할 수 없다.
또한 학술적인 필요성에 의해서 산을 오르거나 군사적인 목적에 의해서 산을 오르는 것, 또한 참된 의미의 등산이라고 할 수 없다. 문헌에 보면, 옛날에도 산을 올라간 사실이 있지만 그것은 신앙상의 등산이었으며 인간이 산에 도전하기 시작한 것은 18세기 후반의 일이었다. 그리고 우리 나라에서는 1977년 9월 15일 에베레스트 등반대의 고상돈 대원이 정상을 정복한 후부터 활기를 띠기 시작했다.

| 눈 덮인 산을 오르고 있는 등반대 |

용문에 오르다

등용문(登龍門)

용문은 황하 상류의 협곡 이름으로, 물살이 빨라 웬만한 물고기는 거슬러 올라갈 엄두도 못 내었다. 그러나 일단 거슬러 오르면 그 물고기는 용이 된다 하였다. '등용문'은 여기서 나온 말로, 어려운 고비를 이겨 낸 출세의 디딤돌이라는 뜻이다.

필 발

한자 사전 찾기
부수: 癶부 / 총획: 12획

フ ⇒ ヲ ⇒ ダ ⇒ 癶 ⇒ 癶
癶 癶 癹 癹 癹
癹 發

글자의 원리

형성 발로 풀을 밟고 활을 쏘아 화살이 나간다 하여 '쏘다, 떠나가다'의 뜻.

풀이 ①피다. ②쏘다. ③가다. ④일어나다. ⑤드러내다.

發見(발견) 새로운 사물을 남보다 먼저 찾아냄.
發射(발사) 활·총 등을 쏨.
發生(발생) 어떤 일이나 현상이 일어나거나 생김.
發展(발전) ①더 낫고 좋은 상태나 더 높은 단계로 나아감. ② 일이 어떤 방향으로 나아감.
▶開發(개발), 告發(고발), 滿發(만발), 奮發(분발), 出發(출발)

癶부 [7획]

콜럼버스는 아메리카 대륙을 **발견**하였습니다.

한자 Q&A

Q 성어(成語)란 무엇일까요?

A 성어란 예로부터 한 언어의 관습적인 표현법으로 인해 다른 구조나 의미를 지니게 된 단어를 말합니다. 네 글자로 이루어진 성어는 '4자 성어'라고 하고, 고사를 바탕으로 이루어진 관용 어구는 '고사성어'라고 합니다. 성어는 일반적으로 두 단어 이상으로 이루어진 구절로서 각 단어가 지니고 있는 기본적 뜻으로는 그 전체의 의미를 알 수 없습니다. 예를 들면, 오리무중, 군계일학, 구밀복검 등이 있습니다.

白 (흰백) 部

엄지손톱 모양이나 햇빛이 비추는 모양을 본뜬 부수 명칭.

흰 백

白부
[0획]

한자 사전 찾기
부수:白부 / 총획:5획

글자의 원리: ⇒

상형 햇빛이 비쳐 밝게 보이는 것에서 '희다, 불순물이 없다' 라는 뜻.

풀이 ①희다. ㉮빛깔이 희다. ㉯채색하지 아니하다. ㉰깨끗하다. ②밝다. ③여쭈다. ④공허하다.

白骨難忘(백골난망) 죽어서 백골이 된 후에도 잊을 수 없다는 뜻으로, 큰 은혜나 도움을 받았을 때 감사의 뜻으로 하는 말.

白夜(백야) 북극과 남극에 가까운 지방에서 오랫동안 해가 지지 않아 밤에도 어두워지지 않는 현상.

白日場(백일장) 많은 사람들이 한곳에 모여 주어진 제목이나 소재로 글짓기를 겨루는 일.

白紙(백지) ①흰 빛깔의 종이. ②아무것도 쓰지 않은 종이나 답안지. ③어떤 것에 대하여 아무것도 모르는 상태.

潔白(결백) 잘못이나 죄를 저지른 것이 없이 깨끗함.

▶ 告白(고백), 空白(공백), 純白(순백), 主人白(주인 백)

아하!

白血球(백혈구)

혈액 속에 있는, 수시로 모양이 변하는 세포로, 골수나 지라·림프샘에서 만들어진다. 적혈구보다 크고 무색의 핵을 가지고 있으며, 체내에 침입한 세균을 잡아먹는다. 백혈구의 수는 소아에게 많고, 식사·운동·정신적 감동에 의해서 증가된다.

百

일백 백

한자 사전 찾기
부수:白부 / 총획:6획

一 丆 丆 百 百
百

형성 일(一)에서 백까지 세면서 크게 외친다(白)는 의미에서 '일백'의 뜻.

풀이 ①일백. 100. ②모든. 여러.

百科事典(백과사전) 학문·예술·사회·경제 등 모든 분야에 걸친 사항을 부문별 또는 가나다순으로 배열하여 풀이해 놓은 책.

百發百中(백발백중) ①총이나 활 등이 겨누어 쏘는 대로 맞음. ②모든 일이 계획대로 들어맞음.

百方(백방) 온갖 방법.

百倍(백배) 비교할 수 없을 만큼 대단히.

百姓(백성) 옛날에, 양반이나 귀족이 아닌 보통 사람을 이르던 말.

百戰百勝(백전백승) 싸울 때마다 이김.

百貨店(백화점) 일상 생활에 필요한 온갖 상품을 종류에 따라 진열해 놓고 파는 대규모의 현대식 상점.

白부
[1획]

百合(백합)

백합과에 속하는 여러해살이풀로, 관상용으로 재배된다. 땅 속의 비늘줄기에서 하나의 줄기가 돋아나는데 다 자란 높이가 30~100㎝ 정도 된다. 5~6월에 줄기 끝에 깔때기 모양의 흰 꽃이 핀다. 보통 백합하면 산백합을 말하는데 이 꽃은 청순한 백색에 끝이 가늘고 날카롭게 말려 있으며, 안쪽에 빨간 얼룩점이 있다. 백합은 중국식 이름이고, 우리 나라에서는 나리꽃이라고 부른다. 백합과 관련하여 여러 가지 전설이 있는데 그 중 하나로, 옛날 아리스라는 소녀를 탐내는 못된 성주가 있었다. 아리스는 성주의 손아귀를 벗어나려고 애를 썼지만 힘이 모자랐다. 아리스는 성모마리아 앞에 꿇어앉아 기도를 올렸다. 마리아는 어여쁜 아리스를 한 송이 아름답고 향기 높은 백합꽃이 되게 하였다. 그래서 백합은 기독교의 의식에 많이 사용된다

백 년에 한 번 황하가 맑아진다

백년하청(百年河淸)

이 말은 믿을 수 없는 진나라의 구원병을 기다리는 것은 황하의 물이 맑아지기를 기다리는 것과 같다는 뜻이다. 결국 자사의 주장에 따라 정나라는 초나라에 항복하여 위기를 현실적으로 모면하였다. 백년하청은 불가능한 일을 하염없이 기다리는 것보다 실용적인 대책을 수립하는 것이 현명하다는 뜻이다.

的

과녁 적

한자 사전 찾기
부수:白부 / 총획:8획

´ 亻 亻 自 自
自' 的 的

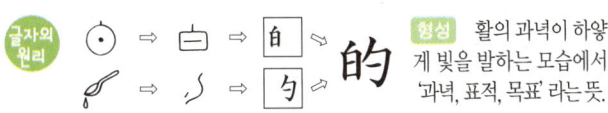

형성 활의 과녁이 하얗게 빛을 발하는 모습에서 '과녁, 표적, 목표'라는 뜻.

풀이 ①과녁. ②표준. 사물을 행하는 기준. ③확실하다. ④명사 뒤에 붙어 '그런 성질을 띤 것'이라는 뜻의 관형사를 만드는 말.

的中(적중) ①화살이나 총알 등이 목표물에 정확하게 맞음. ②예상이나 추측 등이 정확히 들어맞음.

的確(적확) 어떤 사물이나 형편에 틀림없이 들어맞음.

▶ 公的(공적), 目的(목적), 質的(질적), 標的(표적)

白부
[3·4획]

총을 여섯 발 쏘아 다섯 발이 **적중**했습니다.

皆

다 개

한자 사전 찾기
부수:白부 / 총획:9획

  皆

회의 사람(比)이 다 같이 찬성하여 말한다(白)하여 '다, 모두'라는 뜻.

풀이 ①모두. ②나란하다. ③두루 미치다. ④함께.

皆勤(개근) 일정한 기간 동안 휴일 외에는 하루도 빠짐없이 출석하거나 출근함.

皆旣蝕(개기식) 개기 일식과 개기 월식의 총칭.

皆兵(개병) 온 국민이 병역 의무가 있는 것.

수진이는 초등학교 6년 동안 **개근**하였습니다.

임금 황

한자 사전 찾기
부수:白부 / 총획:9획

白부
[4획]
皮부
[0획]

글자의 원리

형성 코는 얼굴의 제일 앞에 있어서 처음이라는 의미로, '천자, 군주'의 뜻.

풀이 ①임금. 왕보다 공덕이 높고 큰 임금. ②천자나 상제에 관한 사물 위에 붙이는 말. ③크다.

皇室(황실) 황제의 집안.
皇帝(황제) 제국의 군주.
皇太子(황태자) 황제의 자리를 이을, 황제의 아들.
皇后(황후) 황제의 아내.
▶敎皇(교황), 玉皇上帝(옥황상제)

'마지막 황제'라는 영화를 보았습니다.

皮 (가죽피) 部

가죽 피

한자 사전 찾기
부수:皮부 / 총획:5획

가죽을 손으로 벗겨 내는 모양을 본뜬 부수 명칭.

글자의 원리

회의 짐승의 가죽을 벗기는 모양에서 '가죽, 물건의 표면에 있는 것'이라는 뜻.

풀이 ①가죽. ㉮생가죽. ㉯겉가죽. ②거죽. 물건의 표면.

皮骨相接(피골상접) 살갗과 뼈가 서로 맞닿을 정도로 몸이 여윔.
皮膚(피부) 사람이나 동물의 몸 표면을 둘러싸고 있는 조직.
皮革(피혁) 가죽의 총칭.
▶毛皮(모피), 脫皮(탈피), 表皮(표피)

우리 엄마는 피부가 참 곱습니다.

皿 (그릇명) 部

그릇 모양을 본뜬 부수 명칭.

더할 익

한자 사전 찾기
부수: 皿부 / 총획: 10획

丶 丷 ハ 今 尒
尒 尒 益 益 益

글자의 원리 ⇒ ⇒ ⇒ 益

회의 그릇(皿)에 물(水)이 가득 찬 상태를 나타낸 것으로 '더한다'는 뜻.

풀이 ①더하다. ②보탬. 증가. ③보람. ④이익.

益鳥(익조) 농사에 해로운 벌레를 잡아먹거나 고기와 알을 사람에게 주는 등 사람에게 도움을 주는 새.
有益(유익) 이롭거나 도움이 될 만함.
▶公益(공익), 利益(이익), 增益(증익)

皿부 [5・7획]

나는 방학을 **유익**하게 보냈습니다.

❶ 담을 성
❷ 성할 성

한자 사전 찾기
부수: 皿부 / 총획: 12획

丿 厂 厂 厈 成
成 成 成 盛 盛
盛 盛

글자의 원리 ⇒ ⇒  ⇒ 盛

형성 음식을 그릇(皿)에 여러 겹(成) 포갠 모양에서 '많다, 성대하다'의 뜻.

풀이 ❶①담다. ②제상에 차려 놓은 음식. ❷①성하다. 넘치다. ②원기 왕성하다.

盛年(성년) 원기가 왕성한 한창때의 나이. 또는, 그런 사람.
盛大(성대) 규모가 웅장하고 큼.
盛行(성행) 매우 왕성하게 행해짐.
豊盛(풍성) 넉넉하고 많음.
▶極盛(극성), 旺盛(왕성)

오곡백과가 **풍성**한 가을이 되었습니다.

皿 부
[9획]

目 부
[0획]

盡

❶ 다할 진
❷ 진력할 진

한자 사전 찾기
부수: 皿부 / 총획: 14획

| フ ユ ヨ ヨ ヨ 尹
尹 尹 聿 聿 聿
聿 盡 盡 盡

글자의 원리: ⇒  ⇒  ⇒ 盡

형성 화로(皿)의 불(⺣)이 꺼져 감을 가리켜 '다 하다'의 뜻.

풀이 ❶①다 없어지다. 끝나다. ②정성. ③죄다. ❷진력하다.

盡力(진력) 어떤 일에 있는 힘을 다함.
盡誠(진성) 정성을 다함.
盡終日(진종일) 온종일. 하루 종일.
極盡(극진) 대접이나 보살핌이 매우 정성스러움.
▶賣盡(매진), 一網打盡(일망타진)

우리 부모님은 할머니를 **극진**히 모십니다.

目(눈목)部

사람의 눈을 본뜬 부수 명칭.

눈 목

한자 사전 찾기
부수: 目부 / 총획: 5획

丨 冂 冂 目 目

글자의 원리: ⇒  ⇒ 目

상형 흰자위와 검은자 위로 이루어진 눈 모양을 본뜬 글자.

풀이 ①눈. ②보다. ③요점. ④조목. ⑤제목. ⑥우두머리.

目擊(목격) 어떤 장면을 눈으로 직접 봄.
目錄(목록) 어떤 물품의 이름을 순서대로 적은 것.
目的(목적) 이룩하거나 도달하려는 목표.
目標(목표) 이루거나 도달하려는 곳. 또는, 그 대상.
▶課目(과목), 頭目(두목), 要目(요목), 耳目(이목), 注目(주목)

목표 지점까지는 아직 10km가 남았습니다.

충성을 다하여 나라에 보답하다

진충보국(盡忠報國)

진정으로 나라를 아끼고 사랑한 악비는
간신배들의 음모에 빠져 해를 당하고, 남송은
금나라와 군신 관계를 맺게 되었다.
진충보국이란 악비의 어머니가 정성스럽게
악비의 등에 문신을 새겨 주었다는 데서
개인의 이익을 돌보지 않고 나라를 위해 일하는
것을 뜻한다.

곧을 직

한자 사전 찾기
부수:目부 / 총획:8획

一 十 十 十 十
肖 直 直

글자의 원리

형성 많은 사람이 보면 나쁜 짓을 할 수 없다는 것에서 '바르다, 곧다'라는 뜻.

풀이 ①곧다. ②곧. 즉시. ③마음이 곧다. 정직함. ④번. 당직.

直系(직계) 할아버지·아버지·아들·손자와 같이 곧바로 이어지는 가족의 계통.
直觀(직관) 어떤 사실을 판단·추리·경험 등을 통해서가 아니라 직접적인 느낌으로 파악하는 것.
直前(직전) 바로 전.
直接(직접) 중간에 다른 것을 끼우거나 거치지 않고 바로.
直進(직진) 방향을 바꾸지 않고 곧게 나아감.
直通(직통) ①사이에 아무런 막힘이나 장애가 없이 바로 통함. ②어떤 방법이나 약, 주사 등이 바로 좋은 반응이나 효과를 나타냄.

▶ 當直(당직), 率直(솔직), 垂直(수직), 正直(정직), 忠直(충직)

目부
[3획]

아하!

直立猿人(직립 원인)

유인원과 현생 인류(호모 사피엔스)의 중간형으로 추정되는 화석 인류이다. 제4기에 살았으며, 직립 보행을 했다. 불을 사용한 특징을 가지며 전기 구석기 문화를 따른다. 중국의 베이징 원인, 자바의 자바 원인 등이 이에 속한다. 피테칸트로푸스 에렉투스라고도 한다.

目 부
[4획]

看
볼 간

한자 사전 찾기
부수: 目부 / 총획: 9획

一 二 三 手 禾
看 看 看 看

 ①보다. ②방문하다. ③지키다.

看破(간파) 속마음을 알아차림.
看板(간판) ①회사나 상점 등의 이름을 써서 사람들에게 잘 보이도록 걸거나 붙여 두는 판. ②겉으로 내세우기 위한 학력이나 자격.
看護(간호) 병약자를 돌보아 도와줌.

나는 그의 속마음을 **간파**하였습니다.

相
❶ 서로 상
❷ 볼 상

한자 사전 찾기
부수: 目부 / 총획: 9획

一 十 オ 木 村
相 相 相 相

 나무(木)에 올라 멀리 바라볼(目) 때 저쪽에서도 바라보아 '서로'의 뜻.

 ❶①서로. ②따르다. ❷①형상. 얼굴. ②돕다. ③정승.

相關(상관) ①서로 관계가 있음. ②남의 일에 간섭함.
相談(상담) 어려운 문제를 전문가나 윗사람과 의논함.
相對(상대) ①서로 마주 대함. ②서로 맞서 겨룸.
相續(상속) 사람이 죽은 뒤에 그의 재산을 물려받음.
▶ **人相(인상)**

나는 그 일과 **상관**이 없습니다.

省

❶ 살필 성
❷ 덜 생

한자 사전 찾기
부수: 目부 / 총획: 9획

글자의 원리

형성 적은 것(少)도 자세히 본다(目)는 데서 '살피다'의 뜻.

풀이 ❶①살피다. 조사하다. ②돌아보다. 깨닫다. ③안부를 묻다. ❷덜다.

省略(생략) 어떤 부분을 빼거나, 내용을 짧고 간단하게 줄임.
省墓(성묘) 조상의 산소를 찾아 살핌.
省察(성찰) 자신이 한 일을 돌아다보고 깊이 생각함.
反省(반성) 자신의 말이나 행동에 잘못이 없었는지 돌이켜 생각함.
▶歸省(귀성)

目부
[4·5획]

윤지의 얼굴에는 **반성**의 빛이 역력했습니다.

眠

❶ 잘 면
❷ 쉴 면

한자 사전 찾기
부수: 目부 / 총획: 10획

글자의 원리

형성 사람(民)이 눈(目)을 감고 '잠자다'는 뜻.

풀이 ❶①자다. ②모르다. ❷①누워서 쉬다. ②약물에 중독되다.

眠食(면식) 잠자는 일과 먹는 일.
睡眠(수면) 잠자는 일.
▶冬眠(동면), 不眠(불면)

건강을 위해서는 충분한 **수면**이 필요합니다.

眞

참 진

目 부
[5·6획]

한자 사전 찾기
부수: 目부 / 총획: 10획

一 匕 ヒ ヒ 自
自 自 直 眞 眞

글자의 원리

회의 무릎을 꿇고 머리를 땅에 대며 거짓말을 하지 않는 것에서 '사실'의 뜻.

풀이 ①참. 진짜. ②변함이 없다. ③도(道). ④본질. ⑤초상.

眞空(진공) 공기가 없는 공간.
眞理(진리) ①참된 이치. ②누구에게나 타당하다고 인정되는 지식.
眞率(진솔) 천진하며 꾸미지 않음. 정직하고 깨끗함.
眞實(진실) 거짓이 없이 바르고 참됨. ↔ 虛僞(허위).
▶寫眞(사진)

그는 **진실**한 사람입니다.

眼

눈 안

한자 사전 찾기
부수: 目부 / 총획: 11획

丨 冂 冃 目 目
目' 目ʳ 目ʳ 眼 眼
眼

글자의 원리

형성 두 눈이 나란히 있는 모양으로, '양쪽의 눈'이라는 뜻.

풀이 ①눈. ②보다. ③요점.

眼鏡(안경) 광선이나 먼지로부터 눈을 보호하거나 시력을 돕기 위하여 눈에 쓰는 기구.
眼目(안목) 사물의 가치를 판단하거나 분별하는 능력.
眼下無人(안하무인) 교만하여 주위 사람을 얕잡아보는 태도.
▶檢眼(검안), 主眼(주안), 血眼(혈안)

엄마는 옷을 고르는 **안목**이 뛰어납니다.

붙을 착

한자 사전 찾기
부수:目부 / 총획:12획

丶丷䒑䒑䒑
羊羊羊着着
着着

글자의 원리

형성 펼친 양털이 보이지 않을 만큼 긴 것에서 '몸에 붙이다, 도착하다' 의 뜻.

풀이 ①붙다. ㉮달라붙다. ㉯옷을 입다. 신을 신다. ㉰손대다. 일을 시작함. ㉱자리잡다. ②이르다.

着陸(착륙) 비행기 등이 공중에서 땅으로 내려옴.
着手(착수) 일을 시작함.
着實(착실) 침착하고 진실함.
着用(착용) 옷을 입거나 모자를 쓰거나 신발을 신거나 함.
▶到着(도착), 密着(밀착), 愛着(애착), 接着(접착), 定着(정착)

目부
[7획]
矢부
[2획]

비행기가 활주로에 안전하게 **착륙**하였습니다.

矢 (화살시) 部

화살 모양을 본뜬 부수 명칭.

어조사 의

한자 사전 찾기
부수:矢부 / 총획:7획

丶丶㇇늗듵
矣矣

글자의 원리

상형 써 이(厶←以)와 화살 시(矢)가 합쳐져 화살이 목적점에 닿음을 의미함.

풀이 어조사. 구의 끝에 붙어서 단정·한정·의문 등의 뜻을 나타냄.

萬事休矣(만사휴의) '모든 일이 끝장' 이라는 뜻으로, 모든 일이 헛수고로 돌아가 끝장남. 무슨 수를 쓴다 해도 가망이 없음.

아쉽게도 **만사휴의**가 되었구나!

知

알 지

矢 부
[3획]

한자 사전 찾기
부수:矢부 / 총획:8획

丿 ㄥ 上 午 矢
矢 知 知

글자의 원리
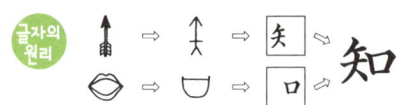

형성 화살의 명중 여부를 앎은 이것을 잘 알았기 때문이기에 '알다'의 뜻.

풀이 ①알다. ㉮인정하다. 인지함. ㉯깨닫다. 터득함. ②알리다. 기별함. ③지식.

知覺(지각) ①도리나 이치를 깨달아 앎. ②어떤 대상을 눈·귀·코·혀·피부로 느껴서 앎.

知性(지성) ①사물을 알고, 생각하고, 판단하는 능력. ②모든 지적 작용에 관한 능력.

知識(지식) 배움·연구·경험을 통해 알고 있는 내용.

知慧(지혜) 어떤 일을 현명하게 판단하고 처리하는 능력.

▶感知(감지), 熟知(숙지), 認知(인지), 通知(통지)

우리 선생님은 **지성**과 미모를 모두 갖춘 여성입니다.

 고사성어

백전백승(百戰百勝)

· 출전 : 《손자》〈모공편〉
· 풀이 : 싸울 때마다 승리한다는 뜻.

손자는 일찍이 다음과 같은 말을 하였다.
"싸움에서 승리하는 데는 두 종류가 있다. 적을 공격하여 승리하는 것과 적을 공격하지 않고 승리하는 것이다. 백 번 싸워 백 번 이겼다 해도 이것이 가장 좋은 승리는 아니다. 싸우지 않고 이기는 것이 가장 좋은 승리이다. 가장 좋은 방법이란 적이 꾀하는 것을 간파하여 미리 막는 것이다. 그 다음으로 좋은 방법은 적이 다른 나라와 맺고 있는 동맹 관계를 끊어 고립시키는 것이고, 그 다음은 적과 싸우는 것이다."
이렇듯 손자의 본뜻은 '백전백승'이 가장 좋은 승리는 아니며, 다만 최후 수단으로 동원할 수 있는 것이 전쟁이라는 것이다.

짧을 단

한자 사전 찾기
부수:矢부 / 총획:12획

丿 ㅑ 上 乍 矢
矢 矢 矢 知 知
短 短

글자의 원리 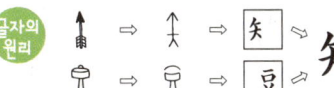 短

형성 화살과 그릇은 그 자체만으로는 쓸모가 없으므로 '모자라다, 짧다'의 뜻.

풀이 ①짧다. ②모자라다. ③뒤떨어지다. ④허물. 결점.

短期(단기) 짧은 기간. ↔ 長期(장기).
短點(단점) 모자라거나 허물이 되는 점.
短縮(단축) 일정한 기간이나 거리를 줄임. ↔ 延長(연장).
短篇(단편) 소설·영화 등에서 길이가 짧은 형태. 또는 그러한 소설이나 영화.

矢 부
[7획]

石 부
[0획]

오늘은 **단축** 수업을 하였습니다.

石 (돌석) 部

언덕과 돌 모양을 본뜬 부수 명칭.

돌 석

한자 사전 찾기
부수:石부 / 총획:5획

一 丆 ㄏ 石 石

글자의 원리

상형 절벽 아래로 돌이 굴러가고 있는 모양을 본떠 만든 글자.

풀이 ①돌. ②비석. ③화살촉. ④운석. ⑤부피의 단위.

石器(석기) 돌로 만든 여러 가지 도구.
石油(석유) 땅 속에서 솟아나는, 불에 잘 타는 액체 탄화수소. 정제하여 휘발유·등유·경유 등을 만듦.
碑石(비석) 어떤 인물의 공적 등을 새겨 세워 놓은 돌.
▶金石(금석), 寶石(보석), 巖石(암석)

비석 옆에 서서 기념 사진을 찍었습니다.

破

깨뜨릴 파

石부
[5·6획]

한자 사전 찾기
부수:石부 / 총획:10획

一 ァ ア 石 石
石' 矿 砂 破 破

글자의 원리 破

형성 돌도끼로 짐승의 가죽을 벗기는 것에서 '찢다, 깨뜨리다' 라는 뜻.

풀이 ①깨뜨리다. ②깨지다. ③다하다. 바닥남.

破壞(파괴) ①물체를 못 쓰게 부수거나 허물어뜨림. ②조직·현상 등을 없애거나 무너뜨림.

破産(파산) 재산을 모두 잃어 망함.

破竹之勢(파죽지세) '대를 쪼개는 기세' 라는 뜻으로, 거침없이 물리치며 나아가는 기세를 말함.

▶ **擊破(격파), 突破(돌파), 打破(타파)**

태풍으로 많은 가옥이 **파괴**되었습니다.

硏

갈 연

한자 사전 찾기
부수:石부 / 총획:11획

一 ァ ア 石 石
石' 石' 矿 砂 硏
硏

글자의 원리 硏

형성 돌을 반질반질하게 하기 위해 갈고 닦는 데서 '갈다, 닦다' 의 뜻.

풀이 ①갈다. ②궁구하다. ③자세히 밝히다.

硏究(연구) 사물을 깊이 조사하고 생각하여 이치나 사실을 밝히는 일.

硏磨(연마) ①돌이나 쇠붙이 등을 갈고 닦음. ②학문·기술·인격 등을 힘써 배움.

硏鑽(연찬) 학문 따위를 깊이 연구함.

이번 **연구** 결과를 발표하겠습니다.

示 (보일시) 部

제물을 놓고 제사 지내는 제단 모양을 본뜬 부수 명칭. 변으로 올 때에는 衤로 씀.

보일 시

한자 사전 찾기
부수:示부 / 총획:5획

一 二 〒 亓 示

글자의 원리 ⇨ 亓 ⇨ 示

지사 제물을 놓고 제사를 지내면 신이 마음을 보인다는 데서 '보이다'의 뜻.

풀이 ①보이다. ②알리다. ③보다.

示範(시범) 본보기로 해 보임.
示唆(시사) 어떤 일을 간접적으로 깨닫게 해 줌.
示威(시위) 힘이나 기세 등을 밖으로 드러내 보임.
▶誇示(과시), 暗示(암시), 提示(제시)

示부
[0·5획]

국군 아저씨들의 태권도 **시범**은 정말 멋있었습니다.

귀신 신

한자 사전 찾기
부수:示부 / 총획:10획

一 二 〒 亓 示
示 和 和 神 神

글자의 원리  ⇨ 神

형성 번개 같은 자연의 힘이 두려워 신에게 제사 지내는 데서 '신, 정신'의 뜻.

풀이 ①귀신. ②불가사의한 것. ③혼. 사람의 정령.

神秘(신비) 사람의 생각으로는 헤아리기 어려운 놀랍고 신기한 일.
神通(신통) ①대견하고 훌륭함. ②효력이 빠르고 뛰어남.
▶鬼神(귀신), 守護神(수호신), 天神(천신)

그의 예언은 **신통**하게도 잘 맞았습니다.

525

祖

할아비 조

示부
[5획]

한자 사전 찾기
부수:示부 / 총획:10획

一 亍 亍 亍 示
礻 礻 祀 衵 祖

글자의 원리 ⇒ ⇒ 示 ⇒ 祖

형성 이 세상에 없는 조상을 모시는 것에서 '조상, 근본이 되는 사람'을 뜻함.

풀이 ①할아비. ②조상. ③처음. 비롯함. ④본받다.

祖國(조국) 조상 때부터 대대로 살아온 나라.
祖父母(조부모) 할아버지와 할머니.
祖上(조상) 한 혈통을 이어 오는, 할아버지 이상의 대대의 어른.
祖孫(조손) 할아버지와 손자.
祖行(조항) 할아버지뻘의 항렬(行列).
▶先祖(선조), 元祖(원조), 太祖(태조)

빌 축

한자 사전 찾기
부수:示부 / 총획:10획

一 丁 丁 示 示
示 祀 祀 祀 祝

 글자의 원리

회의 제단(示)에서 사람(儿)이 무릎을 꿇고 축문을 읽으며(口) '빈다'는 뜻.

풀이 ①빌다. 기원함. ②축하하다. ③기쁜 일.

祝福(축복) 앞날의 행복을 빎.
祝辭(축사) 축하하는 내용의 말이나 글.
祝願(축원) 희망하는 대로 잘되기를 빎.
祝賀(축하) 남에게 생긴 좋은 일에 대해 함께 기뻐함.
▶慶祝(경축)

示부
[5·6획]

제사 제

한자 사전 찾기
부수:示부 / 총획:11획

丿 ク タ 夕 夕
タヽ タ스 タマ 쫘 祭
祭

 글자의 원리

회의 제단에 짐승의 고기를 올리고 제사를 모시는 것에서 '제사'라는 뜻.

풀이 ①제사. ②제사지내다.

祭禮(제례) 제사를 지내는 예법이나 예절.
祭物(제물) 제사에 쓰이는 음식. 또는, 제사에 바치는 동물과 사람.
祭祀(제사) 신령이나 죽은 조상의 혼에게 음식을 차려 놓고 절을 하며 기리는 의식.
▶冠婚喪祭(관혼상제), 祝祭(축제)

禁

금할 금

示부
[8·9획]

한자 사전 찾기
부수: 示부 / 총획: 13획

一 十 オ 才 禾
村 材 林 林 埜
埜 禁 禁

글자의 원리 ⇒ 林 ⇒ 林 ⇒
 ⇒ 示 ⇒ 示

형성 신(示)을 모신 수풀(林)을 함부로 다치지 못하게 하여 '금지하다'의 뜻.

풀이 ①금하다. ②기하다. 꺼림. ③규칙. ④삼가다.

禁忌(금기) 어떤 일을 꺼려서 하지 않거나 피함.
禁食(금식) 종교적인 목적으로, 또는 수술받기 전후나 검진받기 전에 얼마 동안 음식을 먹지 않음.
禁止(금지) 제지하여 못하게 함.
▶監禁(감금), 通禁(통금)

잡상인의 출입을 **금지**합니다.

福

복 복

한자 사전 찾기
부수: 示부 / 총획: 14획

一 二 亍 亓 示
示 禾 禾 祠 福
福 福 福 福

글자의 원리 ⇒ 示 ⇒ 示 ⇒ 福
畐 ⇒ 畐 ⇒ 畐

형성 신(示)에게 술을 가득(畐) 담아 제사를 잘 지내면 '복받는다'는 뜻.

풀이 ①복. ②복을 받다. ③제사에 쓴 고기나 술.

福券(복권) 제비를 뽑아 당첨되면 상금 등을 받게 되는 표.
福利(복리) 행복과 이익. 만족감을 느낄 만한 이로운 일.
福祉(복지) 사람들이 건강하고 행복하게 살 수 있는 생활 환경.
轉禍爲福(전화위복) 불행한 일을 당한 것이 오히려 좋은 일이 생기는 계기가 됨.
▶飮福(음복), 幸福(행복)

복권이 당첨되어 기분이 매우 좋습니다.

禮
예도 례

한자 사전 찾기
부수: 示부 / 총획: 18획

一 二 亍 亓 示
示 `示`和 神 禮
禮 禮 禮 禮 禮
禮 禮 禮

글자의 원리

형성 제수를 그릇 가득(豊) 담아 제사 지내는(示) 절차를 일러 '예도'의 뜻.

풀이 ①예의. ②예법. ③예식. 의식. ④예물.

禮物(예물) ①사례의 뜻이나 예의를 표하기 위하여 주는 물품. ②결혼식에서 신랑 신부가 주고받는 기념품.
禮儀(예의) 사람이 사회생활을 하면서 지켜야 할 바른 태도나 행동이나 몸가짐.
禮節(예절) 지켜야 할 예의와 범절.
▶敬禮(경례), 冠禮(관례), 主禮(주례), 婚禮(혼례)

示부 [13획]
禾부 [2획]

우리 모두 **예의**바른 사람이 됩시다.

禾(벼화) 部

벼가 이삭을 드리우고 있는 모습을 본뜬 부수 명칭.

私
사사 사

한자 사전 찾기
부수: 禾부 / 총획: 7획

一 二 千 禾 禾
私 私

글자의 원리

형성 거둬들인 벼를 끌어안고 자기 것으로 한다는 것에서 '사사롭다'의 뜻.

풀이 ①개인. ②사사로이 하다.

私立(사립) 개인이나 민간 단체가 세워서 운영하는 일.
私心(사심) 사사로운 마음. 또는, 자기 욕심을 채우려는 마음.
私有(사유) 개인이 자기 것으로 가짐.
私的(사적) 국가·사회·단체 등에 관계되지 않고 오직 개인에 관계되는 것.

회의 시간에 **사적**인 이야기를 하지 맙시다.

매우 공평하여 사사로움이 없다

대공무사(大公無私)

그 후 기황양은 조정에 법을 집행할 사람이 필요하다는 평공의 말에 서슴없이 자기 아들을 추천하였다. 이 또한 사사로운 정에 얽매이지 않고 그 자리에 어울리는 적임자를 추천한 것이었다. 과연 그의 아들은 공명정대하게 일을 처리하여 많은 칭송을 들었다.

秀

빼어날 수

한자 사전 찾기
부수: 禾부 / 총획: 7획

一 二 千 千 禾
禾 秀

회의 벼 이삭(禾) 중 길게 패어(丿) 고개숙임(乃)을 가리켜 '빼어나다'의 뜻.

풀이 ①빼어나다. 뛰어나다. ②아름답다.

秀麗(수려) 빼어나고 아름다움.
秀才(수재) 머리가 뛰어나게 좋은 사람.
俊秀(준수) 용모나 재주나 풍채 등이 아주 뛰어남.
▶特秀(특수)

그 청년은 용모가 **준수**합니다.

禾부
[2·4획]

科

과목 과

한자 사전 찾기
부수: 禾부 / 총획: 9획

一 二 千 千 禾
禾 禾 科 科

형성 작물을 달아 검사하여 종류별로 나누는 것을 가리켜 '과정'의 뜻.

풀이 ①과목. 조목. ②규정. ③과거.

科擧(과거) 옛날, 벼슬아치를 뽑기 위해 치르게 하던 시험.
科目(과목) 학교에서 교과 내용을 여러 갈래로 구별하여 나누어 놓은 것.
科題(과제) ①수업 시간 외에 집에서 공부할 수 있도록 내주는 문제. ②해결해야 할 문제.
▶教科(교과), 百科(백과), 眼科(안과), 學科(학과)

내가 좋아하는 **과목**은 국어입니다.

秋

가을 추

禾부
[4획]

한자 사전 찾기
부수:禾부 / 총획:9획

丿 二 千 禾 禾
禾 利 秒 秋

- 글자의 원리
- 형성: 추수 뒤, 벼 이삭의 끝을 불에 구워 알맹이를 먹는 것에서 '가을' 의 뜻.

- 풀이 ①가을. ②결실. ③때. 시기. ④나이. 세월.

秋季(추계) 가을철.
秋穀(추곡) 가을에 수확한 곡식.
秋分(추분) 24절기의 하나. 9월 23일경으로, 춘분 때처럼 낮과 밤의 길이가 같은 날이다. 가을이 무르익는 시기로서, 온갖 과일과 곡식이 풍성한 때이다.
秋史體(추사체) 추사 김정희의 독특한 글씨체.
秋波(추파) ①가을철의 잔잔하고 맑은 물결. ②여자의 맑고 고운 눈길.
秋風落葉(추풍낙엽) 어떤 세력이나 형세가 갑자기 기울거나 흩어지는 모양을 가을 바람에 나뭇잎이 떨어지는 것에 비유하여 이르는 말.

▶晩秋(만추), 春秋(춘추)

 아하!

秋收(추수)

가을에 익은 곡식을 거두어들이는 일로, 가을걷이라고도 한다. 이때 거두어들이는 농산물은 벼를 비롯해 참깨, 옥수수, 감자 등과 밤, 사과 등의 나무 열매도 있다. 벼 수확은 농민의 생존과 직결되는 만큼 모를 내며 김을 매는 일과 더불어 가장 중요한 작업으로 꼽힌다.

移

옮길 이

한자 사전 찾기
부수: 禾부 / 총획: 11획

一 二 千 禾 禾
禾 移 移 移 移
移

글자의 원리: ⇒ 木 ⇒ 禾 ⇒ 移

형성 못자리의 많은 (多) 볏모(禾)를 논에 '옮겨 심는다'는 뜻.

풀이 ①옮기다. ②모내기하다. ③바꾸다.

移動(이동) 옮겨 움직임. 또는, 움직여 자리를 바꿈.
移秧(이앙) 모내기.
移轉(이전) ①장소나 주소를 옮김. ②권리를 딴 사람에게로 옮김.
移行(이행) 옮아 감. 변해 감.
▶轉移(전이), 推移(추이)

철새들이 남쪽으로 **이동**하기 시작했습니다.

禾부
[6·7획]

稅

❶ 구실 세
❷ 추복 입을 태
❸ 벗을 탈

한자 사전 찾기
부수: 禾부 / 총획: 12획

一 二 千 禾 禾
禾 移 税 税 税
税 税

글자의 원리: ⇒ 木 ⇒ 禾 ⇒ 稅

회의 탈곡한(兌) 곡식(禾)의 일부를 나라에서 거둬 가는 것에서 '세금'의 뜻.

풀이 ❶①조세. ②거두어들이다. ③두다. 방치함. ❷추복(追服)을 입다. ❸벗다.

稅金(세금) 나라에서 쓰는 비용을 마련하기 위해 국민으로부터 거두어들이는 돈.
稅務(세무) 세금을 매기고 거두어들이는 일.
稅冕(탈면) 관(冠)을 벗음.
稅喪(태상) 시일이 지난 뒤, 친족이 죽었음을 알고 추복을 입는 일.
▶間接稅(간접세), 關稅(관세), 納稅(납세), 免稅(면세)

말일까지 **세금**을 납부하십시오

533

種

❶ 씨 종
❷ 심을 종

禾부
[9·10획]

한자 사전 찾기
부수:禾부 / 총획:14획

一 二 千 禾 禾
禾 禾 种 秳 秳
秳 秳 種 種

글자의 원리 🌱 ⇒ 木 ⇒ 禾 ⇒ 種
　　　　　　 畐 ⇒ 童 ⇒ 重

형성 수확한 씨를 다음 해에 뿌릴 씨로 쌓아둔 것에서 '씨'라는 뜻.

풀이 ❶①씨. ㉮식물이나 동물의 씨. ㉯근본. ㉰혈통. ②갖가지 종류. ③무리. ❷심다.

種類(종류) 공통되는 상태나 특성으로 나눈 사물의 갈래.
種目(종목) 종류에 따라 나눈 항목.
種子(종자) ①논이나 밭에 뿌리기 위하여 받아 둔 채소나 곡식의 씨. ②사물의 근본을 이름.
種族(종족) ①조상이 같고, 같은 문화를 가진 사람들의 집단. ②같은 종류에 딸린 생물 전체를 이르는 말.

▶同種(동종), 純種(순종)

이 슈퍼마켓은 과자 **종류**가 다양합니다.

穀

곡식 곡

한자 사전 찾기
부수:禾부 / 총획:15획

一 十 士 声 声
声 壴 壹 幸 嵀
嵀 嵀 縠 穀 穀

글자의 원리 🌾 ⇒ 壳 ⇒ 𣪊 ⇒ 穀
　　　　　　 丰 ⇒ 殳

형성 매우 단단한 껍질로 덮여 있는 쌀을 일컫는 것에서 '벼, 곡물'의 뜻.

풀이 ①곡식. ②양식. ③좋다.

穀物(곡물) 쌀·보리·콩 등의 농작물.
穀日(곡일) 음력 정월 초여드렛날. 이날 농사에 대한 준비를 하면 그 해엔 풍년이 든다 하여, 외양간을 치고 보리밭에 거름도 주고 함. 吉日(길일).

▶雜穀(잡곡), 脫穀(탈곡)

외국에서 대량으로 **곡물**을 수입하였습니다.

穴 (구멍혈) 部

집으로 쓸 수 있도록 파헤쳐진 굴 모양을 본뜬 부수 명칭.

究

궁구할 구

한자 사전 찾기
부수: 穴부 / 총획: 7획

丶 宀 宀 宂
宄 究

글자의 원리

형성 구불(九)한 굴(穴)을 끝까지 가 본다는 데서 '끝을 본다, 연구하다'의 뜻.

풀이 ①궁구하다. ②끝. ③다하다.

究考(구고) 끝까지 파고들어 연구하는 것.
究明(구명) 사물의 이치나 원인 등을 깊이 연구하여 밝힘.
研究(연구) 어떤 일이나 대상을 깊이 조사하고 생각하여 이치나 사실을 밝혀 내는 일.
▶探究(탐구), 學究(학구)

穴부
[2획]

과학자들에 의해 새로운 에너지가 **연구**되고 있습니다.

한자 Q&A

Q 속담과 격언은 무엇일까요?

A 속담은 여러 사람의 지혜가 모여서 입에서 입으로 전해지는 짧은 구절이나 문장을 말하며, 격언은 명언이나 글에서 인용한 말로, 인생의 진리를 간결하게 정리한 교훈이 될 만한 짧은 어구나 문장을 말합니다. 속담에는 그 민족의 사상과 역사, 가치관, 풍속, 종교, 문화 등이 담겨 있어 이를 연구하는 데 귀중한 자료가 되고 있으며, 그 기능에 따라 비판적 속담, 경험적 속담, 교훈적 속담 등으로 나누어집니다.

空

❶ 빌 공
❷ 구멍 공

穴부
[3획]

한자 사전 찾기
부수:穴부 / 총획:8획

丶 宀 宀 宀
宀 空 空

글자의 원리 ⇒ ⇒ 空

형성 구멍 혈(穴)과 장인 공(工)을 합친 글자로, 속이 '비어 있다, 없다'의 뜻.

풀이 ❶①비다. ②부질없다. ③하늘. 공중. ❷①구멍. ②뚫다.

空間(공간) ①비어 있는 곳. ②모든 방향으로 끝없이 이어져 있는 곳.
空想(공상) 실제로는 있을 수 없거나 일어나기 어려운 일을 머릿속으로 자유롭게 생각하는 일.
空席(공석) 어떤 직위의 자리가 임명된 사람이 없어 비어 있는 상태.
空港(공항) 여객기와 화물기가 뜨고 내릴 수 있는 여러 가지 시설을 갖춘 장소.
空虛(공허) 기쁨이나 보람을 느끼지 못하고 마음이 텅 빈 듯이 쓸쓸함.

▶ 眞空(진공), 蒼空(창공), 航空(항공)

 아하!

航空機(항공기)

비행기 · 글라이더 · 헬리콥터 · 기구 등 사람이 탑승하여 공중을 비행하는 탈것을 말한다. 그러나 사람이 타고 있어도 우주 로켓과 비행기 등의 원리를 이용한 비상체(미사일) 등은 항공기에 포함시키지 않는다. 오늘날 항공기라 하면 비행기 또는 헬리콥터를 가리킨다.

창 창

한자 사전 찾기
부수:穴부 / 총획:11획

丶 丶 宀 宀 宀
宀 宀 宀 窗 窗
窓

글자의 원리 ⇒ 宀 ⇒ 宓 ⇒ 窓

형성 옛날에는 마음의 창, 즉 '밝은 마음'이라는 뜻. 지금은 '집의 창문'의 뜻.

풀이 창. 창문.

窓口(창구) 사무실에서 바깥 손님을 응대하기 위해 낸 작은 창.
窓門(창문) 공기나 빛이 통하고 밖을 내다볼 수 있도록 방이나 복도 등의 벽에 낸 문.
窓戶紙(창호지) 문이나 창을 바르는 데 쓰이는 한지.
同窓(동창) 같은 학교에서 함께 공부한 관계.

穴부
[6획]

엄마와 아빠는 대학교 **동창**입니다.

한자 Q&A

Q 영자팔법(永字八法)이란 무엇일까요?

A 글씨를 잘 쓰기란 마음같이 쉽지 않다. 특히 한자는 더욱더 그렇다. 한자는 한 획 한 획을 손으로 직접 그어 보면서 익혀야 한다. 한자를 바르게 쓰려면 우선 획의 운필법부터 익히는 것이 좋다. 예로부터 '영자팔법(永字八法)'은 모든 한자에 적용되는 8가지 운필의 기초를 다지는 데 많이 이용되었다. 영자팔법에 따라 한자의 운필법을 익혀 보자.

537

立 (설립) 部

사람이 두 다리를 땅에 딛고 서 있는 모습을 본뜬 부수 명칭.

立
설 립

한자 사전 찾기
부수: 立부 / 총획: 5획

丶 亠 立 立 立

글자의 원리

 ⇒ ⇒ 立

상형 사람이 지면에 서 있는 모양에서 '서다' 라는 뜻.

풀이 ①서다. ②세우다. ③일으키다. ④부피의 단위.

立冬(입동) 24절기의 하나. 11월 7일경.
立身揚名(입신양명) 출세하여 세상에 이름을 드날림.
立證(입증) 증거를 내세워 증명함.
立志(입지) 뜻을 세움.
立體(입체) 길이, 넓이, 두께를 가지고 공간의 일부를 차지하는 것.
立秋(입추) 24절기의 하나. 8월 8일경.
立春大吉(입춘대길) 입춘을 맞아 좋은 운수를 기원하는 글.
立憲(입헌) 헌법을 제정함.
自立(자립) 남의 힘을 빌리거나 남에게 속박되지 않고 자기 스스로 해 나감.

▶ **起立**(기립), **對立**(대립), **獨立**(독립), **設立**(설립)

아하!

立春(입춘)

우리 나라 24절기의 시작으로, 양력 2월 4일경이다. 한 해의 무사태평, 농사의 풍년을 기원하면서 대문이나 기둥에 입춘방을 써 붙인다. 입춘방의 글귀로 '입춘대길(入春大吉) 건양다경(建陽多慶)'을 주로 쓰는데 '봄이 오자 행복이 오고, 계절 따라 경사가 많다.' 는 뜻이다.

글 장

한자 사전 찾기
부수:立부 / 총획:11획

一 亠 立 立 立
产 产 音 音 章
章

글자의 원리

회의 음악(音)의 한 단락(十), 또는 '글'의 한 장이 끝남을 뜻함.

풀이 ①문채. ②악곡·시문의 한 단락. ③글. 문장. ④규정. ⑤문체의 이름. ⑥표징

章句(장구) ①글의 장(章)과 구(句). ②문장의 단락.
章程(장정) 여러 조목으로 나누어 정한 규정.
勳章(훈장) 나라에 공이 있는 사람에게 내려 주는 휘장.
▶文章(문장), 樂章(악장), 徽章(휘장)

立부
[6·7획]

군인 아저씨의 가슴에 **훈장**이 주렁주렁 달려 있습니다.

아이 동

한자 사전 찾기
부수:立부 / 총획:12획

一 亠 立 立 立
产 产 音 音 音
童 童

글자의 원리

형성 동네(里) 어귀에 서 서서(立) 노는 '어린 아이'를 뜻함.

풀이 ①아이. ②어리석다.

童心(동심) 어린이의 마음. 또는, 어린이와 같은 순진한 마음.
童顔(동안) ①어린아이의 얼굴. ②자기 나이보다 어려 보이는, 나이 든 사람의 얼굴.
童話(동화) 어린이에게 들려주거나 읽기 위해 지은 이야기.
▶牧童(목동), 神童(신동), 兒童(아동)

이 그림에는 **동심**의 세계가 펼쳐져 있습니다.

端

바를 단

立부
[9·15획]

한자 사전 찾기
부수:立부 / 총획:14획

글자의 원리 ⇨ 端

형성 바로 서(立) 나오는 풀싹이 실끝(耑) 같은 모양에서 '실마리, 끝'의 뜻.

풀이 ①바르다. ②바르게 하다. ③끝. ④실마리.

端緒(단서) 어떤 사건을 해결하는 데 도움이 되는 실마리.
端雅(단아) 모습이나 몸가짐 등이 단정하고 우아함.
端正(단정) 몸가짐이나 옷차림 등이 흐트러짐이 없고 깔끔함.
▶極端(극단), 尖端(첨단), 下端(하단)

나는 거울을 보면서 옷을 **단정**하게 입었습니다.

競

다툴 경

한자 사전 찾기
부수:立부 / 총획:20획

글자의 원리 ⇨ 競

회의 두 사람이 서로 거친 말로 말다툼하는 것에서 '싸우다, 다투다' 라는 뜻.

풀이 ①다투다. 겨루다. ②쫓다.

競技(경기) 두 사람 또는 팀과 팀이 일정한 규칙 아래 운동의 기술과 능력을 겨루는 일.
競爭(경쟁) 서로 앞서거나 이기려고 겨룸.

양 팀 모두 열심히 싸웠으나 **경기**는 무승부로 끝났습니다.

6회

竹 (대죽) 部

대와 그 잎의 모습을 본뜬 부수 명칭.

竹 대 죽

한자 사전 찾기
부수: 竹부 / 총획: 6획

글자의 원리: ⇒ 艹 ⇒ 竹

형성: 두 개의 대나무 가지에서 '대나무'를 뜻함.

풀이: 대. 대나무.

竹林(죽림) 대숲.
竹夫人(죽부인) 여름에 더위를 덜기 위해 잠자리에 놓는, 대오리로 엮은 물건.
竹筍(죽순) 대의 땅속줄기에서 돋아나는 어린 싹.
▶爆竹(폭죽)

우리 할아버지는 여름이면 **죽부인**을 안고 주무십니다.

고사성어

파죽지세 (破竹之勢)

· 출전 : 《진서》〈두예전〉
· 풀이 : 맹렬한 기세로 적군을 물리침을 가리킴.

무창을 점령한 두예는 장수들을 모아 놓고 일격에 오나라를 공격할 회의를 열었다. 이때 한 장수가 이렇게 건의하였다.
"곧 우기가 닥쳐 강물은 범람할 것이고, 전염병이 언제 발생할지 모릅니다. 일단 철군했다가 다시 공격하는 것이 어떻겠습니까?"
두예는 고개를 단호하게 내저으며 말하였다.
"안 됩니다. 지금 우리 군사들의 사기는 대나무를 쪼개는 기세입니다. 대나무는 처음 두세 마디만 쪼개면 그 다음부터는 칼날이 닿기만 해도 저절로 쪼개집니다. 어떻게 이런 좋은 기회를 놓칠 수 있습니까?"
두예는 병사들을 이끌고 오나라의 도읍 건업을 공격하여 함락시켰다.

笑

웃을 소

한자 사전 찾기
부수: 竹부 / 총획: 10획

丿 𠂉 𠂉 𠂉 𠂉
𥫗 𥫰 𥫱 笑 笑

글자의 원리 ⇒  ⇒ ⇒ 笑

형성 대나무 잎이 흔들리는 모양은 사람이 웃는 모양과 닮아서 '웃다'의 뜻.

풀이 웃다.

笑納(소납) 변변치 못한 물건이지만 웃고 받아 달라는 겸사의 말.
笑話(소화) 우스운 이야기를 함. 또는, 그 이야기.
微笑(미소) 소리를 내지 않고 빙긋이 웃는 웃음.
▶談笑(담소), 爆笑(폭소)

竹부
[4・5획]

어머니는 입가에 **미소**를 띠며 나를 바라보셨습니다.

第

차례 제

한자 사전 찾기
부수: 竹부 / 총획: 11획

丿 𠂉 𠂉 𠂉 𠂉
𥫗 笁 笰 第 第
第

글자의 원리 ⇒ ⇒ ⇒ 第

형성 대나무에 식물 줄기가 차례로 감고 올라가는 모습에서 '차례'의 뜻.

풀이 ①차례. 차례를 정하다. ②계급. ③집. ④과거(科擧).

第三者(제삼자) 어떤 일에 직접 관련이 없는 사람.
第一(제일) ①첫째. ②가장 훌륭함.
第宅(제택) 살림집.
▶科第(과제), 及第(급제), 落第(낙제)

이 일에 **제삼자**는 나서지 마시오

答
대답할 답

竹부
[6획]

한자 사전 찾기
부수: 竹부 / 총획: 12획

⇒ 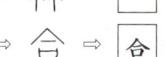⇒ 答

형성 대쪽(竹)에 써서 보내 온 글의 내용에 맞게(合) '대답한다'는 뜻.

풀이 대답하다. ㉮응하다. ㉯물음에 답하다. ㉰보답하다.

答禮(답례) 남이 자기에게 베푼 환영·지지·대접·수고 등에 대해 예의를 갖추어 인사하거나 선물을 함.
答辯(답변) 물음에 답하여 설명을 하면서 말함. 또는, 그 대답.
答辭(답사) 식장에서, 축사나 환영사, 환송사 등에 대한 답례로 하는 공식적인 말.
答案(답안) 문제에 대한 답.
答狀(답장) 편지를 받고 그에 대한 답으로 보내는 편지.
▶ 對答(대답), 報答(보답), 應答(응답), 解答(해답)

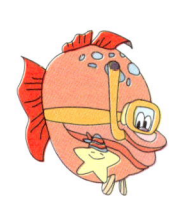

544

무리 등

한자 사전 찾기
부수: 竹부 / 총획: 12획

 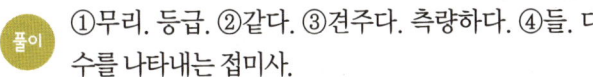

형성 대쪽(竹)에 쓰인 관청(寺)의 서류를 순서 있게 분류하기에 '등급'의 뜻.

풀이 ①무리. 등급. ②같다. ③견주다. 측량하다. ④들. 다수를 나타내는 접미사.

等級(등급) 질·수준·정도의 높고 낮음, 좋고 나쁨에 따라 나눈 구별.
等分(등분) 서로 같게 나눔. 또는, 그 분량.
等閒視(등한시) 대수롭지 않게 여김.
平等(평등) 권리나 의무, 자격 등이 모든 사람에게 고르고 똑같음.
▶均等(균등)

竹부
[6획]

모든 사람은 **평등**하게 태어났습니다.

붓 필

한자 사전 찾기
부수: 竹부 / 총획: 12획

형성 대나무로 만든 붓을 쥐는 모양에서 '붓'을 뜻함.

풀이 ①붓. ②쓰다. 적음. ③글씨.

筆記(필기) ①글씨를 씀. ②강의나 연설에서, 그 말을 받아 적음.
筆者(필자) ①글을 쓴 사람이나 쓰는 사람. ②글을 쓰고 있는 사람이 글 속에서 자기 자신을 이르는 말.
筆筒(필통) ①필기도구나 지우개, 칼 등을 담을 수 있도록 만든 통. ②붓을 꽂아 두는 통.

학생들은 수업 내용을 **필기**하느라 바쁩니다.

算

竹부
[8획]

❶ 셈 산
❷ 산가지 산

한자 사전 찾기
부수: 竹부 / 총획: 14획

丿 ㅅ ㅼ ㅼ ㅼ
ㅼㅼ 竹 竺 笁 笇
算 算 算 算

글자의 원리
 ⇒  ⇒ 算

회의 대나무 막대로 숫자를 세는 것에서 '헤아리다'를 뜻함.

풀이 ❶①셈하다. ②수. 수효. ❷①산가지. ②세는 법.

算法(산법) 계산하는 방법.
算數(산수) 셈함. 또는, 그 방법.
算出(산출) 계산해 냄. 셈함.
算筒(산통) 산가지를 넣어 두는 통.
計算(계산) ①수를 더하거나 빼거나 곱하거나 나누어 그 값을 냄. ②값을 치름.

▶ **豫算**(예산), **精算**(정산)

 아하!

企劃豫算處
(기획예산처)

예산 정책의 수립과 예산의 편성 및 집행의 관리를 맡는 외에 재정·행정의 개혁에 관한 사무를 관장하는 국무총리 산하의 정부기관이다. 1999년 5월 개정된 정부조직법에 의하여 새로 설치되었다.

節

마디 절

한자 사전 찾기
부수: 竹부 / 총획: 15획

글자의 원리 형성 대나무의 사이사이에 마디가 있는 것에서 '마디, 단락'을 뜻함.

풀이 ①마디. 토막. ②절개. ③규칙. ④시절 구분의 이름. ⑤절약하다.

節概(절개) 지조(志操)와 기개(氣槪).
節度(절도) 말이나 행동을 정도에 알맞게 조절함.
節電(절전) 전기를 아껴 씀.
節制(절제) 정도를 넘지 않도록 알맞게 조절함.
▶季節(계절), 關節(관절), 名節(명절)

竹부 [9획]

篇

책 편

한자 사전 찾기
부수: 竹부 / 총획: 15획

글자의 원리  회의 글을 쓰는 대나무(竹) 조각(扁)을 엮어 만든 '책'을 뜻함.

풀이 ①책. ②완결된 시문(詩文). ③시문을 세는 단위.

篇首(편수) 책에서 편(篇)의 첫머리.
詩篇(시편) 낱낱의 시 작품. 또는, 여러 시 작품.
▶短篇(단편), 全篇(전편)

米 (쌀미) 部

벼 껍질을 벗긴 쌀, 벼이삭의 모양을 본뜬 부수 명칭.

米부
[0·8획]

米
쌀 미

한자 사전 찾기
부수:米부 / 총획:6획

丶 ⺌ 半 米
米

글자의 원리 ⇨

상형 벼이삭의 모습에서 '쌀'이라는 뜻.

풀이 ①쌀. ②길이의 단위. 미터(meter)의 취음.

米穀(미곡) ①쌀. ②쌀을 비롯한 갖가지 곡식의 총칭.
米粒(미립) 쌀알.
米麥(미맥) 쌀과 보리.
米作(미작) 벼농사.
玄米(현미) 벼의 껍질만 벗겨 낸 누르스름한 쌀.

우리 집은 **현미**로 밥을 짓습니다.

精
정미로울 정

한자 사전 찾기
부수:米부 / 총획:14획

丶 ⺌ 半 米 米
米 料 耕 耕 精
精 精 精 精

글자의 원리 ⇨  ⇨ 精

형성 쌀(米)을 찧어서 깨끗하게 한다(靑)는 것에서 '찧다, 자세하다'의 뜻.

풀이 ①면밀하다. ②찧다. ③마음. 정성.

精巧(정교) 정밀하고 교묘하다.
精米所(정미소) 쌀을 비롯한 곡식을 기계로 찧거나 빻는 곳.
精誠(정성) 있는 힘을 다하려는 참된 마음이나 태도.
精神(정신) ①사물을 생각하고 느끼는 능력. ②영혼이나 마음. ③마음의 자세나 태도.

그는 지극한 **정성**으로 부모님을 섬겼습니다.

糸(실사) 部

실을 감은 실타래 모양을 본뜬 부수 명칭.

맺을 약

한자 사전 찾기
부수: 糸부 / 총획: 9획

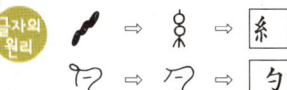

[형성] 여러 물건을 자루에 넣어 실로 묶은 것에서 '동여매다, 약속하다'의 뜻.

[풀이] ①묶다. ②따르다. ③약속하다. ④검소하다. ⑤축약하다. ⑥나눗셈하다.

約分(약분) 수학에서 분수의 분모와 분자를 공약수로 나누어 간단하게 하는 일.
約束(약속) 상대방과 어떤 일을 할 것을 미리 정함. 또는, 그 내용.
要約(요약) 긴 말이나 글에서 중요한 부분만 뽑아 추림.
▶契約(계약), 節約(절약)

糸부 [3획]

이 글의 내용은 크게 세 가지로 **요약**됩니다.

붉을 홍

한자 사전 찾기
부수: 糸부 / 총획: 9획

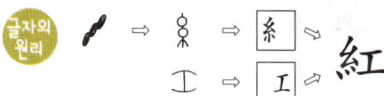

[형성] 복숭아처럼 주홍색으로 물들인 실이라는 것에서 '주홍색'을 뜻함.

[풀이] 붉다.

紅蔘(홍삼) 수삼을 쪄서 말린 붉은 빛깔의 인삼.
紅一點(홍일점) '푸른 잎 가운데 피어 있는 한 송이 붉은 꽃'이라는 뜻으로, 많은 남자 가운데 하나뿐인 여자를 가리키는 말.
鮮紅色(선홍색) 밝고 산뜻한 붉은색.

그 섬에 **선홍색** 동백꽃이 아름답게 피었습니다.

홍건적

▼ 붉은 두건을 쓴 홍건적

중국 원(元)나라 말기에 일어난 한족(漢族)의 농민 반란. 머리에 붉은 두건을 둘렀으므로 붙여진 이름이며, 홍두적(紅頭賊)·홍적(紅賊)이라고도 한다. 이 반란은 이민족 왕조인 원나라를 쓰러뜨리고 한족 왕조인 명(明)나라를 성립시키는 계기가 되었다. 미륵·백련 양교도들이 일으켰는데, 원래 이 양교단은 별개로 발생하였으나 원나라 말기에 혼합되어 행동하게 되었고, 그 뒤 백련교에 통합되었다. 허베이성 영년현의 한산동은 스스로 미륵불의 환생이라는 설을 퍼뜨려 허난·안후이에 많은 신자를 가지고 있었는데, 1351년 황허강 수리를 위한 노역부 징발 문제로 민심이 동요한 틈을 타서 난을 일으켰다. 홍건적은 최초의 진압 때 한산동을 잃었으나, 유복통 등은 그의 아들 임아를 받들어 우두머리로 삼고 안후이에서 송(宋)이라는 국호를 내걸고 전국에 격문을 보냈다. 이에 후베이의 서수휘, 안후이의 곽자흥·주원장, 허난의 북쇄홍건, 후베이의 남쇄홍건 등이 호응하였지만, 내부 분열로 인해 비적으로 전락되었으며 관군과 향토 자위군의 반격으로 괴멸되었다. 다만 주원장만 천하를 평정하여 명나라를 창건하였다.

흴 소

한자 사전 찾기
부수: 糸부 / 총획: 10획

一 十 耂 圭 耒
耒 丰 麦 素 素

글자의 원리 ⇨ ⇨ 素

회의 빨아서 드리운 (主) 명주실(糸)이 '희게' 빛남을 뜻함.

糸부
[4획]

풀이 ①희다. ②수수하다. ③근본. ④평소. ⑤채식.

素朴(소박) 꾸밈이 없이 수수함.
素服(소복) 하얗게 차려입은 한복. 주로 상복으로 입는 경우.
素養(소양) 평소에 닦아 쌓은 교양이나 기술.
素質(소질) 타고난 재능이나 바탕.
素饌(소찬) 고기나 생선이 들지 않은 반찬. 또는, 그런 찬으로 차려진 밥상.

민지는 미술에 **소질**이 있습니다.

생사 순

한자 사전 찾기
부수: 糸부 / 총획: 10획

ㄱ ㄥ ㄠ 幺 糸
糸 紀 紀 紀 純

글자의 원리

형성 갓 돋아난 새싹(屯)처럼 생실(糸)을 뜻하는 글자로, '순수하다'의 뜻.

풀이 ①생사(生絲). ②순수하다. ③천진하다. ④착하다.

純綿(순면) 면사로만 짠 직물.
純朴(순박) 착하고 꾸밈이나 거짓이 없음.
純粹(순수) ①다른 것이 조금도 섞이지 않음. ②사사로운 욕심이나 못된 생각이 없음.
純眞(순진) 마음이 꾸밈이 없이 깨끗하고 참됨.

정우는 마음이 티 없이 맑고 **순수**합니다.

紙

종이 지

한자 사전 찾기
부수:糸부 / 총획:10획

糸부
[4획]

丿 ㄥ 幺 幺 糸
糸 糹 紅 紙 紙

글자의 원리

형성 종이가 없던 옛날, 실을 엮어 만든 천에 글자를 쓴 것에서 '종이'의 뜻.

풀이 ①종이. ②종이를 세는 단위. 장(張).

紙匣(지갑) 가죽이나 헝겊 따위로 주머니처럼 만든 물건으로, 돈・증명서 등을 넣어 가지고 다니는 데 씀.
紙面(지면) 글이나 그림, 사진 등이 실리는 책이나 신문의 면.
紙物(지물) 종이의 총칭.
紙粘土(지점토) 신문지 등의 종이를 잘게 찢어 물에 불린 후 꼭 짜서 풀을 섞은 물질.
紙質(지질) 종이의 품질.
紙幣(지폐) 종이에 인쇄를 해서 만든 화폐.
▶試驗紙(시험지), 包裝紙(포장지), 表紙(표지)

 아하!

韓紙(한지)

닥나무 따위의 섬유를 원료로 하여 한국 고유의 제조법으로 뜬 종이이다. 닥나무를 다발로 묶어 물을 부은 가마솥에 세우고 가마니로 둘러싼 뒤 불을 때어 껍질이 흐물흐물 벗겨질 정도로 삶은 다음, 껍질을 벗겨 말린다. 말린 껍질은 다시 물에 불려 발로 밟아 하얀 내피 부분만 가려내고, 이것에 양잿물을 섞어 3시간 이상 삶아 압축기로 물을 짜낸다. 여기에 닥풀뿌리를 으깨어 짜낸 끈적끈적한 물을 넣고 잘 혼합하여 고루 풀리게 한 다음, 발로 종이물을 걸러서 뜬다. 한지는 용도에 따라 그 질과 호칭이 다르다. 문에 바르면 창호지, 족보・불경・고서의 영인에 쓰이면 복사지, 사군자나 화조를 치면 화선지라고 한다.

| 한지 만드는 광경 |

종이 위의 병법

지상담병(紙上談兵)

이 소식을 들은 조괄의 어머니는 조정으로 달려가 조괄은 그런 그릇이 못 된다며 계획을 철회해 달라고 간청하였다. 재상이던 인상여도 간청하였으나 왕은 듣지 않았다. 조괄은 자신만만하게 싸움터로 나갔다. 그러나 크게 패하여 자신도 전사하고, 그의 군대 또한 몰살하였다.

채륜의 종이 발명

105년, 후한의 환관으로 있던 채륜은 나무껍질·마·넝마·어망 등을 원료로 하여 종이를 만드는 방법을 발명하였다.

채륜이 발명한 제지술은 나무껍질·넝마·어망 등을 돌 절구통에 짓이겨 물을 이용하여 종이를 만드는 원리였는데, 이것은 오늘날의 종이 만드는 원리와 같다.

그러나 중국에는 그 이전부터 풀솜 찌꺼기를 이용하여 기록하는 재료를 제조하는 기술이 전해져 내려오고 있었기 때문에, 채륜은 기술의 발명자라기보다는 완성자 또는 개량자라고 할 수 있다.

어떻든 그의 설계와 지도에 의하여 만들어진 종이는 당시 많은 사람들의 환영을 받았다. 그 이전에는 죽간, 목간, 비단 등에 글씨를 써서 그 비용도 많이 들고 많은 양을 구하기도 힘들었는데, 채륜의 종이는 쉽게 구할 수 있는 원료를 이용하였기 때문에 값싸게 많은 양을 한 번에 생산할 수 있었다. 사용하거나 휴대하는 데 있어서도 기존의 것들과 비교할 수 없을 만큼 편리하였다.

그리하여 당시의 사람들은 종이를 '채후지'라고 불러서 채륜의 공을 찬양하였으며, 그때까지 기록에 사용되던 비단과 구별하기 시작하였다.

▲ 종이 대용으로 썼던 죽간을 만드는 모습

細

가늘 세

糸부
[5획]

한자 사전 찾기
부수: 糸부 / 총획: 11획

丿 幺 幺 幺 糸
糸 糸 糸 細 細
細

형성 뇌 속의 혈관은 실처럼 가늘고 세밀한 것에서 가늘다, 세밀하다 의 뜻.

풀이 ①가늘다. ②작다. ③잘다. 자세함. ④적다.

細流(세류) 가늘게 흐르는 시냇물.
細密(세밀) 자세하고 빈틈없이 꼼꼼함. 緻密(치밀).
細部(세부) 자세한 부분.
細心(세심) 작은 일에도 꼼꼼하게 주의를 기울여 빈틈이 없음.
細胞(세포) 생물체를 이루는 기본 단위.

휴가를 위한 **세밀**한 계획을 세우고 있습니다.

終

마칠 종

한자 사전 찾기
부수: 糸부 / 총획: 11획

丿 幺 幺 幺 糸
糸 糸 糸 終 終
終

형성 얼음으로 샘 입구를 막듯 실의 끝에 매듭을 만든 것에서 '끝'이라는 뜻.

풀이 ①마치다. 다하다. ②끝. 종말. ③마침내.

終了(종료) 어떤 활동이나 행동을 끝냄.
終末(종말) 계속되어 온 일의 맨 끝.
終日(종일) 아침부터 저녁까지. 하루 내내.
終着驛(종착역) 열차나 전차가 마지막 닿는 역.
▶**最終(최종)**

열차가 **종착역**에 들어서고 있습니다.

맺을 결

한자 사전 찾기
부수:糸부 / 총획:12획

纟 纟 纠 纠 糸
糸 紅 紝 紝 結
結 結

 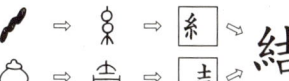

형성 물건을 넣는 그릇의 입구를 끈으로 꼭꼭 묶는 것에서 '맺다, 묶다'의 뜻.

 ①맺다. ㉮묶다. ㉯쌓다. ㉰열매를 맺다. ㉱끝내다. ②매듭.

結果(결과) 어떤 목적을 가지고 일을 하여 그 끝에 얻어지는 일.
結成(결성) 모임이나 단체를 만듦.
結束(결속) 사람들이 어떤 목적을 위하여 하나로 뭉침.
結婚(결혼) 남자와 여자가 일정한 절차를 거쳐 부부가 됨.
▶團結(단결), 連結(연결), 完結(완결), 解結(해결)

糸부
[6획]

시민들이 환경 보호 단체를 **결성**하였습니다.

줄 급

한자 사전 찾기
부수:糸부 / 총획:12획

纟 纟 纠 纠 糸
糸 紀 紒 紒 給
給 給

 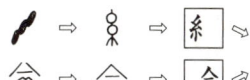 

형성 실을 모아 꼬면 늘어나는 것에서 '충분하다, 주다'를 뜻함.

 ①주다. ②더하다. ③대다. ④넉넉하다.

給水(급수) 물을 공급함.
給食(급식) 학교나 회사 등에서 학생이나 사원에게 식사를 줌.
給與(급여) ①관공서나 회사에서 근무자에게 주는 급료나 수당. ②돈이나 물품을 줌. 또는, 그 돈이나 물품.
給油(급유) 기름을 공급함.
▶供給(공급), 配給(배급), 月給(월급)

갑자기 **급수**가 단절되었습니다.

실 사

糸부
[6획]

한자 사전 찾기
부수:糸부 / 총획:12획

글자의 원리

상형 누에가 토해 낸 실을 본뜬 糸를 두 개 나란히 놓아 가늘게 꼰 '실'의 뜻.

풀이 ①실. ②악기 이름. 거문고 따위의 현악기.

絲狀(사상) 실처럼 가늘고 긴 모양.
絲竹(사죽) ①현악기와 관악기. 거문고와 피리. ② '음악' 을 달리 이르는 말.
生絲(생사) 삶지 않은 명주실.
▶絹絲(견사), 鐵絲(철사)

누에고치에서 **생사**를 뽑아 냅니다.

끊을 절

한자 사전 찾기
부수:糸부 / 총획:12획

형성 사람이 칼로 실을 적당한 길이로 자르는 데서 '자르다, 없어지다' 의 뜻.

풀이 ①끊다. 없애다. ②끊어지다. 죽다. ③뛰어나다. ④절구(絕句). ⑤극에 이르다.

絕景(절경) 아주 훌륭한 경치.
絕交(절교) 교제를 끊음.
絕望(절망) 희망을 잃고 낙심함. ↔ 希望(희망).
絕頂(절정) 어떤 일이나 상태가 진행되거나 발전하는 과정에서 최고에 이른 상태.
▶拒絕(거절), 斷絕(단절), 謝絕(사절)

그는 온갖 시련 속에서도 결코 **절망**하지 않았습니다.

 **고사성어**

백아절현 (伯牙絕絃)

· 출전 : 《열자》〈탕문〉
· 풀이 : 참다운 벗의 죽음을 슬퍼한다는 뜻.

　전국 시대 때, 거문고의 명인 백아에게는 종자기라는 친구가 있었다. 종자기는 백아가 거문고를 탈 때의 심리 상태가 어떠한지, 항상 소리를 정확히 이해하고 감상할 수 있는 능력이 있었다. 종자기는 거문고의 현을 떠나 들려오는 소리 속에 자신의 감정을 정확히 담아 내는 백아의 재주를 매우 아꼈다.
　그런데 어느 날 종자기가 세상을 떠나고 말았다. 그러자 백아는 절망한 나머지 자기의 거문고 소리를 들을 만한 사람이 없다며 애지중지하던 거문고의 줄을 끊어 버리고 다시는 거문고를 타지 않았다.

糸부 [6획]

統

거느릴 통

한자 사전 찾기
부수: 糸부 / 총획: 12획

丿 亠 幺 幺 糸
糸 糽 紆 統 統
統 統

글자의 원리 ⇒ ⇒ 糸 統
⇒ ⇒ 充

형성 사람이 성장하듯 실이 한데 모여 한 개의 긴 실이 되기에 '모이다'의 뜻.

풀이 ① 거느리다. ㉮ 통솔하다. ㉯ 합치다. ② 혈통. ③ 법.

統一(통일) ① 갈라진 것들을 하나로 만드는 것. ② 여럿을 모아 하나로 되게 함.
統制(통제) 어떤 일이나 행동을 못 하게 하거나 제한함.
統治(통치) 나라나 지역을 다스림.
▶ 系統(계통), 傳統(전통), 血統(혈통)

경찰이 사고 지역의 출입을 **통제**하고 있습니다.

經

날 경

糸부
[7·8획]

한자 사전 찾기
부수:糸부 / 총획:13획

經經經

글자의 원리

형성 피륙을 짤 때 날실이 사침을 거쳐 간다는 데서 '지나가다'를 뜻함.

풀이 ①날. ②길. ③다스리다. ④겪다. ⑤책.

經過(경과) ①얼마의 시간이 지남. ②어떤 일이 진행되어 온 과정.
經營(경영) 이익을 얻기 위해 회사나 공장 등을 운영함.
經緯(경위) 어떤 일이 이루어지게 된 처음부터 끝까지의 과정.
經驗(경험) 어떤 일을 직접 겪어 보거나 실제로 해 보는 것. 또는, 거기서 얻은 지식이나 능력.
▶ 佛經(불경), 聖經(성경), 易經(역경)

그는 여행을 하며 풍부한 **경험**을 쌓았습니다.

綠

푸를 록

한자 사전 찾기
부수:糸부 / 총획:14획

綠綠綠綠

형성 칼로 깎은 대나무나 파란색으로 물들인 실에서 '녹색'이라는 뜻.

풀이 초록빛.

綠陰(녹음) 무성하게 우거진 푸른 숲.
綠地(녹지) 풀과 나무가 많아 푸른 땅.
綠茶(녹차) 차나무의 어린잎을 푸른빛이 나게 그대로 말린 것. 또는 그것을 달인 물.
綠化(녹화) 산이나 들에 나무를 심어 푸르게 함.

6월은 **녹음**의 계절입니다.

여자가 결혼하여 자녀가 많다

녹엽성음(綠葉成陰)

두목은 자신이 약속을 지키지 못한 것을 안타까워하며 시 한 수를 지었다.

봄을 너무 늦게 찾아갔으니,
꽃을 보지 못함을 원망할 수 없구나.
거센 바람이 붉은 꽃을 다 떨구고,
푸른 잎이 그늘을 만들어 열매만 가득하네.

익힐 련

糸부
[9획]

한자 사전 찾기
부수:糸부 / 총획:15획

형성 실(糸)에서 불순물을 제거한다(柬)는 데서 '누이다' 의 뜻. '익히다' 도 뜻함.

풀이 익히다. ㉮단련하다. ㉯시험하다.

練磨(연마) ①돌이나 쇠붙이 등을 갈고 닦는 일. ②학문·기술·인격 등을 힘써 배우고 닦음.
練習(연습) 학문·기술·예능 등을 익숙하도록 되풀이하여 익힘.
熟練(숙련) 어떤 일에 익숙해져 아주 잘하게 됨.
▶訓練(훈련)

조련사는 **숙련**된 솜씨로 원숭이를 다루었습니다.

줄 선

한자 사전 찾기
부수:糸부 / 총획:15획

형성 샘(泉)물이 길게 흘러내리는 것 같은 가는 '실, 줄' 을 뜻함.

풀이 줄. 실.

線路(선로) 열차가 다닐 수 있도록 긴 쇠를 두 줄로 이어 놓은 길.
脫線(탈선) ①열차나 전동차 등의 바퀴가 궤도를 벗어남. ②말이나 행동이 바른 길에서 벗어나 나쁜 방향으로 빗나감.
▶點線(점선), 海岸線(해안선)

열차 **탈선** 사고가 일어났습니다.

續 이을 속

한자 사전 찾기
부수: 糸부 / 총획: 21획

형성 물건을 팔아 돈을 벌 듯 연결한 실이 길게 이어진 데서 '이어지다'의 뜻.

풀이 ①잇다. ㉮잇달다. ㉯덧붙이다. ②전승(傳承)되다.

續開(속개) 일단 멈추었던 회의 등을 다시 엶.
續報(속보) 주로 방송에서, 정해지지 않은 시간에 소식을 급히 알리는 일.
續出(속출) 어떤 일들이 잇달아 생김.
▶ 繼續(계속), 連續(연속)

糸부 [15획]
网부 [8획]

网(=罒, 그물망)部

물고기나 새를 잡는 그물 모양을 본뜬 부수 명칭.

罪 허물 죄

한자 사전 찾기
부수: 网부 / 총획: 13획

회의 나쁜 행동을 하여 법률의 그물망에 걸려든 사람이라는 데서 '죄'의 뜻.

풀이 ①허물. 과오. ②벌 주다.

罪悚(죄송) 죄스럽고 송구스러움.
罪人(죄인) ①죄를 지은 사람. ②부모상을 당한 사람이 스스로를 이르는 말.
罪責感(죄책감) 죄지은 것에 대해 괴로움을 느끼는 마음.
▶ 免罪(면죄), 犯罪(범죄), 謝罪(사죄)

563

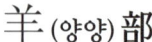 部

양 양

한자 사전 찾기
부수: 羊부 / 총획: 6획

羊부
[0획]

丶丷丷꼬꼬
羊

 양 얼굴 모양으로 '양'을 뜻함.

풀이 양.

羊毛(양모) 양의 털.
羊水(양수) 자궁의 양막 속에 있는 액체. 태아를 보호하며, 출산할 때 흘러나와 분만을 쉽게 함.
羊腸(양장) ①양의 창자. ②꼬불꼬불한 길의 비유.
▶ 山羊(산양)

양모 이불은 겨울에 따뜻합니다.

고사성어

양두구육 (羊頭狗肉)

· 출전 : 《안자춘추》
· 풀이 : 좋은 것을 내걸고 나쁜 것을 판다는 뜻.

　춘추 시대 제나라 영공에게는 궁중에 있는 미녀들을 남장시켜 그 모습을 바라보는 특이한 취미가 있었다. 그의 취미가 나라 전체에 전해져 백성들 중 남장한 미녀들이 늘어 갔다. 영공은 궁중 밖에 있는 여자들은 절대로 남장하지 못하도록 명령을 내렸으나 지켜지지 않아 그 이유가 궁금하던 차에 안자를 만나게 되었다.
　"대왕께서는 궁궐 내에서는 남장하도록 하면서 밖에서는 금하였습니다. 이는 마치 양 머리를 문에 내걸고 안에서는 개고기를 파는 것과 같습니다."
　이 말을 들은 영공은 깨우친 바가 있어, 즉시 궁중에서 남장하는 것을 금하였고, 채 하루도 지나지 않아 남장하는 여자들이 모두 사라졌다.

美

아름다울 미

한자 사전 찾기
부수:羊부 / 총획:9획

`丶 丷 䒑 ⺷ 芏 𦍌 美 美`

글자의 원리 ⇒ 𦍌 ⇒ 𦍌 ⇒ 美   ⇒ 大 ⇒ 大

[회의] 큰(大) 양(羊)이 살쪄 '아름답게' 보인다는 뜻.

[풀이] ①아름답다. 착하다. 좋다. ②맛나다. ③바르다.

美德(미덕) 칭찬을 받을 만큼 훌륭한 태도나 행위.
美術(미술) 무엇을 만들거나 그려 눈으로 볼 수 있게 아름다움을 표현하는 예술.
美食家(미식가) 음식에 대하여 특별한 기호를 가진 사람.
美風良俗(미풍양속) 예로부터 전해지는 아름답고 좋은 풍속.

羊부
[3·7획]

웃어른을 공경하는 것은 우리의 오랜 **미풍양속**입니다.

義

옳을 의

한자 사전 찾기
부수:羊부 / 총획:13획

`丶 丷 䒑 ⺷ 芏 𦍌 羊 羊 䒑 䒑 䒑 䒑 義 義 義`

글자의 원리 ⇒ 𦍌 ⇒ 𦍌 ⇒ 義 ⇒ 我 ⇒ 我

[회의] 나(我)의 마음씨를 양(羊)같이 착하게 가진다 하여 '옳다'의 뜻.

[풀이] ①옳다. 의롭다. ②의(義). 직분. ③실물의 대용물 ④맺다.

義務(의무) ①당연히 해야 할 일. ②법률에 규정된, 국민으로서 반드시 해야 할 일.
義士(의사) 나라를 위해 의로운 행동으로 목숨을 바친 사람.
義齒(의치) 이를 뽑은 자리에 대신 만들어 넣은 이.
義兄弟(의형제) 남남끼리 의리로 형제 관계를 맺음. 또는, 그런 형제.

▶**情義**(정의)

투표를 하는 것은 국민의 권리이자 **의무**입니다.

羽(깃우) 部

긴 깃털이 달린 두 날개의 형상을 본뜬 부수 명칭.

익힐 습

羽부 [5획]

한자 사전 찾기
부수: 羽부 / 총획: 11획

글자의 원리: ⇒  ⇒ 羽
　　　　　⊙ ⇒ 白 ⇒ 白 ⇒  習

형성 어린 새가 스스로 (白) 날기(羽)를 거듭한 끝에 '익힌다'는 뜻.

풀이 ①익히다. ㉮어린 새가 나는 법을 익히다. ㉯되풀이하다. ②습관. 관습.

習慣(습관) 몸에 배어 언제나 그렇게 하는 버릇.
習得(습득) 기술이나 학문 등을 배우고 익혀서 알게 됨.
習性(습성) ①습관이 되어 굳어진 성질. ②어느 한 종류의 동물에 공통적으로 있는 특별한 성질.

▶講習(강습), 復習(복습), 練習(연습), 風習(풍습), 學習(학습)

영수는 늦잠 자는 **습관**을 고쳐야 합니다.

한자 Q&A

Q 갖은자란 무엇일까요?

A 갖은자는 한자로 된 숫자 가운데 획수가 복잡한 글자를 말합니다. 갖은자를 쓰는 이유는 숫자를 변조하지 못하게 하기 위해서입니다. 예를 들면 한자로 된 숫자 가운데 '一'은 '二'나 '三'으로, '三'은 '五'로, '十'은 '千'으로 쉽게 바꿔 버릴 수가 있습니다. 그래서 숫자를 함부로 고칠 수 없도록 하기 위해 복잡한 갖은자를 만들게 되었습니다.

예) 一→壹　二→貳　三→參　十→拾

老 (늙을로) 部

머리가 긴 노인이 허리를 구부리고 지팡이를 짚고 서 있는 모습을 본뜬 부수 명칭. 耂로 쓰기도 함.

老
늙을 로

한자 사전 찾기
부수: 耂부 / 총획: 6획

一 十 土 耂 耂
老

글자의 원리 **회의** 지팡이를 잡고 있는 노인의 모습에서 '늙다' 라는 뜻.

풀이 ①늙다. ②늙은이. ③오래 되어 기능이 약해지다. ④익숙하다. 노련하다.

老練(노련) 오랜 경험을 쌓아 솜씨나 기술이 익숙하고 능란함.
老弱者(노약자) 늙은 사람과 약한 사람.
老人(노인) 늙은이.
老化(노화) 나이가 많아지면서 정신적·신체적 기능이 쇠퇴함.
百年偕老(백년해로) 부부가 되어 사이 좋게 함께 늙음.
生老病死(생로병사) 중생이 반드시 겪어야 하는 네 가지 고통. 곧, 태어나고, 늙고, 병들고, 죽는 일.
▶敬老(경로), 養老(양로)

耂부 [0획]

 **아하!**

老廢物(노폐물)

생체 내에서 물질 대사 결과 생기는 부산물이나 최종 산물 가운데 생체에 불필요하거나 유해한 물질이다. 단백질 대사 결과 생긴 암모니아·요소·요산 등의 노폐물이 오줌이나 땀을 통해 배출되며, 호흡으로 배출되는 이산화탄소도 노폐물로 생각할 수 있다.

늙었어도 뜻이 변하지 않고 기력이 왕성하다

노당익장(老當益壯)

마원을 바라보던 광무제는 하는 수 없다는 듯이
"그대야말로 노당익장이구려."
하고 웃으며 말했다.
마원은 광무제에게 작별을 고한 뒤
나라를 위해 공을 세우기 위해 군대를 이끌고
원정 길에 오르게 되었다.

생각할 고

扌 부
[2·5획]

한자 사전 찾기
부수: 耂부 / 총획: 6획

一 十 土 耂 耂 考

형성 나이를 먹게 되면 생각을 넓게 한다는 것에서 '생각하다' 라는 뜻.

풀이 ①자세히 검토하다. ②조사하다.

考慮(고려) 어떤 일을 할 때에 여러 가지 형편을 생각하여 헤아림.
考案(고안) 새로운 물건이나 방법을 연구하여 생각해 냄.
考察(고찰) 어떤 주제에 대해 깊이 생각하고 연구함.
▶ **壽考**(수고)

교통 사정을 **고려**하여 일찍 출발하겠습니다.

놈 자

한자 사전 찾기
부수: 耂부 / 총획: 9획

一 十 土 耂 耂 耂 者 者 者

상형 나이 많은(耂) 이가 다른 사람을 낮추어 말할 (日) 때 이 '놈' 한다는 뜻.

풀이 ①놈. 것. ㉮사람을 가리켜 이름. ㉯사물을 가리켜 이름. ②조자(助字). 때를 뜻하는 말에 쓰임.

讀者(독자) 책·신문·잡지 등을 사서 읽는 사람.
▶ **記者**(기자), **著者**(저자), **學者**(학자)

이 소설은 **독자**들로부터 많은 인기를 모으고 있습니다.

而 (말이을이) 部

수염의 모습을 본뜬 부수 명칭.

말이을 이

한자 사전 찾기
부수:而부 / 총획:6획

글자의 원리: ⇒ 而 ⇒ 而

상형 윗수염 사이로 말이 나온다 하여 문장을 '이을' 때의 어조사로 쓰임.

풀이 ①그리고. 또. 또한. 그러나. 접속의 역할을 함. ②너. ③그러하다. ④곧. ⑤써.

而今(이금) 이제 와서. 또는, 지금에 이르러.
博而不精(박이부정) 여러 방면으로 널리 알기는 하나 자세히 알지는 못함.

而부 [0획]
耒부 [4획]

이금에 계획을 변경하면 어떻게 합니까?

耒 (쟁기뢰) 部

쟁기를 손에 쥐고 있는 모양을 본뜬 부수 명칭.

갈 경

한자 사전 찾기
부수:耒부 / 총획:10획

글자의 원리: ⇒ 耒 ⇒ 耒 ⇒  耕
⇒ 井 ⇒ 井 ⇒ 井

회의 농기구로 밭을 파 일구거나, 논을 갈거나 하는 것에서 '경작하다'의 뜻.

풀이 ①갈다. ②농사 이외 일로 생계를 꾸리다.

耕作(경작) 땅을 갈아 농사를 지음.
耕地(경지) 땅을 갊. 또는, 갈아 놓은 땅.
▶**農耕(농경)**

할머니는 소일거리로 밭을 **경작**합니다.

耳 (귀이) 部

귀의 모양과 귓구멍의 형상을 본뜬 부수 명칭.

耳
귀 이

耳부
[0·7획]

한자 사전 찾기
부수:耳부 / 총획:6획

글자의 원리 ⇨ 耳

상형 '귀'의 모양을 본떠 만든 글자.

풀이 ①귀. ②듣다. ③어조사.

耳目(이목) 사람들의 주의나 관심.
耳目口鼻(이목구비) 귀·눈·입·코를 중심으로 한 얼굴 생김새.
耳懸鈴鼻懸鈴(이현령비현령) 어떤 사실이 이렇게도 저렇게도 해석됨을 이르는 말.

나의 행동은 사람들의 **이목**을 집중시키기에 충분했습니다.

一 T F F E 耳

聖
성스러울 성

한자 사전 찾기
부수:耳부 / 총획:13획

글자의 원리   ⇨ 聖

형성 밝은 귀와 민첩한 입을 가진 사람을 표시하여 '성인'의 뜻.

풀이 ①성스럽다. ②성인(聖人). ③임금의 존칭.

聖恩(성은) 임금의 은혜.
聖人(성인) 덕과 지혜가 뛰어나 길이 우러러 본받을 만한 사람.
聖火(성화) 올림픽 등의 큰 경기 대회장에 켜 놓는 햇불.
▶神聖(신성), 至聖(지성)

一 T F F E
耳 耵 耵 耵
聖 聖 聖

전하, **성은**이 망극하옵니다.

聞

들을 문

한자 사전 찾기
부수: 耳부 / 총획: 14획

丨 ㄧ ㄏ ㄐ ㄐ ㄐ
門 門 門 門 門
問 閏 閏 聞

글자의 원리:

형성: 귀(耳)는 소리를 듣는 문(門)이라는 의미에서 '듣다'의 뜻.

풀이: ①듣다. ②들리다. ③널리 알려지다.

聞達(문달) 이름이 널리 알려짐.
今始初聞(금시초문) 이제야 비로소 처음으로 들음.
所聞(소문) 사람의 입에 오르내리면서 들려오는 말이나 소식.
▶ 見聞(견문), 新聞(신문)

耳부
[8·11획]

동네에 **소문**이 자자합니다.

聲

소리 성

한자 사전 찾기
부수: 耳부 / 총획: 17획

一 十 士 吉 壴
壴 声 声 殸 殸
殷 殷 殸 聲 聲
聲 聲

글자의 원리:

형성: 돌로 만든 악기를 때려 소리를 내는 데서 귀에 울려 퍼지는 '소리'의 뜻.

풀이: ①소리. ②명예. ③소문. ④소리내다.

聲明(성명) 어떤 일에 대한 공식적인 의견이나 태도를 여러 사람 앞에서 밝힘.
聲樂(성악) 목소리를 통해 표현하는 음악.
聲優(성우) 목소리만으로 연기하는 배우.
▶ 名聲(명성), 發聲(발성), 音聲(음성))

정부에서는 남북 정상 회담에 대한 **성명**을 발표했습니다.

573

聽

들을 청

耳 부 [16획]
肉 부 [0획]

한자 사전 찾기
부수:耳부 / 총획:22획

一 丁 丌 丂 耳
耳 耳 耳 耳
耵 耴 耵 耵
聒 聒 聒 聽
聽 聽

 → → 耳 → 聽

형성 마음에서 곧게 우러나오는 말을 '듣다'는 뜻.

풀이 듣다.

聽力(청력) 귀로 소리를 듣는 능력.
聽衆(청중) 음악이나 연설 등을 들으려고 모인 사람들.
聽取(청취) 방송이나 진술, 보고 등을 들음.
視聽(시청) 텔레비전 방송을 보고 들음.
▶ **敬聽(경청), 傍聽(방청)**

나는 하루에 1시간만 텔레비전을 **시청**합니다.

肉 (육달월) 部

肉
고기 육

한자 사전 찾기
부수:肉부 / 총획:6획

丨 冂 内 内 肉
肉

저민 고깃덩어리의 단면 모양을 본뜬 부수 명칭. 月(으)로 쓰기도 함.

 → 肉 → 肉

상형 고깃덩어리의 힘살 및 그 단면의 모양을 본떠 '살, 몸'을 뜻함.

풀이 ①고기. 살. 몸. ②혈연. ③직접.

肉聲(육성) 기계나 기구를 통하지 않고 사람의 입에서 직접 나오는 소리.
肉重(육중) 몸집이나 몸체가 크고 무거움.
血肉(혈육) ①자기가 낳은 자식. ②부모·자식·형제·자매들.
▶ **筋肉(근육)**

옆집 할아버지는 **혈육**이라고는 딸 하나밖에 없습니다.

기를 육

한자 사전 찾기
부수:肉부 / 총획:8획

글자의 원리: ⇒ ⇒ 育

형성 아이를 튼튼히 키우려고 고기를 먹이는 데서 '기르다, 양육하다'의 뜻.

풀이 ①기르다. ②자라다.

育成(육성) ①사람을 가르쳐서 어떤 재능이나 능력을 가진 사람으로 길러 냄. ②산업·문화·단체 등을 보호하여 발전시킴.
育兒(육아) 아기를 기르는 것.
育英(육영) 어린이나 청소년을 교육하는 일.
育種(육종) 식물이나 동물을 좋은 품종으로 개량하는 일.
敎育(교육) 사회 생활에 필요한 지식이나 교양 등을 갖게 하거나 자신의 능력을 키워 나갈 수 있도록 가르침.

▶養育(양육), 訓育(훈육)

肉부 [4획]

能
능할 능

肉부
[6획]

한자 사전 찾기
부수:肉부 / 총획:10획

能 能 能 能 能
能 能 能 能 能

글자의 원리
 ⇒ 能 ⇒ 能

형성 곰은 영리하고 인내심이 강하므로 그 성질에서 '일, 효능, 능력'의 뜻.

풀이 ①능하다. ②영향이 미치다. ③재량.

能力(능력) 어떤 일을 이룰 수 있는 힘.
能率(능률) 일정한 시간 내에 할 수 있는 일의 양.
能熟(능숙) 어떤 일을 막히거나 서투른 데가 없이 아주 잘 하는 능력이 있음.
能通(능통) 어떤 일을 훤히 알아 막히는 것이 없음.
▶本能(본능), 才能(재능), 效能(효능)

그는 영어에 **능통**합니다.

胸
가슴 흉

한자 사전 찾기
부수:肉부 / 총획:10획

丿 几 月 月 月
肜 肑 胸 胸 胸

글자의 원리
 ⇒ 月 ⇒ 月 ⇒ 胸
 ⇒ 匈 ⇒ 匈

형성 심장이나 폐 등을 껴안고 있는 곳이라는 것에서 '가슴, 마음'을 뜻함.

풀이 ①가슴. ②마음. 가슴속.

胸骨(흉골) 가슴뼈.
胸襟(흉금) 마음속에 품은 생각.
胸部(흉부) 가슴 부분.
胸像(흉상) 머리에서 가슴까지를 나타낸 조각상이나 초상화.

우리 서로 **흉금**을 털어놓고 이야기합시다.

脚

다리 각

한자 사전 찾기
부수:肉부 / 총획:11획

丿 几 月 月 月'
月' 月' 脚 脚 脚
脚

의 원리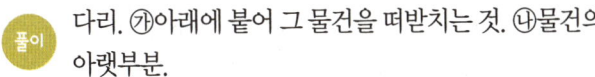

형성 고기 육(月←肉)과 뒤로 굽혀지는 부분(却)이 합쳐져 '다리'의 뜻.

풀이 다리. ㉮아래에 붙어 그 물건을 떠받치는 것. ㉯물건의 아랫부분.

脚光(각광) ①조명 장치의 하나. 극장의 무대 전면 아래쪽에서 비추는 광선. ②사회의 주목을 끄는 일.
脚本(각본) 연극이나 영화 등의 대본. 劇本(극본).
脚線美(각선미) 여성의 다리의 선이 보여 주는 아름다움.
橋脚(교각) 다리를 받치는 기둥.

肉부
[7획]

교각이 부실하여 다리가 무너졌습니다.

脫

벗을 탈

한자 사전 찾기
부수:肉부 / 총획:11획

丿 几 月 月 月
月' 月' 胪 胪 脫
脫

의 원리

형성 살(月←肉)이 빠지거나 곤충이 모습을 바꾼다(兌)에서 '벗다'의 뜻.

풀이 ①벗다. 벗기다. ②벗어나다. ③빠지다.

脫穀(탈곡) 벼나 보리 등의 낟알을 이삭에서 떨어내는 일.
脫落(탈락) 일정한 범위에 못 들고 떨어지거나 뽑히지 못하게 됨.
脫出(탈출) 자유롭지 못하거나 위험한 곳에서 벗어남.
脫退(탈퇴) 관계하던 일에서 물러남.
▶離脫(이탈), 虛脫(허탈)

그는 화재 현장에서 가까스로 **탈출**하여 살아났습니다.

臣 (신하 신) 部

눈을 지그시 뜨고 임금을 바라보는 신하의 모습을 본뜬 부수 명칭.

臣부
[0·2획]

臣
신하 신

한자 사전 찾기
부수: 臣부 / 총획: 6획

一 丁 丆 F 臣

글자의 원리 ⇒ ⇒ 臣

상형 눈을 지그시 뜨고 눈치를 보는 모양으로 '신하'의 뜻.

풀이 ①신하. ②백성. 서민.

臣道(신도) 신하로서의 도리.
臣民(신민) 신하와 백성.
臣下(신하) 지난 날, 임금을 섬기며 나랏일을 돌보던 관리.
忠臣(충신) 나라와 임금을 위해 충성을 다하는 신하.
▶ 功臣(공신), 使臣(사신)

임금에게는 **충신**이 있어야 합니다.

臥
누울 와

한자 사전 찾기
부수: 臣부 / 총획: 8획

一 丁 丆 F 臣 臣 臥

글자의 원리
 ⇒ 臣 ⇒ 臣 ⇒ 臥
 ⇒ 亻 ⇒ 人

회의 신하(臣)가 임금(人) 앞에 '엎드린다'는 뜻이었으나 점차 '눕다'를 뜻함.

풀이 눕다. 옆으로 누워 자다.

臥龍(와룡) ①누운 용. ②기회를 얻지 못하여 숨어 있는 영웅.
臥病(와병) 병으로 자리에 누움.
臥食(와식) 일하지 않고 놀고 먹음.

그는 암으로 오랫동안 **와병** 중입니다.

목적을 달성하기 위해 고난을 이겨 낸다

와신상담(臥薪嘗膽)

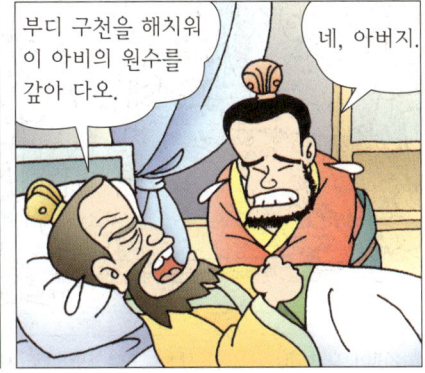

이렇게 치욕을 씻게 된 구천은 부차에게
용동에서 남은 여생을 편하게 보내라고
제의하였으나, 부차는 구천의 호의를 거절하고
자살하였다.
그 뒤 구천은 천하를 다스리게 되었다.

自(스스로자) 部

코의 모양을 본뜬 부수 명칭.

스스로 자

한자 사전 찾기
부수:自부 / 총획:6획

상형 코를 정면에서 본떠 코를 가리키며 자기를 표시하므로 '스스로'의 뜻.

 ①스스로. 몸소. ②저절로. ③조사. ~로부터.

自動(자동) 사람이 일일이 작동시키지 않아도 기계나 장치가 스스로 작동함.
自慢(자만) 남 앞에서 자랑하고 뽐내며, 오만하게 행동함.
自首(자수) 스스로 자기 죄를 고백함.
自信(자신) 스스로 자기의 재능을 믿음. 또는, 자기의 견해나 주장이 틀림없다고 믿음.
自業自得(자업자득) 어떤 일의 좋지 않은 결과가 그 자신의 잘못에서 비롯된 것임.
自由(자유) ①내가 뜻하는 대로 함. ②남에게 속박을 받지 않음.
自畵自讚(자화자찬) 자기가 그린 그림을 스스로 칭찬한다는 뜻으로, 자기가 한 일을 스스로 칭찬함.

自 부
[0획]

至 (이를지) 部

화살이 어느 한곳에 꽂힌 모양을 본뜬 부수 명칭.

至부
[0·4획]

이를 지

한자 사전 찾기
부수:至부 / 총획:6획

一 一 工 互 至 至
至

글자의 원리 ⇨

지사 어디에선가 날아온 새가 땅에 닿은 모양으로, '이르다, 도착하다'의 뜻.

풀이 ①이르다. ②극진히 하다. ③지일. 동지와 하지.

至極(지극) 정성이나 사랑이 더할 나위 없이 큼.
至毒(지독) 더할 나위 없이 매우 독하거나 심함.
至誠(지성) 지극한 정성.
至賤(지천) ①매우 흔함. ②신분 따위가 아주 천함.
▶冬至(동지), 夏至(하지)

그는 늙은 부모를 **지극**한 정성으로 모십니다.

이를 치

한자 사전 찾기
부수:至부 / 총획:10획

一 一 工 互 至 至 至 致 致 致

글자의 원리

회의 사람이 어떤 곳에 가(至) 이르러서(夂) '목적을 이루었다'는 뜻.

풀이 ①이르다. ②이루다.

致命(치명) 죽을 지경에 이름.
致知(치지) 사물의 이치를 깨달아 알게 됨.
致賀(치하) 윗사람이 아랫사람에게 애썼거나 잘했다고 칭찬하거나 축하함. 祝賀(축하).
▶景致(경치), 誘致(유치), 一致(일치), 情致(정치)

대통령은 금메달을 딴 선수들의 노고를 **치하**하였습니다.

臼(절구구) 部

절구 속 모양을 나타낸 부수 명칭.

❶ 줄 여
❷ 참여할 여

한자 사전 찾기
부수:臼부 / 총획:14획

´ ⌐ ⌐ ⌐ ⌐
臼 臼 臼 臼 臼
與 與 與 與

글자의 원리: ⇒ ⇒ 與

회의: 두 사람이 손으로 맞들어 준다는 데서 '더불다, 참여하다'의 뜻.

풀이: ❶①주다. ②편이 되다. ③함께하다. ❷참여하다.

與件(여건) 주어진 조건.
與黨(여당) 정부 편에 서는 정당. ↔野黨(야당).
與否(여부) 그러함과 그러하지 않음.
▶關與(관여), 給與(급여), 貸與(대여), 參與(참여)

臼부
[7·9획]

민수는 어려운 **여건** 속에서도 열심히 공부하였습니다.

❶ 일 흥
❷ 흥취 흥

한자 사전 찾기
부수:臼부 / 총획:16획

´ ⌐ ⌐ ⌐ ⌐
臼 臼 臼 臼 臼
興 興 興 興
興

글자의 원리: ⇒ ⇒ ⇒ 興

회의: 협동하여 물건을 들어올리는 것에서 '일으키다, 활발하게 하다'의 뜻.

풀이: ❶①일다. 일어남. ②일으키다. ❷흥겨움.

興亡(흥망) 흥함과 망함.
興味(흥미) ①재미. 흥취. ②어떤 일이나 대상에 마음이 끌려 알고 싶거나 관심을 가지게 되는 감정.
興奮(흥분) 자극에 의하여 일시적으로 신경이 고조되는 현상.
▶感興(감흥), 復興(부흥)

여행 갈 생각을 하니 벌써부터 **흥분**이 됩니다.

舊
옛 구

臼부
[12획]
舌부
[0획]

한자 사전 찾기
부수:臼부 / 총획:18획

| 글자의 원리 | ⇒  |

형성 부엉이는 밤에만 활동한다는 데서 고(古) 자의 뜻을 빌려 '옛날'의 뜻.

풀이 ①예. 옛날. ②오래다. ③옛벗. 친구.

舊面(구면) 전부터 안면이 있는 사람. 또는, 그러한 관계.
舊式(구식) 예전의 방식인 것. 또는, 시대에 뒤떨어진 방식인 것.
舊態依然(구태의연) 행동·태도·생각 등이 좋아진 것이 없이 예전과 다름이 없음.

민지와는 지난 모임에서 인사했으니 **구면**인 셈입니다.

舌 (혀설) 部

입 밖으로 혀가 나온 모양을 본뜬 부수 명칭.

舌
혀 설

한자 사전 찾기
부수:舌부 / 총획:6획

| 글자의 원리 | ⇒  |

의 입에서 왔다갔다 하는 '혀'라는 뜻.

풀이 ①혀. ②말. 언어.

舌刀(설도) '칼날 같은 혀'라는 뜻으로 날카로운 말.
舌戰(설전) 말로 옳고 그름을 따져 싸우는 것.

어제 학급 회의에서는 준호와 종현이가 **설전**을 벌였습니다.

집 사

한자 사전 찾기
부수:舌부 / 총획:8획

丿 人 ㅅ 亼 仐
佘 舎 舍

 글자의 원리

회의 집의 지붕(人), 기둥(干), 벽(口) 모양을 본떠 만든 글자.

풀이 ①집. ②묵다. ③쉬다.

舍利(사리) 부처나 승려의 시신을 화장하고 남은 뼈에서 나오는, 작은 구슬 모양의 물질.

舍宅(사택) 기업체나 기관 등에서 직원의 살림집으로 쓰기 위해 마련한 집.

寄宿舍(기숙사) 학생이나 직원들이 함께 먹고 잘 수 있도록 지어 놓은 집.

舌부 [2획]
舛부 [8획]

나는 **기숙사**에서 학교에 다닙니다.

舛 (어그러질천) 部

발이 엇갈려 있는 모양을 본뜬 부수 명칭.

춤출 무

한자 사전 찾기
부수:舛부 / 총획:14획

丿 ㄥ ㄥ ㅌ 乍
無 無 無 舞
舞 舞 舞 舞

 글자의 원리

형성 없을 '무(無)'에 '천(舛)' 자를 합쳐 발을 엇디디면서 '춤을 추다'의 뜻.

풀이 ①춤추다. ②춤. 무용.

舞臺(무대) ①무용이나 연극 등을 공연하기 위해 높게 마련한 단. ②활동하는 장소나 분야.

舞踊(무용) 춤.

舞姬(무희) 춤추는 일을 직업으로 하는 여자.

獨舞臺(독무대) 여럿 가운데 혼자만이 눈에 띄게 활약하는 상태.

이번 장기 자랑 대회는 지우의 **독무대**였습니다.

舟 (배주) 部

조각배나 뗏목의 모습을 보고 만든 부수 명칭.

船
배 선

舟부 [5획]
艮부 [1획]

한자 사전 찾기
부수:舟부 / 총획:11획

丿 亻 尺 月 月
舟 舟 舟 舩 船
船

글자의 원리 ⇒

형성 움푹 팬 곳에서 흐르는 물 위를 나아가는 배에서 '배'라는 뜻.

풀이 배.

船舶(선박) 물 위에 떠서 사람을 실어 나르거나 물건을 옮기는 비교적 큰 배.
船室(선실) 승객들이 쓰는 배 안의 방.
船員(선원) 배에서 일하는 사람.
船積(선적) 배에 짐을 실음.

배는 **선적**이 끝나는 대로 곧 떠날 예정입니다.

艮 (괘이름간) 部

사람 뒤에 눈을 두어 외면하다, 즉 관계가 그친다는 뜻을 나타낸 부수 명칭.

良
좋을 량

한자 사전 찾기
부수:艮부 / 총획:7획

丶 亠 ヲ ヨ 艮
艮 良

글자의 원리 ⇒  ⇒

형성 풍구라는 기계를 본뜬 글자로, 이렇게 고른 것은 '좋다'라는 뜻.

풀이 ①좋다. 어질다. ②진실로. 정말.

良識(양식) 건전하고 올바른 사고방식.
良心(양심) 자기의 행위에 대하여 옳고 그름을 판단하고 올바른 말과 행동을 하려는 마음.
良好(양호) 기능·수준·정도 등이 매우 좋음.
▶改良(개량), 不良(불량)

나는 그 일에 대해 **양심**의 거리낌이 없습니다.

色(빛색) 部

서 있는 사람과 꿇어앉은 사람의 모습을 본뜬 부수 명칭.

色
빛 색
한자 사전 찾기
부수:色부 / 총획:6획

글자의 원리

회의 두 사람이 바짝 다가선 모습을 본떠 '얼굴, 모습, 얼굴빛'의 뜻.

풀이 ①빛. 빛깔. ②종류.

色盲(색맹) 눈이 빛깔을 알아보지 못하는 상태. 또는, 그 사람.
色色(색색) 여러 가지 빛깔.
色素(색소) 색이 나타나게 하는 근본이 되는 물질.
色眼鏡(색안경) ①빛깔이 있는 안경. ②좋지 않은 생각이나 감정을 가지고 대하거나 봄.
色調(색조) 색깔이 주는 인상이나 분위기.
色彩(색채) 어떤 물체나 물질이 띠고 있는 색의 상태.
色漆(색칠) 어디에 색을 칠함.
▶補色(보색), 血色(혈색)

色부
[0획]

아하!

色指數(색 지수)

별 등의 빛깔을 수량적으로 나타낸 것이다. 원래는 비정색 건판으로써 측정한 등급과 육안으로써 측정한 등급의 차라고 규정하였으나, 현재는 B등급(청색 스펙트럼띠의 등급)과 V등급(황색 스펙트럼띠의 등급)의 차로써 표시한다.

艸(초두머리) 部

두 포기의 풀 모양을 본뜬 부수 명칭. ⺾ 로 쓰기도 함.

花

꽃 화

艸부
[4획]

한자 사전 찾기
부수:艸부 / 총획:8획

丨 丅 ⺾ ⺾ ⺾
花 花 花

글자의 원리

형성 사람이 거꾸로 선 것과 꽃이 피어 풀의 모양이 변하는 것에서 '꽃'의 뜻.

풀이 ①꽃. ②꽃답다. 아름다운 것의 비유.

花郞(화랑) 신라 때 청소년으로 이루어진 민간 수양 단체. 또는, 그 단체의 우두머리.
花瓶(화병) 꽃을 꺾어 물을 담아 꽂아 놓는 병.
花盆(화분) 화초나 작은 관상용 나무를 심는 그릇.
花草(화초) 꽃이 피는 풀과 나무. 또는, 심어 놓고 즐기기 위한 식물의 총칭.
花環(화환) 꽃을 모아 목에 걸 수 있을 정도의 크기로 둥글게 엮은 것.
▶ 開花(개화), 落花(낙화), 造花(조화)

花紋席(화문석)

물들인 왕골로 꽃의 모양을 놓아 짠 돗자리로, 정교하고 섬세한 수공예품이다. 왕골 자체가 여름철에는 시원하면서 수분을 잘 흡수하고, 겨울철에는 냉기를 방지해 주며 오래 사용하여도 윤기가 강하고 부스러짐이 없다. 강화의 화문석이 유명하다.

쓸 고

한자 사전 찾기
부수: 艹부 / 총획: 9획

丷 十 艹 艹 芒
芏 苎 苦 苦

 글자의 원리

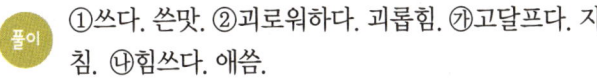

형성 싹이 나온 지 오래된 풀은 쓴맛을 낸다는 것에서 '쓰다, 괴롭다'라는 뜻.

풀이 ①쓰다. 쓴맛. ②괴로워하다. 괴롭힘. ㉮고달프다. 지침. ㉯힘쓰다. 애씀.

苦悶(고민) 해결하기 어려운 일을 놓고 걱정하고 괴로워함.
苦生(고생) 어려움과 괴로움을 겪음.
苦盡甘來(고진감래) 쓴 것이 다하고 단 것이 옴. 괴로움 끝에 즐거움이 옴.

▶勞苦(노고)

艹부
[5획]

추운데 밖에서 일하느라 **고생**했습니다.

우거질 무

한자 사전 찾기
부수: 艹부 / 총획: 9획

丷 十 艹 艹 芒
芦 茂 茂 茂

 글자의 원리

형성 戊 자가 다섯째 천간의 뜻으로 쓰이자, 초두머리(艹)를 덧붙여 사용함.

풀이 ①우거지다. ②뛰어나다.

茂盛(무성) 풀이나 나무가 자라서 우거져 있음.
茂蔭(무음) 우거진 나무의 짙은 그늘.

밭을 아무도 돌보지 않아 잡초가 **무성**합니다.

589

같을 약

艹부
[5획]

한자 사전 찾기
부수:艹부 / 총획:9획

丶 一 𠂉 𠃌 𠆢
芓 芋 若 若

글자의 원리 若

회의 풀을 쥐어뜯는 모습으로, 풀들은 모양이 비슷하다 하여 '같다'의 뜻

풀이 ①같다. ②너. ③만일. ④이와 같은. 이러한.

若干(약간) 얼마 되지 않는 양이나 정도.
若是(약시) 이러함.
萬若(만약) 만일.

꽃부리 영

한자 사전 찾기
부수:艹부 / 총획:9획

丶 一 𠂉 𠃌 𠆢
苎 꾿 英 英

글자의 원리 英

형성 풀이 자라 정중앙에 멋진 꽃을 피우는 데서 '번영하다, 아름답다'의 뜻

풀이 ①꽃부리. ②뛰어나다.

英雄(영웅) 지혜와 용기가 뛰어나 보통 사람으로서는 할 수 없는 위대한 일을 해내어 칭송을 받는 사람.
英才(영재) 아주 뛰어난 재능. 또는, 그런 재능을 가진 사람.

草 풀 초

한자 사전 찾기
부수: 艹부 / 총획: 10획

一 十 十 艹 艹
芢 芢 苩 苩 草

글자의 원리

형성 해가 아침 일찍 풀 위로 나오듯 풀이 무럭무럭 자라는데서 '잡초' 의 뜻.

풀이 ①풀. ②풀숲. 초원. ③거칠다. ④시작하다. 처음.

草家(초가) 볏짚·밀짚·갈대 등으로 지붕을 인 집. 초가집.
草木(초목) 풀과 나무.
草食(초식) 식물의 뿌리나 열매, 잎 등을 먹는 식성.
草案(초안) 글이나 어떤 계획의 처음 줄거리를 잡은 안.
草野(초야) ①초원. ②번화한 도시에 비해 알려지지 않고 쓸쓸하게 외져 있는 곳.
草原(초원) 풀이 자라 있는 넓은 들판.
▶ 甘草(감초), 蘭草(난초)

艹부
[6획]

아하!

九節草(구절초)

국화과의 여러해살이풀이다. 산기슭 풀밭에서 자라며 높이 50㎝ 정도로, 땅속줄기가 옆으로 길게 뻗으면서 번식한다. 9~11월에 줄기 끝에 연분홍색 또는 하얀색의 꽃이 핀다. 그늘에서 말려 한방에서 약으로 쓴다. 한국·일본·중국·시베리아 등지에 분포한다.

艹부
[7·8획]

없을 막

한자 사전 찾기
부수: 艹부 / 총획: 11획

丶丷艹艹
芊芇芇莒莫
莫

글자의 원리 ⇒ ⇒ 莫

회의 초원의 풀숲에 해가 가리운 모양에서 '숨어서 보이지 않다'의 뜻.

풀이 ①없다. ②말다.

莫强(막강) 어떤 능력이나 영향을 미치는 힘이 엄청나게 강함.
莫大(막대) 수량이나 정도가 엄청나게 많거나 큼.
莫上莫下(막상막하) 낫고 못하고를 구별할 수 없을 만큼 실력 차이가 거의 없음.

▶索莫(삭막)

양 팀의 실력이 **막상막하**라 결과를 예측하기 어렵습니다.

나물 채

한자 사전 찾기
부수: 艹부 / 총획: 12획

丶丷艹艹
芊芇芇芇苹
苹菜

글자의 원리 ⇒ ⇒ 菜

형성 먹을 수 있는 풀(艹)을 캠(采)을 가리켜 '나물'을 뜻함.

풀이 ①나물. 푸성귀. ②반찬. 안주.

菜蔬(채소) 잎·줄기·뿌리·열매 등을 반찬으로 먹기 위하여 밭에서 기르는 농작물.
菜食(채식) 채소·과일 등 식물성 식품을 주로 먹고 육류·어류를 피하는 것.

▶野菜(야채)

우리 집은 텃밭에 **채소**를 키웁니다.

華

빛날 화

한자 사전 찾기
부수: 艹부 / 총획: 12획

 글자의 원리

형성 꽃이 무성하게 피어 드리워진 모양에서 '화려하다'의 뜻.

풀이 ①빛나다. 문화가 빛남. ②꽃. 꽃이 핌. ③아름답다. ④뛰어나다. ⑥중국인이 자국을 일컫는 말.

華僑(화교) 외국에서 사는 중국인.
華麗(화려) 빛나고 아름다움.
華實(화실) 꽃과 열매. 겉과 속.
華燭(화촉) 물들인 양초. 흔히, 혼례 때 쓴다.
華婚(화혼) 남의 결혼을 아름답게 이르는 말.
▶繁華(번화), 榮華(영화), 豪華(호화)

艹부
[8·9획]

모델이 입은 의상이 매우 **화려**합니다.

落

떨어질 락

한자 사전 찾기
부수: 艹부 / 총획: 13획

 글자의 원리

형성 물이 소리를 내며 떨어지는 것처럼 잎이 지는 것에서 '떨어지다'의 뜻.

풀이 ①떨어지다. ②마을.

落膽(낙담) 일이 바라던 대로 되지 않아 갑자기 기운이 없어짐.
落島(낙도) 육지에서 멀리 떨어진 외딴섬.
落葉(낙엽) 잎이 짐. 또는, 그 잎.
落下傘(낙하산) 항공기에서 낙하하는 데 쓰는 기구.
▶村落(촌락), 墜落(추락), 脫落(탈락)

시험에 떨어졌다고 너무 **낙담**하지 마세요.

비주얼 한자

중화 사상

▲ 중국 최대 도시, 상하이

    중화 사상(中華思想)은 중국이 세계의 중심이며, 모든 것이 중국을 중심으로 하여 전세계에 퍼져 나간다고 믿는 사상이다. 즉, 중국은 지리적, 문화적으로 세계의 중심에 놓여 있는 나라로서, 천자(황제나 임금을 일컫는 말)가 중심인 중국이 다른 나라를 통치하도록 되어 있다는 것이다. 자신을 중화(중심에서 빛나는 민족이라는 뜻)라 부르고, 주변의 다른 민족들을 동이, 서융, 남만, 북적으로 구분해서 오랑캐 민족으로 간주하여 주변 국가들에 대해 종주권을 행사해 온 중국 한민족은 예로부터 이 사상을 통해 자기 민족의 우월성을 자랑해 왔다.

    중국이 다른 민족에 대해 우월감을 갖는 것은 물리적인 힘보다는 문화적인 힘에서 나온 것이라고 할 수 있다. 한민족은 황허 강 유역에서 농경 생활을 할 때부터 주변에 있는 다른 민족들에게 자신들의 문화를 발달시켰는데, 문화가 최고조로 발달하면서 주위의 민족들에 대한 문화적 우월 의식을 가지고 스스로 중국은 선민이라고 믿음으로써 굳건한 중화사상을 지녀 왔던 것이다.

萬

일만 만

한자 사전 찾기
부수: 艸부 / 총획: 13획

글자의 원리: ⇒ 𦫿 ⇒ 萬

상형 무리를 지어 있는 벌은 그 수가 많다는 데서 '일만'의 뜻.

풀이 ①1만. ②다수. 갖가지. ③결코. 반드시.

艸부 [9획]

萬感(만감) 갖가지 생각이나 느낌.
萬能(만능) ①모든 일에 다 능하거나 무슨 일이든지 다 할 수 있음. ②모든 면에 효능이 있음.
萬福(만복) 온갖 복.
萬事(만사) 모든 일.
萬歲(만세) ①영원히 삶. ②경축이나 환호의 뜻으로 외치는 소리.
萬壽無疆(만수무강) 건강하게 오래오래 삶.
萬人(만인) 많은 사람. 또는, 모든 사람.
▶巨萬(거만), 千萬(천만)

아하!

萬年雪(만년설)

1년 동안 내내 기온이 낮은 높은 산과 고위도 지방에 내린 눈이 녹아서 얼음처럼 딱딱해진 것을 말한다. 실제로는 표면 부근에서 외기와 복사열에 의한 융해 또는 승화가 일어난다. 또 밑부분도 녹지만 다음 강설이 있기까지 일부 남기 때문에 언제나 눈이 쌓여 있는 것처럼 보인다.
만년설이 있는 곳은 아프리카의 킬리만자로 산과 알프스 산맥이 대표적이라고 할 수 있다.

| 킬리만자로 산 |

만 번의 죽을 고비에서 살아나다

만사일생(萬死一生)

이세민은 정관이라는 연호를 사용하면서
신하들과 격의 없는 토론을 하며 나라를 이끌었다.
그는 사람들에게 항상 이렇게 말했다.
"옛날에 방현령은 나를 따라 천하를 평정하느라
고생을 하고, 만 번의 죽을 고비에서
살아나기도 하였다."

만리장성

만리장성은 흉노족의 침입을 막기 위해 세워진 여러 개의 성들을 진시황 때 하나로 연결한 것이다. 진시황은 외적의 침입을 막고 제국을 보호하기 위해 약 200만 명의 백성들을 동원하여 성을 쌓았다.

만리장성의 길이는 약 6000㎞에 달하며, 완성하는 데에만 수백 년이 걸렸다고 한다. 만리장성은 보하이 만에서 중앙아시아에 걸쳐 동서로 뻗어 있으며, 인류 역사상 최대 규모의 토목 공사 유적이다.

만리장성의 정상에는 흰 기둥에 빨간색으로 "만리장성에 오르지 않으면 남자가 아니다."라는 글씨가 씌어져 있다. 그래서인지 1년에 수백만 명 이상의 중국인과 외국 관광객이 만리장성을 오르내리고 있다.

▼ 끝도 보이지 않게 굽이치는 만리장성

葉

❶ 잎 엽
❷ 땅 이름 섭

한자 사전 찾기
부수:艹부 / 총획:13획

丶 亠 ナ サ ヰ
艹 艾 芒 芒 苹
華 蕚 葉

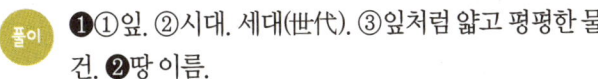

형성 잎이 떨어진 자리에 다시 자라는 파란 '잎'이라는 것에서 '잎'의 뜻.

풀이 ❶①잎. ②시대. 세대(世代). ③잎처럼 얇고 평평한 물건. ❷땅 이름.

葉綠素(엽록소) 식물의 세포인 엽록체에 들어 있는 녹색 색소.
葉書(엽서) 간단한 사연을 써서 봉투 없이 그냥 우편으로 보낼 수 있도록 만든, 두껍고 네모난 종이.
葉茶(엽차) 차나무의 어린잎을 따서 말린 것을 뜨거운 물에 넣고 우린 물.
▶落葉(낙엽), 中葉(중엽)

艹부
[9획]

著

❶ 드러날 저
❷ 붙일 착

한자 사전 찾기
부수:艹부 / 총획:13획

丶 亠 ナ サ ヰ
艹 芏 芋 芙 芉
蓍 著 著

형성 채소를 섞어 삶듯 문자를 섞어 문장으로 나타내기에 '글로 쓰다'의 뜻.

풀이 ❶①드러나다. 분명함. ②나타내다. ㉮밝히다. ㉯짓다. 저술함. ❷①옷 등을 입다. ②달라붙다.

著名(저명) 세상에 이름이 널리 알려져 있음.
著書(저서) 지은 책. 특히, 학문을 연구하여 쓴 책.
著者(저자) 책을 지은 사람.
著衣(착의) 옷을 입음.
▶共著(공저), 接著(접착)

藥
약 약

艸부
[15획]

한자 사전 찾기
부수: 艸부 / 총획:19획

艹 𭕄 𭕄 艹 芍
茿 茄 茆 茓 萢
萢 葆 藥 藥

글자의 원리

형성 병으로 열이 날 때 먹으면 즐겁게 되는 풀이라는 것에서 '약' 이라는 뜻.

풀이 약.

藥局(약국) 약사가 의사의 처방에 따라 약을 조제하거나 파는 곳.
藥水(약수) 먹으면 약효가 있는 샘물.
藥草(약초) 약의 재료로 쓰이는 풀.
藥效(약효) 약의 효력.
▶ 妙藥(묘약), 投藥(투약), 漢藥(한약), 火藥(화약)

깊은 산중에서 **약초**를 캤습니다.

藝
재주 예

한자 사전 찾기
부수: 艸부 / 총획:19획

艹 𭕄 𭕄 𭕄 𭕄
𭕄 𭕄 𭕄 藝 藝
藝 藝 藝 藝

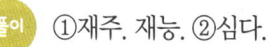

글자의 원리

형성 심은 초목을 잘 키우려면 솜씨가 필요하다 하여 '재주' 의 뜻.

풀이 ①재주. 재능. ②심다. 씨를 뿌림.

藝能(예능) 연극 · 영화 · 음악 · 미술 · 무용 등 예술과 관련된 능력.
藝術(예술) 생각하고 느끼는 것을 글 · 그림 · 소리 · 영상 등으로 아름답게 표현하는 일. 또는, 그 작품.
園藝(원예) 과일 · 채소 · 화초 등을 재배하는 일. 또는, 그 기술.
▶ 曲藝(곡예), 武藝(무예), 演藝(연예)

이 마을 사람들은 주로 **원예** 농업을 합니다.

(범호엄) 部

호랑이가 입을 벌리고 앞발을 들고 서 있는 모양을 본뜬 부수 명칭.

虎
범 호

한자 사전 찾기
부수: 부 / 총획: 8획

丨 丄 丅 广 户
庐 庐 虎

글자의 원리

상형 어슬렁거리며 걷는(儿) '범(虍)'의 모습을 본떠 만든 글자.

풀이 ①범. ②용맹스럽다.

虎視眈眈(호시탐탐) 호랑이가 먹이를 잡기 위해 날카로운 눈초리로 노려본다는 뜻으로, 기회를 노리고 형세를 살피는 상태를 비유하여 이르는 말.

虎皮(호피) 범의 가죽.

▶ 猛虎(맹호), 白虎(백호)

> 청나라는 **호시탐탐** 침략의 기회를 엿보았습니다.

虍부
[2·5획]

處
❶ 머무를 처
❷ 곳 처

한자 사전 찾기
부수: 虍부 / 총획: 11획

丨 丄 丅 广 户
庐 庐 虍 庐 處
處

글자의 원리

회의 걸어온 사람이 앉아 쉬는 장소라는 것에서 '곳, 장소'라는 뜻.

풀이 ❶①머무르다. ㉮살다. ㉯시집가지 않고 있다. ②처분하다. 부침. ③정하다. 결정함. ❷곳.

處女(처녀) ①아직 결혼하지 않은 여자. ②어떤 일을 처음으로 하는 상태.

處理(처리) ①일을 다스림. ②일을 마무리 지음.

處身(처신) 세상살이에서의 몸가짐이나 행동.

處刑(처형) 사형에 처함.

▶ 居處(거처), 出處(출처)

> 그는 맡은 업무를 능률적으로 **처리**하였습니다.

601

거짓말이라도 여럿이 하면 곧이들린다

삼인성호(三人成虎)

위나라 혜왕 때 대신 방공은 태자와 함께 조나라에 인질로 잡혀가게 되었다.

"지금 한 사람이 시장에 호랑이가 있다고 말하면 믿겠습니까?"

"아니오."

"두 사람이 시장에 호랑이가 있다고 말하면 믿겠습니까?"

"아니오."

"그럼, 세 사람이 시장에 호랑이가 있다고 말하면 믿겠습니까?"

"믿을 것이오."

"하지만 분명 시장에는 호랑이가 나타나지 않았습니다."

"그런데 세 사람이 나타났다고 말하니 호랑이가 있는 것이 되었습니다. 지금 제가 인질로 잡혀 가는 곳은 위나라에서 시장보다 멀리 떨어져 있고, 신에 관해 거짓으로 아뢰는 자는 세 사람이 넘을 것이옵니다. 왕께서는 이 점을 생각하여 그들의 말을 귀담아 듣지 마십시오."

虛
빌 허

한자 사전 찾기
부수: 虍부 / 총획: 12획

丶 丶 广 广 广
庐 庐 虎 虎 虚
虚 虛

글자의 원리

형성 범(虍)을 잡으려고 언덕(业)에 판 함정에 걸려든 것이 없다는데서 '비다'의 뜻.

풀이 비다. ㉮없다. ㉯약하다. ㉰공허하다. 속이 빔.

虛構(허구) 없는 일을 있는 사실처럼 엮어 만듦. 또는, 그렇게 만든 이야기.
虛無(허무) 사물이 덧없음.
虛心坦懷(허심탄회) 마음속에 아무 거리낌이 없이 편안함.
虛弱(허약) 몸이 기운이 없고 약함.

윤아는 몸이 **허약**해서 병을 자주 앓습니다.

虍부
[6·7획]

號
❶ 이름 호
❷ 부르짖을 호

한자 사전 찾기
부수: 虍부 / 총획: 13획

丶 口 口 므 号
号 号 号 号 号
號 號 號

글자의 원리

형성 범(虎)의 울음소리(号)처럼 우렁차게 '부르짖는다'의 뜻.

풀이 ❶①이름. ②부르다. ③신호. ④표(標). 표지. ❷부르짖다.

號角(호각) 호루라기.
號哭(호곡) 소리내어 슬피 욺.
號令(호령) ①큰 소리로 꾸짖음. ②지배자가 사람을 움직이기 위해 명령함.
號數(호수) 신문·잡지 등의 간행의 차례를 나타내는 번호의 수.
▶記號(기호), 番號(번호), 信號(신호), 暗號(암호)

선생님의 무서운 **호령**이 떨어졌습니다.

虫 (벌레충) 部

뱀이 몸을 사리고 앉아 있는 모양을 본뜬 부수 명칭.

벌레 충

한자 사전 찾기
부수: 虫부 / 총획: 18획

虫부 [12획]
血부 [0획]

글자의 원리 ⇒  ⇒ 蟲

회의 뱀같이 몸을 비비 꼬는 모양에서 '벌레'를 뜻함.

풀이 벌레.

蟲齒(충치) 벌레먹은 이.
蟲害(충해) 작물이나 나무들이 해로운 벌레로 인하여 입은 피해.
害蟲(해충) 사람·가축·농작물 등에 해를 끼치는 벌레.
▶ 昆蟲(곤충), 寄生蟲(기생충)

농작물이 심한 **해충** 피해를 입었습니다.

血 (피혈) 部

그릇에 담겨 있는 피를 뜻하는 부수 명칭.

血

피 혈

한자 사전 찾기
부수: 血부 / 총획: 6획

글자의 원리 ⇒  ⇒ 血

지사 제사 지낼 때 신에게 드리는 동물의 피를 접시에 담은 것에서 '피'의 뜻.

풀이 ①피. ②골육. ③왕성한 기세.

血氣(혈기) ①목숨을 유지하는 피와 기운. ②젊은 사람의 넘치는 기운.
血肉(혈육) ①자기가 낳은 자녀. ②같은 피를 나눈 사람.
出血(출혈) ①다치거나 다른 이유로 혈관이 터져 피가 나옴. ②희생이나 손실을 비유적으로 이르는 말.

환자가 **출혈**이 심합니다.

무리 중

한자 사전 찾기
부수: 血부 / 총획: 12획

丶 ⺊ ⺈ ⺈⺊ 血
血 血 衆 衆 衆
衆 衆

글자의 원리: ⇨ ⇨ 血/水 ⇨ 衆

회의 태양 아래에서 일하는 많은 사람이라는 데서 많다, 여러 가지 의뜻.

풀이 무리. ㉮많다. ㉯많은 사람.

衆口難防(중구난방) 여러 사람이 제각기 떠들어 대어 갈피를 잡을 수 없음.
衆論(중론) 많은 사람의 의견.
衆生(중생) 모든 생물.
▶觀衆(관중), 大衆(대중), 聽衆(청중)

血부 [6획]
行부 [0획]

이 문제는 **중론**에 따라 결정하겠습니다.

行(갈행)部

사람들이 걸어다니는 네거리의 모습을 본뜬 부수 명칭.

❶ 다닐 행
❷ 행위 행
❸ 항렬 항

한자 사전 찾기
부수: 行부 / 총획: 6획

丶 ㇁ ⺈ 彳 行 行
行

글자의 원리: ⇨ ⇨ 行

회의 교차로는 사람이 걸어가는 곳이라는 것에서 가다, 다니다 라는 뜻.

풀이 ❶①가다. 다니다. ②하다. 행함. ③길. ④시체(詩體)의 한 가지. ❷행위. ❸항렬. 서열.

行列(항렬) 친족 집단 안에서, 세대 관계를 나타내는 서열.
行動(행동) ①몸을 움직임. 또는, 그 동작. ②행하는 일.
行路(행로) ①사람이 다니는 길. ②삶을 살아가는 과정.
行事(행사) 계획과 일정에 따라 많은 사람들이 모여 치르는 일.
行進(행진) 여럿이 줄을 지어 앞으로 걸어 나아감.
▶步行(보행), 善行(선행), 旅行(여행), 進行(진행), 通行(통행)

체육관 준공 기념 **행사**가 성대하게 열렸습니다.

街

거리 가

行부 [6획]
衣부 [0획]

한자 사전 찾기
부수:行부 / 총획:12획

丿 彳 彳 彳
𣥂 𣥂 徍 徍 街
街 街

글자의 원리

형성 갈림길이 교차됨을 나타내는 규(圭)와 길(行)이 합해져 '거리'의 뜻.

풀이
①거리. ②큰길. ③네거리. ④길. 통로.

街道(가도) 도시와 도시를 잇는 넓은 도로.
街頭(가두) 도시의 거리.
街路樹(가로수) 큰길 양쪽 가에 줄지어 심은 나무.
▶市街(시가), 商街(상가)

> 농산물 수입 개방에 반대하는 **가두** 시위를 벌이고 있습니다.

衣(옷의)部

저고리 형태의 옷 모양을 본뜬 부수 명칭.

衣

옷 의

한자 사전 찾기
부수:衣부 / 총획:6획

丿 亠 ナ 𠂂 衣
衣

글자의 원리

 ⇒ 仌 ⇒ 衣

회의 사람들이 몸을 감싸 덮는 '옷'의 모양을 본떠 만든 글자.

풀이
①옷. ②싸는 것. 덮는 것. ③입다.

衣類(의류) 옷 종류의 총칭.
衣裳(의상) ①겉에 입는 옷. ②배우 등이 연기할 때 입는 옷.
衣食住(의식주) 인간 생활의 3대 요소인 입는 옷, 먹는 음식, 사는 집을 이르는 말.
▶白衣(백의), 雨衣(우의), 脫衣(탈의)

> 배우의 무대 **의상**이 매우 화려합니다.

表 겉 표

한자 사전 찾기
부수: 衣부 / 총획: 8획

一 十 キ 主 丰 表 表 表

 글자의 원리:

형성 안쪽에 모피를, 바깥쪽에 천으로 된 옷을 입은 것에서 '밖, 표면'의 뜻.

풀이 ①겉. ②나타내다. 밝히다. ③표. 사건을 늘어놓아 한눈으로 볼 수 있게 만든 것.

表決(표결) 회의에서 어떤 안건에 대하여 찬반을 결정함.
表面(표면) 겉으로 드러난 쪽. ↔ 裏面(이면).
表彰(표창) 선행 등을 칭찬하여 세상에 널리 알림.
表現(표현) 생각이나 느낌을 말이나 글, 소리 등으로 나타냄.
▶ **發表**(발표), **辭表**(사표), **一覽表**(일람표)

衣부 [3·8획]

경치가 너무 아름다워 말로는 **표현**이 안 됩니다.

製 지을 제

한자 사전 찾기
부수: 衣부 / 총획: 14획

丿 一 二 午 드 牛 制 制 制 製 製 製 製 製

글자의 원리:

형성 옷을 만들려고 천을 자르는 것에서 '옷을 만들다, 물건을 만들다'의 뜻.

풀이 ①짓다. 마르다. ②만들다. 기물을 만들다.

製圖(제도) 기계·건축물 등의 도면을 그리어 만듦.
製作(제작) ①물건이나 기구 따위를 만듦. ②영화, 연극, 방송 순서 따위를 만듦.
製品(제품) 물품을 만듦. 또는, 만든 물건.
▶ **手製**(수제), **外製**(외제), **粗製**(조제)

이 회사는 의자를 전문으로 **제작**하고 있습니다.

西 (덮을아) 部

무언가를 덮을 수 있는 물건의 모양을 본뜬 부수 명칭.

서녘 서

한자 사전 찾기
부수:西부 / 총획:6획

西부
[0획]

 글자의 원리

 상형 일몰 무렵 새가 보금자리에 앉은 모양을 본떠 해가 지는 쪽, '서녘'의 뜻.

풀이 ①서녘. 서쪽. ②서양.

西歐(서구) 서유럽.
西方國家(서방 국가) 서유럽의 자유주의 국가군을 이르는 말.
西洋(서양) 동양에서, 유럽과 아메리카 지역을 이르는 말.
西遊記(서유기) 중국 명나라 때 오승은이 지은 소설. 당나라의 삼장 법사가 손오공·저팔계·사오정과 함께 인도에 가서 온갖 어려움을 이겨 내고 무사히 불경을 구해 온다는 내용.
西風(서풍) 서쪽에서 동쪽으로 부는 바람.
西海(서해) 우리 나라 서쪽에 있는 바다.

 아하!

東高西低(동고서저)

동쪽이 높고 서쪽이 낮다는 뜻이다. 우리 나라는 신생대 제3기에 일어난 지각 운동으로 태백산맥이 생겨나고 이를 경계로 동쪽과 서쪽이 서로 비대칭적으로 요곡 운동하여 동쪽은 산악 지대가, 서쪽은 퇴적 평야가 생겨나 동고서저의 지형을 이루게 되었다.

과장되고 상식을 벗어나 예측하기 어렵다

당돌서시(唐突西施)

미녀의 대명사 서시에 추녀의 대명사 무염녀를
비한다는 것은 상식에 어긋나는 일이라는 뜻이었다.
서시는 월나라의 미인으로 월나라 왕 구천이
오나라에 패한 뒤 오나라 왕 부차에게 보내졌다.
부차는 서시의 눈부신 미모에 현혹되어 나라
일을 돌보지 않다가 결국 구천에게 망하고 말았다.

❶ 요긴할 요
❷ 사북 요

한자 사전 찾기
부수:襾부 / 총획:9획

襾 부
[3획]

一 厂 厂 丙 西
西 更 要 要

글자의 원리

상형 허리를 잡은 모양을 본떠 허리는 중요한 곳이라는 '중요하다'의 뜻.

풀이
❶ ① 요긴하다. ② 구하다. 요구함. ③ 원하다. 바람.
❷ ① 근본. ② 요컨대. 요약하여 말하면.

要件(요건) 필요한 조건.
要約(요약) 중요한 부분만 추려 냄.
要因(요인) 중요한 원인.
要請(요청) 필요한 일을 해 달라고 청함.
▶強要(강요), 重要(중요), 必要(필요)

이 글의 내용은 크게 세 가지로 **요약**됩니다.

 **고사성어**

요령부득 (要領不得)

· 출전 : 《사기》〈대완열전〉
· 풀이 : 말의 중요한 부분을 파악할 수 없다는 뜻.

　전한 무제 때, 무제는 흉노에게 쫓겨 사막 밖으로 가 있는 월지와 힘을 합쳐 흉노를 무찌를 계획을 세웠는데 월지로 가려면 흉노의 땅을 지나야만 했다. 이때 장건을 사신으로 보냈으나 흉노에게 붙잡혀 그곳에서 결혼도 하고 자식까지 두었다. 그러나 그는 탈출할 생각을 잠시도 버리지 않았다.
　10년이 지난 뒤 장건 일행은 흉노들의 감시가 느슨해진 틈을 타 달아나 월지의 왕에게 무제의 뜻을 전하였다. 그러나 월지는 이미 비옥하고 침략자도 거의 없어 안락하게 지내던 때라 거절하였다. 결국 장건은 사명으로 하는 월지의 요령을 얻지 못하고 1년 만에 귀국 길에 올랐다.

見(볼견)部

크게 눈을 뜨고 있는 사람을 표현한 부수 명칭.

見

❶ 볼 견
❷ 나타날 현

한자 사전 찾기
부수:見부 / 총획:7획

丨 冂 冂 冃 目
貝 見

글자의 원리 ⇒ 見 ⇒ 見

회의 신체의 제일 위에 큰 눈이 있어 잘 보인다는 것에서 '보다, 보이다'의 뜻.

풀이 ❶①보다. ②생각. ❷①나타나다. 드러남. ②만나다.

見聞(견문) 보고 들음. 또는, 그 지식.
見物生心(견물생심) 물건을 보면 그것을 갖고 싶은 마음이 생김.
見解(견해) 어떤 일에 대한 의견이나 생각.
見齒(현치) 웃음. 웃으면 이가 보인다는 데서 온 말임.
▶發見(발견), 意見(의견), 偏見(편견), 謁見(알현)

여행은 **견문**을 넓히기에 좋은 방법입니다.

視

볼 시

한자 사전 찾기
부수:見부 / 총획:12획

一 二 干 亍 禾
礻 礻 礻 視 視
視 視

글자의 원리 ⇒ 示 ⇒ 示 ⇒ 視
⇒ 見 ⇒ 見

형성 신에게 제물을 올리고 눈을 떠 기도하는 모습에서 '똑바로 보다'의 뜻.

풀이 ①보다. ②대우하다. 대접함.

視力(시력) 물체를 볼 수 있는 눈의 힘.
視線(시선) ①눈으로 보는 방향. ②바라보는 눈의 표정.
視野(시야) ①눈으로 바라볼 수 있는 범위. ②생각하고 판단할 수 있는 지적 능력의 범위.
▶監視(감시), 蔑視(멸시), 無視(무시)

두 사람의 **시선**이 마주쳤습니다.

 비주얼 한자

동방 견문록

▲ 오아시스의 길을 통해 중국에 오는 마르코 폴로 일행

《동방 견문록》은 마르코 폴로가 1270~1295년에 걸친 동방 여행에서 겪은 체험을 루스티첼로가 기록한 책이다. 마르코 폴로는 제네바와의 싸움에서 포로가 된 후, 옥중에서 전기 작가인 루스티첼로와 같은 방에서 지내게 되었는데, 그때 자신의 지난날의 여행담을 들려주게 된 것이다.

《동방 견문록》에는 마르코 폴로의 경이에 찬 여행담이 실려 있다. 쿠빌라이의 호화로운 생활, 카타이(화북 지방)와 만지(강남 지방)의 막대한 부, 황금으로 만든 물건이 가득 찬 궁전, 인도와 그 동쪽 섬들에서 생산되는 엄청난 향료(후추 등), 광대한 동방 세계의 풍요로움과 불가사의한 일 등을 유럽 인들에게 전함으로써 그들의 모험심을 불러일으켰다.

엘 도라도는 에스파냐 어로 '황금의 마을' 이란 뜻을 가지고 있다. 아메리카 대륙 발견의 선구가 된 콜럼버스는 그의 제1차 항해기에서, 쿠바를 동양의 어느 곳이라 생각하였기 때문에 부하를 오지에 보내 황금의 지붕을 가진 궁전이 있는가를 조사시켰다. 그리고 현지의 인디언으로부터 황금 이야기를 들으니, 그 곳이 바로 '동양의 어느 곳으로 생각되었다.' 고 기록하고 있다. 이와 같은 황금 고장을 유럽에 처음으로 소개한 최초의 인물이 바로 마르코 폴로였다.

親

친할 친

見 부
[9·18획]

한자 사전 찾기
부수:見부 / 총획:16획

亠 亠 亠 亠 立
亲 亲 亲 亲 新
新 新 新 新 親
親

글자의 원리

형성 벤 나무에서 싹이 나듯 같은 성씨들이 매일 본다 하여 '친하다'의 뜻.

풀이 ①친하다. ②친히. 손수. ③어버이. 부모.

親權(친권) 부모가 미성년인 자녀에 대해 가지는 신분·재산 상의 여러 권리와 의무를 이르는 말.
親近(친근) 어떤 사람과 사이가 아주 가까움.
親睦(친목) 서로 친하여 뜻이 맞고 정다움.
親筆(친필) 손수 쓴 글씨.

우리는 노래를 부르며 **친목**을 도모했습니다.

觀

볼 관

한자 사전 찾기
부수:見부 / 총획:25획

丶 ㅗ ㅗ ㅗ ㅗ
# # # # #
華 華
華 雚 雚 觀 觀
觀 觀 觀 觀

글자의 원리

형성 민첩한 작은 새가 큰 눈으로 사물을 본다고 하여 '바라보다'의 뜻.

풀이 ①보다. 자세히 봄. ②보이다. 나타내 보임. ③경관. 경치. ④체계화한 견해.

觀光(관광) 다른 지방·나라의 풍광이나 풍속을 구경하며 다님.
觀覽(관람) 연극·영화 따위를 구경함.
觀點(관점) 사물을 관찰할 때 그것을 보는 입장이나 방법.
觀察(관찰) 사물의 움직임이나 상태를 주의 깊게 살펴봄.
▶**客觀(객관), 景觀(경관), 主觀(주관), 參觀(참관)**

천체 망원경으로 별을 **관찰**하였습니다.

角(뿔각) 部

뿔과 뿔의 무늬 모양을 본뜬 부수 명칭.

角 뿔 각

한자 사전 찾기
부수:角부 / 총획:7획

글자의 원리

상형 짐승의 '뿔' 모양을 본떠 뿔이 뾰족한 데서 '모나다, 모퉁이'의 뜻.

풀이 ①뿔. ②모. 모진 데. ③상투. ④겨루다. 경쟁함. ⑤오음(五音)의 하나.

角度(각도) ①각의 크기. ②사물을 생각하거나 바라보는 방향.
角柱(각주) 네모진 기둥.
角逐(각축) 서로 이기려고 다툼.
▶鹿角(녹각), 頭角(두각), 直角(직각), 總角(총각)

角부
[0·6획]

두 팀은 결승전에서 치열한 **각축**을 벌였습니다.

解
❶ 풀 해
❷ 흩어질 해

한자 사전 찾기
부수:角부 / 총획:13획

글자의 원리

형성 칼로 소의 뿔을 제거한다는 데서 '흩어지다, 분리하다, 풀다'의 뜻.

풀이 ❶①풀다. ㉮풀이하다. 설명함. ㉯서로 좋게 하다. ②풀리다. ❷흩어지다. 흩음.

解決(해결) 어려운 일이나 사건 등을 만족스럽게 처리함.
解散(해산) 모였던 사람들이 따로따로 흩어짐.
解說(해설) 사물의 내용을 알기 쉽게 풀어서 설명함.
解弛(해이) 마음의 긴장이나 규율이 풀리어 느슨해짐.
▶分解(분해), 誤解(오해), 理解(이해), 和解(화해)

엄마는 우리 집의 일은 모두 **해결**해 주십니다.

615

言 (말씀언) 部

입과 찌르는 도구를 합한 모양을 본뜬 부수 명칭.

말씀 언

한자 사전 찾기
부수:言부 / 총획:7획

言부
[0·2획]

형성 마음 속으로 생각하는 것을 입으로 말하는 것에서 '말, 말하다'의 뜻.

 ①말씀. 말. 언어. ②말하다.

言及(언급) 어떤 일에 대해 말함.
言爭(언쟁) 말로 하는 다툼.
格言(격언) 사리에 맞아 교훈이 될 만한 짧은 어구나 문장.
▶發言(발언), 宣言(선언)

이 달의 **격언**을 알려 드리겠습니다.

셀 계

한자 사전 찾기
부수:言부 / 총획:9획

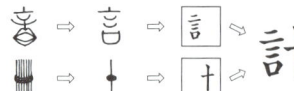

회의 흩어져 있던 물건을 한군데 모아 놓은 것에서 '헤아리다'라는 뜻.

 ①세다. 헤아림. ②총계. ③꾀하다. ④꾀. 계략.

計略(계략) 어떤 목적을 이루기 위해 남을 곤란에 빠뜨리려는 꾀나 수단.
計算(계산) 수량을 헤아림.
計劃(계획) 앞으로 할 일을 미리 생각하여 정함.
▶家計(가계), 奇計(기계), 設計(설계), 合計(합계)

여름 방학 때 할머니댁에 갈 **계획**입니다.

記

기록할 기

한자 사전 찾기
부수: 言부 / 총획: 10획

글자의 원리 형성 무릎을 꿇고 다른 사람이 말하는 것을 적는 모습에서 '기록하다'의 뜻.

풀이 ①적다. 기록함. ②외다. 기억함. ③문서.

記念(기념) 뜻 깊은 일에 대하여 잊지 아니하고 회상함. 또는, 그 물건.
記事(기사) ①사실을 그대로 적음. 또는, 그 글. ②신문이나 잡지 등에 실리어 어떠한 사실을 알리는 글.
記憶(기억) 어떤 일을 잊지 않고 머릿속에 새겨 둠. 또는, 그것을 되살려 생각해 냄.
記入(기입) 문서나 장부에 필요한 내용을 적음.
記者(기자) 신문사·잡지사 등에서 취재하여 기사를 쓰거나 그 기사를 편집하는 사람.
記載(기재) 문서·신문·잡지 등에 적어 실음.
▶日記(일기), 傳記(전기), 筆記(필기)

言부
[3획]

訓
가르칠 훈

言부
[3·4획]

한자 사전 찾기
부수:言부 / 총획:10획

一 二 三 言
言 言 訓 訓 訓

글자의 원리

형성 강물이 흐르듯 말로 사람을 복종하게 한다는 것에서 '가르치다' 의 뜻.

풀이 ①가르치다. 훈계함. ②뜻. 문자의 해석.

訓戒(훈계) 타일러 주의시킴. 또는, 그 말.
訓練(훈련) 배우거나 익히기 위해 되풀이하여 연습함.
訓育(훈육) 바람직한 품성이나 인격을 가질 수 있도록 가르치거나 기르는 것.
▶ **家訓(가훈), 校訓(교훈)**

선수들이 **훈련**을 받고 있습니다.

訪
찾을 방

한자 사전 찾기
부수:言부 / 총획:11획

一 二 三 言 言
言 言 訪 訪 訪
訪

글자의 원리

형성 좋은 방법(方)을 의논하기(言) 위해 사람을 '찾는다' 는 뜻.

풀이 ①찾다. ②묻다. 문의함.

訪問(방문) 사람을 찾아가거나 찾아와 만남.
探訪(탐방) ①명승고적 등을 구경하기 위해 찾아감. ②어떤 사건의 진상을 얻기 위해 사람을 찾아감.
▶ **尋訪(심방)**

언니는 경주 불국사를 **탐방**하였습니다.

設

베풀 설

한자 사전 찾기
부수: 言부 / 총획: 11획

一 二 言 言 言
言 言 詣 設 設
設

글자의 원리:

회의 말(言)로써 사람을 부려 작업한다는 것에서 '베풀다' 의 뜻.

言부
[4획]

풀이 ①베풀다. ㉮늘어놓다. ㉯베풀어 두다. ㉰세우다. ②설령. 가령.

設令(설령) (뒤에 오는 '~다 하더라도' 와 함께 쓰여) 그렇다 하더라도.
設立(설립) 기관이나 단체 등을 새로 만듦.
設問(설문) 문제를 내어 물어봄. 또는, 그 문제.
設定(설정) 어떤 내용을 마련하여 정함.
▶假設(가설), 建設(건설), 施設(시설)

> 그는 고향에 박물관을 **설립**하였습니다.

許

허락할 허

한자 사전 찾기
부수: 言부 / 총획: 11획

一 二 言 言 言
言 言 訐 許 許
許

글자의 원리:

형성 상대방의 말이 무리가 있어도 들어 준다는 것에서 '허가하다' 라는 뜻.

풀이 ①허락하다. ②쯤. 정도. ③얼마. 어느만큼.

許可(허가) 권한이 있는 사람이나 기관이 어떤 일이나 행동을 하도록 받아들여 줌.
許多(허다) 매우 많음.
許諾(허락) 어떤 사람의 요구나 제안, 부탁을 받아들여 좋다고 함.
許容(허용) 허락하여 받아들임.
▶免許(면허), 特許(특허)

> 어머니는 내가 바깥에서 놀아도 된다고 **허락**하셨습니다.

詩
시 시

言부 [6획]

한자 사전 찾기
부수:言부 / 총획:13획

글자의 원리

형성 손발을 움직이듯 마음의 움직임을 말로 표현하는데서 '노래, 시'의 뜻.

풀이 시. 운문(韻文)의 한 체.

詩歌(시가) 시조·시 등 리듬이 있는 말로 표현된 글의 총칭.
詩想(시상) ①시를 짓기 위한 시인의 착상이나 구상. ②시에 나타난 사상이나 감정.
詩人(시인) 시를 전문적으로 짓는 사람.
詩集(시집) 여러 편의 시를 모아 엮은 책.

나는 책 중에서도 **시집**을 즐겨 읽습니다.

試
시험할 시

한자 사전 찾기
부수:言부 / 총획:13획

글자의 원리

형성 사람에게 일을 시키고 그 모습을 지켜 보는 것에서 '시험해 보다'의 뜻.

풀이 ①시험하다. ②시험.

試圖(시도) 어떤 일을 이루어 보려고 계획하거나 시험해 봄.
試鍊(시련) 어떤 일을 하면서 겪는 괴로움이나 어려움.
試合(시합) 재주를 겨루어 이기고 짐을 다투는 일.
試行錯誤(시행착오) 어떤 일의 목표에 이르기까지 실패를 되풀이하면서 여러 가지 방법을 써 보는 것.

몇 번의 **시도** 끝에 공중제비를 성공하였습니다.

이백과 두보

▼ 이백이 그려진 우표

이백과 두보는 당나라의 대시인으로 쌍벽을 이룬다.

이백(701~762)은 자가 태백으로, 25세 때에 집을 나와 나그네의 길을 걸었다. 여기저기 떠돌아다니며 마음 맞는 사람을 만나면 함께 술을 마시기도 하고, 아름다운 자연을 시에 담기도 하였다. 그의 시에 반해 당나라의 황제인 현종이 그를 곁에 두었으나 이백이 마음대로 행동하고 궁중의 벼슬아치들을 무시하자, 현종을 섬기게 된 지 3년도 되기 전에 쫓겨나고 말았다.

두보(712~770)는 자가 자미(子美)이고, 호는 소릉이다. 소년 시절부터 시를 잘 지었으나 과거에는 급제하지 못하고 각지를 방랑하며 지내던 중 고적과 이백을 만나 잠깐 사귀다가 헤어졌는데, 후에도 이백을 그리워하는 시를 많이 썼다. 그는 청두 교외에 초당을 짓고, 약 30평 정도밖에 안 되는 밭에서 농사를 짓기도 하고 시를 지으면서 지냈다.

이백 ▶

話

이야기 화

言부
[6획]

한자 사전 찾기
부수:言부 / 총획:13획

一 二 亍 亍 言
言 言 言 言 計
計 話 話

글자의 원리

 ⇒ ⇒ 言 ⇒ 話
⇒ ⇒ 舌

형성 혀나 입술을 이용해 생각한 것을 말하는 데서 '말하다, 얘기하다'의 뜻.

풀이 ①이야기. ②말하다. 이야기함.

話頭(화두) 이야기의 첫머리.
話法(화법) 말하는 방법.
話術(화술) 자신의 생각이나 뜻을 말로써 잘 표현하는 기술.
話題(화제) 서로 나눌 수 있는 이야깃거리.
對話(대화) 마주 대하여 서로 이야기를 주고받음. 또는, 그 이야기.
▶童話(동화)

說

❶ 말씀 설
❷ 달랠 세
❸ 기쁠 열

한자 사전 찾기
부수:言부 / 총획:14획

言言言言訁
訁訃訊說

 글자의 원리

 ⇨ 言 ⇨ 言 ⇨ 說
兌 ⇨ 兌 ⇨ 兌

형성 내용을 밝혀 기뻐하도록(兌) 설명하는 말(言)을 뜻함.

풀이 ❶①말씀. 말. ②말하다. ❷달래다. 유세함. ❸기쁘다.

說教(설교) ①종교상의 교리를 널리 설명함. 또는, 그 설명. ②남을 설득하려고 여러 말로 타일러 가르침.
說得(설득) 알아듣도록 깨우쳐 말함.
說明(설명) 내용이나 이유를 상대방이 잘 알아들을 수 있게 말함.
▶演說(연설), 遊說(유세), 學說(학설)

言부
[7획]

계획을 자세히 **설명**해 주십시오.

誠

정성 성

한자 사전 찾기
부수:言부 / 총획:14획

言言言訁訁
訃誠誠誠

 글자의 원리

言 ⇨ 言 ⇨ 言 ⇨ 誠
成 ⇨ 成 ⇨ 成

형성 말(言)한 바를 꼭 이루도록(成) 노력한다는 데서 '정성'의 뜻.

풀이 정성.

誠金(성금) 정성으로 내는 돈.
誠實(성실) 말과 행동과 태도가 정성스럽고 참됨.
誠心(성심) 진실되고 정성스러운 마음.
忠誠(충성) 임금이나 나라에 대해 몸과 마음을 다하여 받듦.
▶精誠(정성), 至誠(지성)

그는 **충성**을 다하여 임금을 섬겼습니다.

語

말씀 어

言부
[7획]

한자 사전 찾기
부수: 言부 / 총획: 14획

一 二 言 言
言 言 訶 訶
話 話 語 語

글자의 원리 ⇒ ⇒ 言 ⇒ 語

형성 입으로 서로 말을 주고받는 것에서 '말하다, 말'의 뜻.

풀이 ①말씀. 말. ②말하다.

語感(어감) 말소리나 말씨 등이 주는 느낌.
語錄(어록) 위인이 한 말을 간추려 모은 기록.
語法(어법) 말의 표현 방식에 관한 법칙.
語不成說(어불성설) 말하는 것이 전혀 이치에 맞지 않음.
語源(어원) 어떤 말의 애초의 뜻이나 형태.
語學(어학) ①언어에 대하여 연구하는 학문 분야. ②외국어를 배워서 익히는 학문.
語彙(어휘) 일정한 기준에 따라 모아 놓은 낱말.

▶言語(언어), 原語(원어), 英語(영어)

 아하!

外來語(외래어)

원래 외국어였던 것이 국어의 체계에 동화되어 사회적으로 그 사용이 허용된 단어이다. 정치적·문화적·경제적 이유로 다른 나라의 언어가 들어와 세월이 흐르면서 토착화되어 국어와 마찬가지로 통용되는 일은 어느 나라에서나 볼 수 있는 현상이다.

그릇될 오

한자 사전 찾기
부수:言부 / 총획:14획

言 言 言 言 言
言 訂 訂 訊 誤 誤

글자의 원리 ⇒ 言 ⇒ 言 ⇒ 誤
 ⇒ 吳 ⇒ 吳

형성 뭐든지 다 아는 듯 말하지만 결국 틀리다는 데서 '사실과 다르다'의 뜻.

言부
[7획]

풀이 그릇되다. ㉮잘못하다. 실수함. ㉯틀리다. 뒤바뀜.

誤報(오보) 사실과 다르게 잘못 전해진 보도.
誤算(오산) ①잘못 계산함. ②잘못된 추측이나 예상.
誤解(오해) 잘못 이해함. 또는 잘못된 이해.

그 행동은 **오해**를 받기에 충분합니다.

알 인

한자 사전 찾기
부수:言부 / 총획:14획

言 言 言 訒 訒
訒 認 認 認

글자의 원리 ⇒ 言 ⇒ 言 ⇒ 認
 ⇒ 刃 ⇒ 忍

형성 남의 말(言)을 끝까지 참고(忍) 들어 그 내용을 알고 인정하다'의 뜻.

풀이 ①알다. ②허가하다. 승인함.

認可(인가) 인정하여 허가함.
認識(인식) 어떤 일에 대해 확실히 알고 그 뜻을 바르게 깨닫는 일.
認定(인정) 확실히 그렇다고 여김.
認知(인지) 그렇다고 확실하게 인정함.
▶否認(부인), 承認(승인), 是認(시인)

범인은 자신의 죄를 순순히 **인정**했습니다.

課

과정 과

言부
[8획]

한자 사전 찾기
부수:言부 / 총획:15획

丶 亠 亠 言 言
言 言 訁 訁 訁
訁 訁 評 課 課

글자의 원리

형성 결과(果)를 물어본다(言) 하여 '시험하다'의 뜻. '과정'의 뜻도 있음.

풀이 ①매기다. 조세를 부과함. ②과정. ③조세. 세금.

課稅(과세) 세금을 매김. 또는, 그 세금.
課外(과외) 정한 과정 외에 하는 일이나 공부.
課業(과업) ①해야 할 일. ②정해 놓은 업무나 학업.
課題(과제) ①교사가 학생들에게 수업 시간 외에 집에서 공부할 수 있도록 내주는 문제. ②해결해야 할 문제.

오늘은 **과외**가 없습니다.

談

말씀 담

한자 사전 찾기
부수:言부 / 총획:15획

丶 亠 亠 言 言
言 言 訁 訁 談
談 談 談 談 談

글자의 원리

형성 불이 활활 타듯 입에서 말이 점점 많이 나오는 모습에서 '말하다'의 뜻.

풀이 ①말씀. 말. 담화. 언론. ②말하다.

談笑(담소) 웃으면서 이야기를 나눔.
談判(담판) 어떤 결말을 짓기 위하여 함께 의논하고 결정함.
談話(담화) 이야기. 또는, 이야기함.
▶相談(상담), 俗談(속담), 眞談(진담)

할아버지는 친구분들과 **담소**를 나누고 계십니다.

論

의논할 론

한자 사전 찾기
부수: 言부 / 총획: 15획

글자의 원리

형성 많은 책을 읽고 자기의 주장을 뭉쳐(侖) 조리 있게 '말하다(言)'의 뜻.

풀이 ①의논하다. ②토론하다. ③견해. 학설.

論理(논리) ①생각이나 주장을 펼치는 데 이치에 맞게 이끌어 가는 과정이나 원칙. ②사물의 이치나 법칙.
論爭(논쟁) 말이나 글로 서로 자기가 옳다고 주장하며 다툼.
▶ 反論(반론), 異論(이론), 討論(토론)

言부
[8획]

우리는 열띤 **논쟁**을 벌였습니다.

誰

누구 수

한자 사전 찾기
부수: 言부 / 총획: 15획

글자의 원리

형성 새(隹)의 외마디처럼 소리쳐(言) '누구야!'라고 한 데서 비롯된 글자.

풀이 ①누구. ②옛날. 접때. 일설에는, 발어사(發語辭).

誰何(수하) ①누구. ②누구냐 하고 신분을 밝히도록 따져 묻는 말.

이를 어긴 자는 **수하**를 막론하고 엄벌에 처할 것이다.

調

① 고를 조
② 뽑을 조

한자 사전 찾기
부수:言 부 / 총획:15획

言부
[8획]

글자의 원리 ⇨ 調

형성 말과 행동이 구석구석까지 미치게 하는 데서 '조절하다, 고르다' 의 뜻.

풀이 ❶고르다. 어울리다. ❷①뽑다. 선임함. ②헤아리다. 헤아려 살핌. ③공물. ④음률.

調査(조사) 실정을 알기 위하여 자세히 살펴봄.
調節(조절) 상태가 알맞거나 균형이 잡히도록 바로잡음.
調和(조화) 서로 잘 어울림.
曲調(곡조) 노래나 음악의 가락.

'과수원 길' 은 아름다운 **곡조**의 노래입니다.

請

청할 청

한자 사전 찾기
부수:言 부 / 총획:15획

글자의 원리 ⇨ 請

형성 젊은이(青)가 어른을 찾아뵙고 부탁의 말(言)을 하는 데서 '청하다' 의 뜻.

풀이 청하다. ㉮구하다. ㉯빌다. ㉰원하다.

請求(청구) 무엇을 달라거나 어떤 행위를 요구함.
請願(청원) 공공 기관이나 상부에 어떤 일을 해 달라고 청함.
請牒狀(청첩장) 경사스러운 일에 참석해 달라는 내용의 편지.
▶懇請(간청), 要請(요청)

필요한 물품이 있으면 **청구**하십시오.

諸
모든 제

한자 사전 찾기
부수:言부 / 총획:16획

글자의 원리: 者 ⇒ 言 ⇒ 言 ⇒ 諸
者 ⇒ 者 ⇒ 者

형성: 부뚜막에서 삶는 곡식을 구별하여 말하는 것에서 '여러 가지'라는 뜻.

풀이: 모든. 여러.

諸國(제국) 여러 나라.
諸君(제군) 여러분의 뜻으로, 손아랫사람들에게 쓰는 말.
諸般(제반) 여러 가지.

言부
[9·10획]

이 일을 진행시키려면 **제반** 문제들이 따릅니다.

講
강론할 강

한자 사전 찾기
부수:言부 / 총획:17획

글자의 원리: 冓 ⇒ 言 ⇒ 講 ⇒ 講
冓 ⇒ 冓 ⇒ 冓

형성: 말을 잘 하여 상대방이 알아들을 수 있도록 하는 데서 '강의하다'의 뜻.

풀이: ①강론하다. ②서로 의논하다. 논의함. ③검토하고 연구하다. ④익히다. 학습함.

講究(강구) 해결 방법을 이리저리 생각함.
講壇(강단) 연설이나 강연을 할 때 올라서도록 만든 단.
講論(강론) 학술을 강의하고 토론함.
講習(강습) 학문·예술을 연구·학습하는 일. 또는, 그 지도를 하는 일.

▶開講(개강), 受講(수강), 特講(특강)

수민이는 다섯 살 때부터 무용 **강습**을 받았습니다.

사회의 혼란이 인재를 부르다

제자백가(諸子百家)

전국 시대의 사회적 혼란은 자연히 부국강병의 추진으로 이어지고, 이에 따라 능력 있는 학자를 우대하는 풍조가 팽배하였다. 시대가 유능한 인재를 필요로 하였으므로 이는 곧 사상의 자유를 보장하는 결과를 낳았다. 그 대표적인 것은 공자의 유가, 묵적의 묵가, 노자·장자의 도가라고 할 수 있다.

謝

사례할 사

言부
[10·12획]

한자 사전 찾기
부수:言부 / 총획:17획

글자의 원리: ⇒ 言 ⇒ 射 ⇒ 謝

형성 딱 잘라 말한다는 데서 '사절하다'의 뜻. '사례하다'의 뜻으로도 쓰임.

풀이 ①사례하다. 감사의 뜻을 나타냄. ②사과하다. 사죄함. ③물리치다. 사절함.

謝過(사과) 잘못에 대하여 용서를 빎.
謝禮(사례) 고마운 뜻을 나타내는 말이나 금품.
謝意(사의) ①감사히 여기는 마음. ②사과하는 마음.
謝絶(사절) 요구나 제의를 받아들이지 않고 거절함.
▶感謝(감사), 厚謝(후사)

베풀어 주신 은혜에 깊은 **사의**를 표합니다.

識

알 식

한자 사전 찾기
부수:言부 / 총획:19획

글자의 원리: ⇒ 言 ⇒ 戠 ⇒ 識

형성 말로 표현하고 마음속에서도 표시하여 '알게 하다'의 뜻.

풀이 ①알다. ②지식. ③분별력.

識見(식견) 어떤 일을 판단하고 분별하는 능력.
識別(식별) 구별하여 알아냄.
常識(상식) 보통 사람이 가지고 있거나 가져야 할 지식.
▶認識(인식), 知識(지식)

상식에 어긋나는 행동을 하지 맙시다.

證
증거 증

한자 사전 찾기
부수: 言부 / 총획: 19획

글자의 원리 ⇨ 證

형성 단 위에 올라가(登) 사실대로 말하다(言)로 '증언, 증거'의 뜻.

言부
[12·13획]

풀이 ①증거. ②증명하다. ③증서.

證據(증거) 틀림없이 그러함을 증명할 수 있는 근거.
證書(증서) 어떤 사실을 증명하는 문서.
證人(증인) ①증거를 드는 사람. ②법정에서 어떤 사실을 증명하여 말하는 사람.
▶ 檢證(검증), 立證(입증), 確證(확증)

아무 **증거**도 없이 남을 의심하지 맙시다.

議
의논할 의

한자 사전 찾기
부수: 言부 / 총획: 20획

글자의 원리 ⇨ 議

형성 올바른(義) 결과가 이루어지게 서로 말한다(言)는 데서 '의논하다'의 뜻.

풀이 ①의논하다. ②토론하다. ③강론하다. 설명함. ④의견.

議決(의결) 어떤 일에 대해 여러 사람이 토의하여 결정함.
議題(의제) 의논할 문제.
議會(의회) 선거에 의해 선출된 의원들이 국민의 의사를 대신하여 법을 만드는 활동을 하는 기관.
▶ 論議(논의), 異議(이의), 討議(토의), 會議(회의)

회의가 벌써 네 시간째 계속되고 있습니다.

讀

言부
[15획]

❶ 읽을 독
❷ 구절 두

한자 사전 찾기
부수:言부 / 총획:22획

글자의 원리

형성 물건을 팔기(賣) 위해 소리(言)를 외치듯 소리 내어 책을 '읽는다'는 뜻.

풀이 ❶①읽다. ②풀다. ❷구절. 구두점.

讀書三昧(독서삼매) 다른 생각은 전혀 없이 책을 읽는 데만 열중해 있는 상태.
讀者(독자) 책, 신문, 잡지 등을 읽는 사람.
讀解(독해) 글을 읽고 그 내용을 이해함.
▶ **購讀(구독), 朗讀(낭독)**

독서삼매에 빠져 시간 가는 줄을 몰랐습니다.

 **고사성어**

독서백편의자현 (讀書百遍意自見)

· 풀이 : 열심히 학문을 닦으면 뜻하는 바가 저절로 이루어진다는 뜻.

학문에 관심이 많았던 헌제는 동우의 학자다운 면모에 반하여 그를 황문시랑(黃門侍郞)으로 임명하고 경서(經書)를 가르치도록 하였다. 동우의 명성을 듣고 많은 사람이 그의 제자가 되기 위해 찾아왔으나 그는 아무나 제자로 받아들이지 않고 이렇게 말하였다.

"먼저 책을 백 번 읽어라. 백 번 읽으면 그 의미를 저절로 알게 된다. 책을 읽을 때는 세 가지 여분을 갖고 해라. 세 가지 여분이란 겨울, 밤, 비 오는 때를 말한다. 겨울은 한 해의 여분이고, 밤은 하루의 여분이며, 비 오는 때는 한때의 여분이다. 이 여분들을 이용하여 학문에 정진하면 된다."

變

변할 변

한자 사전 찾기
부수:言부 / 총획:23획

글자의 원리 ⇒  ⇒ 變

형성 말(言)의 줄(糸)이 서로 오고 가며(攵) 화제가 바뀐다는 데서 '변하다'의 뜻.

言부
[16·17획]

풀이 ①변하다. ②고치다. ③재앙.

變更(변경) 다르게 바꾸어서 고침.
變德(변덕) 이랬다 저랬다 하여 잘 변하는 마음이나 태도.
變動(변동) 사정이나 상황이 바뀌어 달라짐.
變化(변화) 사물의 모양·성질·상태 등이 바뀌어 달라짐.
▶不變(불변), 異變(이변), 災變(재변)

날씨가 나빠 계획이 **변동**되었습니다.

讓

사양할 양

한자 사전 찾기
부수:言부 / 총획:24획

글자의 원리 ⇒  ⇒ 讓

형성 도와주는 것(襄)을 말(言)로 '사양한다'는 뜻.

풀이 사양하다. ㉮양보하다. ㉯겸손하다.

讓步(양보) 제 주장을 굽혀 남의 의견을 좇음. 또는, 남을 위하여 자기의 이익을 희생함.
謙讓(겸양) 자기를 내세우거나 자랑하지 않고 겸손한 태도로 사양하는 것.
▶辭讓(사양)

겸양의 미덕을 배웁시다.

谷 (골곡) 部

물이 흘러오는 골짜기 모양을 본뜬 부수 명칭.

골 곡

한자 사전 찾기
부수:谷부 / 총획:7획

谷부 [0획]
豆부 [0획]

- 글자의 원리:

- 회의: 빗물이 산과 산 사이의 골짜기를 따라 흐르는 것에서 '산골짜기'의 뜻.

- 풀이: ①골. 골짜기. ②다하다. 앞이 막힘.

溪谷(계곡) 물이 흐르는 산의 골짜기.
進退維谷(진퇴유곡) 나아갈 길도 물러설 길도 없어 궁지에 몰림.
▶峽谷(협곡)

豆 (콩두) 部

뚜껑이 있는 제기 모양을 본뜬 부수 명칭.

콩 두

한자 사전 찾기
부수:豆부 / 총획:7획

- 형성: 제기의 모양을 본떠 콩꼬투리처럼 보인다는 것에서 뜻을 빌려 '콩'의 뜻.

- 풀이: 콩. 또는, 팥.

豆腐(두부) 물에 불린 콩을 갈아서 짜낸 콩물을 끓인 다음, 간수를 넣어 엉기게 하여 만든 식품.
豆乳(두유) 불린 콩에 물을 붓고 잠깐 삶아 간 다음 걸러서 만든, 우유 빛깔의 액체.

콩을 삶는 데 콩깍지를 태우다

자두연기(煮豆燃箕)

조식은 일곱 발짝을 디디면서 이런 시를 남겼다.
콩을 삶는 데 콩깍지를 때니,
콩이 솥 안에서 우는구나.
본래 같은 뿌리에서 난 것인데
서로 지지고 볶는 것이 어찌 이리도 급한가?
이 시를 읽은 조비는 아무 말도 하지 못하였다.

豆부
[11획]
貝부
[0획]

豐 풍년 풍

한자 사전 찾기
부수:豆부 / 총획:18획

글자의 원리: 豐 ⇨ 豐 ⇨ 豐

형성 벼이삭을 높이 쌓아 놓고 신에게 제사를 지내는 데서 '풍부함'을 뜻함.

풀이 ①풍년. 풍년 듦. ②넉넉하다. ㉮차다. 가득함. ㉯많다.

豐年(풍년) 농사가 잘된 해. ↔ 凶年(흉년).
豐富(풍부) ①양이 넉넉하고 많음. ②경험이나 능력, 소질 등이 많이 갖춰져 있음.
豐饒(풍요) 매우 넉넉하고 많아 여유가 있음.
豐足(풍족) 부족함이 없이 넉넉함.

보름달을 보며 **풍년**을 기원하였습니다.

貝(조개패)部

조개의 속살을 내민 모습을 본뜬 부수 명칭.

貝 조개 패

한자 사전 찾기
부수:貝부 / 총획:7획

글자의 원리: 貝 ⇨ 貝 ⇨ 貝

상형 옛날 장식물이나 돈으로 사용된 조개의 모양을 본떠 '조개'를 뜻함.

풀이 ①조개. ②장신구. 패물.

貝物(패물) 금, 다이아몬드, 진주 등으로 만든 장신구의 총칭.
貝塚(패총) 먼 옛날 원시인들이 조개를 까먹고 버린 조가비의 무덤. 조개더미.
魚**貝**類(어패류) 식품으로 쓰이는 생선과 조개류의 총칭.

여름에는 **어패류**를 날로 먹지 않습니다.

貞

곧을 정

한자 사전 찾기
부수: 貝부 / 총획: 9획

글자의 원리 ⇒ 貝 ⇒ 貞

형성 거북 등딱지의 모양으로 점(卜)을 치고 돈(貝)을 잘 내서 '곧다'의 뜻.

풀이 ①곧다. ②정조. 여자의 절개.

貞潔(정결) 정조가 굳고 행실이 깨끗함.
貞淑(정숙) 여자로서 행실이 곧고 마음씨가 고움.
貞節(정절) 여자의 굳은 마음과 변함 없는 절개.

貝부
[2·3획]

정절을 지키는 것은 조선 시대 여인들의 필수 덕목이었습니다.

財

재물 재

한자 사전 찾기
부수: 貝부 / 총획: 10획

글자의 원리 ⇒ 貝 ⇒ 財

형성 싹을 틔운 식물이 크게 자라 값나가는 재산이 된다는 데서 '재물'의 뜻.

풀이 재물. 재화.

財産(재산) ①가지고 있는 재물. ②소중하고 값지게 여길 만한 것을 비유하여 이르는 말.
文化財(문화재) 문화적 활동에 의해 만들어지고 남겨진 사물로서 문화적 가치가 뛰어난 것.

문화재를 잘 보존합시다.

639

貝부
[4획]

가난할 빈

한자 사전 찾기
부수:貝부 / 총획:11획

丶 八 今 分 分
分 分 貧 貧 貧
貧

 貧

형성 재물(貝)을 헛되이 흩어(分) 버려 '가난하다' 는 뜻.

풀이 ①가난하다. 빈곤함. ②적다. 모자람.

貧困(빈곤) ①가난하여 살기 어려움. ②있어야 할 것이 없거나 부족함.
貧弱(빈약) ①형태나 내용이 충실하지 못하고 보잘것없음. ②몸이 제대로 발달되지 못하고 약함.
貧血(빈혈) 몸속의 혈액이 일정량보다 적은 일.

그는 **빈곤**한 가정에서 태어났습니다.

꾸짖을 책

한자 사전 찾기
부수:貝부 / 총획:11획

一 十 十 主 主
青 青 青 青 青
責

  責

형성 돈(貝)을 갚으라는 데서 '책망' 의 뜻. 갚을 의무가 있는 데서 '책임' 의 뜻.

풀이 ①꾸짖다. ②바라다. 권장함. ③책임.

責望(책망) 윗사람이 잘못을 꾸짖고 나무람.
責務(책무) 책임을 지고 맡은 일.
責善(책선) 선을 행하도록 서로 권함.
責任(책임) 맡겨진 임무.
▶職責(직책), 叱責(질책)

나는 학생으로서의 **책임**을 완수하겠습니다.

貨 재화 화

한자 사전 찾기
부수:貝부 / 총획:11획

丿 亻 亻 化 化
化 化 貨 貨 貨
貨

글자의 원리 → → → 貨

형성 돈은 물건을 살 수 있다는 것이라는 것에서 값어치가 있는 것, 돈 의 뜻.

풀이 ①재화. ②물품. 상품.

貨物(화물) 실어 나를 수 있는 짐.
貨幣(화폐) 종이나 쇠붙이로 규격에 맞게 만든 돈.
外貨(외화) 외국의 돈.
▶雜貨(잡화), 通貨(통화)

貝부
[4·5획]

그 회사는 자동차를 외국에 수출하여 **외화**를 벌어들였습니다.

貴 귀할 귀

한자 사전 찾기
부수:貝부 / 총획:12획

丶 口 口 中 史
史 史 史 史 貴
貴 貴

글자의 원리 → → → 貴

형성 재산이 늘면 여유가 생기고 쉴 수 있다는 것에서 '귀중하다'의 뜻.

풀이 ①귀하다. ㉮신분이 높다. ㉯값이 비싸다. ②존칭의 접두어.

貴賓(귀빈) 귀한 손님. 특히, 초청되었거나 신분이 높은 손님.
貴重(귀중) 매우 가치가 커 중요함.
貴下(귀하) ①편지 겉봉에 받을 사람의 이름 다음에 써서 그를 높이는 뜻을 나타내는 말. ②상대방을 정중하게 높여 부르는 말.

그는 나의 **귀중**한 친구입니다.

641

貝 부
[5획]

買
살 매

한자 사전 찾기
부수:貝부 / 총획:12획

글자의 원리 ⇒ ▢ ⇒ 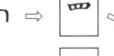 ⇒ 買

형성 돈(貝)을 주고 바꾼 물건을 망태기(㓁)에 담는다는 데서 '사다'의 뜻.

풀이 사다.

買收(매수) ①물건 따위를 사들임. ②돈이나 물건을 주어 자기 편으로 만듦.

買占賣惜(매점 매석) 어떤 물건이 값이 오르거나 모자랄 것을 예상하고 미리 그 물건을 한꺼번에 사 두는 일.

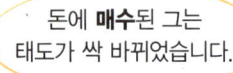
돈에 **매수**된 그는 태도가 싹 바뀌었습니다.

貯
쌓을 저

한자 사전 찾기
부수:貝부 / 총획:12획

글자의 원리 ⇒ 貯

형성 옛날, 돈 대신 사용한 조개(貝)가 집 안에 많다는 데서 '쌓다, 쌓이다'의 뜻.

풀이 ①쌓다. 쌓아 둠. ②두다. 같이 있게 함.

貯金(저금) 돈을 은행 등에 맡겨 저축하거나 모아 둠. 또는, 모아 둔 돈.

貯藏(저장) 쌓아서 간직하여 둠.

貯蓄(저축) 돈이나 재물을 절약하여 모아 둠.

상수는 용돈의 일부를 꼭꼭 **저금**합니다.

賀

하례할 하

한자 사전 찾기
부수: 貝부 / 총획: 12획

フ カ カ 加 加
カ 加 賀 賀 賀
賀 賀

글자의 원리 ⇒ 加/貝 ⇒ 賀

형성 손이나 입을 사용해 일꾼에게 돈을 주며 칭찬하기에 '축하하다'의 뜻.

풀이 ① 하례하다. ② 경축. 경사.

賀客(하객) 경사스러운 일을 축하하러 온 사람.
賀禮(하례) 축하하는 예식.
祝賀(축하) 남에게 생긴 좋은 일에 대해 함께 기뻐함. 또는, 기쁜 마음으로 인사함.

貝부
[5·8획]

할머니, 생신 **축하**드립니다.

賣

팔 매

한자 사전 찾기
부수: 貝부 / 총획: 15획

一 十 士 吉 吉
吉 吉 吉 声 壱
壱 青 壷 賣 賣

글자의 원리 ⇒ 出/貝 ⇒ 賣

형성 일단 사들였던 물건을 내놓아 '판다'는 뜻.

풀이 팔다. ㉮ 값을 받고 물건을 주다. ㉯ 속이다. 배신하다.

賣國奴(매국노) 자기의 이익을 위하여 자기 나라의 주권이나 이익을 남의 나라에 팔아먹은 사람.
賣買(매매) 팔고 사는 일. 買賣(매매).
賣盡(매진) 물건이 전부 팔림.
▶ 發賣(발매), 販賣(판매)

표가 **매진**되었습니다.

賞 상줄 상

貝부
[8획]

부수:貝부 / 총획:15획

글자의 원리 ⇒ ⇒ 賞

형성 공을 세운 사람을 가상히(尙) 여겨 재물(貝)을 주는 데서 '상주다'의 뜻.

풀이 ①상을 주다. ②상(賞). ③즐기다.

賞金(상금) 상으로 주는 돈.
賞狀(상장) 칭찬하는 뜻을 적어 상으로 주는 증서.
賞春客(상춘객) 봄경치를 구경하며 즐기는 사람.
▶鑑賞(감상), 受賞(수상), 褒賞(포상)

입상자에게 **상장**과 **상금**이 수여되었습니다.

質 바탕 질

부수:貝부 / 총획:15획

글자의 원리 ⇒ 質

형성 도끼 두 자루와 같은 값의 돈을 빌리는 것에서 '저당'의 뜻, '바탕'의 뜻.

풀이 ①바탕. ②순진하다. ③본성. ④묻다. 따져 물음.

質量(질량) 물체 중에 포함된 물질의 양.
質問(질문) 모르거나 의심나는 점을 물음.
質朴(질박) 꾸밈이 없이 순박함. 검소함. 素朴(소박).
▶氣質(기질), 物質(물질), 性質(성질), 素質(소질)

질문을 잘 하면 실력이 좋아집니다.

어질 현

한자 사전 찾기
부수:貝부 / 총획:15획

글자의 원리

형성 굳은(臤) 의지로 '돈(貝)을 벌었다.'는 뜻에서 점차 '어질다'의 뜻이 됨.

풀이 ①어질다. ②어진 사람. ③남에 대한 존칭.

賢明(현명) 어질고 사리에 밝음.
賢人(현인) 어질고 총명하고 덕행이 뛰어나 성인 다음가는 사람.
賢者(현자) 어진 사람.
愚問賢答(우문현답) 어리석은 질문에 현명하게 대답함.
▶名賢(명현), 聖賢(성현)

貝부
[8획]
赤부
[0획]

신중히 생각해서 **현명**한 판단을 내려야 합니다.

赤(붉을적)部

큰 대와 불 화가 합쳐진 모습을 본뜬 부수 명칭.

붉을 적

한자 사전 찾기
부수:赤부 / 총획:7획

글자의 원리

회의 큰 대(大)와 불 화(火)가 합쳐진 글자로, 활활 타는 불빛을 나타냄.

풀이 ①붉다. 붉은빛. ②발가숭이. ③비다.

赤裸裸(적나라) 있는 그대로 다 드러내어 숨김이 없음.
赤字(적자) 버는 돈보다 쓰는 돈이 많은 상태. ↔ 黑字(흑자)
赤潮(적조) 플랑크톤이 크게 증가하여 바닷물이 붉게 물들어 보이는 현상.

이번 달 가게는 **적자**가 났습니다.

의기양양했던 조조 무너지다

적벽대전(赤壁大戰)

조조군의 참패는 수전(水戰)에 서툴고 풍토병으로 병사들의 마음이 흩어져 있었고, 모든 배가 서로 연결되어 도망을 칠 수 없었기 때문이었다. 조조는 군사의 도망을 막고 배멀미를 줄이기 위해 모든 배들을 쇠고리로 연결하여 한 덩어리로 만들어 놓았던 것이다.

走 (달릴주) 部

달리는 사람과 발을 강조하여 만든 부수 명칭.

달릴 주

走부
[0 · 3획]

한자 사전 찾기
부수:走부 / 총획:7획

一 十 土 キ 走
走 走

글자의 원리 ⇒ ⇒ 走 **회의** 손발을 펼쳐 먼 곳까지 달리고 있는 모양에 발을 붙여 '달아나다'의 뜻.

풀이 ①달리다. ②가다. 향하여 감. ③달아나다.

走者(주자) 경주하는 사람.
逃走(도주) 죄지은 사람이 잡히지 않으려고 달아남.
競走(경주) 일정한 거리를 달려 빠르기를 겨루는 일. 또는, 그 경기.

토끼와 거북이 **경주**를 하였습니다.

일 기

한자 사전 찾기
부수:走부 / 총획:10획

一 十 土 キ 走
走 走 走 起 起

글자의 원리 ⇒ ⇒ 走 ⇒ 起
己 ⇒ 己 **형성** 자던 사람 옆에 뱀이 나타나자 일어나 허둥대는 데서 '일어나다'의 뜻.

풀이 ①일다. ㉮일어서다. ㉯분기하다. ㉰비롯하다. ㉱일을 시작하다. ②일으키다.

起工(기공) 토목 · 건축 등의 공사를 시작함.
起立(기립) 일어섬.
起兵(기병) 군대를 일으킴.
起色(기색) 어떠한 일이 일어날 조짐.
起源(기원) 사물이 생긴 근원.

연주가 끝나자 관객들이 **기립** 박수를 쳤습니다.

足 (발족) 部

종아리와 발가락을 포함한 발의 모습을 본뜬 부수 명칭.

발 족

한자 사전 찾기
부수:足부 / 총획:7획

ㅣ ㅁ ㅁ ㅁ ㅁ
ㅁ 足

글자의 원리

상형 다리 전체의 모습에서 본뜬 글자로, '발, 걷다'의 뜻.

풀이 ①발. ②족하다. 넉넉함.

足鎖(족쇄) 죄인의 발목에 채우던 쇠사슬.
足跡(족적) ①발자국. ②겪거나 지내 온 일의 발자취.
滿足(만족) 마음에 부족함을 느끼는 것이 없이 흐뭇함.
▶不足(부족), 充足(충족)

足부
[0획]

아기가 **만족**한 표정으로 젖을 빨고 있습니다.

아하!

足球(족구)

네트를 사이에 두고 두 팀이 머리와 발을 사용해 상대 팀으로 넘겨 승부를 겨루는 한국 고유의 구기 종목이다. 삼국 시대부터 짚이나 마른 풀로 공을 만들어 중간에 벽을 쌓고 공을 차서 넘기는 경기를 하였다는 기록이 있는 것으로 미루어 역사가 아주 오래되었을 것으로 추정된다.

足부
[6획]
身부
[0획]

路
길 로

한자 사전 찾기
부수:足부 / 총획:13획

형성 갈림길에서 어느 쪽으로 갈 것인가를 중얼거리는 것에서 '길'의 뜻.

풀이 길. ㉮도로. ㉯사물의 조리. 문맥. ㉰주요한 지위. ㉱방도.

路面(노면) 길의 표면. 길바닥.
路線(노선) ①버스·열차·비행기 등이 정해 놓고 다니도록 되어 있는 길. ②목표를 향하여 나아가는 방침.
路資(노자) 여행하는 데에 드는 돈.
▶經路(경로), 要路(요로), 進路(진로), 通路(통로)

눈이 와서 **노면**이 미끄럽습니다.

身(몸신)部

배가 나온 사람의 몸 모습을 본뜬 부수 명칭.

身
몸 신

한자 사전 찾기
부수:身부 / 총획:7획

상형 임산부가 걸어다니는 모양을 본뜬 글자로, '자신'의 뜻으로 쓰임.

풀이 몸. ㉮몸뚱이. 신체. ㉯나. 자신. ㉰신분.

身世(신세) ①주로, 불행한 때의 사람의 처지나 형편. ②남에게 도움을 받거나 괴로움을 끼침.
身元(신원) 어떤 사람의 주소·신분·직업 등에 관한 일.
身體(신체) 사람의 몸.
▶自身(자신), 獻身(헌신)

나중에 이 **신세**를 꼭 갚겠습니다.

車 (수레거) 部

수레의 모양을 나타낸 부수 명칭.

❶ 수레 거
❷ 수레 차

한자 사전 찾기
부수:車부 / 총획:7획

글자의 원리:

상형 바퀴 달린 수레를 옆에서 본 모양을 본뜬 글자로, '수레, 바퀴'를 뜻함.

풀이 ①수레. ②수레의 바퀴.

車輛(차량) ①도로나 선로 위를 달리는 모든 차의 총칭. ②연결되어 있는 열차의 한 칸.
車輪(차륜) 수레바퀴.
車窓(차창) 차의 창.
乘用車(승용차) 다섯 명 정도의 사람이 탈 수 있게 만든 자동차.
自轉車(자전거) 사람이 올라타고 앉아 발로 페달을 밟는 힘으로 바퀴를 돌려서 나아가게 만든, 바퀴가 두 개 또는 세 개인 탈것.
▶馬車(마차), 戰車(전차), 駐車(주차), 風車(풍차)

車부
[0획]

군사 군

한자 사전 찾기
부수: 車부 / 총획: 9획

車부
[2획]

丶 冖 冖 冚 冝
冟 宣 宣 軍

글자의 원리 ⇒

회의 전차 주위를 둘러싸고 있는 모양에서 '군사, 전쟁'을 뜻함.

풀이 ①군사. ②진(陣) 치다.

軍紀(군기) 군대에서 지켜야 할 규율과 질서.
軍事力(군사력) 군대의 병력·장비·경제력 등 전쟁을 할 수 있는 능력.
軍樂隊(군악대) 군악을 연주하기 위해 군인들로 조직된 악대.
軍人(군인) 군대에 속하여 적의 침입으로부터 나라를 지키는 일을 하는 사람.
軍艦(군함) 전투에 쓰는 큰 배.
孤軍奮鬪(고군분투) 남의 도움 없이 혼자서 힘에 벅찬 일을 열심히 함.
獨不將軍(독불장군) 남의 의견을 무시하고 제 고집대로 혼자서 일을 처리하는 사람.

軍隊行進曲
(군대 행진곡)

프란츠 슈베르트의 피아노곡이다. 작곡 연대는 1825년 이전으로 알려졌으며, 모두 3곡으로 이루어졌다. 제1번이 D장조, 제2번이 G장조, 제3번이 E장조이다. 제1번 D장조가 특히 유명하다. 일반적으로 〈군대 행진곡〉이라면 이 부분을 가리킨다.

팔기군

▲ 여덟 가지 색에 따라 나눈 팔기군

청나라의 누르하치가 처음 조직한 군대로, 여덟 가지 색의 기를 썼다 하여 붙여진 이름이다.

이들은 부족을 바탕으로 하여 구성되었는데, 한때는 천하 무적일 정도로 강해서 조선, 명, 몽골이 연합하여 격파하려 했다.

그러나 오히려 불과 며칠 사이에 3개국 연합군이 격파당하고 말았으며, 결국 몽골과 티벳, 위구르 등지까지 모두 정벌하여 중국의 땅을 3배로 키웠다.

이후로도 팔기군은 동아시아에서는 가장 강력한 군대로서 위력이 대단했지만, 이미 서양에 비해 수백 년 뒤처진 셈이었던 그들은 영국군 보병에 의해 무너졌다. 그들이 패한 주된 원인은 화약의 본산인 중국에서 총을 개발하지 않았기 때문이었다.

▲ 팔기병

輕 가벼울 경

車부 [7획]
辛부 [0획]

한자 사전 찾기
부수: 車부 / 총획: 14획

一 厂 厂 亓 冃 百 亘 車 軒 軒 軒 輕 輕 輕 輕

글자의 원리: ⇒ 車 ⇒ 車 ⇒ 輕
 巠 ⇒ 巠 ⇒ 巠

형성 샘물같이 좁은 길을 빨리 갈 수 있는 수레라는 데서 '가볍다'의 뜻.

풀이 ❶①가볍다. ②가벼이하다. 업신여김. ❷조급히 굴다.

輕蔑(경멸) 어떤 사람을 하찮게 여겨 얕잡아봄. 蔑視(멸시).
輕率(경솔) 언행이 신중하지 못하고 가벼움.
輕視(경시) 어떤 것을 중요하게 여겨야 하는데도 하찮게 여김.
輕快(경쾌) 움직임이나 모습, 기분 등이 가볍고 상쾌함.

공부를 못한다고 친구를 **경멸**하면 안 됩니다.

辛(매울신) 部

辛 매울 신

한자 사전 찾기
부수: 辛부 / 총획: 7획

丶 亠 亠 产 立 立 辛

죄인의 얼굴에 먹을 새기는 도구 모양을 본뜬 부수 명칭.

글자의 원리: ⇒ 辛 ⇒ 辛

회의 죄(辛)에 걸려든 (一) 사람이 고통으로 인해 '고생한다'는 뜻.

풀이 ①맵다. 매운맛. ②고생하다. ③천간(天干) 이름. 10간(干)의 여덟째.

辛苦(신고) 어려운 일을 당하여 몹시 애쓰는 것. 또는, 그 고통이나 고생.
辛辣(신랄) ①맛이 쓰고 매움. ②사물의 분석이나 비평이 매우 날카로움.
辛卯(신묘) 60갑자의 스물여덟째.

그는 나의 잘못에 대해 **신랄**하게 비난했습니다.

辰 (별진) 部

큰 조개의 살이 나와 있는 모양을 본뜬 부수 명칭.

辰

❶ 별 진
❷ 때 신

한자 사전 찾기
부수:辰부 / 총획:7획

一 厂 厂 斤 厂 辰
辰 辰

글자의 원리: ⇨ 辰 ⇨ 辰

상형: 조개가 움직이는 삼월에 전갈자리가 나타난다 하여 '별'의 뜻.

풀이: ❶ ①별. 다섯째 지지. ②별 이름. ❷ ①별. ②날.

辰星(진성) 행성 중 가장 작고, 태양과 가까이 있는 별. 水星(수성).
辰時(진시) 오전 7시에서 9시 사이.
日辰(일진) ①날의 간지(干支). ②그날의 운세.
▶生辰(생신), 星辰(성신)

辰부 [0획]

오늘은 **일진**이 아주 좋은 날입니다.

한자 Q&A

Q 한자어의 짜임이란 무엇일까요?

A 한자어는 각각 뜻을 지니고 있는 한자를 두 자, 또는 석 자씩 모아서 보다 구체적인 뜻을 가지는 형태를 이룹니다. 따라서 한자어를 이루는 한자들은 그 뜻이 서로 같거나 반대되는 등 의미상으로 일정한 관계를 지니고 있는데, 그러한 관계를 '한자어의 짜임' 이라고 한답니다.

예) ①같은 뜻의 한자어 : 永久(영구), 生活(생활), 身體(신체)
　　②반대되는 뜻의 한자어 : 往來(왕래), 左右(좌우), 利害(이해)

농사 농

辰부
[6획]

한자 사전 찾기
부수:辰부 / 총획:13획

글자의 원리 ⇒ ⇒ 農

형성 새벽(辰)부터 밭(曲)에 나가 일하는 '농부'를 뜻함. '농사' 라는 뜻도 있음.

풀이 ①농사. 농업. ②농부. 농민. ③경작하다.

農耕(농경) 논밭을 갈아 농사를 짓는 일.
農民(농민) 농사 짓는 사람. 農夫(농부).
農繁期(농번기) 농사일이 가장 바쁜 시기. ↔ 農閑期(농한기).
農事(농사) 농작물을 심고 가꾸고 거두어들이는 일.
農樂(농악) 농촌에서 농사일을 할 때나 명절 같은 때에 연주하는, 우리 나라 고유의 음악.
農藥(농약) 농작물의 병충해를 예방·구제하는 약품.
農業(농업) 땅을 이용하여 식량 등 생활에 필요한 물품을 생산하는 산업.
農作物(농작물) 논밭에 심어 가꾸는 식물.
農土(농토) 농사 짓는 땅.

농민 반란
-진승·오광의 난

  기원전 209년 진(秦)의 시황제가 죽은 후 일어난 중국 최초의 농민 반란 사건을 말한다. 시황제의 아들 호해가 즉위하자 민심은 흉흉해졌다.
  다음 해 7월, 진승과 오광은 장성 수비를 위해 부대를 이끌고 가던 중 폭우를 만났다. 하급 관리에 불과했던 진승과 오광은 정해진 기일에 현장에 도착할 수 없게 되자, 문책을 받을 것이 두려워 감독자를 살해한 뒤 대중을 선동하여 반란을 일으켰다.
  이들은 불만에 찬 농민들을 모아 진(陳)나라 땅을 점령하고, 진승이 초왕을 자칭하고 오광을 가왕으로 삼아 국호를 장초라 하였다. 이후 각지에서 민란이 일어나자 진나라는 반란을 진압하였고, 진승의 군은 내분이 일어나 세력을 떨치지 못한 채 진승과 오광은 부하에게 살해되었다.
  후에 진승의 장수였던 여신이 창두군을 조직하여 진현을 되찾고 초 정권을 회복했다. 같은 해 항우의 숙부였던 항량이 초 회왕을 옹립하자, 여신이 그에게 투항함으로써 반란은 끝이 났다.
  그러나 이것이 도화선이 되어 진은 유방과 항우에 의해 멸망하고 말았다.

▲ 진승과 오광의 난

辵 (책받침) 部

네거리를 활보하는 모양을 본뜬 부수 명칭. 辶 으로 쓰기도 함.

❶ 가까울 근
❷ 가까이할 근

한자 사전 찾기
부수: 辶 부 / 총획: 8획

` ´ ⺀ ⺅ 斤 斤
 沂 沂 近`

글자의 원리: ⇒ 斤 ⇒ 斤
 ⇒ 辵 ⇒ 辶 ⇒ 近

형성: 나무 자르는 소리는 가까운 곳에서만 들린다는 것에서 '가깝다'의 뜻.

풀이: ❶①가깝다. ②가까운 것. 집안. 친척. ❷가까이하다.

近郊(근교) 도시에서 가까운 지역.
近處(근처) 어느 곳에서 가까운 곳.
近親(근친) 가까운 친족.
近況(근황) 요즘의 상황이나 형편.
▶接近(접근), 最近(최근), 親近(친근)

우리는 주말이면 서울 **근교**에 있는 할머니 댁에 갑니다.

맞을 영

한자 사전 찾기
부수: 辶 부 / 총획: 8획

` ´ ⺀ ⺅ 印 印
 迎 迎 迎`

글자의 원리: ⇒ 辵 ⇒ 辶 ⇒ 迎
⇒ 卬 ⇒ 印

형성: 오는 사람을 마중 나가(辶) 높이 우러러(卬) 맞이한다는 뜻.

풀이: ①맞다. ②헤아리다. 추산함.

迎入(영입) 사람을 맞아들임.
迎接(영접) 손님을 맞이하여 접대함.
迎合(영합) 자기의 생각을 버리고 상대편이나 세상 풍조를 따름.
歡迎(환영) 기쁜 마음으로 맞이함.

선수 여러분들을 진심으로 **환영**합니다.

送

보낼 송

한자 사전 찾기
부수: 辶부 / 총획: 10획

 물건을 가지고 남편의 뒤를 따른다는 것에서 '보내다, 배웅하다'의 뜻.

풀이 보내다. ㉠사람을 보내다. ㉡물품을 보내다.

送金(송금) 돈을 부쳐 보냄.
送年(송년) 한 해를 보냄.
送別會(송별회) 헤어짐의 서운한 마음을 나누고 잘되기를 바라며 베푸는 모임.
▶**發送(발송), 運送(운송), 還送(환송)**

辶부
[6획]

逆

거스를 역

한자 사전 찾기
부수: 辶부 / 총획: 10획

 가던 사람이 되돌아오는 것을 나타내어 '역행하다, 거꾸로 됨'의 뜻.

풀이 ①거스르다. ②역(逆). 순서가 뒤바뀌는 일.

逆境(역경) 뜻대로 되지 않는 불운한 처지.
逆轉(역전) 이기고 짐이나 순위 등이 뒤바뀜.
逆行(역행) 보통의 방향이나 시대의 흐름과 반대 방향으로 나아감.
逆效果(역효과) 바라던 것과는 정반대의 효과.

追

쫓을 추

⻌부 [6획]

한자 사전 찾기
부수:⻌부 / 총획:10획

` ⺁ ㅓ ㅓ 阝 自 `
`自 自 追 追 追`

글자의 원리

형성 언덕 쪽으로 쫓기고 있는 사람의 뒤를 쫓아가는 것에서 '쫓다'의 뜻.

풀이 ①쫓다. ㉮뒤쫓아가다. ㉯쫓아 버리다. ㉰따르다. 추종함. ②추모(追慕)하다.

追慕(추모) 죽은 사람을 생각하고 그리워함.
追放(추방) 일정한 지역이나 조직 밖으로 쫓아냄.
追憶(추억) 지나간 일을 돌이켜 생각함. 또는, 그 생각.
追跡(추적) ①뒤를 밟아 쫓아감. ②사물의 자취를 더듬어 감.

옛 사진을 보면서 **추억**에 잠겼습니다.

退

물러날 퇴

⻌부

한자 사전 찾기
부수:⻌부 / 총획:10획

` ㄱ ㅋ ㅋ 艮 艮 `
`艮 艮 退 退 退`

글자의 원리

회의 태양이 동쪽에서 떠서 서쪽으로 지는 것에서 '물러나다'라는 뜻.

풀이 물러나다. ㉮뒤로 물러나다. ㉯그만두다. 은퇴함. ㉰줄다. ㉱쇠약해지다.

退勤(퇴근) 직장에서 하루의 근무를 마치고 나옴.
退場(퇴장) ①그 장소에서 나감. ②배우가 무대 밖으로 나감. ③선수가 반칙 등으로 경기장 밖으로 쫓겨남.
退治(퇴치) 좋지 못한 것을 물리치거나 없애 버림.

▶隱退(은퇴), 脫退(탈퇴), 後退(후퇴)

반칙을 한 선수가 주심으로부터 **퇴장** 명령을 받았습니다.

連

이을 련

한자 사전 찾기
부수: 辶_부 / 총획: 11획

一 冂 亘 写 宣
亘 車 車 連 連
連

글자의 원리: ⇒ 車 ⇒ 車 ⇒ 連
 ⇒ 辶 ⇒ 辶

회의 몇 대의 차가 줄지어 계속 통과하는 것에서 '연결되다, 이어지다'의 뜻.

풀이 ①잇다. ②연합하다. ③동행. 동반자.

連結(연결) 서로 이어 맺음. 또는, 서로 맺어서 이음.
連帶(연대) 어떤 일을 함께 하거나 공동으로 책임을 짐.
連絡(연락) ①소식이나 정보 등을 알림. ②서로 관계를 가짐.
連行(연행) 경찰이나 검찰이 범죄자를 수사 기관으로 데려감.
▶關連(관련)

辶부
[7획]

일이 결정되는 대로 **연락**드리겠습니다.

逢

만날 봉

한자 사전 찾기
부수: 辶_부 / 총획: 11획

丿 夂 夂 冬 冬
冬 夆 夆 逢 逢
逢

글자의 원리: ⇒ 辶 ⇒ 辶 ⇒ 逢
 ⇒ 夆 ⇒ 夆

회의 길을 가다(辶)가 만난다(夆)는 뜻의 글자.

풀이 만나다.

逢變(봉변) ①뜻밖에 화를 당함. ②망신스러운 일.
逢着(봉착) 맞닥뜨림. 부닥침.
相逢(상봉) 오랫동안 헤어져 있다가 서로 만남.

이산가족이 50년 만에 **상봉**하였습니다.

速

빠를 속

한자 사전 찾기
부수: 辶부 / 총획: 11획

一 ㄇ ㄇ 戸 宙
束 束 束 涑 涑
速

 글자의 원리 ⇒ 束 ⇒ 束 ⇒ 速

형성 나무를 단단히 묶듯 마음을 굳게 먹고 서둘러 걷는 데서 '빠르다'의 뜻.

풀이 ①빠르다. 신속함. ②빨리. 신속히.

速斷(속단) 깊이 생각하지 않고 판단함.
速達(속달) 빨리 배달함. 또는 빨리 배달하는 우편.
速度(속도) 물체가 나아가거나 일이 진행되는 빠르기.
▶ 高速(고속), 時速(시속), 迅速(신속)

빛의 **속도**는 소리의 **속도**보다 빠릅니다.

造

지을 조

한자 사전 찾기
부수: 辶부 / 총획: 11획

丿 丨 止 牛 告
告 告 告 告 造
造

 글자의 원리 ⇒ 告 ⇒ 告 ⇒ 造

형성 붙이고 나아간다는 데서 '마침 있는 재료를 붙여서 맞추다'의 뜻.

풀이 짓다.

造成(조성) ①힘과 기술을 들여 무엇이 이루어지게 함. ②어떤 분위기가 생기게 함.
造作(조작) 일을 꾸며서 만듦.
▶ 偽造(위조), 製造(제조), 創造(창조)

강 둔치에 시민 공원이 **조성**되었습니다.

通

통할 통

한자 사전 찾기
부수: 辶부 / 총획: 11획

丶 亠 卪 冃 甬
甬 甬 涌 涌 通
通

 글자의 원리

형성 나무판에 못을 박듯 도로가 계속 이어져 있는 것에서 '통과하다'의 뜻.

풀이 ①통하다. ②통하게 하다. ③오가다. ④알다. ⑤전하다. ⑥통. 서류나 악기를 세는 말.

通過(통과) ①들르지 않고 지나감. ②시험이나 검사 등에서 합격하거나 승인됨.
通達(통달) 어떤 일이나 지식에 막힘이 없이 훤히 앎.
通知(통지) 어떤 사실을 기별하여 알림.
通學(통학) 집에서 학교로 매일 다니며 공부함.
▶開通(개통), 共通(공통), 疏通(소통), 融通(융통)

辶부
[7·8획]

그는 한문에 **통달**했습니다.

進

나아갈 진

한자 사전 찾기
부수: 辶부 / 총획: 12획

丿 亻 亻 亻 仆
仆 仹 隹 隹 淮
淮 進

 글자의 원리

형성 새가 나는 것처럼 빨리 걷는 모양에서 '나아가다'라는 뜻.

풀이 나아가다. ㉮앞으로 가다. ㉯오르다. ㉰차차 좋아지다.

進路(진로) 앞으로 나아가는 길이나 나아갈 길.
進就(진취) 차차 진보하여 감.
進化(진화) 생물이 오랜 기간에 걸쳐 조금씩 변화하여 복잡하고 우수한 종류로 됨. ↔ 退化(퇴화).
▶昇進(승진), 推進(추진), 行進(행진)

태풍은 **진로**를 바꾸어 일본 열도를 강타했습니다.

663

辶부
[6획]

❶ 지날 과
❷ 허물 과

한자 사전 찾기
부수:辶_부 / 총획:13획

ㅣ ㅁ ㅁ ㅁ 冎
咼 咼 咼 咼 渦
過 過 過

글자의 원리 ⇒ 咼 ⇒ 咼 ⇒ 過

형성 소용돌이처럼 여기 저기 다니며 부딪치는 것에서 '지나다' 라는 뜻.

풀이 ❶지나다. ㉮건너다. ㉯거치다. 경유함. ㉰넘다. 넘어감. ❷허물. 잘못하다.

過誤(과오) 저지른 잘못.
過剩(과잉) 수량이나 정도가 필요한 것보다 많음.
過程(과정) 일이 되어 가는 경로.
▶ 經過(경과), 通過(통과)

사과가 **과잉** 생산되어 값이 떨어졌습니다.

통할 달

한자 사전 찾기
부수:辶_부 / 총획:13획

ㅡ 十 土 士 幸
幸 幸 幸 幸 幸
逹 逹 達

글자의 원리 ⇒ 幸 ⇒ 達

형성 새끼양(幸)이 어미 양에게 간다(辶)는 데서 '이르다, 통달하다'의 뜻.

풀이 ①통하다. ㉮통달하다. ㉯이르다. 다다름. ②능숙하다. ③이루다. ④알리다.

達辯(달변) 말을 아주 잘함. 능란한 말.
達成(달성) 뜻한 것을 이룸.
達人(달인) 어떤 기술이나 재능이 아주 뛰어난 수준에 이른 사람.
到達(도달) 목적한 곳이나 일정한 수준에 다다름.
▶ 發達(발달), 配達(배달), 傳達(전달), 通達(통달)

우리는 오후 늦게야 산 정상에 **도달**하였습니다.

길 도

한자 사전 찾기
부수:辶부 / 총획:13획

丶 丷 丷 丷 丷
丷 丷 丷 首 首
渞 渞 道

글자의 원리

형성 풀밭 속에서 머리가 보일 정도면 길의 위치를 알 수 있다 하여 '길'의 뜻.

辶부 [9획]

풀이 ①길. ㉮다니는 길. 도로. ㉯이치. 도리. ㉰방법. ②전문 기술·기예. ④행정 구획의 이름.

道德(도덕) 옳고 그름을 판단하여 마땅히 지켜야 할 행동의 기준.
道路(도로) 사람이나 차가 다닐 수 있게 땅 위에 만들어 놓은 넓은 길.
道理(도리) ①사람으로서 마땅히 해야 할 바른 행동이나 지켜야 할 도덕. ②어떻게 할 만한 좋은 방법.
道義(도의) 사람이 마땅히 행해야 할 도덕적 의리.
道場(도장) 무예를 익히는 곳.
道通(도통) ①삶의 깊은 이치를 깨달아, 마음이 너그럽고 작은 일에 얽매이지 않음. ②어떤 일을 잘 알거나 잘함.
▶ **方道**(방도), **食道**(식도), **王道**(왕도), **孝道**(효도)

도교

▲ 노자

노자와 장자에 의해서 완성된 도교는 유교가 행동의 규범으로 예의 형식을 이루어 놓은 데 반하여 노자는 덕이나 제도를 배격하고, 무위자연의 도를 설명하고 있다. 뒤에 장자가 이를 계승하였으므로 노장의 학설이라고도 하는데, 이 사상은 그 후 도교로 발전하였다.

도교가 중국에서 우리 나라에 전래된 것은 삼국 시대 때부터이다.

도교는 원래 민간 신앙으로 발전된 것이지만 고구려, 백제는 귀족 사회에 전파되어 불교와 함께 발전하였다. 연개소문은 귀족 세력과 결탁된 불교를 억압하기 위해 도교를 받아들였다. 보장왕 2년(643)에 당의 숙달이 전해 주었으며, 이 때 보덕은 백제를 거쳐 신라에 망명하여 도교의 불로 장생 사상에 대항하여 열반종을 열었다.

백제와 신라는 도교 전래의 기록은 없으나 백제는 산수 무늬 벽돌이나 사택지적비, 무령왕릉 지석 등을 통해서, 신라는 화랑도의 국선도, 풍월도 등의 명칭에서 그 전래 사실을 확인할 수 있다.

만날 우

한자 사전 찾기
부수: 辶 부 / 총획: 13획

丶 冂 曰 日 旲
禺 禺 禺 禺 遇
遇 遇 遇

글자의 원리:

형성 짐승(禺)들은 돌아다니다가(辶) 우연히 잘 '만난다'는 뜻.

풀이 만나다.

待遇(대우) ①사람을 소중하고 귀하게 여겨 대함. ②남을 지위나 신분에 따라 어떤 태도나 방식으로 대함. ③직장에서 주는 보수나 직위의 수준.

▶ 不遇(불우)

辶 부
[9획]

여성과 남성을 차별 **대우** 하지 맙시다.

옮길 운

한자 사전 찾기
부수: 辶 부 / 총획: 13획

丶 冖 冃 冒 冐
自 冒 軍 軍 軍
渾 渾 運

글자의 원리:

형성 군대가 전차를 잡아당겨 끌고 가는 모습에서 '운반하다'라는 뜻.

풀이 ①옮기다. 운반함. ②돌다. 돌리다. ③움직이다. ④운명.

運命(운명) 인간의 삶과 죽음을 지배한다고 생각되는, 정해져 있는 힘.
運搬(운반) 물건을 옮겨 나름.
運轉(운전) 기계나 자동차 따위를 다루어 움직이게 함.
運行(운행) 기차·자동차 등이 정해진 곳으로 운전하여 다님.

이삿짐을 트럭에 싣고 **운반**하였습니다.

놀 유

한자 사전 찾기
부수: 辶 부 / 총획:13획

辶 부
[9·10획]

丶 亠 方 方
方 扩 扩 斿 斿
游 游 遊

글자의 원리 遊

형성 깃발이 펄럭이고 있는 곳에서 아이가 돌아다니며 '논다'는 뜻.

풀이 ①놀다. ②놀이.

遊覽(유람) 경치 좋은 곳을 찾아 여기저기 구경하며 돌아다님.
遊園地(유원지) 여러 사람이 쉬면서 즐길 수 있도록 여러 가지 시설을 갖추어 놓은 곳.
遊戲(유희) 재미있게 즐기면서 노는 일. 놀이.

세계 곳곳을 **유람**하는 것이 나의 소망입니다.

멀 원

한자 사전 찾기
부수: 辶 부 / 총획:14획

一 十 土 吉 吉
吉 吉 吉 克 克
袁 袁 遠 遠

글자의 원리 遠

형성 품에 물건을 넣어서 멀리까지 보내는 것에서 '멀다'라는 뜻.

풀이 멀다. ㉠아득하다. ㉡길이 멀다. ②멀어지다.

遠近(원근) 멀고 가까움. 또는, 먼 곳과 가까운 곳.
遠大(원대) 계획이나 희망 등이 크고 대단함.
遠征(원정) ①멀리 적을 치러 감. ②먼 곳으로 운동 경기나 탐험 등을 하러 감.
永遠(영원) 시간이 끝없이 길고 오램. 또는, 오래도록 변함 없음.

윤지와의 우정이 **영원**히 변치 않기를 기도했습니다.

 **고사성어**

원교근공 (遠交近攻)

· 출전 : 《사기》
· 풀이 : 가까운 곳을 공격한다는 뜻.

기원전 270년 중국의 전국 시대에 위나라의 범수가 진나라 소양왕에게 진언한 말에서 유래한다.

소양왕이 범수를 불러 놓고 가르침을 청하자, 범수는 가까운 나라를 그대로 두고 먼 나라를 공격하는 진의 대외정책은 실효를 거두기 어려우므로 반대로 먼 나라와 친교를 맺고 가까운 나라를 공격해야 한다고 역설하였다.

소양왕은 이 말을 받아들여 제·연·초에 대한 공격을 멈추고, 한·위·조의 3국을 공격하였다.

辶부
[11획]

갈 적

한자 사전 찾기
부수: 辶부 / 총획: 15획

 글자의 원리

형성 물방울이 떨어지듯 걸어가는 것에서 '가다'의 뜻. 점차 '적합하다'의 뜻.

풀이 ①가다. ②마땅하다. 당연함. ③맞다. 적합함. ④기뻐하다. 즐김.

適當(적당) 모자라거나 넘침이 없음.
適性(적성) 특정한 활동이나 일에 적합한 능력이나 성질.
適材適所(적재적소) 알맞은 인재를 알맞은 자리에 배치함.
適合(적합) 어떤 형편이나 조건이 딱 들어맞음.
▶悠悠自適(유유자적), 快適(쾌적), 閑適(한적)

제주도의 기후는 귤을 재배하기에 **적합**합니다.

選

辶부
[12획]

❶ 가릴 선
❷ 뽑을 선

한자 사전 찾기
부수:辶부 / 총획:16획

丶 丶' 尸 尸'
甲 甲 甲 巽 巽
巽 巽 巽 選 選
選

글자의 원리

형성 공경하는 사람에게는 좋은 물건만을 선물하는 것에서 '고르다'의 뜻.

풀이 ❶가리다. ❷뽑다. 인재를 선발함.

選擧(선거) 어떤 조직이나 단체에서 그 구성원들이 투표나 거수 등의 방법으로 대표자나 임원을 뽑는 일.
選手(선수) 어떤 운동이나 기술에 뛰어나 대표로 뽑힌 사람.
選擇(선택) 여럿 가운데서 필요한 것을 골라서 뽑음.
▶ **當選(당선), 豫選(예선), 入選(입선)**

우리 나라는 국민이 직접 대통령을 **선거**합니다.

遺

남길 유

한자 사전 찾기
부수:辶부 / 총획:16획

丶 口 日 申 虫
串 肯 青 青 書
貴 貴 遺 遺 遺
遺

글자의 원리

형성 걸어가다가 돈을 잃어버리고 생각하는 것에서 '잇다, 잃어버리다'의 뜻.

풀이 ①남기다. ②버리다. 내버림. ③실수. 빠뜨림.

遺棄(유기) 내다 버림.
遺産(유산) 세상을 떠난 사람이 남겨 놓은 재산.
遺失(유실) 가지고 있던 것을 잃어버림.
遺傳(유전) 생물의 형태・성질・체질 등이 부모에게서 자식에게로 전해짐.

그는 많은 **유산**을 상속받았습니다.

 邑(고을읍) 部

일정한 경계와 사람이 앉아 있는 모습으로 사람이 사는 고을을 뜻하는 부수 명칭. ß으로 쓰기도 함.

邑
고을 읍

한자 사전 찾기
부수:邑부 / 총획:7획

ㅣ ㅁ ㅁ 무 뮤
뮴 邑

글자의 원리 ⇨ ⇨ 邑

회의 일정하게 둘러싸인 경계(口) 안에 사람(巴)들이 모여 사는 '고을'의 뜻.

풀이 ①고을. 마을. ②도읍. 서울.

邑内(읍내) 읍의 안.
都邑(도읍) 옛날에, 수도를 이르던 말.
都邑地(도읍지) 옛날에, 한 나라의 도읍으로 삼았던 곳.

邑부 [0획]

아버지는 **읍내**에서 내 운동화를 사 오셨습니다.

郡

고을 군

한자 사전 찾기
부수: 阝부 / 총획:10획

阝부
[7획]

ㄱ ㄲ ㅋ 尹 君
君 君 君' 郡 郡

글자의 원리

형성 임금 군(君)과 고을 읍(阝←邑)이 합쳐진 글자로, '고을'을 뜻함.

풀이 ①고을. 행정 구역의 하나. ②관서(官署)의 하나.

郡民(군민) 군의 주민.
郡守(군수) 한 군의 행정을 맡아보는 우두머리.
郡廳(군청) 군의 행정을 관장하는 관청.

시는 시장이, 군은 **군수**가 행정을 책임집니다.

郎

사내 랑

한자 사전 찾기
부수: 阝부 / 총획:10획

' ㄱ ㅋ ㅋ 良
良 良 良' 郎 郎

글자의 원리

형성 마을(阝←邑)에서 어질고(良) 훌륭한 '사내'를 뜻함.

풀이 ①사내. ②낭군. 남편의 호칭. ③벼슬 이름.

郎君(낭군) ①젊은 남자의 존칭. ②전에, 아내가 남편을 일컫던 말.
新郎(신랑) 결혼할 남자. 또는, 갓 결혼한 남자.
▶花郎(화랑)

신랑 입장이 있겠습니다.

部

거느릴 부

한자 사전 찾기
부수: 阝 부 / 총획: 11획

丶 亠 ㆍ ㆍ 立
产 音 音 音 音 咅 咅
部 部

 글자의 원리

 형성 국가를 잘게 나누어 마을을 만든 것에서 '나누다, 부분, 떼'의 뜻.

풀이 ①나누다. 구분함. ②거느리다. ③분류. ④사람의 한 떼. 촌락. ⑤부(部). 구분한 물건이나 서적을 세는 단위.

部落(부락) 시골에 여러 집이 모여 이룬 마을.
部類(부류) 어떤 대상을 공통된 성격이나 종류에 따라 나눈 갈래.
部署(부서) 조직체 안에서, 일의 성격에 따라 나누어진 단위.
部下(부하) 남의 아래에서 그의 명령에 따라 움직이는 사람.

阝 부
[8·9획]

都

도읍 도

한자 사전 찾기
부수: 阝 부 / 총획: 12획

一 十 土 耂 耂
耂 者 者 者 者
都 都

 글자의 원리

 형성 많은 사람들(者)이 사는 '도회지'의 뜻에서 점차 '도읍'의 뜻으로 쓰임.

풀이 ①도읍. 서울. ②모두. 다. 모조리.

都賣(도매) 물건을 소비자에게 팔지 않고 소매상에게 한꺼번에 모개로 파는 일.
都心(도심) 도시의 중심부.
都合(도합) 모두 합해서. 總計(총계).
首都(수도) 한 나라의 중앙 정부가 있는 도시.

鄕

시골 향

『부
[10획]
酉부
[0획]

한자 사전 찾기
부수: 阝부 / 총획:13획

丿 幺 乡 乡'
乡⁰ 乡ョ 乡ョ 乡阝
乡阝' 乡阝⁷ 鄕

🔵 글자의 원리 ⇨  ⇨ 乡阝 ⇨ 鄕

🟠 형성 마을과 마을이 멀리 떨어져 있는 것에서 '고향' 이라는 뜻.

🔵 풀이 ①시골. ②마을. ③고향.

鄕歌(향가) 신라 중기부터 고려 초기에 걸쳐 민간에 널리 유행하던 우리 나라 고유의 시가.
鄕愁(향수) 고향을 그리워하는 마음이나 시름.
故鄕(고향) 자기가 태어나 자란 곳.
▶**歸鄕**(귀향), **他鄕**(타향)

고향 마을이 지금도 눈에 선합니다.

酉 (닭유) 部

酉

닭 유

한자 사전 찾기
부수: 酉부 / 총획:7획

一 厂 冂 西 西
西 酉

술을 담는 술병 모양을 본뜬 부수 명칭. 12지에 사용하는 '닭'의 뜻을 의미함.

🔵 글자의 원리 ⇨ ⇨ 酉

🟠 상형 술은 닭이 둥지에 드는 해질녘에 마신다는 데서 '닭'의 뜻.

🔵 풀이 닭. 12지(支)의 열째. 방위로는 서쪽, 계절로는 가을, 시각으로는 오후 5시에서 7시 사이에 해당됨.

酉方(유방) 24방위의 하나. 서쪽을 중심으로 한 15도 각도 안.
酉時(유시) 오후 5시에서 7시까지.

서쪽을 다른 말로 **유방**이라고도 합니다.

酒

술 주

한자 사전 찾기
부수: 酉부 / 총획: 10획

丶 氵 氵 汀 汀
沂 沔 洒 酒 酒

글자의 원리 酒

형성 항아리 속에 고여 있는 액체를 쥐어짜서 얻은 '술'을 뜻함.

풀이 술.

酒量(주량) 마시고 견디어 낼 만한 술의 양.
酒色(주색) ①술과 여자. ②얼굴에 나타나는 술기운.
酒宴(주연) 술을 마시며 즐기는 잔치.
飮酒(음주) 술을 마심.

음주 운전은 절대 해서는 안 됩니다.

酉부
[3·11획]

醫

의원 의

한자 사전 찾기
부수: 酉부 / 총획: 18획

一 T 下 E E
医 医 医 医 殹
殹 殹 毉 毉 毉
毉 毉 醫

글자의 원리   醫

형성 신음 소리를 내며 몸부림치는 환자에게 약술을 먹여 '고친다'는 뜻.

풀이 ①의사(醫師). ②병을 고치다.

醫療(의료) 의술로 병을 치료하는 일.
醫術(의술) 병을 고치는 기술.
醫藥品(의약품) 병을 예방하거나 치료하는 데 쓰이는 약품.
醫員(의원) 옛날에, 의사를 이르던 말.

병원에서 **의료** 사고가 빈번히 일어나고 있습니다.

중국의 전설적인 명의, 화타

화타(華陀)

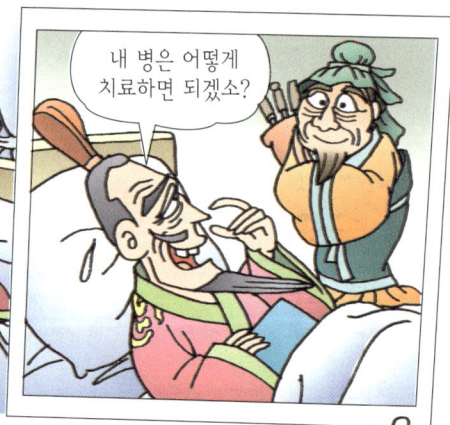

예전의 조조라면 화타처럼 재주 있고 강직한 사람을 옆에 두고 중용하였을 것이다. 그러나 이때의 조조는 늙고 쇠약해져 의심이 많았다. 이리하여 화타는 얼마 후 조조의 명에 의해 죽음을 맞이하게 된다. 화타는 외과 수술을 처음으로 하였으며, 마비산이라는 마취제와 동물의 모습을 흉내낸 오금희라는 건강 체조도 만들었다고 한다.

里 (마을리) 部

밭 전과 흙 토가 합쳐져 이루어진 글자를 뜻하는 부수 명칭.

마을 리

한자 사전 찾기
부수:里부 / 총획:7획

里부
[0획]

글자의 원리 ⇒ ⇒ 里

회의 농토(田) 사이에 있는 땅(土)에서 사람이 산다고 하여 '마을'이라는 뜻.

풀이 ①마을. 촌락. 사람이 사는 곳. ②거리의 명칭.

里程標(이정표) 도로·선로 등의 가장자리에 어느 곳까지의 거리를 적어서 세워 놓은 푯말이나 표지.

ㅣ 口 日 日 甲 甲 里

❶ 무거울 중
❷ 거듭할 중

한자 사전 찾기
부수:里부 / 총획:9획

一 二 千 千 台
台 重 重 重

글자의 원리 ⇒ 重 ⇒ 重

형성 자루에 곡물 등을 넣어 그 무게를 재는 것에서 '무게, 겹치다'의 뜻.

풀이 ❶①무겁다. 두텁다. ②무겁게 하다. 소중히 함. ③정도가 심하다. ❷거듭하다.

重量(중량) 물체의 무게.
重病(중병) 목숨이 위태로울 정도로 심하게 앓는 병.
重複(중복) ①어떤 일을 거듭 되풀이함. ②사물이 서로 겹침.
重傷(중상) 몹시 다침. 심한 부상. ↔ 輕傷(경상).
重要(중요) 어떤 일이나 대상이 큰 의미나 가치가 있음.
重厚(중후) ①태도가 정중하고 무게가 있음. ②작품이나 분위기 등이 엄숙하고 무게가 있음.
尊重(존중) 높이 받들어 귀중하게 여김.
▶ 嚴重(엄중), 體重(체중)

里부
[2획]

아하!

重力(중력)

지표에 있는 물체를 지구의 중심 방향으로 끌어당기는 힘. 그 대부분은 지구와 물체 사이의 만유인력(떨어져 있는 물체가 서로를 끌어당기는 힘)인데, 정확히는 그것에 지구 자전에 따르는 원심력이 더해져 작용한다. 중력의 크기는 물체의 질량에 비례한다.

솥의 무게를 묻다

문정경중(問鼎輕重)

춘추 시대, 초나라 장왕은…

융족을 깨부수고 주나라 도성 가까이 이르렀노라!

이 소식을 들은 주나라 정왕은 놀라서 얼른 장왕에게 사신을 보냈다.

정왕이 보내서 왔다고?

네.

그럼 주나라 구정은 얼마나 무거운가?

구정은 커다란 솥으로 고대 국가의 정권을 상징하여 대대로 나라에 전해지는 보물이었다.

이 자가 왕위를 엿보고 있구나!

나라의 힘은 덕행에 있지, 보물에 있지 않습니다.

주나라는 구정을 지킬 수 없노라. 우리 초나라도 이제 충분히 구정을 만들 수 있으니…

"이것은 하늘의 뜻입니다. 주왕실의 덕이 비록 미약하기는 하지만 하늘의 뜻은 아직 바뀌지 않았습니다. 그래서 구정의 경중을 물으실 수 없습니다."
이 말을 들은 장왕은 자기의 잘못을 깨닫고 그 자리에서 일어나 주나라를 떠났다.

野

들 야

里부
[4·5획]

한자 사전 찾기
부수: 里부 / 총획: 11획

丶 口 日 日 甲
甲 里 野 野 野
野

글자의 원리

형성 사람이 사는 시골 동네를 중심으로 넓혀 간 모양에서 '넓은 들판'의 뜻.

풀이 ①들. ㉮들판. ㉯자연 그대로. ②촌스럽다. 꾸밈새가 없음. ③길들지 않다. 따르지 않음.

野望(야망) ①큰일을 이루고자 하는 소망. ②그릇된 야심을 품은 욕망.
野生(야생) 동물이나 식물이 산이나 들에서 저절로 나서 자람.
野營(야영) 천막 따위를 치고 야외에서 잠.
▶分野(분야), 視野(시야), 平野(평야)

진달래는 산이나 들에 **야생**하는 꽃입니다.

量

❶헤아릴 량
❷되 량

한자 사전 찾기
부수: 里부 / 총획: 12획

丶 口 日 旦 昌
旦 昌 昌 昌 量
量 量

글자의 원리

회의 물건(日) 모양으로, 부피나 무게(重)를 잰다는 것에서 '헤아린다'는 뜻.

풀이 ❶헤아리다. ❷①되. 말. ②양. 되로 되는 양.

量感(양감) 미술에서, 대상의 부피나 무게의 느낌이 드러나도록 그림을 그리는 일. 또는 그런 느낌.
雅量(아량) 너그러운 마음씨.
▶計量器(계량기), 度量衡(도량형), 分量(분량), 力量(역량)

그는 **아량**이 넓은 사람입니다.

金 (쇠금) 部

흙에 덮인 광석이나 물건을 주조하는 틀 모양을 본뜬 부수 명칭.

❶ 쇠 금
❷ 성 김

한자 사전 찾기
부수:金부 / 총획:8획

ノ 人 亼 仐 仐
全 余 金

글자의 원리 ⇒ ⇒ 金   **형성** 산의 땅 속에 황금이 묻혀 있는 모양에서 '금, 돈'을 뜻함.

풀이 ❶①쇠. ㉮금속. ㉯돈. ㉰황금. ②귀하다. 고귀한 것의 비유. ③황금색. ❷성(姓).

金科玉條(금과옥조) 금이나 옥처럼 귀중히 여겨 지키고 받들어야 할 규범이나 교훈.
金髮(금발) 황금색 머리털.
金屬(금속) 광택이 있고 열이나 전기를 잘 전하며, 펴지고 늘어나는 성질을 가진 물질.
金額(금액) 돈의 액수.
金融(금융) 신용을 바탕으로 자금을 빌려 주거나 빌려 쓰는 일.
金銀寶貨(금은보화) 금·은·옥·진주 등의 귀한 보물.
金字塔(금자탑) 후세에 오래 남을 위대한 업적을 비유.
純金(순금) 잡물이 섞이지 않은 순수한 금.
▶ **募金**(모금), **罰金**(벌금), **獻金**(헌금)

針

❶ 바늘 침
❷ 바느질할 침

한자 사전 찾기
부수:金부 / 총획:10획

丿 ㅅ ㅅ ㅅ 今
今 余 金 金 針

글자의 원리:

형성 바늘은 철물로 만들어졌다는 것에서 '金'에 '十'을 붙여 '바늘'의 뜻.

풀이 ❶바늘. 침. ❷바느질하다.

針線(침선) 바늘과 실. 또는, 바느질.
指針(지침) 어떤 행동의 방향이나 무엇을 하는 방법 등을 알려 주는 길잡이.
▶分針(분침), 秒針(초침)

金부
[2·6획]

그의 말은 내 삶의 **지침**이 되고 있습니다.

銀

은 은

한자 사전 찾기
부수:金부 / 총획:14획

丿 ㅅ ㅅ ㅅ 今
今 余 金 金 金
釘 鈤 鈤 銀

형성 눈알을 굴릴(艮) 때의 흰자위처럼 백색빛을 내는 쇠붙이(金)인 '은'을 뜻함.

풀이 ①은. 귀금속의 한 가지. ②돈. 화폐. ③희고 광택이 있는 것의 총칭.

銀河水(은하수) 맑은 날 밤에 흰 구름 모양으로 길게 보이는 수많은 별의 무리를 강물에 비유하여 이르는 말.
銀行(은행) 싼 이자를 주고 예금을 받아서, 높은 이자를 받고 돈을 빌려 주는 일을 하는 기관.
▶金銀(금은), 水銀(수은), 純銀(순은)

틈틈이 모은 용돈을 **은행**에 저금하였습니다.

중국 허난성 안양현 샤오툰 부락 부근에 있는 고대 은(殷)나라 왕조 도읍의 유적. 이 유적에서 출토된 귀갑과 소뼈가 용골(말라리아 열병에 쓰이는 약)로 베이징에 있는 약방에서 팔리고 있었는데, 1899년 이것을 사들인 유악이 이 뼈에 고대 문자(갑골문자)가 새겨져 있는 것을 발견하여 이때부터 고대사 학자들의 주목을 끌었다.

뤄전위·왕궈웨이 등의 연구로, 갑골문자는 은왕조의 점쟁이가 왕가를 위하여 점친 복점, 즉 점괘임이 밝혀졌다. 뤄전위는 1915년 직접 갑골문자가 출토된 샤오툰 부락을 방문하여, 갑골문자 외에 청동기와 옥기를 발굴하였다. 1928년에는 중화민국 중앙연구원 역사언어연구소가 둥쭤빈과 리지를 중심으로 은허의 발굴을 시작하였는데, 이때부터 1937년까지 15회에 걸친 대발굴 작업이 계속되었다. 또 중화인민공화국 정부가 수립된 뒤에는 중국과학원 고고연구소에 의하여 1950년부터 발굴 작업이 시작되어 지금도 계속되고 있다.

은허 가운데 주거 유적은 주로 샤오툰 부락 북쪽 위안허 강에 접해 있는 대지에서 나타났다. 토단을 쌓아 올린 위에 궁전 초석이 놓여 있고 토단 주위에는 수많은 구덩이식 주거 유적이 있다. 신을 모신 종묘와 제왕·왕족의 주거는 땅 위에 있었으나, 일반 백성은 지하의 구덩이에서 거처했다. 샤오툰 교외에서는 또 도기·골기·동기 등을 만드는 장인의 공장·주거지가 많이 발견되었다.

돈 전

한자 사전 찾기
부수:金부 / 총획:16획

丿 亻 ㅅ 스 쇼
숏 숟 金 金̇ 针
钱 钱 钱 錢 錢
錢

 글자의 원리

형성 물건을 여러 번 잘라 조각낸 것처럼 작은 돈이라는 것에서 '엽전'의 뜻.

풀이 ①돈. ②무게의 단위. 한 냥(兩)의 10분의 1. ③화폐의 단위. 원의 100분의 1.

錢主(전주) ①밑천을 대 주는 사람. ②빚을 준 사람.
銅錢(동전) 구리나 구리 합금으로 동그랗고 납작하게 만든 돈.
▶金錢(금전)

> 길에서 오백 원짜리 **동전** 한 개를 주웠습니다.

金부
[8·12획]

종 종

한자 사전 찾기
부수:金부 / 총획:20획

丿 亻 ㅅ 스 쇼
숏 숟 金 金̇ 鈩
鈩 鈩 鈩 鈩 鉿
鐘 鐘 鐘 鐘 鐘

 글자의 원리

형성 쇠(金)북 소리를 아이(童)의 울음소리에 비겨 그 뜻이 된 글자.

풀이 ①종. 쇠북. ②시계.

鐘閣(종각) 큰 종을 매달아 놓은 누각.
自鳴鐘(자명종) 어느 시간에 맞춰 놓으면, 그 시간이 되었을 때 저절로 울려 시간을 알려 주는 시계.

> **자명종** 소리에 즉시 잠을 깼습니다.

鐵

쇠 철

金부
[13획]

한자 사전 찾기
부수:金부 / 총획:21획

ノ ト ト 느 牟
牟 牟 金 金 金ᄂ
金ᅩ 金ᅩ 鉟 鉟 鉎
鉎 鉎 銈 鐵 鐵
鐵

글자의 원리 ⇒ 金 ⇒ 金 ⇒ 鐵
 ⇒ 戜 ⇒ 鐵

형성 곧고 큰 창을 가리키며, 여기에 금을 붙여 '뚫고 나가는 금속'을 뜻함.

풀이 ①쇠. 금속의 한 가지. ②단단하다. 견고함. ③무기.

鐵路(철로) 열차가 다닐 수 있도록 쇠로 만든 평행한 두 줄의 궤도를 깐 길.

鐵則(철칙) 고치거나 어길 수 없는 엄격한 규칙이나 원칙.

▶ 鋼鐵(강철), 製鐵(제철), 地下鐵(지하철)

운전을 할 때 눈길에서 속도를 줄이는 것은 **철칙**입니다.

고사성어

철면피 (鐵面皮)

· 출전 :《북몽쇄언》
· 풀이 : 염치를 모르는 사람이라는 뜻.

왕광원은 출세를 위해서라면 물불을 가리지 않고 아첨을 하였다. 한 번은 술에 취한 권력자가 왕광원을 채찍으로 때리려고 하자, 그는 당신을 위해서라면 기꺼이 매를 맞겠노라고 하여 등을 사정없이 맞았다. 왕광원은 화를 내기는커녕 비위를 맞추며 끊임없이 듣기 좋은 말을 늘어놓았다. 곁에서 이 모습을 지켜보던 한 친구가 말하였다.

"창피스럽지도 않은가? 사람들 앞에서 채찍으로 맞고 잠자코 있으니."
그러나 왕광원은 아무 일도 없다는 듯이 태연하게 말하였다.
"자네 말이 맞네. 그러나 그 사람에게 잘 보여서 손해 볼 건 없거든."
친구는 할 말을 잃었다.

長 (길 장) 部

머리가 긴 사람이 지팡이를 짚고 있는 모양을 본뜬 부수 명칭.

❶ 긴 장
❷ 어른 장

한자 사전 찾기
부수:長부 / 총획:8획

丨 ㄱ ㄷ ㄸ 듣
長 長 長

글자의 원리

상형 지팡이를 짚고 있는 노인의 긴 머리카락을 본뜬 것으로 '길다' 라는 뜻.

풀이
❶①길다. ㉮오래다. ㉯멀다. ②오래도록. ③낫다.
❷①어른. ②우두머리. ③맏아들. ④자라다.

長距離(장거리) 먼 거리.
長久(장구) 매우 길고 오램. 永久(영구).
長男(장남) 맏아들.
長短點(장단점) 좋은 점과 나쁜 점.
長成(장성) 자라서 성인이 됨. 또는, 성장함.
長壽(장수) 사람이 보통의 경우보다 훨씬 오래 삶.
長幼有序(장유유서) 어른과 어린이 사이에는 지켜야 할 순서가 있음. 오륜(五倫)의 하나.
長長(장장) 아주 긴. 또는, 길고 긴.
長點(장점) 다른 것과 비교하여 특히 좋은 점. ↔ 短點(단점)
▶校長(교장), 班長(반장), 會長(회장)

長부
[0획]

689

▲ 장안

장안은 고대로부터 중국의 중심지적 성격을 충분히 가지고 있는 곳이었다. 대대로 중원의 핵심이라 일컬어졌던 관중분지의 중앙에 위치하며 위수의 물줄기가 적셔 주는 이 도시는 주 무왕이 세운 호경에서 비롯된다고 한다. 그 이후 비록 그 정확한 위치는 차이가 있지만 전한에서 당에 이르는 기간 동안 10여 개의 왕조가 도읍지로 선택할 정도였으니 그 가치는 남다르다 하겠다.

그 최전성을 이루었던 시기가 바로 당 왕조였다. 인구가 100만 명을 헤아렸고 실크로드를 통해 들어온 서역의 산물이 넘쳤으며 각종 외래 종교와 이민족들의 모습을 볼 수 있는, 로마와 더불어 가히 세계 최고의 도시였다고 한다. 하지만 당의 최후가 도래하고, 장안은 주전충에 의해 완전히 파괴되었다. 그는 궁전, 관청 등 거대 구조물은 해체하여 그 재목을 위수에 띄워 낙양으로 옮겼고 불을 질러 장안 시가지를 잿더미로 만들어 버렸다.

이렇게 세계 도시 장안은 그 전성기를 마감했고 다시는 그 영화를 찾지 못한 채, 지금은 명나라 때 5분의 1 규모로 다시 지어진 성이 남아 있을 뿐이고 지명도 서안(西安)으로 개명되었다. 온전히 남아 있는 당의 건축물은 대안탑과 소안탑뿐이라고 한다. 벽돌로 지어진 덕분에 화를 면했던 것이다. 그 이외의 유적은 모두 주춧돌만 남아 지하에 숨어 있다.

門(문문)部

양쪽으로 된 문의 모습을 본뜬 부수 명칭.

門
문 문

한자 사전 찾기
부수: 門부 / 총획: 8획

丨 冂 冂 冂 冂
門 門 門

글자의 원리:

상형: 두 개의 젖히는 문 모양에서 '집의 출입구, 문'이라는 뜻.

풀이: ①문. ②가문. ③친척. ④인재를 기르는 곳. ⑤직업이나 학술의 분야. ⑥생물 분류학상의 한 단위.

門閥(문벌) 대대로 내려오는 한 집안의 사회적 지위나 신분.

門外漢(문외한) 어떤 일에 대한 전문적인 지식이 없거나 관계가 없는 사람. 또는, 그런 사람이 스스로를 가리키는 말.

門前成市(문전성시) 집 문 앞에 시장을 이룬다는 뜻으로, 어떤 곳에 찾아오는 사람이 매우 많은 것.

門中(문중) 성과 본이 같은 가까운 집안.

門牌(문패) 집주인의 이름·주소 등을 적어서 문에 다는 패.

門下生(문하생) 제자.

大門(대문) 단독 주택에서, 집 안으로 드나드는 큰 문.

▶家門(가문), 名門(명문), 入門(입문)

門부 [0획]

찾아오는 사람이 많아서
대문 앞이 시장을 이룬다

문전성시(門前成市)

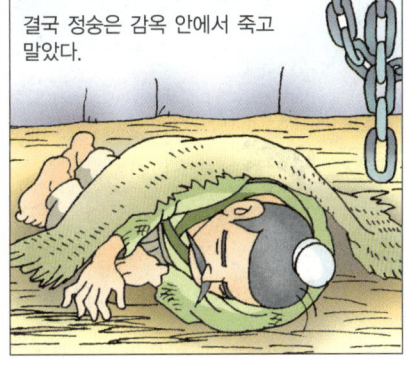

문전성시는 원래 권세가나 부잣집 문 앞이 방문객으로 시장을 이룰 정도로 붐빈다는 뜻이었으나, 후세에 와서 고위 관직에 있는 자가 뇌물을 받으며 사람들을 끌어들이는 일이나, 패거리를 만드는 행위를 경계해야 함을 나타내는 말로 쓰이게 되었다.

닫을 폐

門 부
[3획]

한자 사전 찾기
부수:門 부 / 총획:11획

ᄀ ᄀ ᄏ 尸 尸
門 門 門 閇 閉
閉

 閇 ⇒ 閂 ⇒ 門 ⇒ 閉

상형 문에 빗장을 끼운 모양에서 '닫다'의 뜻.

풀이 ①닫다. ②마치다. ③끝.

閉幕(폐막) ①연극을 마치고 막을 내림. ②어떤 일이 다 끝남의 비유. ↔ 開幕(개막).
閉門(폐문) 문을 닫음.
閉鎖(폐쇄) 어느 곳을 드나들지 못하게 닫거나 막아 버림.
▶開閉(개폐), 密閉(밀폐)

두 개의 출입구 중 한 쪽을 **폐쇄**하였습니다.

 한자 Q&A

Q 여러 가지 뜻을 가진 한자를 알아볼까요?

A 숫자 가운데 '十(십)', '百(백)', '千(천)', '萬(만)' 등은 '매우 많은 수', 또는 '전부'를 뜻하는 경우가 많습니다.

예) 聞一知十(문일지십) : 하나를 들으면 열을 안다.
→ 조금만 가르쳐 주어도 전부를 안다.
百戰百勝(백전백승) : 백 번 싸워 백 번 이긴다.
→ 싸울 때마다 모두 이긴다.
千辛萬苦(천신만고) : 천 가지 어려움과 만 가지 고생
→ 온갖 고생

間

사이 간

한자 사전 찾기
부수:門부 / 총획:12획

丨 冂 冂 冋 冋
門 門 門 閂 閆
閒 間

글자의 원리

회의 문(門)과 해(日)가 합쳐져 햇빛이 들어오는 문 틈을 가리켜 '사이'의 뜻.

풀이 ①사이. 간격. ②때. 동안. ③엿보다. ④헐뜯다.

間隔(간격) ①둘 사이의 떨어진 거리. ②시간적으로 떨어진 사이.
間食(간식) 끼니 외에 간단한 음식을 먹음. 또는, 그 음식.
間言(간언) 두 사람 사이를 멀어지게 하는 말.
間接(간접) 사이에 든 다른 것을 통해 연결되는 관계.
　　　　↔ 直接(직접).
間奏曲(간주곡) 연극·오페라에서, 막과 막 사이에 연주되는 짧은 곡.
間諜(간첩) 적국에 몰래 들어가 비밀을 알아내는 일을 하는 사람.
親舊間(친구간) 친구 사이.
▶空間(공간), 時間(시간), 人間(인간)

門부
[4획]

開

열 개

門 부
[4획]

한자 사전 찾기
부수:門부 / 총획:12획

丨 冂 冂 冂 冂
門 門 門 閂 閂
開 開

글자의 원리

상형 빗장을 양손으로 풀어 문을 여는 것에서 '열다'라는 뜻.

풀이 ①열다. 열림. ②비롯하다. 시작함. ③피다.

開放(개방) ①어느 곳을 자유롭게 드나들 수 있게 함. ②국가간에 경제적·문화적으로 교류할 수 있게 함.
開學(개학) 방학을 마치고 학교의 수업을 다시 시작함.
開花(개화) 꽃이 핌. 또는, 핀 꽃.

노인들에게는 고궁을 무료로 **개방**하고 있습니다.

閑

한가 한

한자 사전 찾기
부수:門부 / 총획:12획

丨 冂 冂 冂 冂
門 門 門 閈 閑
閑 閑

글자의 원리

회의 문간(門)에 나무(木)를 가로막아 사람의 출입이 없어 '한가하다'의 뜻.

풀이 ①한가하다. ②막다.

閑暇(한가) 조용하고 시간 여유가 있음.
閑散(한산) 붐비지 않고 한가하여 조금 쓸쓸함.
閑寂(한적) 한가하고 조용함.

명절날이어서 시내의 거리는 **한산**하였습니다.

關

관계할 관

한자 사전 찾기
부수: 門부 / 총획: 19획

| 丨 丨 丨 ㄠ ㄠ
門 門 門 門 門
門 門 閂 閂 閞
關 關 關 關

글자의 원리 ⇒ ⇒ 門 ⇒ 關

형성 양손으로 문의 빗장을 거는 데서 '빗장, 관계하다'의 뜻.

풀이 ①빗장. ②관문. ③관계하다. 참여함.

關鍵(관건) ①빗장과 자물쇠. ②어떤 일을 이루거나 해결하기 위해 꼭 필요한 것.
關聯(관련) 둘 이상의 사물이 서로 관계가 있음. 聯關(연관).
關稅(관세) 세관에서 수출입품에 부과하는 세금.
關心(관심) 어떤 것에 흥미를 느껴 끌리는 마음.

門부 [11획]
阝부 [3획]

그는 이번 일과 아무런 **관련**이 없습니다.

阜(언덕부) 部

산비탈의 층층이 진 측면 형상을 본뜬 부수 명칭. 阝로 쓰기도 함.

防

둑 방

한자 사전 찾기
부수: 阝부 / 총획: 7획

' 3 阝 阝 阝¯
防 防

글자의 원리 ⇒ ⇒ 阝 ⇒ 防
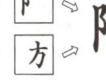

형성 흙을 쌓아 서로 연결하여 넘치는 물을 막는 제방 모습에서 '막다'의 뜻.

풀이 ①둑, 제방. ②막다. ③요새.

防腐劑(방부제) 주로 오래 두는 음식에 넣어 음식이 썩지 않게 하는 물질.
防止(방지) 좋지 않은 일이 일어나는 것을 막음.
防波堤(방파제) 거센 파도를 막기 위하여 쌓은 둑.
▶豫防(예방)

화재 **방지**에 우리 모두 노력합시다.

697

限

한정 한

阝 부
[6획]

한자 사전 찾기
부수: 阝 부 / 총획:9획

〝 ⻖ 阝 阝ʼ 阝ʻ
阝ʼ 阝ⁱ 阣 限

글자의 원리 ⇒ 限

형성 산길을 가다 벼랑을 만나 뒤로 물러나는 것에서 '경계, 한계'를 뜻함.

풀이 ①한정. 한계. ②기한.

限界(한계) 능력이나 작용이 미칠 수 있는 범위의 끝.
限度(한도) ①한정함. ②제한된 기준.
限定(한정) 수량이나 범위 등을 제한하여 정함.
無限(무한) 수량 · 정도 · 크기 등에 끝이 없음.
▶**局限(국한), 期限(기한), 制限(제한)**

어머니는 나를 **무한**한 사랑으로 키우셨습니다.

降

❶ 항복할 항
❷ 내릴 강

한자 사전 찾기
부수: 阝 부 / 총획:9획

〝 ⻖ 阝 阝ʼ 阝ⁱ
阣 降 降 降

글자의 원리 ⇒ 降

형성 언덕 위에서 아래로 '내려온다', 언덕의 적이 내려와 '항복하다'의 뜻.

풀이 ❶항복하다. ❷①내리다. ②비가 오다.

降等(강등) 계급이나 등급을 낮춤.
降雨量(강우량) 어느 곳에 일정한 기간 동안 내린 비의 양.
降伏(항복) 전쟁 · 경쟁 등에서 자신이 진 것을 인정하고 상대에게 굴복함.

일본은 원자폭탄 때문에 무조건 **항복**하였습니다.

除

덜 제

한자 사전 찾기
부수: 阝부 / 총획:10획

丶 ㇇ 阝 阝¯ 阝人
阝∧ 阝스 除 除 除

글자의 원리:

형성 층이 만들어질 정도의 많은 흙을 없앤다는 데서 '제거하다, 덜다'의 뜻.

풀이 ①덜다. ②깨끗하다. 결백함. ③나누다. 나눗셈. ④섣달그믐날 밤.

除去(제거) 바람직하지 않은 것을 없앰.
除名(제명) 구성원의 명단에서 이름을 빼어 버림.
除法(제법) 나눗셈.
除雪(제설) 쌓인 눈을 치움.
除夜(제야) ①섣달그믐날 밤. ②동지의 전야.

폭탄이 모두 **제거**되었습니다.

陸

뭍 륙

한자 사전 찾기
부수: 阝부 / 총획:11획

丶 ㇇ 阝 阝¯ 阝土
阝土 阝圥 陸 陸 陸
陸

글자의 원리:

형성 부풀어오른 흙이 연결되어 넓게 퍼진 토지 모양에서 '육지, 뭍'의 뜻.

풀이 뭍. 육지.

陸軍(육군) 땅 위에서의 전투를 맡는 군대.
陸路(육로) 육지 위의 길.
陸上(육상) 땅의 위.
陸地(육지) 바다에 덮이지 않은 땅.
▶大陸(대륙), 上陸(상륙)

육상 교통에는 열차, 버스, 자동차 등이 있습니다.

陰

응달 음

阝부 [8·9획]

한자 사전 찾기
부수: 阝부 / 총획:11획

了 3 阝 阝 阝ㅅ
阝人 阝ㅅ 阴 陰 陰
陰

글자의 원리

형성 산이나 언덕에 가려져 햇볕이 들지 않는 '그늘'을 뜻함.

풀이 ①응달. ②음(陰). 우주의 근원이 되는 두 원소의 하나. ③어둡다. ④몰래. 살짝.

陰謀(음모) 남 모르게 꾸미는 계략.
陰散(음산) 날씨가 흐리고 으스스함.
陰陽(음양) 우주 만물을 만들어 내는 상반된 성질의 두 가지 기운으로서의 음과 양.
陰地(음지) 볕이 들지 않는 그늘진 곳. ↔ 陽地(양지).

陽

볕 양

한자 사전 찾기
부수: 阝부 / 총획:12획

글자의 원리

형성 깃발이 태양에 닿듯 언덕에 햇빛이 비치고 있는 것에서 '양지, 볕'의 뜻.

풀이 ①볕. ②양(陽). ③밝다.

陽傘(양산) 주로 햇빛을 가리기 위해 여자들이 쓰는, 우산과 같이 생긴 물건.
陽地(양지) 볕이 바로 드는 곳. ↔ 陰地(음지).
夕陽(석양) 저녁때의 해. 또는, 해가 질 무렵.
▶**太陽(태양)**

양귀비·안녹산

▲ 목욕하는 양귀비

양귀비는 중국 당나라 현종의 비로, 뛰어난 미모로 정치에 싫증 난 현종의 마음을 사로잡아 황후와 다름없는 대우를 받았고, 그의 형제 자매는 물론 친척들도 고관으로 발탁되어 양씨 일가는 크게 번영하였다. 755년 안녹산이 반란을 일으키자 현종은 양귀비 등과 함께 쓰촨 성으로 도망을 갔는데, 군사들에 의해 오빠인 양국충이 죽임을 당하고, 그녀도 목을 매어 자결하였다.

안녹산은 일찍이 당나라 현종과 그의 비인 절세미인 양귀비의 총애를 받아 한때 제국 내에서 가장 권세가 높은 장수였다.

그러다 안녹산과 양귀비의 오빠인 양국충 사이에 치열한 권력 투쟁이 벌어졌고, 안녹산은 반대파인 양국충과 서로 맞서 755년 범양(지금의 베이징)에서 '안사의 난'을 일으켰다. 그리하여 뤄양·장안 등을 함락하고 스스로 '대연 황제'라 일컬었으나 757년 자신의 아들 안경서의 사주를 받은 환관에 의해 살해되었다.

隹(새추) 部

꼬리가 짧은 새의 모양을 본뜬 부수 명칭.

雄
수컷 웅

隹부
[4획]

한자 사전 찾기
부수:隹부 / 총획:12획

一 ナ ナ 左 広
広 広 広 雄 雄
雄 雄

글자의 원리 ⇒ 雄

형성 암컷보다 완력(厷)이 센 새(隹)인 '수컷'을 뜻함.

풀이 ①수컷. ②이기다. 승리함. ③우수하다. ④씩씩하다.

雄大(웅대) 웅장하게 큼.
雄辯(웅변) 조리 있고 힘차게 말함. 또는, 그런 연설.
雄壯(웅장) 규모가 아주 크고 으리으리함.
英雄(영웅) 지혜와 용기가 뛰어나 보통 사람으로서는 할 수 없는 위대한 일을 해내어 칭송을 받는 사람.

이순신 장군은 우리 민족의 **영웅**입니다.

集
모일 집

한자 사전 찾기
부수:隹부 / 총획:12획

丿 亻 亻 仆 件
件 隹 隹 隹 集
集 集

글자의 원리 ⇒ 集

회의 나무 위에 새가 모여 있는 것에서 '모이다, 모으다'라는 뜻.

풀이 ①모이다. ②모으다. ③이루다. ④모임.

集團(집단) 사람이나 동물이 많이 모여 무리를 이룬 상태.
集大成(집대성) 어느 분야에 관계된 많은 자료나 업적들을 모아 하나로 정리하여 완성함.
集中(집중) ①한 곳으로 모이거나 모음. ②어떤 일에 정신을 쏟음.
集會(집회) 어떤 목적을 가지고 모이는 일.

수도권으로 인구가 **집중**하고 있습니다.

雖

비록 수

한자 사전 찾기
부수:隹 부 / 총획:17획

丶 ㄇ ㅁ 尸 吕
吕 吊 虽 虽 虽
虽' 虽' 虽" 雖 雖
雖 雖

글자의 원리 ⇒  ⇒ 虽 / 隹 ⇒ 雖

형성 파충류(虫)는 괴이하나 사람을 해치지 않는다는 데서 '비록'의 뜻.

풀이 ①비록. ②만일. 만약. ③하물며.

雖然(수연) 그러나.

隹 부
[9·11획]

難

어려울 난

한자 사전 찾기
부수:隹 부 / 총획:19획

一 十 卄 卄 卅
苩 苩 莒 菫 菫
萋 萋 鄞 鄞 鄞
難 難 難 難

글자의 원리 ⇒ 英 ⇒ 菫 / 隹 ⇒ 難

형성 찰흙과 새는 둘 다 다루기 어렵다는 것에서 '어렵다'라는 뜻.

풀이 ①어렵다. 곤란함. ②어려운 사정. ③고생하다.

難關(난관) 일의 진행이나 발전을 가로막는 힘들고 어려운 고비.
難易度(난이도) 시험 문제나 기술 등의 어렵거나 쉬운 정도.
難處(난처) 어떻게 해야 할지 모르거나, 이럴 수도 없고 저럴 수도 없어 딱함.

▶困難(곤란), 論難(논란), 非難(비난)

나는 누구의 편을 들 수도 없어 **난처**합니다.

 **고사성어**

난형난제 (難兄難弟)

· 출전 : 《세설신어》 덕행
· 풀이 : 비슷하여 우열을 가리기 어렵다는 뜻.

진식이라는 선비에게 기(紀)와 심(諶)이라는 두 아들이 있었다. 이들은 아버지를 닮아서인지 학문이 깊고 영특했다. 이들에게는 각각 군(群)과 충(忠)이라는 아들이 있었다. 하루는 군과 충이 서로 자기 아버지가 더 훌륭하다며 입씨름을 벌이다 결론이 나지 않자 할아버지 진식에게 가서 묻기로 했다. 손자들의 질문에 진식은 형이 나은지 동생이 나은지 명확하게 알 수 없다고 했다. 진식은 물론 두 아들 중 어느 아들이 더 뛰어난지 분명하게 알고 있었지만 손자들에게 이것을 사실대로 말하면 그들의 아버지에 대한 존경심에 행여나 흠집이 있을까 염려하는 마음이 들었기 때문이다.

雨부
[0획]

雨(비우)部

하늘에서 비가 떨어지는 모습을 본뜬 부수 명칭.

비 우

한자 사전 찾기
부수:雨부 / 총획:8획

一丁广丙雨
雨雨雨

글자의 원리 ⇒

상형 구름이 모여 만든 물방울이 모여서 '비'가 되어 내리는 모양을 나타냄.

풀이 ①비. ②비가 오다. ③물건이 떨어지다.

雨雹(우박) 큰 물방울이 공중에서 갑자기 찬 기운을 만나 얼어 떨어지는 하얀 덩어리.
雨後竹筍(우후죽순) '비가 온 뒤에 여기저기 돋아나는 죽순'이라는 뜻으로, 어떤 사물이 한꺼번에 많이 생겨나는 현상을 이르는 말.

▶降雨(강우), 暴雨(폭우)

우리 집 주변에 음식점이 **우후죽순**처럼 늘어나고 있습니다.

雪
눈 설

한자 사전 찾기
부수:雨부 / 총획:11획

一 「 厂 币 币
雨 雨 雨 雪 雪
雪

글자의 원리

형성 비 같은 것이 내려 덮은 땅을 비로 쓸어 깨끗이 하는 것에서 '눈'을 뜻함.

풀이 ①눈. ②눈이 오다. ③씻다. ④희다. 흰 것의 비유.

雪景(설경) 눈이 내리거나 눈이 쌓인 경치.
雪上加霜(설상가상) '눈 위에 서리가 덮인다.'는 뜻으로, 어려운 일이 잇따라 일어남을 이르는 말.
雪辱(설욕) 상대를 이겨, 전에 있었던 패배의 부끄러움을 씻고 명예를 되찾음.

지난해의 패배를 깨끗이 **설욕**했습니다.

雨부
[3·4획]

雲
구름 운

한자 사전 찾기
부수:雨부 / 총획:12획

一 「 厂 币 币
雨 雨 雨 雪 雲
雲 雲

글자의 원리

형성 비를 뿌리기 위해 자욱이 모여든 구름의 모양에서 '구름'이라는 뜻.

풀이 ①구름. ②높음의 비유. ③많음의 비유.

雲集(운집) '구름처럼 모인다.'는 뜻으로, 많은 사람이 모여듦을 이르는 말.
雲海(운해) ①구름으로 덮인 바다. ②매우 높은 곳에서 내려다 본, 바다처럼 널리 깔린 구름.
靑雲(청운) ①푸른 빛깔의 구름. ②높은 지위나 벼슬.

청운의 큰 뜻을 품고, 수학한 지 어언 10년이 흘렀구나.

번개 전

한자 사전 찾기
부수:雨부 / 총획:13획

雨부
[5회]

글자의 원리

형성 비가 올 때 내리치는 번개의 모습에서 '번개, 전기'라는 뜻.

풀이 ①번개. ②빠름의 비유. ③전기(電氣).

電擊的(전격적) 번개가 치는 것처럼 어떤 일이 갑작스럽게 이루어지는 것.

電動車(전동차) 전력으로 레일 위를 달리는 전철용 차량.

電燈(전등) 전기로 불을 밝히는 등.

電力(전력) 전기의 힘.

電報(전보) 전신으로 빠른 시간 내에 도착할 수 있게 보내는 짧은 내용의 글.

電子(전자) 원자를 이루는 작은 알갱이의 하나.

電波(전파) 주로 라디오 등의 무선 통신이나 전기 통신에 쓰이는, 적외선보다 파장이 긴 전자기파.

▶感電(감전), 無電(무전), 停電(정전)

霜
서리 상

한자 사전 찾기
부수:雨부 / 총획:17획

一 广 广 乍 乖
乖 乖 乖 乖 乖
乖 乖 霜 霜 霜
霜 霜

글자의 원리: ⇒ 雨 ⇒ 雷 ⇒ 霜

형성 이슬(雨)이 서로 마주 선(相) 듯이 얼어붙은 '서리'를 뜻하여 된 글자.

雨부
[9・13획]

풀이 ①서리. ②해. 연(年).

霜降(상강) 24절기의 하나. 10월 23일경으로, 서리가 내리며 추수가 마무리되는 시기.
霜葉(상엽) 단풍.

단풍은 **상엽**이라고도 합니다.

露
이슬 로

한자 사전 찾기
부수:雨부 / 총획:21획

一 广 广 乍 乖
乖 乖 乖 乖 乖
乖 雰 雰 霙 露
露

글자의 원리: ⇒ 雨 ⇒ 雷 ⇒ 露

형성 길(路)가 풀잎에 흔히 맺히는 빗방울(雨)같이 엉긴 '이슬'을 뜻함.

풀이 ①이슬. ②드러나다. 드러냄.

露骨(노골) 뼈를 드러낸다는 뜻으로, 속내를 나타냄을 이름.
露天(노천) 건물 밖이어서 비나 햇빛을 피하거나 가릴 수 없는 곳.
露出(노출) ①속에 있던 것이나 가려져 있던 것을 겉으로 드러냄. ②좋지 않은 환경이나 상황에 놓이게 됨.
▶**暴露(폭로)**

사원에서 **노출**이 심한 옷차림은 삼가 주세요.

靑 (푸를청) 部

초목 색깔로 인해 푸름을 뜻하는 부수 명칭.

푸를 청

한자 사전 찾기
부수:靑부 / 총획:8획

一 十 キ 主 丰
青 青 青

글자의 원리 ⇒ ⇒ 靑

형성 푸른 풀의 색깔과 우물 속 맑은 물의 색깔에서 '파랗고 맑게 갠'의 뜻.

풀이 ①푸르다. ②푸른빛. ③봄. ④동쪽. ⑤젊음.

靑果物(청과물) 신선한 과일과 채소.
靑山流水(청산유수) '푸른 산에서 흘러내리는 물'이라는 뜻으로, 말을 막힘없이 잘함을 이름.
靑少年(청소년) 청년과 소년기의 사람. 특히, 10대를 가리킴.
靑松(청송) 푸른 소나무.
靑天霹靂(청천벽력) '맑게 갠 하늘에서 치는 벼락'이라는 뜻으로, 뜻밖에 일어난 큰 변을 이르는 말.
靑春(청춘) 인생에서 가장 힘이 넘치고 가장 아름다운 때인 젊은 시절.
靑出於藍(청출어람) '쪽에서 뽑아낸 푸른 물감이 쪽보다 더 푸르다'는 뜻으로, 제자가 스승보다 더 나음을 이름.

靜

고요할 정

한자 사전 찾기
부수:靑부 / 총획:16획

一 十 뀨 主 丰
青 青 青 青 青
青 靑 靜 靜 靜
靜

형성 싸움이 끝난 뒤 정원의 우물과 같이 조용하게 되는 데서 '조용함'의 뜻.

풀이 ①고요하다. ②맑다. ③온화하다.

靜物畵(정물화) 꽃이나 과일, 그릇 등 움직이지 않는 물체를 소재로 하여 그린 그림.
靜脈(정맥) 몸의 피를 모아 심장으로 보내는 혈관.
靜肅(정숙) 조용하고 엄숙함.
靜寂(정적) 아무 소리가 없이 조용한 상태.

자동차 소리가 한밤의 **정적**을 깨뜨렸습니다.

青부
[8획]
非부
[0획]

非 (아닐비) 部

새의 날개 모양이 서로 어긋나 있는 모양을 본뜬 부수 명칭.

非

아닐 비

한자 사전 찾기
부수:非부 / 총획:8획

丿 丿 扌 㐱 非
非 非 非

지사 날개를 펼친 새의 깃털이 반대인 데서 '~하지 않다, ~와 다르다'의 뜻.

풀이 ①아니다. ②나쁘다. 옳지 않음. ③책하다.

非公開(비공개) 널리 알리지 않음. ↔ 公開(공개).
非難(비난) 남의 잘못이나 결점을 드러내 나쁘게 말함.
非理(비리) 도덕이나 법에 어긋나는 일.
非常(비상) ①예사롭지 않음. ②매우 뛰어남.

그의 부도덕한 행동은 **비난**받아 마땅합니다.

진시황이 아낀 한비자(韓非子)

한비자(韓非子)

진시황이 한비를 가까이 두고 아끼고 싶어하자 이사는 진시황에게 한비를 모함하여 옥에 갇히게 만들었다. 그리고 이사는 독약을 보내 자살할 것을 강요하였다. 진시황이 자신의 판단이 잘못되었음을 깨닫고 한비를 찾았을 때에 이미 그는 세상에 없었다.

九
9획

面 (낯면) 部

사람의 얼굴 윤곽과 눈 모양 또는 머리 부분을 본뜬 부수 명칭.

낯 면

한자 사전 찾기
부수:面부 / 총획:9획

面부
[0획]

글자의 원리 ⇒ ⇒ 面 **상형** 사람 머리의 앞쪽 윤곽을 나타내어 '얼굴'을 뜻함.

풀이 ①낯. 얼굴. ②겉. 표면. ③방향. ④탈. ⑤면. 다면체의 한계를 이루는 평면. ⑥행정 구역의 하나.

面談(면담) 서로 만나서 어떤 문제에 대하여 이야기함.
面刀(면도) 얼굴이나 몸에 난 수염이나 잔털을 깎음.
面目(면목) 다른 사람을 대할 수 있는 떳떳함.
面駁(면박) 여러 사람 앞에서 꾸짖어 창피를 줌.
面紗布(면사포) 결혼식 때 신부가 머리에 써서 뒤로 늘이는, 희고 얇은 천으로 만든 물건.
面積(면적) 넓이.
面前(면전) 상대를 마주 대하고 있는 상태.
面接(면접) 입학 또는 입사하려는 사람을 직접 만나서 여러 가지를 물어봄으로써 그의 인품이나 실력 등을 알아보는 일.

▶假面(가면), 側面(측면)

革 (가죽혁) 部

동물 가죽 모양을 본뜬 부수 명칭.

가죽 혁

한자 사전 찾기
부수: 革부 / 총획: 9획

一 十 廾 廿 꾸
꾸 苩 茁 革

글자의 원리 ⇒ ⇒ 革

회의 동물의 가죽을 벗겨 편 모양을 나타내어 '가죽'을 뜻함.

풀이 ①가죽. ②고치다. ③경계하다.

革帶(혁대) 가죽으로 만든 띠.
革命(혁명) ①이전의 왕통을 뒤집고 다른 왕통이 대신 통치자가 되는 것. ② 종래의 관습·제도·방식을 단번에 깨뜨리고 새로운 것을 세우는 것.
革新(혁신) 묵은 풍속·관습·조직·방법 등을 바꾸어 새롭게 하는 것.
▶改革(개혁), 變革(변혁)

革부
[0획]

컴퓨터의 출현은 모든 분야에 일대 **혁명**을 가져왔습니다.

한자 Q&A

Q 첩어란 무엇일까요?

A 우리말에서는 같은 소리나 비슷한 소리를 가진 글자가 겹쳐서 이루어진 합성어를 첩어라고 합니다. 그러나 한자어에서의 첩어는 흔히 같은 글자가 겹쳐서 이루어진 경우를 일컫습니다.

예) ①같은 글자가 반복하여 주로 의미를 강조하는 경우.
　　明白(명백) → 明明白白(명명백백) : 매우 분명함.
②두 글자의 첩어 가운데 의태어 또는 의성어인 경우.
　　丁丁(정정) : 나무 찍는 소리.
　　堂堂(당당) : 떳떳한 모양.

韋 (다룸가죽위) 部

양발로 가죽을 다루는 모양 또는 성 주위를 다닌 발자국 모양을 본뜬 부수 명칭.

나라이름 한

한자 사전 찾기
부수:韋부 / 총획:17획

韋부
[8획]

글자의 원리 ⇒ ⇒  ⇒ 韓

형성 아침 햇빛을 받아 아름답게 빛나는 '한나라'를 뜻함.

풀이 나라 이름.

韓民族(한민족) 한반도를 중심으로 사는 민족.
韓半島(한반도) 아시아 대륙 동북부에 길게 내민, 한국의 국토를 이름.
韓人(한인) 대한민국 사람.

一 十 뜨 뜨 卓
卓 卓 卓 卓ˊ 卓ˇ
卓ᵘ 卓ᵘ 卓ᵘ 卓ᵘ 卓ᵘ
卓ᵘ 韓

714

유방에게 천하를 안겨 준 한신(韓信)

한신은 어릴 때 집이 무척 가난하여 늘 놀림감이 되곤 했다.

장성한 후 항우 밑에 들어가게 되었는데,

보통 인물이 아닌 것 같사오니 등용하시는 게

저런 하잘 것 없는 인간이?

나도 실망했소. 떠나리다.

반면 유방은 한신의 인물됨을 보고 그를 대원수로 발탁했다.

드디어 기회가 왔도다.

한신은 삼진왕을 깨는 것을 시작으로 주변의 자치국들을 하나하나 점령한 후 마침내 초나라와 싸워 초패왕 항우를 완벽하게 섬멸시켜 천하를 유방에게 안겨 주었다. 유방은 한신을 초왕으로 봉하였다.

音(소리음)部

말씀 언(言)에서 입 부분에 소리의 상징(一)의 모양을 더한 부수 명칭.

音
소리 음

한자 사전 찾기
부수: 音부 / 총획: 9획

音부 [0획]
頁부 [2획]

一 二 亠 立 立
产 产 音 音

글자의 원리

지사 서서(立) 입(口)을 한 번(一)씩 벌려 노래하는 모습을 나타낸 글자.

풀이 ①소리. ②음조. 가락. ③음악.

音律(음률) 소리와 음악의 가락.
音聲(음성) 목소리.
音癡(음치) 음에 대한 감각이 부족하여 노래를 부를 때 음정이나 박자가 맞지 않는 사람.

아버지는 나직한 **음성**으로 말씀하셨습니다.

頁(머리혈)部

꿇어앉은 사람의 머리를 강조한 부수 명칭.

頂
정수리 정

한자 사전 찾기
부수: 頁부 / 총획: 11획

一 丁 丁 丁 丁
丁 頂 頂 頂 頂
頂

글자의 원리

형성 머리는 신체의 가장 높은 곳에 있다는 데서 '정상, 사물의 꼭대기'의 뜻.

풀이 ①정수리. ②머리. ③꼭대기.

頂門一鍼(정문일침) '정수리에 침 하나를 놓는다.' 는 뜻으로, 따끔한 충고 또는 교훈.
頂上(정상) ①꼭대기. 또는, 산꼭대기. ②최상.
絶頂(절정) 어떤 일이나 상태가 진행되거나 발전하는 과정에서 최고에 이른 상태.

그는 요즘 인기가 **절정**에 올라 있습니다.

須

모름지기 수

한자 사전 찾기
부수: 頁부 / 총획: 12획

회의 수염 많은 사람이 풍채가 좋아 보이는 게 당연하기에 '모름지기'의 뜻.

풀이 모름지기. 마땅히.

須女(수녀) ①베와 비단에 대한 일을 맡은 별의 이름. ②천한 여자.

必須(필수) 꼭 해야 하거나 반드시 있어야 함.

頁부
[3획]

順

순할 순

한자 사전 찾기
부수: 頁부 / 총획: 12획

형성 물(川)이 흐르듯 정수리(頁)를 비롯한 몸은 순리를 따르니 '순하다'의 뜻.

풀이 ①순하다. 온순함. ②좇다. 도리를 따름. ③만족하다. 기뻐함. ④차례.

順理(순리) 자연스러운 도리나 이치.
順序(순서) 어느 것이 먼저이고 어느 것이 나중인가에 대한 구분.
順調(순조) 아무 탈 없이 잘 되어 감.
順從(순종) 거스르거나 반항하거나 하지 않고 순순히 따름.

717

領

거느릴 령

頁부
[5·7획]

한자 사전 찾기
부수:頁부 / 총획:14획

 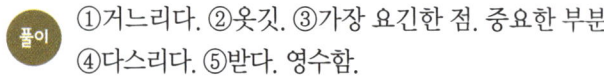

형성 명령(令)을 내리는 우두머리(頁)를 뜻하는 자, 나아가 '거느리다'의 뜻.

풀이 ①거느리다. ②옷깃. ③가장 요긴한 점. 중요한 부분. ④다스리다. ⑤받다. 영수함.

領收證(영수증) 돈을 받은 사람이 돈을 준 사람에게 돈을 틀림없이 받았다는 표지로 써 주는 증서.
領域(영역) 힘이나 생각, 활동 등이 미치는 범위.
領土(영토) 한 나라의 주권이 미치는 지역.
要領(요령) ①경험에서 얻은 묘한 이치나 방법. ②적당히 꾀를 부려 하는 짓.

이제는 **요령**이 생겨서 일이 쉽습니다.

頭

머리 두

한자 사전 찾기
부수:頁부 / 총획:16획

형성 얼굴의 위치가 그릇의 모양처럼 몸의 위쪽에 있는 것에서 '머리'의 뜻.

풀이 머리. ㉮인체의 목 위 부분. ㉯꼭대기. 최상부. ㉰맨 앞. ㉱시초. 첫머리. ㉲우두머리.

頭角(두각) 많은 사람 가운데 특히 뛰어남.
頭腦(두뇌) 사람의 머리 속에 있는 뇌.
頭目(두목) 좋지 못한 무리의 우두머리.
頭緖(두서) 일의 차례나 갈피.
▶先頭(선두)

저 선수는 투수로서 **두각**을 나타내고 있습니다.

顔 얼굴 안

한자 사전 찾기
부수: 頁부 / 총획: 18획

丶 亠 ナ 立 产
产 彦 彦 彦 彦
彦 彦' 顔 顔 顔
顔 顔 顔

글자의 원리: 彦 ⇒ 彦 ⇒ 彦 ⇒ 顔

형성 머리 부분 중에서 가장 아름다운 곳이라는 것에서 '얼굴'이라는 뜻.

頁부
[9획]

풀이 얼굴.

顔料(안료) 색채가 있고 물 같은 것에 녹지 않는 미세한 분말. 첨가제와 함께 물이나 기름으로 이겨 도료나 화장품을 만듦.
顔面(안면) ①얼굴. ②서로 알 만한 친분.
顔色(안색) 낯빛. 얼굴에 나타난 기색.

어디 편찮으세요? **안색**이 좋지 않아 보입니다.

題 제목 제

한자 사전 찾기
부수: 頁부 / 총획: 18획

丨 ㄇ 月 日 早
早 早 是 是 是
匙 匙 題 題 題
題 題 題

글자의 원리: 是 ⇒ 題

형성 옛날, 머리카락을 잘라 이마를 밝고 넓게 한 것에서 '표제, 제목'의 뜻.

풀이 ①표제(表題). 시문(詩文)이나 서책의 제목. ②이마. ③맨 앞머리. ④물음. 문제.

題名(제명) 표제나 제목의 이름.
題目(제목) 책이나 시문 등의 표제.
題言(제언) 머리말.
題材(제재) ①문예 작품의 주제가 되는 재료. ②작품 제목과 재료.
▶問題(문제)

그 책의 **제목**은 '걸리버 여행기'였습니다.

頁부
[10획]

風부
[0획]

願
원할 원

한자 사전 찾기
부수:頁부 / 총획:19획

一 厂 厂 斥 匠
匠 匠 臣 原 原
原 原 原 原 原
願 願 願 願

글자의 원리 ⇒ 原 ⇒ 願

형성 절벽 아래 샘물에 얼굴을 비쳐 보며 예뻐지고 싶은 데서 '바라다'의 뜻.

풀이 ①원하다. ②소원. 소망. ③바라건대.

願望(원망) 원하고 바람.
願書(원서) 청원하는 내용을 적은 서류.
自願(자원) 어떤 일을 자기 스스로 하고자 하여 나서는 것.

나는 봉사 활동을 **자원**하였습니다.

風 (바람풍) 部

무릇 범(凡)과 벌레 충(虫)의 결합으로, 바람에 민감한 벌레를 뜻하는 부수 명칭.

風
바람 풍

한자 사전 찾기
부수:風부 / 총획:9획

丿 几 凡 凡 凨
凨 風 風 風

글자의 원리 ⇒ 風 ⇒ 風

형성 계절에 따라 각각 부는 바람과 벌레의 모양이 합쳐져 '바람'의 뜻.

풀이 ①바람. 바람이 붊. ②가르치다. ③관습. ④경관. ⑤움직이다. 흩어짐.

風景(풍경) ①멀리 한눈에 보이는 자연의 아름다운 모습. ②어떤 상황이나 일이 벌어지고 있는 모습.
風俗(풍속) 예부터 그 사회에서 행하여 온 생활 풍습.
風前燈火(풍전등화) '바람 앞의 등불'이라는 뜻으로, 매우 위험한 지경에 놓여 있음을 이르는 말.

우리 고장에는 아름다운 **풍속**이 많이 전해 지고 있습니다.

 **고사성어**

마이동풍 (馬耳東風)

· 풀이 : 남의 말을 귀담아듣지 않고 흘려 버린다는 뜻.

　당나라의 시인 이백이 왕십이의 '추운 밤에 홀로 술잔을 기울이며 느낀 바 있어'에 답하는 시에 나오는데, 그 부분은 다음과 같다.

　세상 사람들은 이 말을 듣고 모두 머리를 흔드네.
　마치 동풍에 쏘인 말의 귀처럼.

　그 당시 당나라는 무인만을 숭상해서 왕십이나 이백 같은 문인들은 시를 읊거나 지으며 세월을 보낼 뿐이었다. 이들의 작품이 제아무리 걸작이라고 하여도 세상에서는 물 한 잔 값도 쳐 주지 않았다. 이백은 세상 사람들이 시인들의 훌륭한 작품을 제대로 평가하지 않는 안타까움을 이 시를 통해 말한 것이었다.

飛부 [0획]

飛(날비) 部

새가 날개를 활짝 펴고 날아가는 모양을 본뜬 부수 명칭.

날 비
한자 사전 찾기
부수:飛부 / 총획:9획

글자의 원리

상형 새가 두 날개를 펴고 하늘 높이 '나는' 모양을 본뜬 글자.

풀이 ①날다. ②소문이 떠돌다. 날리다. 빨리 닿게 함.

飛上(비상) 날아오름.
飛躍(비약) ①높이 뛰어오름. ②급속히 진보함. ③힘차게 활동함.
飛行(비행) 공중을 날아다님.

그는 오랜 **비행** 경력이 있는 조종사입니다.

食 (밥식) 部

김이 나는 음식물을 담는 원형의 뚜껑이 있는 그릇 모양을 본뜬 부수 명칭.

밥 식

한자 사전 찾기
부수: 食부 / 총획: 9획

食부
[0획]

글자의 원리: ⇨ ⇨ ⇨ 食

회의 변화하는 것을 뜻하는거꾸로 선 사람이 쌀을 변화시켜 '먹다' 의 뜻.

풀이 ①밥. 음식. ②먹다. 마시다. ③식사.

丿 人 亽 今 今
今 食 食 食

食口(식구) 한집에서 살며 끼니를 함께 먹는 사람.
食事(식사) 끼니로 음식을 먹는 것. 또는, 그 음식.
食傷(식상) ①음식물의 중독이나 과식으로 인한 배앓이. ②같은 것만을 오래 먹거나 대하여 싫증이 남.
食性(식성) 좋아하여 잘 먹거나 싫어하여 안 먹는 입맛의 습성.
食水(식수) 먹는 물. 먹을 수 있는 물.
食慾(식욕) 먹고 싶어하는 욕망. 밥맛.
食用(식용) 음식물로 씀. 또는, 그 음식물.
食後(식후) 밥 먹은 뒤. ↔ 食前(식전)
錦衣玉食(금의옥식) 비단옷과 흰 쌀밥. 곧 부유하거나 사치스런 생활을 가리키는 말.

 아하!

食後景(식후경)
우리 나라 속담에 '금강산도 식후경.' 이라는 말이 있다. 아무리 우리 나라 최고의 명산인 금강산이라 하더라도 배가 고픈 상태에서는 마음의 여유가 없어 그 아름다움을 느낄 수 없다는 뜻이다. 즉, 아무리 좋은 구경도 배가 고파서는 볼 맛이 안 난다는 말이다.

飯

밥 반

한자 사전 찾기
부수: 食부 / 총획: 13획

 글자의 원리

 형성 밀어도 되돌아오는 판자처럼 반복해서 먹는 것에서 '밥, 식사'의 뜻.

풀이 밥. 밥을 먹음.

飯店(반점) 중국 요리를 파는 음식점임을 나타내는 말.
飯饌(반찬) 밥에 곁들여 먹는 여러 가지 음식.
朝飯(조반) 아침밥.
茶飯事(다반사) '차를 마시거나 밥을 먹는 일'이라는 뜻으로, '자주 있는 일'이라는 말.

食부
[4획]

할아버지께서는 일찍 **조반**을 드신 뒤 일하러 가셨습니다.

飮

마실 음

한자 사전 찾기
부수: 食부 / 총획: 13획

 글자의 원리

 형성 입을 크게 벌리고 (欠) 물이나 술 따위를 먹는다(食)하여 '마시다'의 뜻.

풀이 ①마시다. ②음료.

飮料水(음료수) 마시는 물, 마실 수 있는 물.
飮福(음복) 제사지낸 뒤 제사에 썼던 음식을 나누어 먹음.
飮食(음식) ①음식물. ②먹고 마심.
飮酒歌舞(음주가무) 술을 마시고, 노래에 맞춰 춤을 춤.

어머니께서 잔치를 위해 **음식**을 장만하고 계십니다.

무능하여 먹고 마시는 것 외에는 아무 재주가 없다

주낭반대(酒囊飯袋)

사람들은 무능하여 아무 일도 못하는 그를 얕보고 그에게 '주낭반대'라는 별명을 지어 주었다. 이것은 술 주머니와 밥 자루라는 뜻으로, 그가 술과 밥으로 배를 채울 줄 알 뿐 아는 것이 아무것도 없음을 풍자하여 붙인 것이다.

養
기를 양

한자 사전 찾기
부수:食부 / 총획:15획

丶 丷 亠 䒑 羊
羊 ⺷ 羔 羑 养
养 养 養 養 養

 ⇒ ⇒ ⇒ 養

형성 맛있는 양고기를 먹여 살이 찌게 한다는 데서 '기르다, 양육하다'의 뜻.

풀이 ①기르다. ②가르치다. ③부양하다.

養鷄(양계) 닭을 먹여 기름.
養老院(양로원) 의지할 데가 없는 노인들을 수용하여 돌보아 주는 시설.
養蜂(양봉) 꿀을 얻기 위해 벌을 기름.
養育(양육) 아이를 보살펴 잘 자라도록 함.

산촌에 사는 사람들은 **양봉**을 하여 소득을 올리기도 합니다.

餘
남을 여

한자 사전 찾기
부수:食부 / 총획:16획

丿 𠂉 ⺈ 亽 今
今 𠆢 亼 𠆢 𠆢
餘

 ⇒ ⇒ ⇒ 餘

형성 음식(食)을 남에게 줄 만큼 남아돈다(余)는 데서 '남다, 풍요하다'의 뜻.

풀이 ①남다. 넉넉함. ②나머지. ③딴 일. 그 밖의 것.

餘暇(여가) 일이 예정보다 일찍 끝나 생긴 시간이나 동안. 겨를. 틈.
餘裕(여유) ①넉넉하고 남음이 있음. ②느긋하고 대범함.
餘他(여타) 그 밖의 다른 것.
窮餘之策(궁여지책) 몹시 궁색한 나머지 생각다 못 해 짜낸 꾀를 뜻하는 말.

너무 바빠서 밥 먹을 **여유**도 없습니다.

食부
[6·7획]

首 (머리수) 部

머리에 눈과 머리털이 있는 모양을 본뜬 부수 명칭.

머리 수

한자 사전 찾기
부수:首부 / 총획:9획

首부
[0획]
香부
[0획]

丶 丷 亠 亣 亣
艹 首 首 首

글자의 원리 ⇨  ⇨ 首

상형 머리는 몸의 맨 위에 있다는 데서 '우두머리, 처음'의 뜻.

풀이 ①머리. ②첫머리. ③우두머리.

首肯(수긍) 그렇다고 고개를 끄덕임. 옳다고 인정함. 승낙함.
首都(수도) 한 나라의 중앙 정부가 있는 도시. 서울.
首席(수석) 맨 윗자리. 또는, 그 자리에 있는 사람.
鶴首苦待(학수고대) '학의 목처럼 길게 빼고 기다린다.' 는 뜻으로, 무엇인가를 매우 기다린다는 말.

형은 **수석**으로 대학교를 졸업했습니다.

香 (향기향) 部

그릇에 담긴 곡식 모양을 본뜬 부수 명칭.

향기 향

한자 사전 찾기
부수:香부 / 총획:9획

丿 二 千 千 禾
禾 夭 香 香

글자의 원리 ⇨  ⇨ 禾
 ⇨ 日 ⇨ 日 ⇨ 香

회의 쌀(禾)밥이 입맛(日)을 돋구는 냄새를 풍긴다는 데서 '향기롭다'의 뜻.

풀이 ①향기. ②향기롭다. ③향.

香氣(향기) 향기로운 냄새. 향내.
香水(향수) 진한 향기를 풍기는 화장품의 한 가지.
香辛料(향신료) 음식물에 매운맛이나 향기를 풍기게 하는 양념이나 조미료. 파·마늘·후추 따위.
香油(향유) 향기가 나는 기름.

방 안이 장미 **향기**로 그윽합니다.

馬 (말마) 部

말의 갈기와 다리를 강조하여 만든 부수 명칭.

馬 말 마

한자 사전 찾기
부수: 馬부 / 총획: 10획

馬부
[0·13획]

丨 厂 厂 厍 馬
馬 馬 馬 馬 馬

글자의 원리  ⇒ 馬

상형 갈기와 다리가 강조된 말을 나타내어 '말'의 뜻.

풀이 ①말. ②크다. 큰 것의 비유.

馬術(마술) 말을 타고 부리는 기술.
乘馬(승마) ①말을 타는 것. ②사람이 말을 타고 그 말에게 정해진 여러 가지 동작을 하게 하는 것.
走馬看山(주마간산) '말을 타고 달리며 산천을 구경한다.'는 말로, 사물의 겉만을 대강 보고 지나간다는 뜻.

> 나는 **승마**를 배우고 싶습니다.

驚 놀랄 경

한자 사전 찾기
부수: 馬부 / 총획: 23획

글자의 원리  ⇒ 驚

형성 조심성(敬) 많은 말(馬)이 잘 놀람을 가리켜 '놀라다'의 뜻.

풀이 ①놀라다. 놀람. ②놀래다. 놀라게 함.

驚愕(경악) 뜻밖의 좋지 않은 일에 대해 깜짝 놀람.
驚異(경이) 놀랍고 신기하게 여김.
驚鐘(경종) 사회적으로 잘못되어 가는 일에 대한 충고나 경고.
驚歎(경탄) 사물의 훌륭함이나 대단함에 놀라 감탄함.

> 인간의 달 착륙은 **경이**로운 사건이었습니다.

骨 (뼈골) 部

뼈 모양에 살을 뜻하는 육달월(月)을 더하여 만든 부수 명칭.

骨
뼈 골

한자 사전 찾기
부수: 骨부 / 총획: 10획

글자의 원리

회의 몸을 지지하고 있는 뼈와 육달 월(月←肉) 변이 합쳐 '뼈, 골격'의 뜻.

풀이 ①뼈. ②사람의 품격. ③의기(意氣). ④신라의 골품 제도.

骨格(골격) ①몸을 지탱하는 뼈들의 전체적인 모습이나 크기. ②어떤 일의 기본적인 틀.
骨董品(골동품) ①희소가치가 있어서 보존 또는 미적 감상의 대상이 되는 옛 세간이나 미술품.
骨品(골품) 신라 때 혈통에 의한 왕족의 신분 제도.

骨부 [0 · 13획]

우리 아버지는 키가 훤칠하고 **골격**이 크십니다.

體
몸 체

한자 사전 찾기
부수: 骨부 / 총획: 23획

글자의 원리

형성 뿌리를 내린 나무처럼 자기 몸이 튼튼하기를 바라기에 '몸'의 뜻.

풀이 ①몸. ②모양. ③근본.

體系(체계) 각기 다른 것을 계통적으로 통일한 전체.
體面(체면) 남을 대하기에 떳떳한 면목.
體操(체조) 신체의 발육과 단련을 목적으로 하는 운동.
體驗(체험) 자기가 실제로 경험함. 또는, 그 경험.
渾然一體(혼연일체) 조그마한 차별이나 갈라짐이 없이 하나가 된다는 말.

나는 여러 나라의 문화를 **체험**하였습니다.

高 (높을고) 部

높은 건축물이나 먼 곳을 보는 망루 모양을 본뜬 부수 명칭.

높을 고

한자 사전 찾기
부수:高부 / 총획:10획

高부 [0획]
魚부 [0획]

丶 亠 亠 产 咅
咅 高 高 高 高

글자의 원리 ⇒ ⇒ 高

상형 성의 망루는 높은 곳에 세워져 있는 것에서 '높다' 라는 뜻.

풀이 ①높다. ②높이다.

高價(고가) 비싼 값. 값이 비쌈.
高級(고급) 품질이나 수준, 등급이 높음.
高手(고수) 바둑이나 장기 등에서 실력이 뛰어난 사람.
高層(고층) 여러 층으로 세워진 높은 건물. 또는 건물의 높은 층.

그는 **고급** 호텔에 머무르고 있습니다.

魚 (고기어) 部

물고기 모양을 본뜬 부수 명칭.

고기 어

한자 사전 찾기
부수:魚부 / 총획:11획

丿 ⺈ ⺈ 鱼 角
角 甪 魚 魚 魚
魚

글자의 원리 ⇒ ⇒ 魚

상형 물고기의 머리, 몸통, 지느러미 등의 모양을 본떠 만든 글자.

풀이 고기. 물고기.

魚雷(어뢰) 군함·잠수함 등을 목표물로 하여 발사되는, 물고기 모양의 수중 폭발물.
魚類(어류) 물고기에 속하는 동물.
魚網(어망) 물고기를 잡는 그물.
魚缸(어항) 물고기를 넣어 기르는 유리 항아리.

그 잠수함은 구축함을 향해 **어뢰**를 발사하였습니다.

매우 곤궁한 처지

고어지사(枯魚之肆)

지금 배고픈 사람에게는 후일의 진수성찬보다
당장의 밥 한 그릇이 필요할 것이고,
마른 구덩이의 물고기에게는 후일의 바닷물보다
당장의 물 한 통이 필요할 것이다.
나중에 물을 가지고 와 봐야 어물전에나 가야
물고기를 찾을 수 있을 것이라는 뜻이다.

고울 선

魚부
[6획]
鳥부
[0획]

한자 사전 찾기
부수:魚부 / 총획:17획

丿 ク 冎 Ә 冎
角 角 角 魚 魚
魚 魚 鮓 鮮 鮮
鮮 鮮

글자의 원리 ⇒ 奠 ⇒ 魚 ⇒ 鮮
 ⇒ 羊 ⇒ 羊

형성 고기 어(魚)에 양 양(羊)을 합쳐 신선한 고기라는 데서 '신선하다'의 뜻.

풀이 ①곱다. ②싱싱하다. ③날것.

鮮度(선도) 고기나 채소 따위의 싱싱한 정도.
鮮明(선명) 산뜻하고 분명함.
鮮姸(선연) 산뜻하고 아름다움.
生鮮(생선) 절이거나 말리지 않은 싱싱한 물고기.

나는 **생선** 구이를 아주 좋아합니다.

鳥(새조)部

새의 부리, 날개, 긴 꽁지, 다리 모양을 본뜬 부수 명칭.

새 조

한자 사전 찾기
부수:鳥부 / 총획:11획

丿 亻 厂 白 白
白 鸟 鳥 鳥 鳥
鳥

글자의 원리 ⇒ ⇒

상형 깃털이 긴 '새' 모양을 본떠 만든 글자.

풀이 새.

鳥瞰圖(조감도) 높은 곳에서 아래를 내려다본 것처럼 그린 그림.
鳥籠(조롱) 새를 넣어 기르는 장. 새장.
鳥獸(조수) 새와 짐승을 아울러 이르는 말.
鳥足之血(조족지혈) '새발의 피'라는 뜻으로, 어떤 사물의 양이 극히 적다는 것을 의미하는 말.

조롱 안에 예쁜 잉꼬 한 쌍이 들어 있습니다.

鳴

❶ 울 명
❷ 부를 명

한자 사전 찾기
부수: 鳥부 / 총획: 14획

丶 口 口 口' 叨
叨 吖 咱 喟 鳴
鳴 鳴 鳴 鳴

회의 새는 잘 우는 동물이기 때문에 입(口)과 새(鳥)를 합하여 '울다' 라는 뜻.

풀이 ❶①울다. 새, 짐승의 울음. ②울리다. ❷부르다.

鳴金(명금) 징을 울림.
鳴動(명동) 울려 진동함.
悲鳴(비명) 몹시 놀라거나 극심한 고통을 느끼는 순간, 자기도 모르게 지르는 소리.

鳥부
[3·10획]

그는 **비명**을 지르며 쓰러졌습니다.

鷄

닭 계

한자 사전 찾기
부수: 鳥부 / 총획: 21획

丶 ´ ´ ´ ⺍
爫 爫 爫 奚 奚
奚 奚 奚' 鷄 鷄
鷄 鷄 鷄 鷄 鷄
鷄

형성 새(鳥) 가운데 유달리 배가 커(奚) 보인다 하여 '닭' 을 뜻함.

풀이 닭.

鷄卵(계란) 달걀.
群鷄一鶴(군계일학) '닭의 무리 가운데 한 마리의 학' 이라는 뜻으로, 평범한 사람 가운데 뛰어난 사람을 가리키는 말.

소풍에 가져갈 **계란**을 삶았습니다.

특별히 쓸모가 있지는 않지만 버리기에는 아깝다

계륵(鷄肋)

조조의 말의 의미를 깨닫지 못한 사람들은 양수에게 그 의미를 물었다.
이에 양수는 다음과 같이 말했다.
"지금 한중은 닭의 갈비뼈와 같은 형세로 버리기는 아깝지만 공격도 어렵습니다. 그러니 철수를 염두에 두고 계신 듯합니다."

麥 (보리맥) 部

보리 이삭과 잎, 뿌리 부분을 나타낸 부수 명칭.

麥
보리 맥

한자 사전 찾기
부수:麥부 / 총획:11획

一 厂 フ ヌ 买
ㅉ 夾 夾 來 麥
麥

글자의 원리:  ⇒ 麥

회의: '보리'의 이삭과 뿌리 모양을 나타내는 글자.

풀이: 보리. 보리 종류의 총칭.

麥秀之嘆(맥수지탄) '보리밭이 무성함을 보고 내는 탄식'이라는 뜻으로, 세상이 바뀌어 지난날 화려했던 고장이 폐허가 되었을 때 쓰는 말.

麥芽(맥아) 보리에 물을 부어 싹을 낸 뒤 말린 것. 엿기름.

麥酒(맥주) 엿기름에 홉(hop)을 넣어 발효시킨 술.

麥부 [0획]

아버지는 **맥주**를 즐겨 드십니다.

한자 Q&A

Q 함흥차사란 말은 어디에서 유래했을까요?

A 조선을 개국한 이성계는 왕자들이 서로 죽이는 '왕자의 난'으로 실망하여 정종에게 왕위를 물려주고 함흥에 가 있었습니다. 그 후에 태종이 정종에게 왕위를 양위받은 뒤 아버지의 노여움을 풀고자 여러 번 함흥으로 사신을 보냈으나 그 사신들은 이성계에 의해 목을 베이거나 갇혀서 돌아오지 않았습니다. 그 뒤로 심부름을 간 사람이 소식이 없을 때 '함흥차사'란 말을 쓰게 되었답니다.

黃 (누를 황) 部

노리개를 차고 있는 모양에서 노란색을 뜻하는 부수 명칭.

누를 황

한자 사전 찾기
부수: 黃부 / 총획: 12획

一十卄卄艹
艹苎芾萠萳
黃黃

黃부 [0획]
黑부 [0획]

글자의 원리  黃 ⇒ 黃 ⇒ 黃

형성 밭 흙의 색은 불이 활활 타는 것 같은 색이라는 것에서 '노란색'을 뜻함.

풀이 ①누르다. 누른색. ②어린아이.

黃口(황구) 참새 새끼의 부리가 노란 데서, 어린아이를 이름.
黃狗(황구) 누런 개. 누렁이.
黃金(황금) 금.
黃土(황토) 붉은빛을 띤 누르스름한 흙.
黃昏(황혼) 해가 져 어둑어둑할 무렵.

최영 장군은 "**황금** 보기를 돌같이 하라."고 하셨습니다.

黑 (검을 흑) 部

검은 그을음을 뜻하는 부수 명칭.

검을 흑

한자 사전 찾기
부수: 黑부 / 총획: 12획

丶冂冂囗曰
甲里里黒黑
黑黑

글자의 원리 𗨫 ⇒ 黒 ⇒ 黑

회의 불이 탈 때의 그을음 때문에 굴뚝이 검어지는 것에서 '검은색'을 뜻함.

풀이 ①검다. ②검은색. ③검게 되다.

黑幕(흑막) 겉으로 드러나지 않은 어두운 속사정.
黑白(흑백) ①검정색과 흰색. ②옳고 그름. ③흑인과 백인.
黑心(흑심) 검은 마음. 음흉한 마음.
黑字(흑자) ①검은 글씨. ②수입이 지출보다 많아서 생기는 이익.

흑자를 낸 기업이 불우 이웃을 위한 성금을 냈습니다.

황건적의 난

중국 후한 말기에 일어난 농민 반란을 말한다. 2세기 초부터 외척, 환관, 관료 세력 사이에 당쟁이 일어나 한의 통치력이 약화되자 몰락한 농민들이 반란을 일으켰다.

반란군이 노란 두건을 썼으므로 황건적이라는 이름이 붙었다. 후한 중기 호족이 대토지 소유를 기반으로 촌락 사회를 지배함으로써 전통적 촌락 질서는 붕괴되었다. 중앙에서는 관료·외척·환관의 대립이 격화되었으며 민중들은 천재·질병·기근이 계속됨에 따라 빈궁해지고 유민이 격증하였다. 그 무렵 장각(張角)이 태평도(太平道)란 종교를 주창, 죄의 참회에 의한 질병 치료와 태평 세대를 역설하여 수십만 명의 신도를 확보하고 각지에 교단을 조직하였다. 후한 왕조는 이를 탄압, 해산시키려 하였으나 신도의 단결은 오히려 견고해졌다. 당황한 조정에서는 진압에 나서 10개월 후 난을 진압하였다. 그러나 황건의 나머지 무리와 일반 민중의 반란이 계속 일어나고 서북쪽에는 이민족의 침입이 계속되어 지방 질서는 해체되고 군웅의 할거를 초래, 후한의 멸망을 재촉하였다.

◀ 황건적의 난

鼻 (코비) 部

스스로 자(自)에 줄 비(畀)를 합쳐 폐에 공기를 공급하는 코를 나타내는 부수 명칭.

코 비

한자 사전 찾기
부수:鼻부 / 총획:14획

글자의 원리 ⇒ 自 ⇒ ⇒ 畀 ⇒ 鼻

형성 공기를 들이쉬어 몸 속에 쌓아 둔다는 것에서 '코' 라는 뜻.

풀이 ①코. ②시초.

鼻腔(비강) 콧구멍.
鼻炎(비염) 비강의 점막에 생기는 염증.
鼻祖(비조) 처음으로 사업을 일으킨 사람.

비염 때문에 재채기를 자주 합니다.

齒 (이치) 部

입과 이빨 모양을 본뜬 부수 명칭.

齒

이 치

한자 사전 찾기
부수:齒부 / 총획:15획

글자의 원리 ⇒ ⇒ ⇒ 齒

형성 입을 벌려 이를 보이고 있는 모습에서 사람이나 동물의 '이' 를 뜻함.

풀이 ①이. ②이 모양으로 생긴 것. ③나이.

齒德(치덕) 나이가 많고 덕행이 높음.
齒牙(치아) '이와 어금니' 란 뜻으로, 사람의 이를 높여 이르는 말.
齒痛(치통) 이가 아픈 증세. 이앓이.

평소에 **치아** 관리를 잘 해야 합니다.

총획 색인

1획

一 한 일	40	
乙 새 을	64	

2획

丁 넷째 천간 정	42
七 일곱 칠	43
乃 이에 내	62
九 아홉 구	65
二 두 이	70
人 사람 인	80
入 들 입	113
八 여덟 팔	118
刀 칼 도	130
力 힘 력	138
十 열 십	152
又 또 우	167

3획

三 석 삼	45
上 위 상	48
下 아래 하	49
久 오랠 구	62
也 잇기 야	66
于 어조사 우	71
亡 망할 망	75
凡 무릇 범	127
千 일천 천	153
口 입 구	172
土 흙 토	206
士 선비 사	217
夕 저녁 석	221
大 큰 대	224
女 계집 녀	230
子 아들 자	240
寸 마디 촌	262
小 작을 소	268
山 메 산	274
川 내 천	277
工 장인 공	278
己 몸 기	281
巳 뱀 사	281
已 그칠 이	282
干 방패 간	288
弓 활 궁	297
才 재주 재	338

4획

不 아닐 불, 부	52
丑 소 축	54
中 가운데 중	57
丹 붉을 단	60
之 갈 지	63
五 다섯 오	72
云 이를 운	74
井 우물 정	74
今 이제 금	81
仁 어질 인	81
元 으뜸 원	106
內 안 내	115

公 공변될 공	119	戶 지게 호	335	王 임금 왕	490
六 여섯 륙	120	手 손 수	337		
凶 흉할 흉	128	支 가를 지	350	## 5획	
分 나눌 분	130	文 글월 문	363	丙 남녘 병	54
勿 말 물	147	斗 말 두	365	世 인간 세	55
化 될 화	147	方 방위 방	367	且 또 차	56
匹 필 필	151	日 날 일	371	主 주인 주	61
午 낮 오	155	曰 가로 왈	385	乎 온 호	63
及 미칠 급	167	月 달 월	390	代 대신 대	84
反 돌이킬 반	168	木 나무 목	399	令 하여금 령	84
友 벗 우	168	止 그칠 지	425	仕 섬길 사	85
壬 북방 임	217	比 견줄 비	436	仙 신선 선	85
夫 남편 부	225	毛 털 모	436	以 써 이	86
天 하늘 천	226	氏 씨 씨	437	他 다를 타	87
太 클 태	228	水 물 수	440	兄 맏 형	108
少 적을 소	269	火 불 화	474	册 책 책	125
尤 더욱 우	270	父 아버지 부	482	冬 겨울 동	126
尺 자 척	271	片 조각 편	483	出 날 출	129
引 당길 인	297	牛 소 우	483	加 더할 가	139
心 마음 심	310	犬 개 견	487	功 공 공	139

5획~6획		
北 북녘 북	148	
半 반 반	156	
卯 넷째 지지 묘	162	
去 갈 거	166	
可 옳을 가	174	
古 옛 고	174	
句 글귀 구	175	
史 역사 사	175	
右 오른쪽 우	178	
只 다만 지	179	
四 넉 사	198	
外 바깥 외	222	
失 잃을 실	228	
巨 클 거	279	
左 왼쪽 좌	280	
市 저자 시	284	
布 베 포	285	
平 평평할 평	289	
幼 어릴 유	291	
必 반드시 필	311	
戊 다섯번째천간 무	331	
打 칠 타	338	
末 끝 말	402	
未 아닐 미	402	
本 근본 본	403	
正 바를 정	426	
母 어머니 모	434	
民 백성 민	438	
氷 얼음 빙	442	
永 길 영	442	
玉 구슬 옥	492	
瓦 기와 와	493	
甘 달 감	494	
生 날 생	495	
用 쓸 용	496	
田 밭 전	497	
甲 갑옷 갑	497	
申 납 신	498	
由 말미암을 유	498	
白 흰 백	508	
皮 가죽 피	512	
目 눈 목	514	
石 돌 석	523	
示 보일 시	525	
立 설 립	538	

6획

交 사귈 교	75	
亦 또 역	78	
亥 돼지 해	79	
伐 칠 벌	87	
伏 엎드릴 복	88	
仰 우러를 앙	88	
休 쉴 휴	89	
光 빛 광	109	
先 먼저 선	110	
兆 조짐 조	111	
充 채울 충	111	
全 온전할 전	116	
共 함께 공	121	

再 다시 재 125	守 지킬 수 249	百 일백 백 509
列 벌일 렬 131	安 편안할 안 250	竹 대 죽 542
刑 형벌 형 131	宇 집 우 251	米 쌀 미 548
危 위태할 위 162	宅 집 택 251	羊 양 양 564
印 도장 인 163	寺 절 사 263	老 늙을 로 567
各 각각 각 179	年 해 년 290	考 생각할 고 570
吉 길할 길 180	式 법 식 296	而 말이을 이 571
同 한가지 동 181	忙 바쁠 망 311	耳 귀 이 572
名 이름 명 183	戌 개 술 331	肉 고기 육 574
合 합할 합 184	收 거둘 수 350	臣 신하 신 578
向 향할 향 184	早 일찍 조 372	自 스스로 자 581
因 인할 인 199	曲 굽을 곡 386	至 이를 지 582
回 돌 회 199	有 있을 유 393	舌 혀 설 584
在 있을 재 208	朴 성 박 404	色 빛 색 587
地 땅 지 209	朱 붉을 주 404	血 피 혈 604
多 많을 다 223	次 버금 차 423	行 다닐 행 605
如 같을 여 231	此 이 차 427	衣 옷 의 606
好 좋을 호 231	死 죽을 사 431	西 서녘 서 608
字 글자 자 242	江 강 강 444	
存 있을 존 243	汝 너 여 445	

6획

7획

但 다만 **단**	90
佛 부처 **불**	90
余 나 **여**	91
位 자리 **위**	91
作 지을 **작**	92
低 낮을 **저**	92
住 살 **주**	93
何 어찌 **하**	94
免 벗어날 **면**	112
兵 병사 **병**	121
冷 찰 **랭**	127
利 이로울 **리**	132
別 다를 **별**	133
初 처음 **초**	133
判 뻐갤 **판**	134
助 도울 **조**	140
卵 알 **란**	163
告 알릴 **고**	185
君 임금 **군**	185
否 아닐 **부**	186
吾 나 **오**	186
吟 읊을 **음**	187
吹 불 **취**	187
困 곤할 **곤**	200
均 고를 **균**	210
坐 앉을 **좌**	210
壯 씩씩할 **장**	218
妙 묘할 **묘**	234
孝 효도 **효**	244
完 완전할 **완**	252
尾 꼬리 **미**	272
希 바랄 **희**	285
序 차례 **서**	292
弟 아우 **제**	298
形 형상 **형**	300
忘 잊을 **망**	312
忍 참을 **인**	312
志 뜻 **지**	313
快 쾌할 **쾌**	314
成 이룰 **성**	332
我 나 **아**	332
技 재주 **기**	339
扶 도울 **부**	339
投 던질 **투**	340
改 고칠 **개**	351
更 다시 **갱**	387
李 오얏 **리**	405
材 재목 **재**	405
村 마을 **촌**	406
步 걸을 **보**	427
每 매양 **매**	435
求 구할 **구**	443
決 결단할 **결**	445
男 사내 **남**	499
矣 어조사 **의**	521
私 사사 **사**	529
秀 빼어날 **수**	531
究 궁구할 **구**	535
良 좋을 **량**	586

見 볼 견 612	京 서울 경 79	和 화할 화 190
角 뿔 각 615	佳 아름다울 가 94	固 굳을 고 200
言 말씀 언 616	來 올 래 95	坤 곤괘 곤 211
谷 골 곡 636	例 법식 례 96	夜 밤 야 223
豆 콩 두 636	使 부릴 사 96	奉 받들 봉 229
貝 조개 패 638	依 의지할 의 97	妹 누이 매 234
赤 붉을 적 645	兒 아이 아 112	姓 성씨 성 235
走 달릴 주 648	兩 두 량 117	始 비로소 시 236
足 발 족 649	其 그 기 124	姉 손위누이 자 236
身 몸 신 650	典 법 전 124	妻 아내 처 238
車 수레 거, 차 651	到 이를 도 134	季 끝 계 245
辛 매울 신 654	卒 군사 졸 156	官 벼슬 관 252
辰 별 진 655	協 합할 협 157	定 정할 정 253
邑 고을 읍 671	卷 말 권 164	宗 마루 종 253
酉 닭 유 674	受 받을 수 169	宙 집 주 254
里 마을 리 678	叔 아재비 숙 169	尙 오히려 상 270
防 둑 방 697	取 취할 취 170	居 있을 거 272
	命 목숨 명 188	幸 다행 행 291
8획	味 맛 미 189	庚 일곱번째 천간 경 293
事 일 사 67	呼 부를 호 189	店 가게 점 293

8획~9획		
往 갈 왕		300
彼 저 피		301
念 생각 념		313
忠 충성 충		314
性 성품 성		316
或 혹 혹		333
房 방 방		335
所 바 소		336
承 받들 승		340
招 부를 초		341
抱 안을 포		342
放 놓을 방		351
於 어조사 어		368
明 밝을 명		372
昔 예 석		374
易 바꿀 역		374
昌 창성 창		375
服 옷 복		395
朋 벗 붕		395
果 실과 과		407
東 동녘 동		408
林 수풀 림		411
杯 잔 배		412
松 솔 송		413
枝 가지 지		413
武 호반 무		428
法 법 법		446
油 기름 유		446
泣 울 읍		447
注 물댈 주		448
治 다스릴 치		449
波 물결 파		452
河 물 하		452
炎 불꽃 염		476
爭 다툴 쟁		480
物 물건 물		485
的 과녁 적		511
直 곧을 직		517
知 알 지		522
空 빌 공		536
育 기를 육		575
臥 누울 와		578
舍 집 사		585
花 꽃 화		588
虎 범 호		601
表 겉 표		607
近 가까울 근		658
迎 맞을 영		658
金 쇠 금		684
長 긴 장		689
門 문 문		691
雨 비 우		704
青 푸를 청		708
非 아닐 비		709

9획

保 보전할 보		97
俗 풍속 속		98
信 믿을 신		98
便 편할 편		99

前 앞 전	134	急 급할 급	315	洞 마을 동	454
則 법칙 칙	137	怒 성낼 노	315	洗 씻을 세	455
勉 힘쓸 면	141	思 생각 사	316	洋 큰바다 양	455
勇 날랠 용	141	怨 원망할 원	317	活 살 활	456
南 남녘 남	158	恨 한할 한	320	甚 심할 심	494
卽 곧 즉	164	恒 항상 항	321	界 지경 계	500
厚 두터울 후	165	拜 절 배	341	癸 열째 천간 계	504
哀 슬플 애	190	拾 주울 습	342	皆 다 개	511
哉 어조사 재	191	持 가질 지	343	皇 임금 황	512
品 물건 품	191	指 손가락 지	343	看 볼 간	518
威 위엄 위	238	政 정사 정	352	相 서로 상	518
客 손 객	254	故 연고 고	352	省 살필 성	519
室 집 실	255	施 베풀 시	368	科 과목 과	531
屋 집 옥	273	星 별 성	375	秋 가을 추	532
帝 임금 제	286	是 옳을 시	376	約 맺을 약	549
度 법도 도	294	昨 어제 작	376	紅 붉을 홍	549
建 세울 건	296	春 봄 춘	377	美 아름다울 미	565
待 기다릴 대	301	柳 버들 류	414	者 놈 자	570
律 법 률	302	柔 부드러울 유	414	苦 쓸 고	589
後 뒤 후	303	泉 샘 천	448	茂 우거질 무	589

若 같을 약	590	
英 꽃부리 영	590	
要 요긴할 요	610	
計 셀 계	616	
貞 곧을 정	639	
軍 군사 군	652	
重 무거울 중	679	
限 한정 한	698	
降 항복할 항	698	
面 낯 면	712	
革 가죽 혁	713	
音 소리 음	716	
風 바람 풍	720	
飛 날 비	721	
食 밥 식	722	
首 머리 수	726	
香 향기 향	726	

10획

乘 탈 승	64
個 낱 개	100
倫 인륜 륜	100
修 닦을 수	101
借 빌 차	101
原 언덕 원	165
城 성 성	211
夏 여름 하	219
孫 손자 손	245
家 집 가	256
容 얼굴 용	257
害 해할 해	257
射 쏠 사	263
展 펼 전	273
島 섬 도	275
師 스승 사	286
席 자리 석	287
庭 뜰 정	295
弱 약할 약	299
徒 무리 도	306
恩 은혜 은	317
悅 기쁠 열	321
悟 깨달을 오	322
效 본받을 효	353
料 헤아릴 료	365
旅 나그네 려	369
時 때 시	379
書 글 서	387
校 학교 교	415
根 뿌리 근	416
案 책상 안	417
栽 심을 재	417
氣 기운 기	439
泰 클 태	449
浪 물결 랑	457
流 흐를 류	457
浮 뜰 부	458
消 사라질 소	458
浴 목욕할 욕	459
海 바다 해	460
烈 세찰 렬	476

烏 까마귀 오	477	
特 특별할 특	486	
留 머무를 류	500	
病 병 병	504	
益 더할 익	513	
眠 잘 면	519	
眞 참 진	520	
破 깨뜨릴 파	524	
神 귀신 신	525	
祖 할아비 조	526	
祝 빌 축	527	
笑 웃을 소	543	
素 흴 소	551	
純 생사 순	551	
紙 종이 지	552	
耕 갈 경	571	
能 능할 능	576	
胸 가슴 흉	576	
致 이를 치	582	
草 풀 초	591	

記 기록할 기	617	
訓 가르칠 훈	618	
財 재물 재	639	
起 일 기	648	
送 보낼 송	659	
逆 거스를 역	659	
追 쫓을 추	660	
退 물러날 퇴	660	
郡 고을 군	672	
郎 사내 랑	672	
酒 술 주	675	
針 바늘 침	685	
除 덜 제	699	
馬 말 마	728	
骨 뼈 골	729	
高 높을 고	730	

11획

乾 마를 건	66	
假 거짓 가	102	
偉 클 위	102	
停 머무를 정	103	
動 움직일 동	142	
務 힘쓸 무	143	
參 참여할 참	166	
問 물을 문	192	
商 장사 상	193	
唯 오직 유	193	
唱 부를 창	194	
國 나라 국	201	
堅 굳을 견	212	
基 터 기	212	
堂 집 당	213	
執 잡을 집	213	
婦 며느리 부	239	
婚 혼인할 혼	239	
密 빽빽할 밀	258	
宿 잘 숙	258	
寅 셋째 지지 인	259	
將 장수 장	264	

11획

崇 높을 숭	276	
常 항상 상	288	
得 얻을 득	306	
從 좇을 종	307	
患 근심 환	322	
惜 아낄 석	323	
情 뜻 정	324	
授 줄 수	346	
接 사귈 접	347	
採 캘 채	347	
推 옮을 추	348	
探 찾을 탐	348	
敎 가르칠 교	354	
救 구원할 구	356	
敗 패할 패	356	
族 겨레 족	369	
旣 이미 기	370	
晩 저물 만	380	
晝 낮 주	381	
望 바랄 망	396	
欲 하고자 할 욕	423	
殺 죽일 살	431	
涼 서늘할 량	462	
淑 착할 숙	462	
深 깊을 심	463	
淨 깨끗할 정	463	
淺 얕을 천	464	
淸 맑을 청	464	
混 섞을 혼	466	
理 다스릴 리	492	
現 나타날 현	493	
産 낳을 산	496	
異 다를 이	501	
眼 눈 안	520	
硏 갈 연	524	
祭 제사 제	527	
移 옮길 이	532	
窓 창 창	537	
章 글 장	539	
第 차례 제	543	
細 가늘 세	556	
終 마칠 종	556	
習 익힐 습	566	
脚 다리 각	577	
脫 벗을 탈	577	
船 배 선	586	
莫 없을 막	592	
處 머무를 처	601	
訪 찾을 방	618	
設 베풀 설	619	
許 허락할 허	619	
貧 가난할 빈	640	
責 꾸짖을 책	640	
貨 재화 화	641	
連 이을 련	661	
逢 만날 봉	661	
速 빠를 속	662	
造 지을 조	662	
通 통할 통	663	
部 거느릴 부	673	

野 들 야	682	富 부자 부	260	渴 목마를 갈	466	11획 ~ 12획
閉 닫을 폐	694	寒 찰 한	260	減 덜 감	467	
陸 뭍 륙	699	尊 높을 존	265	湖 호수 호	467	
陰 응달 음	700	就 이룰 취	271	無 없을 무	477	
雪 눈 설	705	幾 기미 기	292	然 그럴 연	478	
頂 정수리 정	716	強 굳셀 강	299	爲 할 위	481	
魚 고기 어	730	復 회복할 복	307	猶 오히려 유	487	
鳥 새 조	732	悲 슬플 비	323	番 차례 번	501	
麥 보리 맥	735	惡 악할 악	324	畫 그림 화	502	
		惠 은혜 혜	325	登 오를 등	505	
		揚 오를 양	349	發 필 발	507	
12획		敢 감히 감	359	盛 담을 성	513	
備 갖출 비	103	散 흩을 산	360	着 붙을 착	521	
勞 일할 로	143	景 볕 경	381	短 짧을 단	523	
勝 이길 승	144	晴 갤 청	382	稅 구실 세	533	
單 홑 단	194	曾 일찍 증	388	童 아이 동	539	
喪 복입을 상	195	最 가장 최	389	答 대답할 답	544	
善 착할 선	195	期 기약할 기	396	等 무리 등	545	
喜 기쁠 희	197	朝 아침 조	398	筆 붓 필	545	
報 갚을 보	214	植 심을 식	418	結 맺을 결	557	
場 마당 장	215					

給 줄 급	557	
絲 실 사	558	
絶 끊을 절	558	
統 거느릴 통	559	
菜 나물 채	592	
華 빛날 화	593	
虛 빌 허	603	
衆 무리 중	605	
街 거리 가	606	
視 볼 시	612	
貴 귀할 귀	641	
買 살 매	642	
貯 쌓을 저	642	
賀 하례할 하	643	
進 나아갈 진	663	
都 도읍 도	673	
量 헤아릴 량	682	
間 사이 간	695	
開 열 개	696	
閑 한가 한	696	
陽 볕 양	700	
雄 수컷 웅	702	
集 모일 집	702	
雲 구름 운	705	
須 모름지기 수	717	
順 순할 순	717	
黃 누를 황	736	
黑 검을 흑	736	

13획

傷 다칠 상	104
傳 전할 전	104
勤 부지런할 근	144
勢 기세 세	145
圓 둥글 원	204
園 동산 원	204
感 느낄 감	325
想 생각 상	326
愁 시름 수	326
愛 사랑 애	327
意 뜻 의	327
慈 사랑 자	328
敬 공경 경	360
新 새 신	366
暖 따뜻할 난	382
暑 더울 서	383
暗 어두울 암	383
會 모일 회	389
極 다할 극	419
業 업 업	419
歲 해 세	428
溪 시내 계	468
溫 따뜻할 온	468
煙 연기 연	479
當 마땅 당	502
禁 금할 금	528
經 날 경	560
罪 허물 죄	563
義 옳을 의	565
聖 성스러울 성	572

落 떨어질 락 593	飮 마실 음 723	聞 들을 문 573
萬 일만 만 595		與 줄 여 583
葉 잎 엽 599	**14획**	舞 춤출 무 585
著 드러날 저 599	圖 그림 도 205	製 지을 제 607
號 이름 호 603	壽 목숨 수 218	說 말씀 설 623
解 풀 해 615	實 열매 실 261	誠 정성 성 623
詩 시 시 620	察 살필 찰 261	語 말씀 어 624
試 시험할 시 620	對 대할 대 265	誤 그릇될 오 625
話 이야기 화 622	榮 영화 영 420	認 알 인 625
路 길 로 650	歌 노래 가 424	輕 가벼울 경 654
農 농사 농 656	滿 찰 만 469	遠 멀 원 668
過 지날 과 664	漁 고기잡을 어 469	銀 은 은 685
達 통할 달 664	漢 한수 한 470	領 거느릴 령 718
道 길 도 665	盡 다할 진 514	鳴 울 명 733
遇 만날 우 667	福 복 복 528	鼻 코 비 738
運 옮길 운 667	種 씨 종 534	
遊 놀 유 668	端 바를 단 540	**15획**
鄕 시골 향 674	算 셈 산 546	價 값 가 105
電 번개 전 706	精 정미로울 정 548	億 억 억 106
飯 밥 반 723	綠 푸를 록 560	墨 먹 묵 216

15획~17획

增 불어날 증	216	
廣 넓을 광	295	
德 덕 덕	308	
慶 경사 경	328	
憂 근심 우	329	
數 셈 수	361	
敵 원수 적	362	
暮 저물 모	384	
暴 사나울 폭·포	385	
樂 즐길 락	420	
潔 깨끗할 결	473	
熱 더울 열	479	
穀 곡식 곡	534	
節 마디 절	547	
篇 책 편	547	
練 익힐 련	562	
線 줄 선	562	
課 과정 과	626	
談 말씀 담	626	
論 의논할 론	627	
誰 누구 수	627	
調 고를 조	628	
請 청할 청	628	
賣 팔 매	643	
賞 상줄 상	644	
質 바탕 질	644	
賢 어질 현	645	
適 갈 적	669	
養 기를 양	725	
齒 이 치	738	

16획

學 배울 학	248
憶 생각할 억	330
戰 싸움 전	333
橋 다리 교	421
樹 나무 수	422
歷 지낼 력	430
燈 등불 등	480
獨 홀로 독	488
興 일 흥	583
親 친할 친	614
諸 모든 제	629
選 가릴 선	670
遺 남길 유	670
錢 돈 전	687
靜 고요할 정	709
頭 머리 두	718
餘 남을 여	725

17획

應 응할 응	330
聲 소리 성	573
講 강론할 강	629
謝 사례할 사	632
雖 비록 수	703
霜 서리 상	707
韓 나라이름 한	714
鮮 고울 선	732

18획

擧 들 거	349	
歸 돌아갈 귀	430	
禮 예도 례	529	
舊 옛 구	584	
蟲 벌레 충	604	
豊 풍년 풍	638	
醫 의원 의	675	
顔 얼굴 안	719	
題 제목 제	719	

19획

藥 약 약	600
藝 재주 예	600
識 알 식	632
證 증거 증	633
關 관계할 관	697

難 어려울 난   703
願 원할 원   720

20획

勸 권할 권	145
嚴 엄할 엄	197
競 다툴 경	540
議 의논할 의	633
鍾 종 종	687
露 이슬 로	707

21획

續 이을 속	563
鐵 쇠 철	688
鷄 닭 계	733

22획

23획

巖 바위 암	276
變 변할 변	635
驚 놀랄 경	728
體 몸 체	729

24획

讓 사양할 양	635

25획

觀 볼 관	614

權 저울추 권   422
歡 기뻐할 환   425
聽 들을 청   574
讀 읽을 독   634

한자능력검정시험 대비 5급 급수표 (총 500자)

ㄱ	家 집가	歌 노래가	價 값가	可 옳을가	加 더할가	角 뿔각	各 각각각	間 사이간
感 느낄감	江 강강	強 굳셀강	開 열개	改 고칠개	客 손객	車 수레거,차	擧 들거	去 갈거
建 세울건	件 물건건	健 굳셀건	格 격식격	見 볼견	決 결단할결	結 맺을결	京 서울경	敬 공경경
景 볕경	輕 가벼울경	競 다툴경	界 지경계	計 셀계	高 높을고	苦 쓸고	古 옛고	告 알릴고
考 생각할고	固 굳을고	曲 굽을곡	工 장인공	空 빌공	公 공변될공	功 공공	共 함께공	科 과목과
果 실과과	課 과정과	過 지날과	關 관계할관	觀 볼관	光 빛광	廣 넓을광	校 학교교	敎 가르칠교
交 사귈교	橋 다리교	九 아홉구	口 입구	球 공구	區 구역구	舊 옛구	具 갖출구	救 구원할구
國 나라국	局 판국	軍 군사군	郡 고을군	貴 귀할귀	規 법규	根 뿌리근	近 가까울근	金 쇠금,성김
今 이제금	急 급할급	級 등급급	給 줄급	氣 기운기	記 기록할기	旗 기기	己 몸기	基 터기
技 재주기	汽 물끓는김기	期 기약할기	吉 길할길	ㄴ	南 남녘남	男 사내남	內 안내	女 계집녀
年 해년	念 생각념	農 농사농	能 능할능	ㄷ	多 많을다	短 짧을단	團 둥글단	壇 단단
談 말씀담	答 대답할답	堂 집당	當 마땅당	大 큰대	代 대신대	對 대할대	待 기다릴대	德 덕덕

道	圖	度	到	島	都	讀	獨	東
길 도	그림 도	법도 도, 헤아릴 탁	이를 도	섬 도	도읍 도	읽을 독, 구절 두	홀로 독	동녘 동
動	洞	同	冬	童	頭	登	等	己
움직일 동	마을 동, 통할 통	한가지 동	겨울 동	아이 동	머리 두	오를 등	무리 등	
樂	落	朗	來	冷	良	量	旅	力
즐길 락, 노래 악, 좋아할 요	떨어질 락	밝을 랑	올 래	찰 랭	어질 량	헤아릴 량	나그네 려	힘 력
歷	練	領	令	例	禮	老	路	勞
지낼 력	익힐 련	거느릴 령	하여금 령	법식 례	예도 례	늙을 로	길 로	일할 로
綠	料	類	流	六	陸	里	理	利
푸를 록	헤아릴 료	무리 류	흐를 류	여섯 륙	뭍 륙	마을 리	다스릴 리	이로울 리
李	林	立	口	馬	萬	末	望	亡
오얏 리	수풀 림	설 립		말 마	일만 만	끝 말	바랄 망	망할 망
每	賣	買	面	名	命	明	母	木
매양 매	팔 매	살 매	낯 면	이름 명	목숨 명	밝을 명	어머니 모	나무 목
目	無	門	文	問	聞	物	米	美
눈 목	없을 무	문 문	글월 문	물을 문	들을 문	물건 물	쌀 미	아름다울 미
民	日	朴	反	半	班	發	方	放
백성 민		성 박	돌이킬 반	반 반	나눌 반	필 발	방위 방	놓을 방
倍	白	百	番	法	變	別	病	兵
곱 배	흰 백	일백 백	차례 번	법 법	변할 변	다를 별	병 병	병사 병
服	福	本	奉	父	夫	部	北	分
옷 복	복 복	근본 본	받들 봉	아버지 부	남편,사내 부	떼, 거느릴 부	북녘 북, 달아날 배	나눌 분
不	比	鼻	費	氷	人	四	事	社
아닐 불, 부	견줄 비	코 비	쓸 비	얼음 빙		넉 사	일 사	모일 사

使	死	仕	士	史	思	寫	査	山
부릴 사	죽을 사	섬길 사	선비 사	역사 사	생각 사	베낄 사	조사할 사	메 산
算	産	三	上	相	商	賞	色	生
셈 산	낳을 산	석 삼	위 상	서로 상	장사 상	상줄 상	빛 색	날 생
西	書	序	夕	石	席	先	線	仙
서녘 서	글 서	차례 서	저녁 석	돌 석	자리 석	먼저 선	줄 선	신선 선
鮮	善	船	選	雪	說	姓	成	省
고울 선	착할 선	배 선	가릴 선	눈 설	말씀 설, 달랠 세, 기쁠 열	성씨 성	이룰 성	살필 성, 덜 생
性	世	歲	洗	小	少	所	消	速
성품 성	인간 세	해 세	씻을 세	작을 소	적을 소	바 소	사라질 소	빠를 속
束	孫	水	手	數	樹	首	宿	順
묶을 속	손자 손	물 수	손 수	셈 수	나무 수	머리 수	잘 숙	순할 순
術	習	勝	市	時	始	示	食	植
재주 술	익힐 습	이길 승	저자 시	때 시	비로소 시	보일 시	먹을 식	심을 식
式	識	信	身	新	神	臣	室	失
법 식	알 식	믿을 신	몸 신	새 신	귀신 신	신하 신	집 실	잃을 실
實	心	十	○	兒	惡	安	案	愛
열매 실	마음 심	열 십		아이 아	악할 악, 미워할 오	편안할 안	책상 안	사랑 애
野	夜	弱	藥	約	洋	陽	養	語
들 야	밤 야	약할 약	약 약	맺을 약	큰바다 양	볕 양	기를 양	말씀 어
魚	漁	億	言	業	然	熱	葉	英
물고기 어	고기잡을어	억 억	말씀 언	업 업	그럴 연	더울 열	잎 엽	꽃부리 영
永	五	午	屋	溫	完	王	外	要
길 영	다섯 오	낮 오	집 옥	따뜻할 온	완전할 완	임금 왕	바깥 외	요긴할 요

曜	浴	勇	用	右	雨	友	牛	運
빛날 요	목욕할 욕	날랠 용	쓸 용	오른쪽 우	비 우	벗 우	소 우	옮길 운
雲	雄	園	遠	元	願	原	院	月
구름 운	수컷 웅	동산 원	멀 원	으뜸 원	원할 원	언덕 원	집 원	달 월
偉	位	有	由	油	育	銀	音	飮
클 위	자리 위	있을 유	말미암을, 까닭 유	기름 유	기를 육	은 은	소리 음	마실 음
邑	意	醫	衣	二	以	耳	人	因
고을 읍	뜻 의	의원 의	옷 의	두 이	써 이	귀 이	사람 인	인할 인
一	日	任	入	ㅈ	自	子	字	者
한 일	날, 해 일	맡길 임	들 입		스스로 자	아들 자	글자 자	놈 자
昨	作	長	場	章	才	在	財	材
어제 작	지을 작	긴 장	마당 장	글 장	재주 재	있을 재	재물 재	재목 재
災	再	爭	貯	的	赤	電	全	前
재앙 재	다시 재	다툴 쟁	쌓을 저	과녁 적	붉을 적	번개 전	온전할 전	앞 전
戰	典	傳	展	節	切	店	正	庭
싸움 전	법 전	전할 전	펼 전	마디 절	끊을 절	가게 점	바를 정	뜰 정
定	情	停	弟	第	題	祖	朝	調
정할 정	뜻 정	머무를 정	아우 제	차례 제	제목 제	할아비 조	아침 조	고를 조
操	足	族	卒	種	終	左	罪	主
잡을 조	발 족	겨레 족	마칠 졸	심을, 씨 종	마칠 종	왼쪽 좌	허물 죄	주인 주
住	注	晝	週	州	中	重	紙	地
살 주	물댈 주	낮 주	주일 주	고을 주	가운데 중	무거울 중	종이 지	땅 지
知	止	直	質	集	ㅊ	着	參	窓
알 지	그칠 지	곧을 직	바탕 질	모일 집		붙을 착	참여할 참, 석 삼	창 창

唱	責	川	千	天	鐵	靑	淸	體
부를 창	꾸짖을 책	내 천	일천 천	하늘 천	쇠 철	푸를 청	맑을 청	몸 체
草	初	寸	村	最	秋	祝	春	出
풀 초	처음 초	마디 촌	마을 촌	가장 최	가을 추	빌 축	봄 춘	날 출
充	致	則	親	七	ㅌ	打	他	卓
채울 충	이를 치	법칙 칙	친할 친	일곱 칠		칠 타	다를 타	높을 탁
炭	太	宅	土	通	特	ㅍ	板	八
숯 탄	클 태	집 택	흙 토	통할 통	특별할 특		널 판	여덟 팔
敗	便	平	表	品	風	必	筆	ㅎ
패할 패	편할 편, 똥오줌 변	평평할 평	겉 표	물건 품	바람 풍	반드시 필	붓 필	
下	夏	河	學	韓	漢	寒	合	海
아래 하	여름 하	물 하	배울 학	나라이름한	한수 한	찰 한	합할 합	바다 해
害	幸	行	向	許	現	兄	形	號
해할 해	다행 행	다닐 행, 항렬 항	향할 향	허락할 허	나타날 현	맏 형	형상 형	이름 호
湖	火	話	花	和	畫	化	患	活
호수 호	불 화	이야기 화	꽃 화	화할 화	그림 화, 그을 획	될 화	근심 환	살 활
黃	會	孝	效	後	訓	休	凶	黑
누를 황	모일 회	효도 효	본받을 효	뒤 후	가르칠 훈	쉴 휴	흉할 흉	검을 흑

푸르넷 입문 한자 사전

발 행 일	2007년 1월 20일 초판 발행
	2015년 8월 3일 6쇄 발행
편 저	김낙준
발 행 처	(주)금성출판사
발 행 인	김인호
주 소	서울시 마포구 만리재옛길 23(공덕동)
대표전화	(02)2077-8000~9
등 록 일	1965년 10월 19일 제10-6호
인 쇄	삼화인쇄(주)
제 책	삼화인쇄(주)
제 지	한솔제지(주)

· 본사는 출판윤리강령을 준수합니다.
· 내용 문의 (02)2077-8151
· 구입 문의 (02)2077-8140

정가 **20,000원**

ISBN 978-89-347-0442-3

 # 부수 색인

1획

一	한일	40
丨	위아래로통할곤	57
丶	점주	60
丿	삐침	62
乙乚	새을	64
亅	갈고리궐	67

2획

二	두이	70
亠	돼지해머리	75
人亻	사람인	80
儿	어진사람인	106
入	들입	113
八	여덟팔	118
冂	멀경	125
冫	이수변	126
几	안석궤	127
凵	위튼입구	128
刀	칼도	130
力	힘력	138
勹	쌀포	147
匕	비수비	147
匚	감출혜	151
十	열십	152
卩	병부절	162
厂	민엄호	165
厶	마늘모	166
又	또우	167

3획

口	입구	172
囗	큰입구	198
土	흙토	206
士	선비사	217
夂	천천히걸을쇠	219
夕	저녁석	221
大	큰대	224
女	계집녀	230
子	아들자	240
宀	갓머리	249
寸	마디촌	262
小	작을소	268
尢	절름발이왕	270
尸	주검시	271
山	메산	274
巛	개미허리	277
工	장인공	278
己	몸기	281
巾	수건건	284
干	방패간	288
幺	작을요	291
广	엄호	292
廴	민책받침	296
弋	주살익	296
弓	활궁	297
彡	삐진석삼	300
彳	두인변	300

4획

心忄	마음심	310
戈	창과	331
戶	지게호	335
手扌	손수	337
支	버틸지	350
攴攵	등글월문	350
文	글월문	363
斗	말두	365
斤	도끼근	366
方	모방	367
无	없을무	370
日	날일	371
曰	가로왈	385
月	달월	390
木	나무목	399
欠	하품흠	423
止	그칠지	425
歹	죽을사변	431
殳	갖은등글월문	431
母	말무	434
比	견줄비	436
毛	터럭모	436
氏	각시씨	437
气	기운기	439
水氵	물수	440
火灬	불화	474
爪	손톱조	480
父	아비부	482
片	조각편	483
牛牜	소우	483

犬犭	개견	487	至	이를지	582	長镸	길장	689
	5획		臼	절구구	583	門	문문	691
玉王	구슬옥	490	舌	혀설	584	阜阝(좌)	언덕부	697
瓦	기와와	493	舛	어그러질천	585	隹	새추	702
甘	달감	494	舟	배주	586	雨	비우	704
生	날생	495	艮	괘이름간	586	靑	푸를청	708
用	쓸용	496	色	빛색	587	非	아닐비	709
田	밭전	497	艸艹	초두머리	588		**9획**	
疒	병질	504	虍	범호엄	601	面	낯면	712
癶	필발머리	504	虫	벌레충	604	革	가죽혁	713
白	흰백	508	血	피혈	604	韋	다룸가죽위	714
皮	가죽피	512	行	갈행	605	音	소리음	716
皿	그릇명	513	衣衤	옷의	606	頁	머리혈	716
目罒	눈목	514	襾	덮을아	608	風	바람풍	720
矢	화살시	521		**7획**		飛	날비	721
石	돌석	523	見	볼견	612	食	밥식	722
示礻	보일시	525	角	뿔각	615	首	머리수	726
禾	벼화	529	言	말씀언	616	香	향기향	726
穴	구멍혈	535	谷	골곡	636		**10획**	
立	설립	538	豆	콩두	636	馬	말마	728
	6획		貝	조개패	638	骨	뼈골	729
竹	대죽	542	赤	붉을적	645	高	높을고	730
米	쌀미	548	走	달릴주	648		**11획**	
糸	실사	549	足	발족	649	魚	고기어	730
网罒	그물망	563	身	몸신	650	鳥	새조	732
羊䍊	양양	564	車	수레거	651	麥	보리맥	735
羽	깃우	566	辛	매울신	654		**12획**	
老耂	늙을로	567	辰	별진	655	黃	누를황	736
而	말이을이	571	辵辶	책받침	658	黑	검을흑	736
耒	쟁기뢰	571	邑阝(우)	고을읍	671		**14획**	
耳	귀이	572	酉	닭유	674	鼻	코비	738
肉月	육달월	574	里	마을리	678		**15획**	
臣	신하신	578		**8획**		齒	이치	738
自	스스로자	581	金	쇠금	684			